U0813968

高等学校应用型人才“十二五”规划教材

管理学原理与实践

GUANLIXUE YUANLI YU SHIJIAN

（第二版）

主　编　张　红　王　博　涂　淼

副主编　詹　欢　桂　颖

中国地质大学出版社有限责任公司

ZHONGGUO DIZHI DAXUE CHUBANSHE YOUXIAN ZEREN GONGSI

内容简介

全书以管理的职能为线索设计结构体系，共分十章编写，分别从管理的概念和职能、管理理论的演化、管理决策、计划、组织、领导、激励、沟通、控制以及管理创新十个维度进行了详细的阐述。本教材不仅适用于高等院校经济管理类专业学生作教材，而且适用于在职管理人员培训以及其他应用型人才的培养教育，同时也可以用于自学。

图书在版编目(CIP)数据

管理学原理与实践/张红，王博，涂淼主编.—2版.—武汉：中国地质大学出版社有限责任公司，2013.6 （2016.1重印）
（高等学校应用型人才“十二五”规划教材）

ISBN 978-7-5625-3109-8

Ⅰ.①管…
Ⅱ.①张…②王…③涂…
Ⅲ.①管理学-高等学校-教材
Ⅳ.①C93

中国版本图书馆CIP数据核字(2013)第094684号

管理学原理与实践(第二版)　　张　红　王　博　涂　淼　主编
詹　欢　桂　颖　副主编

责任编辑：彭　琳　　策划组稿：毕克成　方　菊　　责任校对：张咏梅

出版发行：中国地质大学出版社有限责任公司(武汉市洪山区鲁磨路388号)　邮编：430074
电话：(027)67883511　传真：67883580　E-mail：cbb@cug.edu.cn
经　销：全国新华书店　http://www.cugp.cug.edu.cn

开本：787mm×960mm 1/16　字数：439千字　印张：22.375
版次：2011年12月第1版　2013年6月第2版　印次：2016年1月第2次印刷
印刷：湖北睿智印务有限公司　印数：7001-8500册

ISBN 978-7-5625-3109-8　定价：35.80元

中国地质大学江城学院经济与管理学部
教材编写委员会

序

随着时代的发展，各类高等院校办学规模的不断扩大，人才培养质量成为衡量各院校办学水平的主要指标，而教材作为实现人才培养目标的载体，对各类高等院校的发展和人才培养质量具有举足轻重的作用。

就许多院校目前使用的教材现状来看，现行教材不太适合院校学生特点、不太符合办学定位的问题较为普遍。由于教材建设的滞后，21世纪初新办并快速发展的独立学院缺乏合适的教材，有的借用一本或二本院校的教材，有的借用高职高专院校的教材。要解决这个问题，我们必须根据各校办学层次、专业特色和培养目标，进一步加强独立学院教材的建设工作，做到因材施教，量体裁衣。

独立院校的发展是我国高等教育办学机制的大胆探索和创新，其作为高等教育中的一支生力军得到了迅猛的发展，在扩大高等教育资源、丰富专业人才培养、支持地方办学、繁荣地方经济等方面起着积极的作用。很多独立院校对学生的培养定位在应用型人才，但是现有的教材大多不太适合以应用型人才培养为目标的学生学习。

对于独立学院来讲，应根据这类院校应用型专业人才的培养目标，使教材编写工作做到“面向应用、面向职业、面向能力、面向实践”，重视教材的适用性、实用性、思想性和生动性。教师编写和课堂选用的教材，应符合学生层次，既能调动学生的学习热情，又能切实提高学生的动手能力、分析能力和可持续发展能力，满足独立学院培养应用型专业人才的定位要求。中国地质大学江城学院经济与管理学部组织一批中青年教师在老教师的指导与带动下，不断学习，亲历实践，编写了一套适用于独立学院经济与管理类本科专业学生学习的专业基础课教材。该套系列教材有《管理学原理与实践》、《经济学原理与实践》、《会计学原理与应用》、《市场营销学》、《财务管理基础》、《统计学方法与应用》和《电子商务概论》等。

管理学是比较年轻的跨学科边缘科学和应用科学，融合了自然科学领域的数学、统计学、信息学、运筹学和计算机科学，社会科学领域的社会学、心理学、行为科学、人类学、政治学和经济学，以及其他科学的知识。在各类社会组织(如政府机关、社会团体、宗教团体、学校、医院和工商企业)中，都存在管理问题，管理无所不在，无处不有。

管理学理论的基本内容都来自实践，是从丰富的管理实践中概括和总结出的普遍规律、基本原理和一般方法，因此管理学具有很强的实践性。然而，在教学实践过程中，我们发现很多学生仅仅把管理学作为一门理论课来学习，这与课程的名称和内容设置有密切的关系。该书正是基于这样的背景，在任课教师多年的管理学教学实践的基础上编写而成。

该教材的体系结构以管理的职能为线索来进行设计，既介绍了经典的管理理论，又融合了现代的管理思想，展示了精彩的管理实践，最大限度地向学生呈现"管理之道"在于"权变"。教材涉及管理和管理学概述、管理理论的演化、管理决策、计划、组织、领导、激励、沟通、控制和创新等章节。在编写过程中，作者们充分考虑到应用型人才培养的特点，在国际化视野、实践能力和创新能力方面加大力度，希望通过"实训环节"让学生的计划能力、沟通能力、协调能力和创新能力落到实处，满足企业对用人的能力需要。

此外，该教材的编写特色鲜明，具体包括以下三个方面。

(1)适用性。该教材设计的读者对象主要是以应用型人才为培养目标的大学生。编写过程中编者特别注意：一方面力求内容上有一定的深度和广度，另一方面又强调文字表述上的浅显平实。

(2)应用性。该教材除了学习原理、夯实基础之外，更强调学以致用，将所学的理论运用于实践。独立学院教学目标就是培养应用型人才，因此，作者们对企业中常用的管理工具、管理流程和管理方法进行了介绍。特别是“实训环节”,能够极大地锻炼和提高学生的管理实践能力。

(3)先进性。该教材注意学习、借鉴近十年的学科研究最新成果,力争在教材中有所体现,做到与时俱进。

总之,该教材以培养应用型人才为编写目标,不仅融合和借鉴了许多管理学前沿研究成果,而且集理论性与实践性于一体,是一本实用性很强的高等学校应用型人才规划教材。

中国地质大学江城学院
经济与管理类专业基础课教材编写委员会
2011 年 10 月 15 日

前　言

《管理学原理与实践》是中国地质大学江城学院经济与管理类专业基础课教材编写委员会编写的专业基础课教材之一。在中国地质大学江城学院、中国地质大学出版社、中国地质大学江城学院经济与管理学部的领导和同仁们的鼎力支持和帮助下，由中国地质大学江城学院经济与管理学院工商管理教研室部分教师编写的《管理学原理与实践》一书终于和读者见面了。此时此刻，我们的心情既激动又忐忑。激动的是，我们一年多的心血就要变成文字，伴随读者走进管理学的天空，去领略管理学无尽的风光；忐忑的是，我们的答卷即将接受读者的严格检验。

独立学院始于1999年，经过十几年的发展，已经成为高等教育事业的重要组成部分。独立学院的存在，让更多的适龄青年享受到了高等教育的服务，也促进了我国高等教育向大众化发展。独立学院的人才培养目标，从不清晰，到逐渐明朗，再到现在普遍定位在"应用型人才"上。

企业在招聘时，常常将计划能力、沟通能力、协调能力以及创新能力作为对应聘者进行重点考察的重要素质。在日常生活、学习与工作中，怎么锻炼这些能力，使之符合企业的用人需要，这是我们在管理学教学中反复思考的问题。但是现有的教材，更多地考虑理论体系的严谨性，实践性环节介绍不够充分，不太适合应用型人才的培养目标。为此，本教材专为独立学院经济管理类专业学生所设计，突出独立学院对学生管理技能培养的特点，为独立学院培养应用型人才服务。同时，本教材还适用于在职管理人员培训以及其他应用型人才的培养教育，也可以用于自学。

本教材的体系结构以管理的职能为线索来进行设计，教材涉及管理和管理学概述、管理理论的演化、管理决策、计划、组织、领导、激励、沟通、控制和创新等章节。

管理学课程具有基础性、抽象性和应用性的特点。它的基础性表现在管理学是经济管理类专业的公共基础课程，它为其他专业课程的学习奠定基础。它的抽象性表现在它有极强的理论性，管理实践的对象主要是人，管理就是影响人的心理与行为，而人的心理表现是很难直接看出来的。所以管理理论的思想是经过高度概括的，需要有一定的心理学、社会学等学科知识背景才能去体会、去把握。管理学的应用性主要强调理论一定要与实践相联系，虽然管理学的基本原理和方法都有普遍适用性，但是所有的原理和方法大都受到人和环境的制约，因此管理有道，但又没有绝对的道。根据我们对管理学的上述理解，在本教材的编写上主要突出了以下特点。

(1)注重理论的系统性。本教材以经典管理的四个管理职能为主线，帮助读者掌握计划、组织、领导和控制等基本原理。

(2)注重先进性。本教材力求反映管理学领域的新趋势、新观点、新方法。

(3)注重实践性。本教材特别编写了实训环节，帮助学生在课堂中及课后提高工作技能。

(4)注重适用性。本教材的读者对象是以应用型人才为培养目标，所以教材的每一章都有案例分析，并且在附录中列出了最值得学习的经典著作和推荐网站，以便学生抓住各种实践学习的机会。

本书由张红负责总体框架设计以及写作的组织和总纂工作，涂森负责日常协调。参加编写人员的具体分工是：张红编写前言、第一章、第四节、第六章、第九章、第十章、各章中实训的部分内容以及附录；王博编写第二章、第三章和第四章；涂森编写第五章；蒋晓霞编写第七章；詹欢编写第一章第一节至第三节、第八章。

在本书的编写过程中，我们借鉴、吸收了国内外许多学者的研究成果，谨向他们表示诚挚的谢意！欢迎广大读者给我们提出宝贵的意见和建议！本书的出版得到了中国地质大学江城学院、中国地质大学出版社的大力支持和帮助，特别是得到了杨昌明教授、毕克成老师、方菊老师和彭琳老师的大力支持和帮助，在此一并致谢！

编　者

2011年11月18日

第二版前言

非常高兴在经过了半年的努力之后，本书第二版能够正式发行。本书的第一版出版之初，出版社的方菊老师就嘱咐编者在教材的使用过程中要注意收集师生们的意见，以便再版的时候可以进一步修改完善。新版主要有如下变动。

新版特点：

(1)重新对各个章节进行了梳理，使得内容更加具有逻辑性和条理性，遵循最新的概念、准则和规范；

(2)更新了全书大约1/3的案例，在注重专业知识的同时，注重培养学生的操作技能和实践能力；

(3)修改了部分习题，增加了习题答案，便于学生自主学习。

本书大体保留了第一版的结构，编写特色如下。

(1)适用性。该教材设计的读者对象主要是以应用型人才为培养目标的大学生。编写过程中作者特别注意一方面力求内容上有一定的深度和广度，另一方面强调文字表述上的浅显平实。

(2)应用性。除了学习原理、夯实基础之外，本教材更强调学以致用，将所学的理论运用于实践。独立学院教学目标就是培养应用型人才，因此，我们对企业中常用的管理工具、管理流程和管理方法进行了介绍，特别是“实训环节”，突出了管理学的原理与实践，使得课内学习和课外实践紧密结合。

(3)先进性。本教材注意学习、借鉴近10年的学科研究最新成果，力争在教材中有所体现，做到与时俱进。

本书由张红负责总体框架设计以及写作的组织和总纂工作。再版参加编写人员的具体分工是：张红编写前言、第六章、第七章、第九章、第十章、各章中实训的部分内容以及附录；王博编写第二章、第三章和第四章；涂淼编写第五章；詹欢编写第一章、第八章；桂颖负责第二章至第五章的整体修改审核。

本书在编写过程中，参考了国内外大量的研究成果，谨对这些文章和论著的作者表示衷心的感谢。由于编者的知识水平和掌握的资料有限，要想实现以“培养应用型人才”为目标的写作初衷，还有一定的距离。本书中论述的观点和内容难免有不足之处，还望读者不吝赐教，以便在日后的再版时作出必要的修正。

本书是集体工作的结晶，是编者多年从事管理学教学和科研工作的总结。在本书的编写过程中，编者得到了中国地质大学江城学院、中国地质大学出版社的大力支持，得到了杨昌明教授、毕克成老师、方菊老师和彭琳老师的大力支持和帮助，在此一并表示诚挚的感谢！

编　者

2013 年 4 月 18 日

目　　录

第一章　管理和管理学概述

【名言采撷】

管理是一种工作，它有自己的技巧、工具和方法；管理是一种器官，是赋予组织以生命的、能动的、动态的器官；管理是一门科学，一种系统化的并到处适用的知识；同时管理也是一种文化。

——彼得·德鲁克

【教学目标】

学完本章后，你应该能够：

1. 掌握管理的基本内涵，了解不同的学者对管理的定义区别；
2. 明确管理的职能；
3. 区分谁是管理者；
4. 能够描述明兹伯格的管理者角色理论；
5. 明确不同层次管理者的基本职责和技能；
6. 了解管理学的研究对象和研究方法。

【技能目标】

1. 了解管理追求高效率和好效果的方法；
2. 具备管理应用中的艺术性表现能力。

【案例导入】

拷问富士康第十二跳：这不是管理的错吗？

2010年5月26日晚11点，富士康深圳龙华厂区大润发商场前发生第12起员工跳楼事件。而就在当天，富士康大股东郭台铭到深圳，了解一连串员工堕楼事件。对于无法阻止悲剧发生，他多次鞠躬道歉。谁也不会想到，仅隔不到12小时，悲剧再次发生。

郭台铭26日上午飞赴深圳，拉开危机处理序幕。郭台铭首度开放全球媒体同时进入富士康大本营——深圳龙华厂采访及拍摄，并在当日下午向死者家属鞠躬道歉。不过他也表示，针对多起员工跳楼事件，富士康与心理学专家讨论后的初步结论认为，该公司工厂的管理并无问题，而与员工天生的个性和情绪管理有关。他指出，公司一年多前就注意到员工在工作压力下情绪会受到影响，所以当时就成立了员工生活关爱中心以及关爱中心网络平台，当员工有心理压力时只要上网登记、登录，便会有专人协助处理。

“管理并无问题”——此结论如何对逝去的鲜活生命负责？这一系列员工管理中的极端事件，竟然发生在一个以管理精细著称的大型企业，让人难以理解。可剥茧抽丝，仔细去分析“精细化”背后的种种，我们会发现，导致这场系列悲剧的罪魁祸首或许就是管理本身。

忙碌而有条不紊的流水线是富士康精细化管理的杰作，这个工业化时代的产物为富士康创造了巨额财富，但是也衍生了一个来形容成千上万富士康员工的新名词——“流水线上的螺丝钉”。在富士康厂区，随处可见“魔鬼藏在细节里”的标语。从一张富士康生产车间的照片中，我们看到的是面无表情、一脸茫然的员工。他们隐藏个性、隐藏青春，在分工极其明确的一排排机器前，日复一日地做着重复劳动。厂房、宿舍、食堂，员工接触的除了富士康，还是富士康。在这个世界大工厂里，也是深圳的一个小社会中，细节被程式化，而有一个细节却被人忽视——员工的身心健康和人性光芒。

时代在变，可富士康的管理体系却没变。现在，技术创新驱动利润的时代已渐渐远去，没有管理上的创新与转型，企业不健康的症状就可能提前出现。据了解，富士康在意识到微利时代到来后，开始关注向管理要效益。富士康要想创造更多利润，就只能加强对人力成本的调控，最大限度地降低人力成本。于是乎，富士康出现了员工连续数月高强度加班、员工加班收入所得占总收入一半的情况。而且，在如此精细化、项目化的管理体系中，普通员工的职业发展道路极其狭窄。

（资料来源：http://www.c114.net/news/211/a511519.html　本书略有修改）

富士康的管理真的没有问题吗？有没有改进的余地？怎么改进？带着这一连串的问题，让我们一起走进管理学课堂。

第一节　管理的概念

一、管理的概念

管理是现代人类生活活动的重要组成之一，管理活动是伴随着人类社会历史的发展而发展的。它广泛存在于社会活动的各个领域，大至国家、社会，小至家庭、学校、企业。当我们走进学校学习，我们要遵守学生守则；当我们来到超市购物，我们要遵守购物规则。管理的活动源远流长，时时处处我们都会亲身感受到管理的存在。管理简单地说就是管人理事，凡是由两个或两个以上的人组成的集体就离不开管理，它是所有组织活动中不可缺少的组成部分。

为了准确把握管理的概念,我们首先来追溯管理的起源和发展。应该说,从人类有了群体活动开始,就有了管理。管理是在群体为了实现共同目标而进行协作的过程中产生的。目标越大,活动规模越大,管理在其中的重要性也就越强。例如:震惊世界的中国万里长城、宏伟的秦始皇兵马俑、举世闻名的古埃及金字塔以及神秘的巴比伦空中花园等的建成,都是人类共同协作劳动的结果,而在劳动过程中,劳动人民杰出的管理思想和管理才能都得到了充分体现。所以说,管理是伴随着人类社会活动的发展而发展的。

管理活动虽然自古有之,但是管理真正上升成为一门科学研究却只有一个多世纪的时间。

(一)不同学者对管理的定义

管理理论最早出现在西方,时间大约是 19 世纪末 20 世纪初,主要经历了古典管理理论、行为科学理论、现代管理理论三个阶段。每个阶段都有很多管理理论,但并不是每个管理理论都对管理有一个明确的定义,而且各个管理理论对管理的定义也不尽相同。我们着重介绍几个著名的管理定义。

1. 亨利·法约尔

亨利·法约尔(1841—1925 年),古典管理理论的主要代表人之一,亦为管理过程学派的创始人。他认为,管理是所有的人类组织(不论是家庭、企业或政府)都有的一种活动,这种活动由五项要素组成:计划、组织、指挥、协调和控制。管理就是实行计划、组织、指挥、协调和控制。

这一定义强调了管理的过程和职能特征,认为管理是由职能要素组成。

2. 哈罗德·孔茨

哈罗德·孔茨(1908—1984 年),美国管理学家,管理过程学派的主要代表人物之一。孔茨是管理过程学派的集大成者,他继承了法约尔的理论,并使之更加系统化、条理化。他认为,管理就是设计和保持一种良好的环境,使人在群体里高效率地完成既定目标。

这一定义强调管理的内容就是设计和保持一种良好的工作环境,而且管理的目的就是为了实现既定的目标,同时强调管理是追求效率的。

3. 赫伯特·西蒙

赫伯特·西蒙(1916—2001 年),经济组织决策管理大师,第十届诺贝尔经济学奖获奖者,他是决策理论学派的代表人物。赫伯特·西蒙认为,管理就是决策,决策贯穿管理的全过程。

赫伯特·西蒙认为,决策行为是管理的核心,决策的制定过程是理解组织的关键所在。任何作业开始之前都要先作决策,制订计划就是决策,管理的其他职能——组织、领导和控制也都离不开决策。组织中的管理人员所做的工作的实质就是决策。

（二）管理的定义

管理的定义可以列举很多，以上几种具有一定的代表性。综合分析上述各种观点，总的来说，它们各有真知灼见，也各有不足之处。

让我们对管理活动的一般情况先作一下剖析。我们知道管理是一种行为，作为行为，首先应当有行为的发出者和承受者，即谁对谁做；其次还应有行为的目的，即为什么做。因此，形成一种管理活动，首先要有管理主体，即说明由谁来进行管理的问题；再次要有管理客体，即说明管理的对象或管理什么的问题；最后要有管理目的，即说明为何而进行管理的问题。

有了以上三个要素，就具备了形成管理活动的基本条件。同时，我们还应想到，任何管理活动都不是孤立的活动，它必须要在一定的环境和条件下进行。

综合前人观点，我们认为管理的概念可以作这样的表述：管理是在社会组织中，管理者在一定的环境条件下，通过实施计划、组织、领导和控制等职能，以人为中心来协调各种资源，以便有效率和有效果地实现组织目标的过程。

这一定义可以从以下几个方面进行深入理解。

1. 管理的载体是组织

管理总是存在于组织中的。有效地协作活动需要实施管理活动，因此组织中必定存在管理。管理不能脱离组织而单独存在。

2. 管理的目的是为了实现既定目标

目标是管理活动追求的结果，是所有管理活动的起点，是管理过程的衡量标准，更是管理工作成效的考核标准和依据。

3. 管理的执行是通过职能活动

所谓管理职能，是管理过程中各项行为的内容的概括，是人们对管理工作应有的一般过程和基本内容所作的理论概括。划分管理职能，其意义在于：管理职能把管理过程划分为几个相对独立的部分，在理论研究上能更清楚地描述管理活动的整个过程，有助于实际的管理工作。

4. 管理的对象是一切可协调的资源

管理的对象包括组织中各种类型的资源，如原材料、人力、资本、土地、厂房、设备、顾客、信息等。总之，组织中一切可协调的资源都属于管理现象。

5. 管理追求有效率和有效果

效率是指输入和输出，或投入与产出之间的比例关系。追求效率是手段，目标是资源利用的最少浪费。管理就是要使资源成本最小化，效率最大化。效率涉及做事的方式，即以最佳的方式做事，也叫“正确地做事”。

效果是指实现组织目标的程度，也就是实际工作与组织目标之间的距离。它强调结果，其中内含了一个价值判断，比如说“效果很好”、“效果不佳”等。管理必须使活动实现组织预定的目标，即追求活动的效果。管理者实现了组织的目标，就说它是有效果的；反之，就是没有效果的。效果通常指的是“做正确的事”。

管理不仅关系到使活动达到目标，而且要做得尽可能有效率。低水平管理绝大多数是无效率和无效果，或者是通过牺牲效率来取得效果。

对于资源的使用和配置，既要求有效果，同时也要求效率最大化，发挥资源的最大作用。做任何事情，我们都必须把“效果”放在首位，在“效果”优先的情况下，才能去谈“效率”，否则将会犯“主次矛盾不分”的错误。我们经常听人说“某某人办事雷厉风行，但鲜有成果”就是这个道理。有效率不一定有效果，只有先有效果，明确目标，然后尽量最大化地提高效率，才是正确的做事方法！在目标方向正确的前提下，办事效率的提高才有利于提升效果；而如果目标方向错了，办事效率的提高则只会加快损失的早日到来！

效率(do things right)，重点在于过程的管理，在于选择合适的路径以最短的时间接近目标。效果(do right things)，重点在于事情本身，在于对目标的关注。

6. 管理的本质是协调

协调就是使个人的努力与组织的既定目标相一致。每一个管理目标的制定、每一次工作任务的完成，都要进行部门与部门之间、人员与人员之间的协调。而协调的中心是人，协调的方法有多种多样。由于管理的各个环节都是依靠人去筹划、落实，因此管理的核心是处理组织中的各种人际关系。

小贴士☞　　管理的重要性

美国的邓恩和布兹特里斯信用分析公司多年来对破产企业进行了大量的调查。结果表明，在破产企业中，几乎有90%是由于管理不善所致。

调查显示，中国企业面临许多困难，80%以上的亏损企业是由于管理不善所致。发展中的国家，资源短缺将是一种长期的经济现象。管理是将有限的资源进行合理配置的过程。

发展中的国家，科技落后是阻碍生产力发展的重要因素之一，只有通过有效的管理，才能使科学技术转化为生产力。

二、管理的特征

管理活动不同于教育活动、文化活动和科学活动等其他类型的活动，它有自己的特征，主要表现在以下几个方面。

(一)动态性

管理的动态性特征主要表现在这类活动的环境和组织本身是在变化的，不同的环境和组织要求管理也要不断地变化。例如，同样的管理方法用在不同类型的企业和公司，就会产生不同的效果。再如，我国企业引进国外先进的管理模式时都需要根据自身组织的特点来进行相应的调整。这些都说明了管理的动态性。同时，管理的客体也是在不停变化的。例如，在管理过程中，员工可能由于自身特点的影响，而对管理活动产生不同的反应。管理理论是一种静态的知识，但是管理知识的应用却是时刻变化的。哈佛商学院的案例教学闻名于世，表明了哈佛的教授们对管理真谛的一种认识。如今越来越多的高校重视案例教学，这也反映了对管理动态性的深刻认识。事实上，由于环境、组织以及资源配置等差异性的存在，管理必然是一种动态性活动，不存在一种标准的、处处成功的管理模式。

（二）科学性

管理的动态性并不意味着管理活动没有科学规律可循。尽管管理活动是动态的，但是还是能将其分为两大类：一是程序性的活动，二是非程序性的活动。所谓程序性活动，是指有章可循，照章运作即可取得预想效果的管理活动。所谓非程序性活动，是指无章可循，需要边运作边探讨的管理活动。这两类活动虽然不同，但又是可以相互转化的。

（三）艺术性

由于管理对象分别处于不同的环境、不同的行业、不同的产出要求、不同的资源供给条件等状况下，这就导致了对每一具体管理对象的管理没有唯一的管理模式。因此，在众多可选择的管理方式中选择一种合适的用于现实的管理之中，也是管理主体进行管理的一种艺术技能。管理的艺术性就是强调其实践性，没有实践则无所谓艺术。这就是说，主管人员必须在管理实践中发挥积极性、主动性和创造性，因地制宜地将管理知识与具体管理活动相结合，才能进行有效的管理。所以，管理的艺术性，就是强调管理活动除了要掌握一定的理论和方法外，还要有灵活运用这些知识和技能的技巧和诀窍。

（四）创造性

管理既然是一种动态活动，即每一个具体的管理对象都不可能按照一种有章可循的固定的管理模式进行管理，那么要想达到既定的组织目标和责任，就必须具有一定的创造性。管理的创造性与艺术性相关，正因为管理的创造性，才会存在成功和失败。试想，如果有统一的管理模式可以参照的话，那么岂非人人都可成功，都能够成为有效的管理者？管理的创造性植根于动态性之中，与科学性和艺术性相关，正是由于这一特征的存在，使得管理创新成为必需。

（五）经济性

资源配置是需要成本的，因此管理具有经济性特征。管理的经济性，首先，其反映在资源配置的机会成本上。管理者选择一种资源配置的方式是以放弃另外一种资源配置方式为代价的，这就存在机会成本的问题。其次，管理的经济性反映在对管理方式、管理方法等选择上的成本比较。在众多可帮助进行资源配置的方式方法中，其费用成本是不同的，因而选择什么样的资源配置方式就存在经济性的问题。再次，管理是对资源有效整合的过程，因此选择不同资源供给和配比，就有成本大小的问题，这是经济性的另一种表现。

三、管理的性质

管理最基本的意义是在社会化生产过程中指挥和监督，它既与生产力相联系，又与生产关系相联系，所以管理具有二重性。而管理活动的过程要求既要遵循管理客观规律的科学性，又要体现在管理实践中灵活创新的艺术性，所以管理具有科学性和艺术性。

（一）管理的二重性

管理的根本属性在于管理具有二重性。马克思在《资本论》中指出："凡直接生产过程具有社会结合过程的形态，而不是表现为独立生产者的孤立劳动的地方，都必然会产生监督劳动和指挥劳动。不过它具有二重性。"管理的二重性就是，管理既有同生产力、社会化大生产相联系的自然属性，又有同生产关系、社会制度相联系的社会属性。

1. 管理的自然属性

管理的自然属性也称为管理的生产力属性，它是由一定的生产力状况决定的。任何社会，只要有共同劳动，就需要管理；凡是共同劳动，就必然要分工协作。这种由共同劳动、分工协作而产生的管理职能，体现了不同社会制度下管理的共同性，就是自然属性。

2. 管理的社会属性

管理的社会属性也称为管理的生产关系属性，它是指管理与生产关系、社会制度相联系，反映一定生产关系的性质和要求，表现为维护和发展生产关系的特殊职能，体现了不同社会制度下管理的个性。

在管理的过程中，管理的自然属性和社会属性有机地统一在一起。

（二）管理的科学性和艺术性

1. 管理的科学性

科学是人们关于自然、社会和思维的知识体系。科学的实质在于揭示事物的本质和规律，即有规律必具科学性，管理活动本身是有规律可循的。持科学观点的管理学者们提出了以下证据：

（1）现代管理建立在科学的基础之上（如：泰勒的工序和时间研究）；

（2）管理有一些经典的原则、方法和工具（如：统一指挥原则等）；

（3）管理知识可以通过书本学习、传授；

（4）管理知识可以用计算机、数理等方法进行研究；

（5）管理是理性弧，是有规律（原理—原则—方法）可循的。

2. 管理的艺术性

所谓艺术，就是用高度的形象来反映现实。管理的艺术性主要指管理者在管理活动中要凭技艺(技巧、才能)来处理管理问题。持艺术观点的管理学者们提出了以下证据：

(1)管理凭直感、创造力和经验；

(2)管理是技巧的运用,没有在任何条件下都能实现的准则；

(3)管理是一种意识,对人本身的素质有一定的要求。

3. 管理既是科学,也是艺术

经过一百多年的探索、研究、总结和发展,已经形成了比较系统的管理理论,它们反映了管理工作中的客观规律,所提出的管理原理、原则、方法等使我们能够对具体的管理问题进行具体的分析,并获得科学的结论,这就是管理的科学性。但是,与自然科学相比,管理学是一门不十分精确的学科,管理学所提供的管理手段与方法十分有限,面对复杂、多变的环境,管理者在管理实践中必须运用各种管理技巧、经验来解决具体的管理问题,这就是管理的艺术性。可见,管理既是一门科学,又是一门艺术。有效的管理者,多半既懂得管理的理论和方法,又具有高超的管理艺术。

第二节　管理的职能

一、管理职能的划分

所谓管理职能,是管理过程中各项行为的内容的概括,是人们对管理工作应有的一般过程和基本内容所作的理论概括。

(一)管理职能划分的意义

管理职能划分的意义表现在:首先,管理职能把管理过程划分为几个相对独立的部分,在理论研究上能更清楚地描述管理活动的整个过程,有助于实际的管理工作;其次,划分管理职能有助于管理者在实践中实现管理活动的专业化,使管理人员更容易从事管理工作,在管理领域中实现专业化,如同在生产中实现专业化一样,能大大提高效率;再次,划分管理职能可以使管理者运用职能观点去建立或改革组织机构,从而更好地实现组织目标。

(二)管理职能的划分

对于管理的职能,国外有许多种划分方法。早期的管理理论认为,管理有计划、执行、控制三大基本职能。

20 世纪初,法国工业家、管理过程学派的开山鼻祖亨利·法约尔首先系统性地提出了管理者具有的五大职能。法约尔认为,所有的管理者都履行着五种职能：计划、组织、指挥、协调和控制。他的观点为后人的研究奠定了基础。其他学者对管理职能划分的研究基本上没有超越他的范围。20 世纪 50 年代中期,管理过程学派最著名的代表人物孔茨在法约尔研究的基础上提出人员配备应该纳入管理职能范畴。哈罗德·孔茨和西里尔·奥唐内尔将管理职能划分为计划、组织、人员配备、指导和控制。这些都说明当时管理学家已经注意到了人的管理在管理行为中的重要性。西蒙等人在解释管理职能时，突出了决策职能。他认为，组织活动的中心就是决策。制订计划、选择计划方案需要决策，设计组织结构、人事管理等也需要决策，选择控制手段还需要决策。西蒙认为，决策贯穿于管理过程的各个方面，管理的核心是决策。

随着管理理论研究的深化和客观环境对管理工作要求的变化，人们对管理职能有了进一步的认识，提出了一些新的管理职能，如决策、创新、信息传递、协调等。

我们认为管理职能包括：计划、组织、领导、控制。

二、管理职能概述

（一）计划职能

计划是管理的首要职能。它是指对组织活动的目标和实现目标的途径作出筹划和安排，以保证组织活动有条不紊地进行。计划包含规定组织的目标，制定整体战略以实现这些目标，以及将这些计划逐层展开，以便协调各种活动，从而将各种活动一体化。要作好计划，必然要求对组织的未来具有前瞻性。

计划是任何一个组织成功的核心，它存在于组织各个层次的管理活动中。组织中所有层次的管理者，包括高层管理者、中层管理者和基层管理者，都必须从事计划活动。管理者的首要职责就是作计划，就是将组织在一定时期内的活动任务分解给组织的每个部门、环节和个人，从而不仅为这些部门、环节和个人在该时期的工作提供了具体的依据，而且为决策目标的实现提供了保证。

（二）组织职能

组织包括决定组织要完成的任务是什么，谁去完成这些任务，这些任务怎么分类组合，谁向谁报告，以及各种决策应在哪一级决定等。

只有组织中的每个人了解自己在组织工作中应有的地位和组织成员之间的相互关系，才能有效地发挥组织成员在组织中的作用，保证组织目标的顺利进行。因此，可以说组织工作的基本功能，就是要协调组织中全体成员与该组织的任务、目标之间的关系，使组织适应完成目标的需要，最大限度地发挥全体人员的能量和积极性，使其成为一个具有凝聚力的集体。组织目标是否能够实现，就要看组织内各要素之间的协调、配合程度。

（三）领导职能

领导是指领导者依靠影响力，指挥、带领、引导和鼓励被领导者（下属）或追随者，实现组织目标的活动和艺术，包括领导激励下属、指导下属活动、选择最有效的沟通渠道、解决组织之间的冲突等。

拿破仑曾经说过这样一句话：狮子率领的兔子军远比兔子率领的狮子军作战能力强。领导的言行可以通过榜样、暗示、模仿作用等心理机制激发下属的动机，从而调动其工作、学习积极性，形成领导行为激励效应。因此，从某种意义上说，领导的良好行为、模范作用、以身作则就是一种无声的命令。同时，领导也具有导向作用。

（四）控制职能

控制是指监控各项活动以保证它们按组织计划进行并纠正各种重要偏差的过程，是为了保证组织各部门、各环节能按预定的要求运作而实现目标的重要职能。

管理过程不可能十全十美，难免存在这样或者那样的不足之处，通过管理控制，我们能及时发现这些不足之处，予以弥补。这个纠偏的过程在管理学中就称为控制。

控制是一个过程，它贯穿于整个管理活动的始末。在组织目标的实现过程中，不断地在计划与执行计划的结果之间进行比较，发现两者之间的差距，并找出这种差距的原因加以纠正，这就是控制。控制的目的是要保证实际工作与计划一致。

管理的四个职能是相辅相成、相互影响、相互作用、相互交叉渗透的，缺一不可。每一个职能都有其重要的作用及价值，缺了任何一个要素，管理活动都无法顺利进行、有序展开。每一项管理活动一般都是从计划开始，经组织贯彻，有效地领导展开，最后以对偏差及其成果进行控制而结束。

第三节　管理者

一、管理者的定义

（一）管理者的含义

当前，对于管理者的称呼甚多，我们所熟悉的如首席执行官、职业经理人、总经理、项目主管、职能部门经理等都属于管理者的范畴。从广义上讲，管理者的含义应是泛指所有执行管理职能，并对组织目标实现作出实质性贡献的人。这个概念既包括执行传统意义上的管理职能，对他人工作负有责任的人，也包括承担特殊任务，而不对他人工作负有责任的人，或者介于这两者之间的人。

根据工作内容，我们可将组织内的成员分成两类：管理者和操作者。操作者是指在组织中直接从事工作或任务且不负有对他人工作监督责任的人，如工厂中的一线工作人员、银行的客服人员、餐饮业的服务员、学校的教师等。而管理者则是指在组织中负责分配、指挥、监督或协调他人工作的个人。也就是说，管理者一定有下属，并且对其直接下属的工作成败负责，而操作者则只需要完成份内的工作。

同时，管理者既是管理的客体，也是管理的主体。当他被人管理的时候，他是管理的客体；当他管理人的时候，他是管理的主体。

（二）管理者的类型

按照管理者在组织中所处的不同层次，可将管理者分为高层管理者、中层管理者和基层管理者，三种管理者所占比例呈金字塔形，如图 1.1 所示。

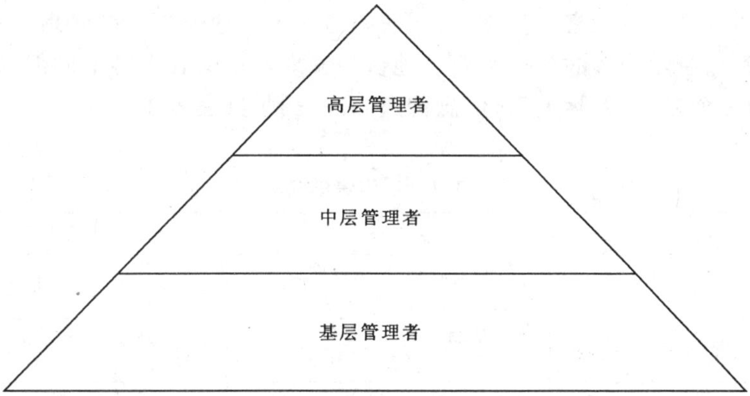

图 1.1　组织中管理者分类

1. 高层管理者

高层管理者是指组织中的高级领导人，对管理负有全面责任，主要任务是负责确定组织目标、制订战略计划、把握发展方向，以及确定影响全组织成员的重大决策等。如：学校的校长或董事长、企业的董事会成员、商场总经理、城市的正副市长等。

2. 中层管理者

中层管理者介于高层和基层管理人员之间。他们在组织中起到承上启下的作用。主要职责为贯彻执行组织的重大决策和管理意图，监督和协调基层管理人员的工作、规划和参谋等。如：学校系主任、教务处处长，企业中采购、生产、财务等部门的负责人，政府部门中的主任、局长等。

3. 基层管理者

基层管理者是最直接的一线管理人员，主要负责直接指挥和监督实际作业人员。他们是整个管理系统的基础。如专业负责人、领班、小组长等。

上述三个不同层次的管理人员，其工作内容和性质存在很大的差别。一般来说，基层管理者所关心的主要是具体的战术性工作，而高层管理者所关心的则主要是抽象的战略性工作。

二、管理者角色

管理者合格与否，在很大程度上取决于管理职能的履行情况。为了有效履行各种职能，管理者必须明确自己要扮演的角色。“管理者角色”这一概念最早是由美国管理学家彼得·德鲁克在 1955 年提出的。所谓管理者角色是指特定的管理行为类型。

20 世纪 60 年代末，加拿大管理学家亨利·明茨伯格对五位总经理的工作进行了仔细的研究。在观察的基础上，明茨伯格提出了他所创建的管理者角色理论，即管理者究竟在做什么的分类纲要。他认为管理者扮演着十种不同但高度相关的角色，分为三个方面：人际关系、信息传递和决策制定（表 1.1）。

表 1.1 管理者的角色

方面	角色	描述	特征活动
人际关系	1. 挂名首脑	象征性首脑，必须履行许多法律性或社会性的例行义务	迎接来访者，签署法律文件
	2. 领导者	负责激励下属、人员分配、培训以及有关的职责	实际上从事所有的有下级参与的活动
	3. 联络者	维护自行发展起来的外部关系和消息来源，从中得到帮助和信息	发感谢信，从事外部委员会的工作，从事其他有外部人员参与的活动
信息传递	4. 监听者	寻求获取各种内部和外部信息，以便透彻地理解组织与环境	阅读期刊和报告，与有关人员保持私人接触
	5. 传播者	将从外部人员和下属那里获取的信息传递给组织的其他成员	举行信息交流会，用打电话的方式传达信息
	6. 发言人	向外界发布组织的计划、政策、行动、结果等	召开董事会，向媒体发表信息
决策制定	7. 企业家	寻求组织和环境中的机会，制定“改进方案”以发起改革	组织战略制定和检查会议，以开发新项目
	8. 混乱驾驭者	当组织面临重大的、意外的混乱时，负责采取纠正行动	组织应对混乱和危机时进行战略制定和检查会议的工作
	9. 资源分配者	负责分配组织的各种资源并制定和批准所有有关的组织决策	调度、授权、开发预算活动，安排下级的工作
	10. 谈判者	作为组织的代表参加重要的谈判	参加与工会的合同谈判

（资料来源：H. Mintzberg. The Nature of Managerial Work，1973）

（一）人际关系角色

管理的核心是处理各种人际关系。管理者在处理与组织成员和其他利益相关者的关系时，扮演了不同的人际角色。管理者所扮演的三种人际角色是：挂名首脑角色、领导者角色和联络者角色。

1. 挂名首脑角色

作为所在单位的领导，管理者必须行使一些具有礼仪性质的职责，如出席集会、宴请重要客户等。此时，领导的身份和地位是其组织的管理者，是组织的代表。

2. 领导者角色

由于管理者对所在单位的成败负重要责任，因此，他们必须在工作小组内扮演领导者角色。例如：培训下级、招聘员工、激励员工等。

3. 联络者角色

管理者无论对内对外都扮演着联络者的角色。在组织内部，管理者需要协调各部门工作以确保目标的顺利完成。而在组织外部，管理者需要与供应商等外界个人或机构之间进行联络和协调。例如：管理者与消费者、供应商、金融中介、当地政府、公众等组织建立联系，以获取资源和信息。

（二）信息角色

管理者确保和他一起工作的人具有足够的信息，从而能够顺利完成工作，这时他们就扮演信息角色。管理者在其组织内部的信息传递中处于中心地位，是组织的中枢神经，他既是获取外部信息的焦点，也是传递信息的来源。管理者的信息角色具体包括监听者角色、传播者角色和发言人角色。

1. 监听者角色

作为监听者，管理者持续关注组织内外环境的变化以获取对组织有用的信息。

2. 传播者角色

作为传播者，管理者把重要的信息传递给工作小组成员，有时也向工作小组隐藏特定的信息。更重要的是，管理者必须保证员工具有必要的信息以便切实有效地完成工作。

3. 发言人角色

管理者把信息传递给单位或组织以外的个人，运作信息提升组织，以使组织内部和外部的人对组织有积极的反应。

（三）决策角色

管理者在处理信息并得出结论的过程中扮演决策角色。管理工作中最重要的部分也许就是担任决策角色。管理者对他的组织战略决策系统负有全面的责任，也就是组织的每一项重大决策皆与管理者有关，包括企业家角色、混乱驾驭者角色、资源分配者角色和谈判者角色。

1. 企业家角色

作为企业家，管理者必须善于对所发现的机会进行投资以利用这种机会，如开发新产品、提供新服务、发明新工艺等。当管理者作为企业家时，管理者可将组织带领到一个新境界。

2. 混乱驾驭者角色

作为一个混乱驾驭者，管理者必须善于处理冲突或解决问题。当组织面临重大意外或危机时，管理者应采取积极有效的行动以应付之前预见的问题，避免情况恶化，如平息客户的怒气、同不合作的供应商进行谈判或者对员工之间的争端进行调解等。

3. 资源分配者角色

作为资源分配者，管理者可以决定资源用于哪些项目。任何企业的资源都是有限的，管理者在如何有效地利用和分配有限的资源以达到企业目标的决策过程中扮演着资源分配角色。

4. 谈判者角色

每个组织都不可避免地与其他组织进行谈判来为自己的组织争取利益。研究表明，管理者把大量的时间花费在谈判上。谈判对象包括员工、供应商、客户、金融中介、其他工作小组等。

三、管理者的技能

关于管理者应具备的技能，管理学家们提出了不同的观点。美国的管理学专家卡特兹在 1955 年发表的论文《有效管理者的技能》中针对管理者的工作特点，提出了技术技能、人际技能和概念技能的概念。卡特兹认为，有效的管理者将依赖于这三种技能。

（一）技术技能

技术技能是指使用技术手段完成组织任务的能力，是与特定工作岗位有关的专业知识和技能。如：生产技能、财务技能、营销技能等。管理者不必成为精通某一领域的技能专家，但需要了解并初步掌握与其管理的专业相关的基本技能，否则很难与他所主管的组织内的专业技术人员进行有效的沟通，从而无法对所辖业务范围的各项工作进行具体的指导。

不同层次的管理者，对于技术技能要求的程度是不同的。

（二）人际技能

人际技能是指在达到组织目标的过程中与人共事的能力，有时称为人际关系技能，即理解、激励他人并与他人共事的能力。我国学者周三多将其定义为："成功地与别人打交道并与别人沟通的能力。"一个人的能力，很大程度上取决于他的人际技能。因为管理者除了领导下属外，还要与上级领导和同级同事打交道，还得学会说服上级领导、领会领导意图、学会与同事合作等。处理好人际关系有利于树立团队精神，可以说，管理者的工作能力取决于人际技能。

（三）概念技能

概念技能是指理解受环境影响组织复杂程度的能力。我国学者周三多将其定义为："把观点设想出来并加以处理以及将关系抽象化的精神能力。"即指管理者纵观全局、认清为什么要做某事的能力，也就是管理者在任何混乱、复杂的环境中，敏锐地辨清各种要素之间的相互关系，深刻地了解组织中任何活动的后果，准确地抓住问题的实质，果断地作出正确决策的能力。

小贴士☞

海尔国际化就像是一盘棋，而要提高棋艺，最好的办法就是找高手下棋，我们的高手就是：欧洲和美国。

——海尔 CEO 张瑞敏

不同层次的管理者对于三种技能的要求程度也不一样。对于高层管理者，最重要的是概念技能；基层管理者最接近现场，技术技能格外重要；由于管理者的工作对象是人，因此人际技能对各个层次的管理者来说都是重要的。

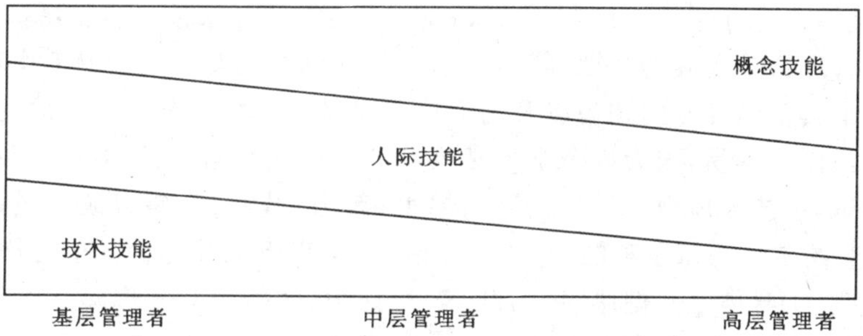

图 1.2　卡特兹的管理人员三大技能

卡特兹有关管理人员技能的理论（图 1.2），不仅确立了管理者应具备的能力类型，而且指出了在管理者地位变化的过程中技能要求的变化，也告诉了管理者在管理工作的生涯中，应如何科学地转换自我的能力结构，以适应工作和自我发展的需要。

四、管理者的素质

管理者的素质，是指一个管理者应具备的各种条件在质量上的综合。古今中外关于管理者素质的问题很早就有了研究。我国古代著名军事家孙子提出的为将"五德"标准："将者，智、信、仁、勇、严也。""智"，是智谋，多谋善断；"信"，是诚信，赏罚有信；"仁"，是仁慈，爱护士卒；"勇"，是勇敢坚定；"严"，是严明，明法审令。古代军事家孙子认为，将领应该对复杂多变的战争作出灵活的处置，没有丰富的作战经验和良好的军事素养，没有综合判断的洞察力和高人一筹的预见能力，是不可能成为名垂千古的一代名将的。

小贴士　　商鞅变法，徙木立信

商鞅变法的法令已经准备就绪，但没有公布。他担心百姓不相信自己，就在国都集市的南门外竖起一根三丈（约10米）高的木头，告示：有谁能把这根木头搬到集市北门，就给他十金。百姓们感到奇怪，没有人敢来搬动。商鞅又出示布告说："有能搬动的给他五十金。"有个人壮着胆子把木头搬到了集市北门，商鞅立刻命令给他五十金，以表明他说到做到。接着商鞅下令变法，新法很快在全国推行。

毛泽东早年在评论"徙木立信"这段故事时指出："商鞅之法，良法也。……其法惩奸以保人民之权利，务耕织以增进国民之富力，尚军功以树国威，孥贫怠以绝消耗。此诚我国从来未有之大政策。民何惮而不信？乃必徙木以立信者，吾于是知执政者之具费苦心也。"

移动一根木头并非难事，关键是以此而树立的千金难买的威信。

早在管理科学发展的初期，美国管理专家泰勒在论及工段长的工作时就谈到：要得到一个具备多种专门知识以及为完成其全部工作所必需的各方面的智力和道德品质的人极不容易，因为一个全才必须具有下列九种品德：脑力；教育；专门知识或技术知识，手艺或体力；机智；充沛的精力；毅力；诚实；判断力或常识；良好的健康情况。法约尔认为每一种能力（指职能能力）都以下面简述的几个方面的素质与知识为基础：①身体——健康、体力旺盛，有活力；②智力——理解和学习的能力、判断力，精力充沛、头脑灵活；③道德——有毅力、坚强、勇于负责任，有首创精神、忠诚，有自知之明、自尊；④一般文化——具有不限于从事职能范围的各方面知识；⑤专业知识——技术，或商业，或财务；⑥经验——从业务实践中获得的知识，这是人们自己从行动中吸取的教训和记忆。泰勒、法约尔几乎不约而同地强调了作为一名管理者应具备一些基本的知识、能力和道德品质。概括地讲，它们包括：一般的文化和专业知识、体力、智力与经验、坚强、毅力、责任心和首创精神。

由上可见，管理者应该具备的素质是多方面的，但有些素质是优秀的管理者都应该具备的。概括而言，可以将管理者素质分为三个方面，即思想品质素质、知识素质和能力素质。品德是推动个人行为的主观力量，决定着一个人工作的愿望和努力程度。知识体现了一个人的智能水平和状况。能力反映出一个人干好本职工作的本领。

1. 思想品质素质

管理者的思想品质素质是指管理者在行为、作风中表现出来的思想、认识和品性等方面的特质。管理者应具有强烈的事业心和高度的责任感，形成崇高的道德品质、高尚的道德情操和道德境界，具备良好的心理健康素质和良好的个性修养。

2. 知识素质

博学才能多才，足智才能多谋，多谋才能善断。作为管理者，要掌握丰富的企业经营管理知识。只有不断提高自己的专业知识水平，努力做业务上的内行、管理上的行家，才能视野开阔、深谋远虑，达到决策科学、管理科学的目的。管理者的知识素质可能来自于知识体系的学习，也可能是经验总结。

3. 能力素质

能力素质是管理者素质的核心。在其他条件具备的情况下，管理者能力素质的高低往往关系到决策的成功和失败。管理者应具有学习能力、解决问题能力、交流与沟通能力、处理信息能力等。

除了以上的素质以外，管理者还应该具备服务的热情、合作的意识、管理的欲望、健康的身体、充沛的精力等，这样才能成为一名优秀的管理者。

第四节 管理环境

组织环境是组织生存发展的土壤，它既为组织活动提供必要的条件，也对组织活动起着制约作用。

根据权变管理思想，管理者所在的组织是一个开放的系统，管理者的活动必然要受到组织内外各种因素的影响。只有在内外环境允许的范围内，管理者才能有所作为。

一、管理环境的概念及分类

(一)管理环境的概念

管理环境指存在于一个组织内外部，并且影响组织绩效的各种力量与条件因素的总和。管理环境的变化要求管理的内容、手段、方式、方法等随之调整，以利用机会，趋利避害，更好地实施管理。

(二)管理环境的分类

管理环境分为外部环境和内部环境，外部环境一般有政治环境、社会文化环境、经济环境、技术环境和自然环境；内部环境有人力资源环境、物力资源环境、财力资源环境以及内部文化环境。

1. 外部环境

外部环境是组织之外的客观存在的各种影响因素的总和。它是不以组织的意志为转移的，是组织的管理必须面对的重要影响因素。外部环境又分为宏观环境和微观环境。

宏观环境因素是指可能对组织活动产生影响，但是其影响的相关性不是十分清楚的各种因素，一般包括政治环境、社会文化法律环境、经济环境、科学技术环境和自然环境。政治环境包括一个国家的政治制度，社会制度，执政党的性质，政府的方针、政策、法规法令等。文化环境包括一个国家或地区的居民文化水平、宗教信仰、风俗习惯、道德观念、价值观念等。法律环境主要是法律意识形态及其与之相适应的法律规范、法律制度、法律组织机构和法律设施所形成的有机整体。它主要包含内外有别的两个层次：一个是外显的表层结构，即法律规范、法律制度、法律组织机构及法律设施；另一个是内化的里层结构，即法律意识形态。经济环境是影响组织，特别是企业组织的重要环境因素，它包括宏观和微观两个方面。宏观经济环境主要指一个国家的人口数量及其增长趋势、国民收入、国民生产总值等。通过这些指标能够反映国民经济发展水平和发展速度。微观经济环境主要指消费者的收入水平、消费偏好、储蓄情况、就业程度等因素。科技环境反映了组织物质条件的科技水平。科技环境除了直接相关的技术手段外，还包括国家对科技开发的投资和支持重点、技术发展动态和研究开发费用、技术转移和技术商品化速度、专利及其保护情况等。自然环境包括地理位置、气候条件及资源状况。地理位置是制约组织活动的一个重要因素。

微观环境因素是指对某一具体组织的组织目标的实现有直接影响的那些外部因素，一般包括供应商、竞争者、顾客、政府职能部门以及各种利益团体。相对于宏观环境而言，组织一般更加注重微观环境的研究与分析。对具体组织来说，微观环境是确定的，它直接影响组织的绩效。

外部环境与管理相互作用，一定条件下甚至对管理有决定作用。外部环境制约管理活动的方向和内容。无论什么样的管理目的，管理活动都必须从客观实际出发。脱离现实环境的管理是不可能成功的。“靠山吃山，靠水吃水”在一定程度上反映了外部环境对管理活动的决定作用。同时，外部环境影响管理的决策和方法。当然，管理对外部环境也具有能动的反作用。

2. 内部环境

内部环境是指组织内部的各种影响因素的总和。它是随组织产生而产生的，在一定条件下内部环境是可以控制和调节的。内部环境包括组织经营条件和组织文化（组织内部气氛）两大方面。

组织经营条件是指组织所拥有的各种资源的数量和质量状况。人力资源对于任何组织都始终是最关键和最重要的因素。人力资源的划分根据不同组织、不同标准有不同的类型。比如，企业人力资源根据他们所从事的工作性质的不同，可分为生产工人、技术工人和管理人员三类。物力资源是指内部物质环境的构成内容，即在组织活动过程中需要运用的物质条件的拥有数量和利用程度。财力资源是一种能够获取和改善组织其他资源的资源，是反映组织活动条件的一项综合因素。财力资源指的是组织的资金拥有情况、构成情况、筹措渠道、利用情况。财力资源的状况决定组织业务的拓展和组织活动的进行等。

组织文化是组织在长期的发展过程中逐步形成和发展起来的价值观、经营理念、经营原则等，以及以此为核心而建立起来的规章制度、道德要求、行为规范等。

内部环境随着组织的诞生而产生，对组织的管理活动产生影响。内部环境决定了管理活动的可选择的方式方法，而且在很大程度上影响到组织管理的成功与失败。

二、环境分析的主要方法

(一)识别环境的不确定性程度

不确定性意指在没有获得足够的有关环境因素的信息情况下，管理者必须作出决策，而决策人很难估计外部环境变化。美国学者邓肯认为，应该从两个维度来确定企业所面临的环境不确定性：一是企业所面临环境的动态性，二是企业所面临环境的复杂性。

1. 事件的稳定或不稳定(即动态)程度

事件的稳定或不稳定程度，即组织环境中的变动是稳定的还是不稳定的。它不仅取决于环境中各构成因素是否发生变化，而且还与这种变化的可预见性有关。

2. 环境简单或复杂的程度

复杂性程度可用组织环境中的要素数量和种类来表示。在一个复杂性环境中，有多个外部因素对组织产生影响。通常外部因素越少，环境复杂性越低，不确定性越小。环境条件越多变和越复杂，环境的不确定性越大。环境条件的多变性意指变化的速度和频率。

下面我们分别探讨一下由两种程度组成的四种环境状况，以及由此而形成的不确定性程度。

(1)简单与稳定状况 。在简单与稳定状况下，不确定的程度很低。企业所面临的环境比较容易理解，变化不大。例如原材料供应商和大批量生产企业。在这类企业中，相关的外部因素较少，技术过程相比之下比较单一，竞争和市场在较长的时期内固定，市场和竞争的数量可能有限。如果企业所处的环境简单且稳定，那么，对过去环境影响的分析就有一定的实际意义，因为历史上出现过的规律性事情有可能继续在未来出现。

(2)复杂与稳定状况 。复杂与稳定环境表明不确定性有所增加。在外部审查过程中，企业需要考虑众多的环境因素。为了提高企业的效益，必须要对这些因素进行分析。然而，这种环境下的外部因素变化不大，且往往在意料之中。例如，大学、电器制造厂和保险公司所处的环境复杂但比较稳定。尽管外部因素较多且在不断变化中，但是变化速度比较缓慢，而且可以预见。

(3)简单与不稳定状况 。在简单与不稳定环境中，不确定性进一步增加。尽管企业的外部因素很少，然而，这些因素很难预测，往往与企业初衷相违背。面对这种环境的企业有时装公司、个人计算机公司、玩具制造公司和声乐行业。这些企业面临的市场供求关系经常发生变动。

(4)复杂与不稳定状况 。复杂与不稳定状况下,不确定程度最高。企业面临着众多的外部因素,且变化频繁,对企业的举措影响甚大。当几种因素同时变化时,环境会发生激烈动荡。电子公司和航空公司往往处在这种复杂与不稳定环境中,许多外部因素会同时发生变化。例如航空公司,在过去的几年中出现了不少地区性航空公司,导致了法规进一步放宽、价格战不断升级,同时还出现了燃料成本上升、国际局部战争爆发、机场拥挤不堪、顾客需求变化、高铁迅速发展等外部因素的变化。除此之外,航天公司和电子通讯公司也属于这类处在复杂与不稳定状况下的企业。

(二)特殊环境分析——波特五力分析模型

五力分析模型是迈克尔·波特(Michael Porter)于20世纪80年代初提出的,它对企业战略制定产生了全球性的深远影响,主要用于竞争战略的分析,可以有效地分析客户的竞争环境。五力分别是:供应商的议价能力、购买者的议价能力、潜在竞争者进入的能力(新进入者的威胁)、替代品的替代能力和行业内竞争者现在的竞争能力 。五种力量的不同组合变化最终影响行业利润潜力变化。

1. 供应商的议价能力

供方主要通过其提高投入要素价格与降低单位价值质量的能力来影响行业中现有企业的盈利能力与产品竞争力 。供方力量的强弱主要取决于他们所提供给买主的是什么投入要素,当供方所提供的投入要素的价值占买主产品总成本中的较大比例,且对买主产品生产过程非常重要,或者严重影响买主产品的质量时,供方对于买主的潜在讨价还价力量就大大增强。

2. 购买者的议价能力

购买者主要通过其压价与要求提供较高的产品或服务质量的能力来影响行业中现有企业的盈利能力。

3. 新进入者的威胁

新进入者在给行业带来新生产能力 、新资源的同时,也希望在已被现有企业瓜分完毕的市场中赢得一席之地,这就有可能会与现有企业发生原材料与市场份额的竞争,最终导致行业中现有企业盈利水平降低,严重的话还有可能危及这些企业的生存。竞争性进入威胁的严重程度取决于两方面的因素,即进入新领域的障碍大小与预期现有企业对于进入者的反映情况。

4. 替代品的威胁

两个处于同行业或不同行业中的企业,可能会由于所生产的产品是互为替代品,从而在它们之间产生相互竞争行为。这种源自于替代品的竞争会以各种形式影响行业中现有企业的竞争战略。

5. 同业竞争者的竞争程度

大部分行业中的企业,相互之间的利益都是紧密联系在一起的。作为企业整体战略一部分的各企业竞争战略 ,其目标都在于使得自己的企业获得相对于竞争对手的优势,所以,在实施中就必然会产生冲突与对抗现象,这些冲突与对抗就构成了现有企业之间的竞争。现有企业之间的竞争常常表现在价格、广告 、产品介绍、售后服务等方面,其竞争强度与许多因素有关。

根据上面对于组织五种竞争力量的讨论,企业可能采取的一般战略是:低成本战略、差异化战略和多元化战略。

(三)环境的综合分析——SWOT 分析

SWOT 分析法,即态势分析法,在 20 世纪 80 年代初由美国旧金山大学的管理学教授韦里克提出,经常被用于企业战略制定、竞争对手分析等场合。在现在的战略规划报告里,SWOT 分析应该是一个众所周知的工具。SWOT 分析实际上是对企业内外部条件各方面内容进行综合和概括,进而分析组织的优势(strengths)和劣势(weaknesses)、面临的机会(opportunities)和威胁(threats)的一种方法。

1. 优势与劣势分析

识别环境中有吸引力的机会是一回事,拥有在机会中成功所必需的竞争能力是另一回事。每个企业都要定期检查自己的优势与劣势,这可通过"企业经营管理检核表"的方式进行。企业或企业外的咨询机构都可利用这一格式检查企业的营销 、财务、制造和组织能力。每一要素都要按照特强、稍强、中等、稍弱或特弱划分等级。

当两个企业处在同一市场或者说它们都有能力向同一顾客群体提供产品和服务时,如果其中一个企业有更高的盈利率或盈利潜力,那么,我们就认为这个企业比另外一个企业更具有竞争优势。换句话说,所谓竞争优势是指一个企业超越其竞争对手的能力,这种能力有助于实现企业的主要目标——盈利。但值得注意的是,竞争优势并不一定完全体现在较高的盈利率上,因为有时企业更希望增加市场份额 ,或者多奖励管理人员或雇员。

2. 机会与威胁分析

随着经济、社会、科技等诸多方面的迅速发展,特别是世界经济全球化、一体化过程的加快,以及全球信息网络的建立和消费需求的多样化,企业所处的环境更为开放和动荡。这种变化几乎对所有企业都产生了深刻的影响。正因为如此,环境分析成为一种日益重要的企业职能。

环境发展趋势分为两大类:一类表示环境威胁,另一类表示环境机会。环境威胁指的是环境中一种对组织不利的发展趋势所形成的挑战,如果不采取果断的战略行为,这种不利趋势将导致公司的竞争地位受到削弱。环境机会就是对公司行为富有吸引力的领域,在这一领域中,该公司将拥有竞争优势。

第五节 管理学

一、管理学的研究对象

人类社会存在着各种各样的组织,例如公司、工厂、银行、商店、酒店等企业单位,或者学校、医院、电视台等事业单位,又或者是政府、军队等国家机关。不仅每种组织的工作性质千差万别,而且组织中管理者所担任的工作职务也各不相同。学校领导的日常工作当然与企业经理的不一样,政府领导所作的决策也与公司总经理所作的决策完全不同。不同的社会组织都有自身独特的管理原理和方法,它们分别构成了管理学的分支,如:工商管理学、军队管理学、行政管理学、学校管理学、新闻管理学等。这些分支又能细化出更小的分支,例如工商管理包括企业管理、旅游管理、物流管理等。我们可以通过高校管理学院的专业分类来了解这些管理学分支。这些不同的管理学分支虽然各自形成了自己的原理和方法,但是它们之中包含着共同的普遍的管理原理和管理方法。作为一般意义上的管理学,它所研究的是在各种管理中共存的并具有普遍适用性的管理原理和方法。

管理学是一门系统地研究管理活动的基本规律和一般方法的科学。从管理的二重性出发,它的研究对象主要包括以下三个方面。

(一)生产力方面

管理科学与生产力的发展水平密切相关,生产力的水平不同,对管理的要求也不同。合理组织生产力是管理学研究的重要内容,主要研究:生产力诸要素之间的关系,即合理组织生产力的问题;如何合理配置组织中的人、财、物,使各要素充分发挥作用的问题;如何根据组织目标的要求和社会需要,合理地使用各种资源,以求得最佳的经济效益和社会效益的问题。

(二)生产关系方面

生产力和生产关系是密切联系的,生产力决定生产关系,生产关系反过来又影响生产力的发展。管理学作为一门以经济学为主导的科学,研究的重点是生产关系,主要研究:如何正确处理组织中人与人之间的关系问题;如何建立和完善组织机构以及各种管理体制等问题;如何激励组织内成员,从而最大限度地调动各方面的积极性和创造性,为实现组织目标而服务。

(三)上层建筑方面

管理离不开政策、法令、管理机制和规章制度等,所以管理学与上层建筑也有着密切的联系。随着经济的发展和变革,上层建筑必须及时进行调整以适应生产力的发展。管理学要在经济基础与上层建筑之间的运动中来研究上层建筑,使其不断地适应经济基础的要求,主要研究:如何使组织内部环境和外部环境相适应的问题；如何使组织的规章制度与社会的政治、经济、法律、道德等上层建筑保持一致的问题，从而维持正常的生产关系，促进生产力的发展。

二、管理学的学科性质

管理学原理是经济管理类各专业的专业基础必修课，也是经济管理类各专业的管理学科（如人力资源管理、企业生产管理、物流管理、财务管理等）的基础必修课，是介于自然科学与社会科学之间的边缘学科课程。一般说来，管理学具有下面几个特点。

（一）一般性

管理学作为一般管理学，它区别于"宏观管理学"和"微观管理学"。它是研究所有管理活动中的共性原理的基础理论学科，无论是"宏观管理"还是"微观管理"，都需要管理学的原理作为基础来加以学习和研究。管理学是各门具体的或专门的管理学科的共同基础。它研究的是所有的管理活动中的共性原理。

（二）综合性

管理学的综合性表现为：在内容上，它需要从社会生活的各个领域、各个方面以及各种不同类型组织的管理活动中概括和抽象出对各门具体管理学科都具有普遍指导意义的管理思想、原理和方法；在方法上，它需要综合运用现代社会科学、自然科学和技术科学的成果，来研究管理活动过程中普遍存在的基本规律和一般方法。管理活动是很复杂的活动，影响这一活动的因素是多种多样的。除生产力、生产关系的基本因素外，还有一些自然因素，以及政治、法律、社会、心理等社会性因素。因此，要搞好管理工作，必须考虑到组织内部和组织外部的多种错综复杂的因素，利用经济学、数学、生产力经济学、工程技术学、心理学、生理学、仿真学、行为科学等的研究成果和运筹学、系统工程、信息论、控制论、电子计算机等最新成果，对管理进行定性的描述和定量的预测，从中研究出行之有效的管理理论，并用以指导管理的实际工作。所以，从管理学与许多学科相互关系来看，管理学是一门交叉学科或边缘学科。但从它要综合利用上述多种学科的成果才能发挥自己的作用来看，它又是一门综合性的学科。

（三）历史性

任何一种理论都是实践和历史的产物，管理学尤其如是。管理学是对前人管理实践、管理经验、管理思想、管理理论的总结、扬弃和发展。割断历史，不了解管理历史发展和前人对管理经验的理论总结，不进行历史考察，就很难理解建立管理学的依据。

（四）实践性

管理学是为管理者提供从事管理的有用的理论、原则和方法的实用性学科。管理的实践性表现为它具有可行性，而它的可行性标准是通过经济效益和社会效益来加以衡量的。因此,管理学又是一门实用学科,只有把管理理论同管理实践相结合,才能真正发挥这门学科的作用。也就是说,管理学有它的一般规律,但一定要结合实际,既要借鉴国外的经验,又要研究总结我国自己的经验,才能使管理学更好地为社会主义现代化建设服务。

三、管理学的研究方法

(一)唯物辩证法

马克思主义的辩证唯物主义和历史唯物主义是研究和学习管理学总的方法论的指导。根据唯物辩证法,管理学产生于管理的实践活动,是管理实践经验的科学总结和理论概括。为此,研究和学习管理学,必须坚持实事求是的态度,深入管理实践,进行调查研究,总结实践经验,并用判断和推理的方法使管理实践上升为理论。在学习和研究中还要认识到一切现象都是相互联系和相互制约的,一切事物也都是不断发展变化的,因此,不能固定不变地看待组织及组织的管理活动,还必须要用全面的、历史的观点去观察和分析问题,重视管理学的历史,考察它的过去、现状及其发展趋势。

(二)系统方法

系统论认为系统中任何一个部分都不能脱离组织中其他部分而孤立地存在,因此,从系统观点来看,管理者在解决问题时必须把组织当做一个动态的整体,在研究和解决组织中一个部分的问题时,必须全面地顾及对组织中其他部分所产生的影响。

要进行行之有效的管理活动,必须对影响管理过程中的各种因素及其相互之间的关系进行总体的、系统的分析研究,才能形成可行的基本理论和合理的决策活动。总体的、系统的研究和学习方法,就是用系统的观点来分析、研究和学习管理原理和管理活动。

系统作为一种方法、手段或理论,要求在研究和解决管理问题时必须具有整体观点、“开放的”与相对“封闭的”观点、反馈信息的观点、分级观点、等效观点等有关系统的基本观点。

学习管理的概念、理论和方法也要用系统的观点来进行指导。通过管理过程中管理职能的展开来系统研究管理活动的过程、规律、原理和方法,是一种对管理人员来说比较切合实际的研究和学习的方法,而且易学、易懂、易用。因此,学习管理学,绝不能把各项职能工作割裂开来,而应把它们当做整个管理过程的有机组成部分来系统地分析和思考,从而真正认识到作为一个管理人员应该做什么、怎样做,以及了解有哪些相关的知识。

(三)理论联系实际的方法

理论联系实际的方法是学习管理学的必要方法,可以是案例的调查和分析、边学习边实践，以及带着问题学习等多种形式。通过这种方法，有助于提高学习者运用管理的基本理论和方法去发现问题、分析问题和解决问题的能力。同时，通过研究和学习过程中将理论与实践相结合，管理理论在实践中才能不断地加以检验，从而得到深化和发展。

在学习和研究管理学时，我们还要注意管理学的二重性，即要做到：从我国国情出发加以取舍和改造，在分析的基础上进行有选择的学习和吸收；要考虑到四个不同，即社会制度不同、生产力发展水平不同、自然条件不同、民族习惯和传统不同；要从我国实际出发吸取外国的科研成果，并且在不断地总结自己的实践经验的基础上形成和发展具有中国特色的社会主义管理学。

除了以上三种基本方法以外，还有其他的方法，如归纳与演绎的方法、比较研究的方法、数学分析法等。总之，我们要以马克思主义的唯物辩证法为总的方法论指导，从系统的观点出发，联系实际，实事求是。

本章小结

(1)管理是在社会组织中，管理者在一定的环境条件下，通过实施计划、组织、领导和控制等职能，以人为中心来协调各种资源，以便有效率和有效果地实现组织目标的过程。

(2)管理具有动态性、科学性、艺术性、创造性和经济性五个特性。

(3)管理职能包括计划、组织、领导和控制。

(4)管理者主要分为高层管理者、中层管理者和基层管理者。

(5)管理者的工作可以概括为十种角色。

(6)作为一名管理者应该具备的管理技能包括技术技能、人际技能和概念技能三个方面，不同阶层的管理者对三种技能的要求不同。

(7)管理学是一门系统的研究管理活动的基本规律和一般方法的科学。

(8)管理学的研究方法主要包括唯物辩证法、系统方法和理论联系实际的方法。

习　题

1. 单项选择题

(1)作为学习研究管理学的总的方法论指导的是(　　)。

A. 系统方法　　B. 理论联系实际的方法

C. 唯物辩证法　　D. 比较分析法

(2)管理学应属于(　　)。

A. 社会科学　B. 边缘科学　C. 经济学　D. 自然科学

(3)管理是一种艺术,这是强调管理的(　　)。

A. 复杂性　B. 有效性　C. 实践性　D. 精确性

(4)管理的核心是(　　)。

A. 决策　B. 处理好人际关系　C. 组织　D. 控制

(5)决定管理社会属性的是(　　)。

A. 生产方式　B. 生产力　C. 生产关系　D. 上层建筑

2. 多项选择题

(1)管理者在管理过程中承担的职能是(　　)。

A. 计划　B. 组织　C. 人员配备　D. 指导和领导

E. 控制

(2)管理学的特点有(　　)。

A. 一般性　B. 边缘性　C. 历史性　D. 多样性

E. 实践性

(3)管理的二重性是指管理的(　　)。

A. 科学性　B. 自然属性　C. 艺术性　D. 社会属性

E. 实践性

(4)按管理者在组织中的地位分,可以划分为(　　)。

A. 计划管理者　B. 高层管理者　C. 中层管理者　D. 财务管理者

E. 基层管理者

(5)管理者的三大技能是(　　)。

A. 授权技能　B. 人际技能　C. 沟通技能　D. 概念技能

E. 技术技能

3. 判断题

(1)管理学同时具有科学性和艺术性。　(　)

(2)对于高层管理者而言,最重要的技能是人际技能。　(　)

(3)教师是学校的基层管理者。　(　)

(4)管理的目的是为了实现既定目标。　(　)

(5)人际沟通贯穿于整个管理过程中。　(　)

4. 简答题

(1)什么是管理?管理的特征有哪些?

(2)管理活动的基本职能有哪些?

(3)管理者有哪些类型?在管理工作中管理者充当哪些角色?

(4)管理者的技能有哪些?

(5)管理学的研究对象和研究方法有哪些?

【案例分析】

案例一 甜美的音乐

位于宾夕法尼亚州拿撒勒市生产乐器的公司——C. F. 马丁吉他公司，成立于1833年，被公认为世界上最好的乐器制造商之一。就像施坦威的大钢琴、罗尔斯·罗伊斯的轿车，或者巴菲特的单簧管一样，马丁吉他每把价格超过10 000美元，是你能买到的最好的东西之一。这家家族企业经过了各种艰难岁月，已经延续了六代。目前的首席执行官克里斯琴·弗雷德里克·马丁四世，秉承了吉他的制作手艺，人们都称呼他克里斯。他甚至访遍公司在全世界的经销商，为他们举办培训讲座。很少有哪家公司像马丁吉他一样有这么持久的声誉，这是为什么？公司成功的关键是什么？一个主要原因是公司的管理和杰出的领导技能，它使组织成员始终关注像质量这样的重要问题。

自从公司创办以来，马丁吉他公司做任何事都非常重视质量。即使这些年在产品设计、分销系统以及制造方法方面发生了很大变化，公司也始终坚持对质量的承诺。公司在坚守优质音乐标准和满足特定顾客需求方面的坚定性渗透到了公司从上到下的每一个角落。公司在质量管理中长期坚持生态保护政策。因为制作吉他需要用到天然木材，公司非常审慎和负责地使用这些传统的天然材料，并鼓励引入可再生的替代木材品种。基于彻底的顾客研究，马丁公司向市场推出了采用表面有缺陷的天然木材制作的高档吉他，这在其他厂家看来几乎是不可接受的。不仅如此，马丁公司始终遵守野生濒危动植物国际贸易公约的规定。

马丁公司使新老传统有机地融合在一起。虽然设备和工具逐年更新，但雇员始终坚守着高标准的优质音乐原则。所制作的吉他要符合这些严格的标准，要求雇员极为专注和耐心。家族成员弗兰克·亨利·马丁(Frank Henry Martin)在1904年出版的公司产品目录的前言里向潜在的顾客解释道："怎么制作具有如此绝妙声音的吉他并不是一个秘密。它需要细心和耐心。细心是指要仔细选择材料，巧妙安排各种部件，关注每一个使演奏者感到惬意的细节。所谓耐心是指做任何一件事不要怕花时间。优质的吉他是不能用劣质产品的价格造出来的，但是谁会因为买了一把价格不菲的优质吉他而后悔呢？"虽然一百年过去了，但这些话仍然是公司理念的精确表述。虽然公司深深地植根于过去的优良传统，克里斯却毫不迟疑地推动公司朝向新的方向发展。例如，在20世纪90年代末，他作出了一个大胆的决策，开始在低端市场上销售每件价格低于800美元的吉他。低端市场在整个吉他产业的销售额中占65%。公司DXM型吉他是1998年引入市场的，虽然这款产品无论在外观、品位和感觉上都不及公司的高档产品，但顾客认为它比其他同类价格的绝大多数吉他产品的音色都要好。克里斯为他的决策解释道："如果马丁公司只是崇拜它的过去而不尝试任何新事物的话，那恐怕就不会有值得崇拜的马丁公司了。”

马丁公司在克里斯的管理下表现出色，销售收入持续增长，2000 年接近 6 亿美元。公司位于拿撒勒市的制造设施得到扩展，新的吉他品种不断推出。雇员们描述克里斯的管理风格是友好的、事必躬亲的，但又是严格的和直截了当的。虽然马丁吉他公司不断将其触角伸向新的方向，但却从未放松过对尽其所能制作顶尖产品的承诺。在克里斯的管理下，这种承诺决不会动摇。

[资料来源：斯蒂芬·罗宾斯. 管理学(第九版)，2008]

思考题

(1)根据克里斯·马丁在公司中承担的责任和权力来看，你认为克里斯·马丁属于(　　)。

A. 基层管理者　　B. 中层管理者　　C. 高层管理者　　D. 职能管理者

(2)你认为克里斯·马丁成功的最重要的管理技能是(　　)。

A. 技术技能　　B. 人际技能　　C. 概念技能　　D. 管理技能

(3)克里斯·马丁为经销商举办培训讲座，主要扮演的角色是(　　)。

A. 人际角色　　B. 信息角色　　C. 决策角色　　D. 企业家角色

(4)克里斯·马丁评估新型吉他的有效性，主要扮演的角色是(　　)。

A. 人际角色　　B. 信息角色　　C. 决策角色　　D. 企业家角色

(5)克里斯·马丁宣布：“如果马丁公司只是崇拜它的过去而不尝试任何新事物的话，那恐怕就不会有值得崇拜的马丁公司了。”这段话说明什么？

案例二　苹果之父——史蒂夫·乔布斯的魅力

1955 年 2 月 24 日，史蒂夫·乔布斯出生在美国旧金山。乔布斯从小就很迷恋电子学。20 岁的乔布斯继续自己年少时的兴趣，常常与沃兹一道，在自家的小车库里琢磨电脑。他们梦想着能够拥有一台自己的计算机，可是当时市面上卖的都是商用的，且体积庞大，极其昂贵，于是，他们准备自己开发。

1976 年愚人节那天，乔布斯、沃兹及乔布斯的朋友龙·韦恩(Long Wayne)做了一件影响后世的事情：他们三人签署了一份合同，决定成立一家电脑公司。公司的名称由偏爱苹果的乔布斯一锤定音，称为苹果。而他们的自制电脑则被顺理成章地认为是“苹果Ⅰ号”电脑了。

但在开始的时候，“苹果”机的生意却很清淡，毕竟它是一个全新的东西，除了对电子感兴趣的人，没有人知道这个东西会有什么用处。而原先对“苹果Ⅰ号”感兴趣的朋友们现在开始持观望态度，等待更好的“苹果Ⅱ号”的出台。一个偶然的机遇给“苹果”公司带来了转机。1976 年 7 月的一天，零售商保罗·特雷尔来到了乔布斯的车库，当看完乔布斯熟练地演示电脑后，他认为“苹果”机大有前途，决意冒一次风险——订购50台整机,但要求一个月内交货。乔布斯喜出望外,立即签约,拍板成交,这可是做成的第一笔"大生意"。时间太仓促,任务又繁重,乔布斯和沃兹冒着酷暑,没日没夜地干了起来。为了公司的生存,他们豁出去了。他们每天几乎都在挥汗如雨、顽强拼搏中度过,每周工作66小时。终于在第29天他们奇迹般地完成了任务,把50台"苹果"电脑如数交给了商人特雷尔。50台整机在特雷尔手里很快销售一空,有了良好的开始,"苹果"公司名声大振。

1977年4月,美国有史以来的第一次计算机展览会在西海岸开幕了,"苹果Ⅱ号"机在展览会上一鸣惊人,几千名用户拥向展台观看、试用,订单纷纷而来。

1980年12月12日,苹果公司股票公开上市,在不到一个小时内,460万股被抢购一空,当日以每股29美元收市。

因为巨大的成功,乔布斯在1985年获得了由里根总统授予的国家级技术勋章。然而,成功来得太快,过多的荣誉背后是强烈的危机。由于乔布斯经营理念与当时大多数管理人员不同,加上蓝色巨人IBM公司开始醒悟过来,也推出了个人电脑,抢占大片市场,使得乔布斯新开发出的电脑节节惨败,总经理和董事们便把这一失败归罪于董事长乔布斯,于1985年4月经由董事会决议撤销了他的经营大权。乔布斯几次想夺回经营权均未成功,便在1985年9月17日愤而辞去苹果公司董事长职务。

乔布斯辞职后的反思,使他更加意识到自己的错误,吸取教训,也为今后重回苹果并拯救它作好准备。辞职几天后,乔布斯又创办了"Next"电脑公司,继续开始他的事业之旅。

1996年12月17日,全球各大计算机报刊几乎都在头版刊出了"苹果收购Next,乔布斯重回苹果"的消息。此时的乔布斯,正因其公司(现皮克斯)成功制作第一部电脑动画片《玩具总动员》而名声大振,个人身价已暴涨逾10亿美元,而相形之下,苹果公司却已濒临绝境。乔布斯于苹果危难之中重新归来,苹果公司上下皆十分欢欣鼓舞。

受命于危难之际,乔布斯果敢地发挥了首席执行官的权威,大刀阔斧地进行改革。他首先改组了董事会,然后又做出一件令人们瞠目结舌的大事——抛弃旧怨,与苹果公司的宿敌微软公司握手言欢,缔结了举世瞩目的"世纪之盟",达成战略性的全面交叉授权协议。乔布斯因此再度成为《时代》周刊的封面人物。

接着,他开始推出了新的电脑。1998年,iMac背负着苹果公司的希望,凝结着员工的汗水,寄托着乔布斯振兴苹果的梦想,呈现在世人面前。它是一个全新的电脑,代表着一种未来的理念。半透明的外表,一扫电脑灰褐色的千篇一律的单调,似太空时代的产物,加上发光的鼠标,以及1 299美元的价格标签,令人赏心悦目,不愧是苹果设计,标新立异,非同凡响。1998年12月,iMac荣获《时代》杂志"1998最佳电脑"称号,并名列"1998年度全球十大工业设计"第三名。

接着，1999 年乔布斯又推出了第二代 iMac。1999 年 7 月推出的外形蓝黄相间，像漂亮玩具一样的笔记本电脑 iBook 在市场上迅速受到用户追捧。1999 年 10 月，iBook 夺得"美国消费类便携电脑"市场第一名，还在《时代》杂志举行的"1999 年度世界之最"评选中荣获"年度最佳设计奖"。

在乔布斯的改革之下，"苹果"终于实现盈利。乔布斯刚上任时，苹果公司的亏损高达 10 亿美元，一年后却奇迹般地盈利 3.09 亿美元。1999 年 1 月，当乔布斯宣布第四财政季度盈利 1.52 亿美元，超出华尔街的预测 38%时，苹果公司的股价立即攀升，最后以每股 4.65 美元收盘，舆论哗然。苹果电脑在 PC 市场的占有率已由原来的 5%增加到 10%。

1997 年，乔布斯被评为"最成功的管理者"。越来越多的业界同仁认同了此观点。甚至连当初将乔布斯挤出苹果公司的斯卡利也情不自禁地赞叹："苹果的逆转不是骗局，乔布斯干得绝对出色。苹果又开始回到原来的轨道。"

乔布斯成为一个奇迹，他总是给人以不断的惊喜，无论是开始还是后来，他天才的电脑天赋、平易近人的处世风格、绝妙的创意脑筋、伟大的目标以及处变不惊的领导风范筑就了苹果企业文化的核心内容。苹果公司的雇员对他的崇敬简直就是一种宗教般的狂热。雇员甚至骄傲地对人说："我为乔布斯工作！"

2011 年 10 月 6 日，苹果公司在其官方网站上宣布，公司前首席执行官乔布斯已经去世。美国总统奥巴马随即通过白宫官方博客，对苹果联合创始人、董事长史蒂夫·乔布斯的去世发表悼词。悼词中说，乔布斯是美国历史上最伟大的创新者之一，他勇于与众不同地思考问题，敢于相信他可以改变世界，他的天赋和才华也使他做到了这点。他改变了我们每个人看这个世界的方式。

(资料来源：网易科技，2011-10-06)

思考题

结合案例，谈谈作为一名成功的管理者，史蒂夫·乔布斯所具备的管理者技能有哪些，决定他成功的素质有哪些。

【实训环节】

1. 请制订一项新学期计划，要求同时具有保证高效果和高效率的措施与方法。

2. 老师请你组织一次主题班会，要求全班同学都参加。但是临近期末考试，大家都不愿意来，你将采用什么方法吸引大家？

3. 有人总结出从普通员工成长为管理者的秘笈，它主要包括：不找借口、尝试新事物、学会自我激励、使目标可视化、寻找一位导师、与领导和同事建立信任关系等。你认可吗？如果认可，请遵照执行，看看有没有效果。

第二章　管理理论的演化

【名言采撷】

比起大自然来，历史对人类的感情更严酷，更残暴。大自然要求人们仅仅满足于天赋的本能，而历史却要强制人的理智。

——高尔基

人类的历史，就是一个不断地从必然王国向自由王国发展的历史。

——毛泽东

【教学目标】

学完本章后，你应该能够：

1. 了解中国古代的管理思想及其对现代管理的启示；
2. 掌握西方管理学发展各阶段的代表人物及主要管理理论学派；
3. 了解行为科学理论的内容；
4. 了解知识型管理、学习型组织、企业再造这些现代管理理论的最新思潮。

【技能目标】

通过本章学习，应使学生了解中、西方管理思想的发展，掌握有代表性的管理理论和学术思想以及管理学思想的发展。

【案例导入】

百年老院的现代管理启蒙

北京同仁医院是一所以眼科闻名中外的百年老“店”，走进医院的行政大楼，其大堂的指示牌上却令人诧异：五楼 MBA 办公室。目前该医院已经从北大清华聘请了 11 位 MBA，另外还有一名学习会计的研究生，而医院的常务副院长毛羽就是一位留美的医院管理 MBA。内忧外患迫使同仁下定决心引进职业经理人并实施规模扩张，希望建立一套行政与技术相分离的现代医院管理制度。

根据我国加入世界贸易组织达成的协议，2003 年，我国将正式开放医疗服务业。2002 年初，圣新安医院管理公司对国内数十个城市的近 30 家医院及其数千名医院职工进行了调查访谈，得出结论：目前国内大部分医院还处于极低层次的管理启蒙状态，绝大多数医院并没有营销意识，普遍缺乏现代化经营管理常识。更为严峻的竞争现实是：医院提供的服务不属于那种单纯通过营销可以扩大市场规模的服务行业——医院不能指望通过市场手段刺激每年病人数量的增长。

同仁显然是同行中的先知先觉者。2002年，医院领导层在职代会上对同仁医院的管理作过"诊断"：行政编制过大、员工队伍超编导致流动受限；医务人员的技术价值不能得到体现；管理人员缺乏专业培训，管理方式、手段滞后，经营管理机构力量薄弱。同时，他们开出药方：引入MBA，对医院大手笔改造，涉及岗位评价及岗位工资方案、医院成本核算、医院工作流程设计、经营开发等。

目前，国内几乎所有的医院都没有利润的概念，只计算年收入。但在国外，一家管理有方的医院，其利润率可高达20%。这也是外资对国内医疗市场虎视眈眈的重要原因。

同仁要在医院中引入现代市场营销观念、启动品牌战略和人事制度改革，就必须做到：树立"以病人为中心"的服务理念，即以病人的需求为标准、简化就医流程、降低医疗成本、改善就医环境；建立长期利润观念，走质量效益型发展的道路；适应环境，发挥优势，实行整合营销；通过扩大对外宣传、开展义诊咨询活动、开设健康课堂等形式，有效扩大潜在的医疗市场。

同仁所引进的MBA人士背景各异，绝大多数都缺乏医科背景。他们能否胜任医院的管理工作？这就涉及到了医院职业化管理的问题。医院职业化管理至少包括了市场营销管理、人力资源管理、财务管理、科研教学管理、全面医疗质量管理、信息策略应用及管理、流程管理七个方面的内容。这些职能管理与医学知识相关但非医学专业。

同仁医院将引进的管理人员"下放"到手术室3个月之后，都悉数调回科室，单独辟出MBA办公室，以课题组的形式研究医院的经营模式和管理制度。对于医院引入的企业化管理，主要包含医院经营战略、医疗市场服务营销、医院服务管理、医院成本控制、医院人力资源、医疗质量管理、医院信息系统和医院企业文化等多方面内容，其中，医院成本控制研究与医院人力资源研究是当务之急。

几乎所有的中国医院都面临着成本控制的难题，如何堵住医院漏洞进行成本标准化设计，最后达到成本、质量效益的平衡，是未来中国医院成本控制研究的发展方向。另外，现有医院的薪酬制度多为"固定工资+奖金"的模式，而由于现有体制的限制，并不能达到有效的激励效果，医生的价值并没有得到真实的体现，导致严重的回扣与红包问题。如何真正体现员工价值，并使激励制度透明化、标准化成为当前首先要解决的问题。

这一切都刚刚开始。这是未来中国医院管理发展的大趋势。

（资料来源：http://www.21cbh.com/HTML/2003-03-20）

思考题

1. 结合案例说明你对管理及管理职能的理解。

2. 同仁为什么要引进如此多的 MBA 人士？你认为这些引进的 MBA 人士能否胜任医院的管理工作？

管理活动源远流长，从历史上看，管理与人类社会几乎同时产生。而有了管理实践后，人们必然对这种实践活动以及经验进行研究、总结和探索，于是便产生了管理思想。但管理实践乃至管理思想的出现，并不意味着管理科学的产生。事实上管理科学是经历了一段漫长的历史发展过程后，直到 19 世纪末 20 世纪初才逐渐形成的，以后又随着管理实践的不断发展和社会生产力的不断提高，得以不断地丰富和完善。

第一节　中外早期管理思想

一、中国古代的管理思想

中国作为四大文明古国之一，是一个具有几千年文明史的国家。我国古代各族人民以自己的智慧和辛勤劳动创造了许多令现代人叹为观止的著名的管理实践和极为丰富的管理思想。如由李冰父子主持修建的集分洪、灌溉、排沙诸功能于一体的都江堰水利工程，秦大将蒙恬“役 40 万众”建造的万里长城，隋唐人工挖建的京杭大运河等。这些伟大工程，无不凝聚了我们祖先的管理才能和光彩夺目的管理思想。在浩瀚的古史卷中，也蕴含着十分丰富的管理思想，如《论语》、《易经》、《老子》、《孙子兵法》、《三十六计》、《资治通鉴》、《史记》、《西游记》、《菜根谭》等古书籍中所包含的管理思想，至今仍备受世界各国管理界的推崇。下面列举的仅仅是我国早期管理思想中的一部分。

（一）《孙子兵法》的战略管理思想

“运筹帷幄之中，决胜千里之外。”（《史记 · 高祖本记》）这句古代名言充分说明我们的祖先为了在竞争和对抗活动中获胜，十分重视运筹思想与战略决策方法的应用。2 300 多年前“田忌赛马”的故事是孙膑运用运筹思想的生动反映。三国时期的诸葛亮也是我们今天一直称道的一位具有非凡决策能力的思想家和军事家，他的《隆中对》就是一个高瞻远瞩、善于审时度势的决策典范。而 2 500 多年前由孙武创作的《孙子兵法》不仅是我国军事文化遗产中的瑰宝，而且对现代战略管理仍具有多方面的启迪作用。

1. 系统论思想

《孙子兵法》开篇就提出了“经五事，校七计”的系统思想。战争的胜败取决于各个方面的因素和情况，但关键的是“经五事”，即“道、天、地、将、法”五个方面的因素。“道者，令民与上同意也”，即要使老百姓和统治者同心同德，也即“人和”。“天者，阴阳、寒暑、时制也”，即“时机”或“天时”。“地者，高下、远近、险易、广狭、死生也”，即地理位置或“地利”。“将者，智、信、仁、勇、严也”，即将要有智有谋、诚信、仁慈、无私、勇敢、严明。“法者，曲制、官道、主用也”，即强调编制与制度规范。同时还要“校七计”：“主孰有道？将孰有能？天地孰得？法令孰行？兵众孰强？士卒孰练？赏罚孰明？吾以此，知胜负矣。”即要比较哪一方统治者更清明，哪一方将帅更有才能，哪一方拥有更好的天时地利，哪一方法令能够贯彻执行，哪一方武器装备精良，哪一方士兵训练有素，哪一方更能做到赏罚分明。通过这七个方面的观察与比较，就可以预测战争的胜败。

《孙子兵法》提出的“经五事，校七计”的系统论思想，对现代组织的战略管理有着极强的指导意义，为现代管理提出了战略上的基本思路：必须指明组织的发展目标与发展方向，建设组织文化，以此来凝聚人心；抓住组织发展的有利时机；摆正组织在激烈竞争中自己所处的位置；高度重视人才并培养组织的人才；引进先进的技术设备；注重对员工的培训；建立健全组织内部的各项规章制度，以法进行规范管理等。

2. 人才论思想

《孙子兵法》中对“将”的要求，对我们重视人才、选拔人才、使用人才也有启示作用。“将者，智、信、仁、勇、严也。”将领，要有智有谋；要讲诚信，要取信于下属；要仁慈，即对下属要友好、友善且公正、公平、无私；要勇敢，即要勇于开拓、勇于创新、勇于承担责任、敢冒风险；要严于律己，严格要求下属。这里孙子把“将”的首要素质要求定位在“智”，即把知识和才能放在首位，值得我们深思。现代管理非常强调人才的重要性，但什么是人才？人才的衡量标准和基本素质是什么？什么素质最重要？我们可以从中获得启发。现代管理亦要求管理者必须具备思维、规划、判断、独创和洞察等能力，应具备“信赖感”、“诚实”、“品德超人”、“勇于负责”、“敢于创新”、“敢冒风险”、“公平”、“严于律己”等基本素质。

3. 对策论思想

《孙子兵法》提出：“夫未战而庙算胜者，得算多也；未战而庙算不胜者，得算少也。多算胜，少算不胜，而况于无算乎！”即强调要有预见性，要进行正确的决策和计划。开战之前就预测到能够取胜，是因为事前筹划周密，胜利的条件充分；开战前就预计不能取胜，是因为营谋筹划不够，胜利的条件不足。筹划周密、营谋充分、条件充足就能取胜，筹划疏漏、条件不足就会失败，更何况不作筹划、毫无准备呢？这对现代管理强调计划管理、战略管理、事前控制有十分重要的启迪意义。

4. 信息论思想

《孙子兵法》中虽然没有“信息”这样的术语，但其对信息的重视对我们现代管理也有些深刻的启示。如：“知己知彼，百战不殆；不知彼而知己，一胜一败；不知彼，不知己，每战必殆。”再如：“不知敌之情者，不仁之至也，非民之将也，非主之佐也，非胜之主也。故明君贤将，所以动而胜人，成功出于众者，先知也。先知者，不可取于鬼神，不可象于事，不可验于度，必取于人，知敌之情者也。”

（二）经营理财思想

1. 重视预测

在《货殖列传》一书中，司马迁记述了春秋末年范蠡、白圭等人的市场预测思想。他们认为“六岁穰，六岁旱，十二岁一大饥”，主张要“乐观时变”以及“水则资车，旱则资舟”、“人弃我取，人取我予”、“欲长钱，取下谷”的待乏原则。

2. 专业化分工

古人根据自己从事手工业生产的经验，认为专业化分工协作有利于提高人们的工作效率。

战国时期的墨子就提出了劳动分工的思想，主张“各事其能”。孟子也认为劳动分工是非常重要的，“且一人之身，而百工之所为备，如必自为而后用之，是率天下而路也。”（《孟子·滕文公上》）一个人什么事都自己去做，就会疲惫不堪，而以自己之有余以换不足，则大家都受益。孟子把劳动分工加以引申，得出“劳心者治人，劳力者治于之人”的结论。

3. 理财之道

古代理财思想中最著名的莫过于陶朱公的理财十二则和十二戒。陶朱公，据说就是春秋末期越国的名臣范蠡，他在帮助越王勾践灭亡吴国之后弃官出走，先到齐国经商，后又到了卫国的定陶定居，化名陶朱公。陶朱公经商有方，屡获巨利。他把自己的经营之术称为“计然之策”，其中有理财的十二则和十二戒。十二则：能识人，能用人，能知机，能倡率，能整顿，能敏捷，能接纳，能安业，能辩论，能办货，能收账，能还账。理财的十二戒：莫悭吝，莫浮华，莫畏烦，莫优柔，莫狂躁，莫固执，莫贪赊，莫懒收，莫痴货，莫昧时，莫争趋，莫怕蓄。陶朱公的理财十二则和十二戒较全面地阐述了理财的原则。

（三）用人方面的思想

在用人方面，我国古代早就注意到要“选贤任能”、“任人唯贤”、“唯才是举”，要“用人所长”，为了充分发挥其人才的作用，要“疑人不用，用人不疑”。如唐太宗讲：“致安之本，唯在得人”，“能安天下者，唯在用得贤才”。在选才方面，战国时期的墨子对当时王公大臣重用骨肉之亲而不问德行的“任人唯亲”做法非常不满，主张用人应当“尚贤”。他指出国家在用人时应“不辨贫富、贵贱、远近、亲疏，贤者举而尚之，不肖者抑而废之”。而在采用贤哲时，要先“听其言，迹其行，察其所能”。庄子在选人方面还提出了九条原则，即“故君子远使之而观其忠，近使之而观其敬，烦使之而观其能，卒然问焉而观其知，急与之期而观其信，委之以财而观其仁，告之以危而观其节，醉之以酒而观其侧，杂之以处而观其色，九徵至，不肖人得矣”。管子在《管子·形势解》指出：“明主之官物也，任其所长，不任其短。故事无不成，而功无不立。乱主不知物之各有所长所短也，而责必备。”宋代政治家欧阳修指出：“任人之道，要在不疑。宁可艰于择人，不可轻任而不信。”意为宁可择人时多费一些精力，看准了再用，也不可轻易任用却不信任，不敢放手让其施展才干。

（四）奖惩思想

1. 奖惩的重要性

荀子说：“赏不行，则贤者不可得而进也，罚不行，则不肖者不可得而退也。”没有奖赏，有才德的人就得不到提拔；没有惩罚，则不贤能的人就不能被斥退。古代统治者认为，只赏不罚，必乱；只罚不赏，必怨；无赏无罚，既乱又怨；只有赏罚结合，赏罚分明，才能治。

2. 量功分禄

荀子指出：“无能不官，无功不赏。”他把“官”和“赏”区别开来，把官和能相对应，把功和赏相对应。墨子也主张“量功而分禄”，他把任官（用人）与分禄分别开来，主张对有功的多给荣誉和享受，而把官授予有才能的人。

3. 奖惩的原则

管子、韩非子都主张重赏重罚。管子指出：“赏薄则民不利，禁轻则邪人不畏。”（《管子·正世》）韩非子指出：“赏莫如厚，使民利之；誉莫如美，使民荣之；诛莫如重，使民畏之；毁莫如恶，使民耻之。”（《韩非子·八经篇》）就是说，奖赏最好是重赏，而且该赏的一定要赏，使人们得到好处；惩罚最好是重罚，而且该罚的一定要罚，使人们感到害怕。唐太宗李世民用最精练的语言阐述了赏罚严明的原则：“赏当其劳，无功者自退。罚当其罪，为严者咸惧。”（《贞观政要》）

（五）中国古代管理思想的特点

中国古代光彩夺目的管理实践和管理思想还可列举很多。通观中国古代管理实践和管理思想有下列特点。

1. 源发历史长

中国古代管理实践和管理思想可追溯到公元前几千年的春秋战国时代。

2. 涵盖内容广

中国古代管理思想涉及政治、经济、军事、文化、工程等各个领域。

3. 适用层次多

中国古代管理思想微观上可应用于家庭、家族的日常事务管理，宏观可作为“治国平天下”之文韬武略。

4. 辐射影响大

中国古代管理思想广泛流传海内外，特别是日本、韩国及东南亚地区。

5. 思想凝练精

如“孙子兵法”的格言早就被日本、美国等发达国家应用于企业管理，被一些企业家奉若神明，视为“商界竞争必胜之武器”。

但令人遗憾的是，中国古代的管理思想比较零散，缺乏系统的整理、总结和提高，没有形成系统的管理理论。特别是到了近代以后，中国经济、政治、社会、科技、文化与西方国家的差距不断加大，这种落后必然导致并反映到管理思想与管理理论上。

二、外国早期的管理思想

国外有记载的管理实践和管理思想可以追溯到6 000多年前，一些文明古国（如古埃及、古巴比伦、古罗马等）在组织大型工程的修建、指挥军队作战、教会组织的管理和治国施政中都体现出了大量高深的管理思想。

古埃及人在公元前5000年左右开始建造的金字塔，是世界上最伟大的管理实践之一。其中最大的胡夫金字塔，高146米，底边各长230米，共耗用上万斤重的大石块230多万块，动用了10万人力，费时20年得以建成。现代著名管理学家彼得·德鲁克认为那些负责修建埃及金字塔的人是历史上最优秀的管理者，因为他们当时在时间短、交通工具落后及科学手段缺乏的情况下创造了世界上最伟大的奇迹之一。

公元前2000年左右，古巴比伦国王汉穆拉比曾经颁布《汉穆拉比法典》（又名《石柱法》，因是用契形文字刻在石柱上得名）。这部法典共有280多条，包含丰富的管理思想。如其中对责任的承担、借贷、最低工资、货物的交易、会计和收据的处理、贵金属的存放等，都作了明确的规定。法典中规定"如果一个人在另一个人那里存放金银或其他东西，必须有一个证人，并拟订契约，然后再存放"，"如果某家的房屋倒塌，并压死了人，那么造房子的人要被处以死刑"等。

古罗马帝国的长期兴盛也为我们留下了管理方面的宝贵遗产。公元284年，狄奥克利雄大帝登上王位后，发现古罗马帝国过于庞大，属下人员太多，难以管理，于是建立了层次分明的中央集权组织。这种组织按地理区域划分基层组织，并采用效率很高的职能分工，还在各级组织中配备了参谋人员。古罗马帝国当时之所以能迅速扩张并延续统治几个世纪，在很大程度上应归功于狄奥克利雄大帝卓越的组织才能。

15世纪，意大利的著名思想家和历史学家马基雅维利在他的《君主论》、《谈话录》中阐述了许多管理思想，其中影响最大的是他提出的四项领导原理。

(1)群众的认可：领导者的权威来自群众。

(2)内聚力：领导者必须维持并加强组织的内聚力，否则组织不可能长期存在。

(3)求生存的意志：领导者必须具备坚强的生存意志力，以免被推翻。

(4)领导能力：领导者必须具有崇高的品德和非凡的能力。

这些领导原理，与现代管理学尤其是领导科学理论有高度的相关性与一致性。

另外，15世纪世界最大的几家工厂之一的威尼斯兵工厂，在当时就采用了流水线作业，并建立了早期的成本会计制度，实行了管理分工，工厂的管事、指挥、领班和技术顾问全权管理生产，而工厂的计划、采购、财务事宜由市议会通过一个委员会来负责。这些都体现了现代管理思想的雏形。

18世纪中叶，西方国家相继发生了产业革命。产业革命大大推动了生产技术的进步，使人力资源与自然资源的大规模结合成为可能，以手工技术为基础的资本主义工场手工业开始过渡到以机器大生产为特征的资本主义工厂制度。工厂制度的产生，导致生产规模的扩大、专业化协作的发展、投入生产的资源增多等，这就带来一系列迫切需要解决的新问题，如：工人的组织、分工、协作、配合问题，工人与机器、机器与机器间的协调运转问题，劳资纠纷问题，劳动力的招募、训练与激励问题，劳动纪律的维持问题等。在这种形势下，一些管理先驱者从不同角度对管理进行了理论研究，其中对以后管理理论的形成有较大影响的代表人物有亚当·斯密、罗伯特·欧文、查尔斯·巴贝奇等。

（一）亚当·斯密的劳动分工与"经济人"思想

英国古典政治经济学家亚当·斯密在1776年发表的代表作《国民财富的性质和原因的研究》中，最早对劳动分工进行了研究。他以工人制造大头针为例，详细阐述了劳动分工可以极大地提高劳动生产率。他指出，如果一名工人没有受过专门的训练，恐怕一天也难以制造出一枚针来，如果把制针的程序分为若干专门操作，平均每人"一日也能成针十二磅(大约48 000枚)"。他还进一步阐述了劳动分工之所以能提高劳动生产率的原因：

(1)劳动分工可以使劳动者专门从事一种单纯的操作，从而提高工人技术的熟练程度；

(2)劳动分工可以减少由于变换工作而损失的时间；

(3)分工使劳动简化，可以使人们把注意力集中到一种特定的对象上，有利于发现比较方便的工作方法并改进机器和工具。

亚当·斯密还提出了"经济人"的观点，认为人们在经济活动中追求的是个人利益，社会利益是由于个人利益之间的相互牵制而产生的。亚当·斯密的分工理论和"经济人"观点，对后来西方管理理论的形成有巨大而深远的影响。

（二）罗伯特·欧文的人事管理思想

英国空想社会主义代表人物之一的罗伯特·欧文，从18岁创办他的第一个工厂开始，就一直致力于工厂管理的研究。他最早注意到了工厂中人力资源的重要性，并对人力资源的利用提出了独特的见解。在欧文以前，工厂的老板大多把工人看做是呆板的机器和工具，而欧文把他们看做是有感情的人。他认为工厂要获利，就必须注意对人的关心，在人际关系方面取得和谐一致。他在给他的工厂总管的信中写道："你们对无生命的机器给予良好的保养，能够产生有利的结果，那么要是对构造奇妙的有生命的机器——人给予同样关心的话，那还有什么不能指望的呢？"他在自己管理的工厂中进行了一系列改革，如：禁止招收童工，送他们去学校读书；着手改善工人的生产条件和生活条件；缩短劳动时间；禁止对工人进行惩罚；工人对任何人有抱怨，都可向他直接诉说等。所有这些使他赢得了工人的信任，他的棉纺厂的事业也蒸蒸日上。由于欧文对人力资源的重视和开拓性研究，后人把他称为人事管理的先驱。

(三)查尔斯·巴贝奇的科学管理

查尔斯·巴贝奇是英国有名的数学家和机械专家，在科学管理方面做了许多开创性工作。他曾花几年的时间到英、法等国的工厂调查与研究管理问题。他在1832年出版的代表作《论机器和制造业的节约》中，对专业分工、科学工作方法、机器与设备的有效使用、成本的记录与核算等问题进行了深入论述。此外，他还发展了亚当·斯密的劳动分工思想，第一次指出脑力劳动和体力劳动一样，也可以进行劳动分工。他还对劳动报酬问题进行研究，提出固定工资加利润分享制度，即应该根据工人的效率和工厂的成功而按比例付给工人奖金，以谋求劳资双方的调和。巴贝奇主张通过科学研究来提高机器工具、材料、工人的工作效率，这已展示出了科学管理的萌芽，因此后人把巴贝奇称为科学管理的先驱。

当然，这个阶段的管理理论尚处于萌芽时期，企业的管理者一般就是企业的所有者，企业主大权独揽，完全凭个人的能力和经验来制定企业的大政方针，并实施管理。各类人员主要采取师傅带徒弟和自己摸索的经验来操作，没有统一的操作规程，也没有统一的管理方法。研究的管理问题也着重在企业内部，管理内容主要局限于生产管理、成本管理、工资管理等方面，还没有形成系统化的管理理论。

第二节　古典管理理论

19世纪末20世纪初，伴随第二次科技革命，电力、内燃机等新技术在企业中广泛应用，大大促进了资本主义生产的发展，推动了资本的积累和集中，企业的生产规模不断扩大，生产技术更加复杂，生产的专业化、社会化程度日益提高。同时，随着自由竞争资本主义发展为垄断资本主义，企业主为了获得高额垄断利润，往往采取提高工人劳动强度、延长工人工作时间、降低工人工资等办法，导致劳资双方矛盾不断扩大。此时，单凭企业主个人经验和传统管理方式已行不通，客观上要求有科学的管理来代替传统的经验管理。

正是基于上述形势的客观需要，很多人都在总结、研究、探讨新的管理理论和管理方法，以取代落后的经验管理。于是，出现了以泰勒、法约尔等为代表的着眼于寻找科学组织生产，提高劳动生产率的古典管理理论。

一、泰勒的"科学管理理论"

F. W. 泰勒(1856—1915年)，出身于美国费城一个富有的律师家庭，中学毕业后考上哈佛大学法律系，但不幸因眼病终止了学习，到一家机械厂当徒工。1878年，他进入费城的米德维尔钢铁公司当技工，由于工作突出，先后当了领班、车间工长、总机械师、总绘图师，1884年任总工程师。1898—1901年，泰勒受雇于宾夕法尼亚的伯利恒钢铁公司。1901年以后，他把大部分时间用在写作和演讲上。他的代表著作有：《计件工资制》(1895年)、《车间管理》(1903年)和《科学管理原理》(1911年)等。泰勒在这些书中提出的管理理论奠定了科学管理的理论基础，标志着管理科学的正式形成，泰勒也因此被西方管理学界称为“科学管理之父”。泰勒的“科学管理理论”主要包括以下八个方面的内容。

(一)工作定额原理

泰勒认为，提高工人劳动生产率的潜力非常大。工人之所以“磨洋工”，是由于雇主和工人对一个人一天究竟能做多少工作都心中无数，而且工人工资太低，多劳也不能多得。为了发掘工人的劳动生产率潜力，就必须制定出科学的操作方法和有科学依据的“合理的日工作量”。为此，必须进行“时间-动作”的研究。方法是挑选合适且技术熟练的工人，把他们的每一个动作、每一道工序及所使用的时间记录下来，然后进行分析研究，消除其中多余的不合理的部分，得出最有效的操作方法作为标准。然后，累计完成这些基本动作的时间，加上必要的休息时间和其他延误时间，就可以得到完成这些操作的标准时间，据此制定一个工人的“合理的日工作量”。

(二)标准化原理

泰勒认为，企业要用标准操作方法训练工人，使工人掌握标准化的操作方法。同时，企业还要使用标准化的工具、机器和材料，并且使作业环境也标准化。用标准操作方法进行操作，工人每天搬运生铁的数量提高了3.8倍。

(三)挑选和训练“第一流的工人”

泰勒指出，为了提高劳动生产率，必须为工作挑选第一流的工人。第一流的工人，是指他的能力最适合做这种工作而且他又愿意干这项工作的人，并不是指体力超过常人的“超人”。泰勒认为健全的人事管理的基本原则是：要根据工人的能力把他们分配到相应的工作岗位上，并进行培训，教会他们科学的工作方法，使他们成为第一流的工人，激励他们尽最大的力量工作。

(四)有差别的计件工资制

泰勒认为，工人“磨洋工”的一个重要原因是报酬制度不合理。计时工资不能体现劳动的数量，计件工资虽能体现劳动的数量，但工人又担心劳动效率提高后，雇主会降低工资率。针对这种情况，泰勒提出了一种新的报酬制度——有差别的计件工资制。这种工资制度主要通过制定合理的工作定额，实行有差别的计件工资制来鼓励工人完成或超额完成工作定额，也即按照完成工作定额的不同情况规定差别工资率：完成定额的以正常工资率付酬，未达到工作定额标准的以低工资率付酬，超过工作定额标准的则以高工资率付酬。这种工资制度，促使工人掌握科学的操作方法，不断提高劳动生产率。

（五）计划职能和执行职能相分离

泰勒认为，应该用科学的工作方法取代经验工作方法。工人凭经验很难找到科学的方法，而且他们也没有时间研究这方面的问题，所以应该将计划同执行分离开来。计划由管理当局负责，并设立专门的计划部门来承担，这样才能把分散在工人手中的手工艺知识和实践经验集中起来，使之条理化、系统化、标准化，然后要工人执行，而且对工人执行计划的情况进行控制。而工人就是服从管理当局的命令，从事执行的职能，并且根据执行的情况领取工资。

（六）实行职能工长制

泰勒主张实行职能管理，即把管理工作进行细分，使每一管理者只承担一两种管理职能。泰勒将原来由一个工长负责的工作细分为八个职能工长负责，其中四个在计划部门分别负责纪律、工时成本、工作程序、指令卡四项职能，另外四个在车间分别负责工作分配、速度、检验、维修四项职能。每个职能工长在其职能范围内，可以直接向工人发布命令，这样一个工人同时要从几个职能工长那里接受命令。后来的实践证明，这种多头领导的职能工长制，容易引起混乱，因而没有得到推广。但是泰勒的这种职能管理思想，对以后职能部门的建立和管理专业化提供了思路。

（七）例外原则

泰勒认为，规模较大的企业组织及其管理，需要运用例外原则，即企业的高层管理人员为了减轻处理纷繁事务的负担，把例行的一般日常事务授权给下级管理人员去处理，自己只保留对例外事项（重大事项）的决策权和监督权。这种以例外原则为依据的管理控制原理，以后发展成为管理上的分权化原则和实行事业部制的管理体制。

（八）劳资双方的“精神革命”

泰勒认为，雇主和工人两方面都必须来一次“精神革命”，认识到提高效率对双方都是有利的。双方应把原来的相互对立变为互相协作，共同为提高劳动生产率而努力。双方应把注意力从过去的注意剩余的分配转移到如何增加剩余上来，要把剩余这张“饼”做得足够大，以致没有必要为“饼”的如何分配而争吵。

泰勒的上述理论，在今天看来也许是平常的，但在 19 世纪末 20 世纪初，泰勒的理论使企业管理掀起了一场声势浩大的革命，开创了科学管理的新阶段。从此，企业管理从只凭经验管理走上了科学管理的道路。列宁对此的评价是：泰勒制也同资本主义其他一切进步的东西一样，有两个方面，一方面是资产阶级剥削的最巧妙的残酷手段，另一方面是一系列的最丰富的科学成就。

现代管理学家彼得·德鲁克认为：泰勒的发现是一个转折点，在泰勒以前人们认为取得更多产出的唯一途径是增加劳动强度和劳动时间，但是泰勒发现，要取得更多产出的方法是工作得更聪明一些，也就是更具有生产力。他发现使工作具有生产力的责任不在于工人，而在于管理人员。

这一时期，对科学管理作出贡献的还有另一些人，如：吉尔布雷斯夫妇创立的动作研究；甘特发明的用于制订生产作业计划和控制计划执行的“甘特图”；福特(H. Ford)创立的汽车工业的流水线生产，促进了生产组织工作的进一步标准化，并为生产自动化创造了条件等。

由上可见，这一时期泰勒等人所研究的科学管理，以工厂内部的生产管理为重点，以提高生产效率为中心，主要研究和解决生产组织方法的科学化和生产程序的标准化问题，没有超出车间管理的范围。

二、法约尔的一般管理理论

亨利·法约尔(Henry Fayol)(1841—1925 年)，法国人，被称为“经营管理之父”。法约尔 19 岁从圣艾帝安国立矿业学院毕业后进入一家大型采矿冶金公司担任工程师，很快显露出他的管理才能，28 岁担任公司总经理。他与泰勒不同，泰勒从企业底层开始研究管理问题，着重研究生产过程中的工作管理，而法约尔位居高层，是从企业上层开始研究管理问题，着重研究企业的经营管理问题。他的代表作《工业管理和一般管理》于 1916 年出版，这本著作是法约尔一生的管理经验和管理思想的总结。法约尔被公认为是第一位概括和阐述一般管理理论的管理学家。他的管理理论主要体现在三个方面。

(一)明确区分经营和管理

法约尔认为，企业的全部经济活动可以归结为六项基本活动，这六项基本活动分别是经营技术活动、商业活动、安全活动、财务活动、会计活动、管理活动。可见，管理只是经营六项活动中的一项活动。在经营的六项基本活动中，管理活动处于核心地位，不但企业本身需要管理，而且其他五项活动也需要管理。

(二)指出管理的五个职能

法约尔认为，管理包括计划、组织、指挥、协调和控制五个职能或要素。计划，是对未来的预测和对未来行为的安排，是管理的首要职能；组织，是指建立企业的物质结构和社会结构，并通过其对人力、物力、财力等资源进行合理配置；指挥，是让已经组建的组织发挥作用；协调，是指企业人员团结一致，使企业中的所有活动和努力得到统一与和谐；控制，是保证企业中进行的一切活动符合所制订的计划和所下达的命令，保证计划得以实现。

(三)首次提出管理的 14 条原则

1. 分工

通过专业化分工使人们的工作更有效率。

2. 职权与职责

职权是管理者命令下级的权力和要求服从的威望。但是,责任与权力是相对应的,凡是行使职权的地方,就应当承担相应的责任。

3. 纪律

用统一、良好的纪律来规范人们的行为可以提高组织的有效性,人们必须遵守和尊重组织的规则,违反规则的行为应受到惩罚。

4. 统一指挥

每一个下属应当只接收来自一位上级的命令。

5. 统一领导

围绕同一目标的所有活动,只能有一位管理者和一个计划,多头领导将造成管理的混乱。

6. 个人利益服从整体利益

任何个人或小群体的利益,不应当置于组织的整体利益之上。当两者不一致时,主管人员必须想办法使他们一致起来。

7. 个人报酬

报酬与支付方式要公平合理,对工作成绩和工作效率优良者给予奖励,但奖励应有一个限度,尽可能使职工和公司双方都满意。

8. 集权与分权

集权与分权反映的是下属参与决策的程度。集权与分权可以不同程度地存在,管理者的任务在于根据组织的情况找到两者的平衡点。

9. 等级链

从组织的最高层管理到最底层管理之间应建立关系明确的职权等级系列,它是组织内部权力等级的顺序和信息传递的途径。但当组织的等级太多时,会影响信息的传递速度,此时同一层级的人员在有关上级同意的情况下可以通过“跳板”(“法约尔桥”)进行信息的横向交流,以便及时沟通信息,快速解决问题。

10. 秩序

秩序包括“人”的秩序和“物”的秩序,要求每个人和每一物品都处在恰当的位置上。

11. 公平

管理者应当公平善意地对待下属。

12. 人员的稳定

人员的高流动率会导致组织的低效率,为此,管理者应当制订周密的人事计划,当发生人员流动时,要保证有合适的人接替空缺的职务。

13. 首创精神

首创精神指人们在工作中的主动性和积极性。当组织允许人们发起和实施他们的计划时，将会调动他们的极大热情。

14. 团体精神

企业应提倡团体精神，在组织中建立起和谐、团结、协作的氛围。

法约尔强调，这些原则不是死板的概念，而是灵活的，是可以适应于一切需要的，关键是要懂得如何根据不同的情况灵活运用。

法约尔的一般管理理论对管理科学的形成与发展作出了重要贡献，主要体现在以下三个方面。

(1)提出了“管理”的普遍性。法约尔不再把管理局限于某一个特定的范围内，即不是仅看成是某一类组织的活动，而是认为所有的组织都需要实行管理。同时，他把管理活动从经营中单独列出来，作为一个独立的功能和研究项目。这种对管理“普遍性”的认识和实践，在当时是一个重大的贡献。

(2)提出了更具一般性的管理理论。由于泰勒是以工厂管理这一具体对象为出发点的，因此，泰勒的科学管理理论非常富有实践性，但缺乏一般的理论性。与泰勒的科学管理理论相比较，法约尔的管理理论是概括性的，所涉及的是带普遍性的管理理论问题，其形式和对象均是在极其普遍的条件下得出的有关管理的一般理论，所以更具理论性和一般性。

(3)为管理过程学派奠定了理论基础。法约尔的主张和术语在现代的管理文献中使用得很普遍，这说明一般管理理论对现代管理理论有重要的影响。他所开创的一般管理理论，后来成为管理过程学派的理论基础。

三、马克斯·韦伯的“理想的行政组织体系理论”

德国社会学家马克斯·韦伯(1864—1920 年)的研究主要集中在组织理论方面，被后人称为“组织理论之父”。他的代表作是 1921 年出版的《社会组织和经济组织》(他去世后由他妻子整理出版)。他的主要贡献是提出了所谓理想的行政组织体系理论(也称官僚行政组织理论)，这一理论的核心是：组织活动要通过职务或职位而不是通过个人或世袭地位来管理。他所讲的“理想的”，不是指最合乎需要，而是指现代社会最有效和最合理的组织形式。

韦伯的理想的行政组织体系具有以下特点。

1. 明确的分工

每个职位的权力和义务都应有明确的规定，人员按职业专业化进行分工。

2. 形成自上而下的等级体系

一个组织应遵循等级原则，上一级部门应控制和管理下一级部门，直到每一个成员都被控制为止，形成一个自上而下的指挥链或等级体系。

3. 人员的任用

人员任用应通过正式选拔，要完全按照职务的要求，通过考试和教育训练来实行。

4. 职业管理人员

组织中的管理人员是专业的公职人员，而不是该组织的所有者。这些管理人员有固定的薪水和明文规定的升迁考核制度。

5. 正式的规则和纪律

管理人员必须严格遵守组织中规定的规则和纪律，明确办事的程序。

6. 非人格化

组织中成员之间的关系以理性准则为指导，只受职位关系而不受个人情感的影响。这种公正不倚的态度，不仅适用于组织内部，而且也适用于组织与外界的关系。

韦伯认为，这种体现劳动分工原理的、有着明确定义的等级和详细的规则与制度，以及非个人关系的组织模型是最符合理性的原则，是达到目标、提高劳动生产率的最有效的形式，并在精确性、稳定性、纪律性以及可靠性等方面均优先于其他组织。这种组织模式能够消除管理者的主观判断，即使是人事变动也不会影响组织的正常运行。同时，这种组织模式对人没有偏见，无论是上级还是下属，是顾客还是员工，都一视同仁地遵守规则，使得领导的权威更多地来源于位置而不是个人。这样，组织可以更加公正有效地运作。所以它适用于所有的大型组织，如教会、国家机构、军队、政党、经济企业和各种团体。

四、古典管理理论评析

（一）古典管理理论的特点

1. 以提高生产效率为主要目标

泰勒等人从事的一系列企业管理科学研究，都是以提高生产效率为目标的。

2. 以科学求实的态度进行调查研究

科学管理这一名称本身就蕴含了泰勒等人对企业管理问题研究的科学求实精神。为了提高劳动生产率，泰勒等人运用科学方法对生产方法的改进作了长时间的、大量的调查研究。例如泰勒进行了著名的“铁块搬运试验”、“金属切削试验”，吉尔布雷斯对砌砖工人动作与效率的关系进行了大量的调查研究。

3. 强调以物质利益为中心，重视个人积极性的发挥

泰勒认为，生产效率的提高主要取决于工人个人积极性的发挥，而物质利益则是刺激工人劳动积极性的唯一有效的手段。

4. 强调规章制度的作用

泰勒等人在企业管理实践中，通过大量调查研究总结出一套科学管理的方法，如职能分工、劳动定额、操作规程、作业标准化、计件工资等，并主张把科学管理的措施形成企业规章制度，以约束工人在生产经营活动中的行为，并区别表现的好坏，给予一定的奖罚；强调组织中上下级的关系必须遵从规章制度，把规章制度作

为企业组织重要的管理工具。可见，在企业管理工作中，应当重视规章制度对职工行为的约束功能和导向功能。

(二)古典管理理论的贡献与局限性

1. 古典管理理论的贡献

古典管理理论学家们建立了管理研究和实践的科学基础。他们把提高组织效率作为其研究的目标，把科学的方法运用到管理活动和管理过程中，使管理学成为一个独立的研究领域，使管理活动能够在科学的基础上进行，从而使管理者能够管理大型的、复杂的组织。

2. 古典管理理论的局限性

第一，对组织中人的因素的研究不够，一般只是把人看做“经济人”。

第二，主要强调对组织内部有效运行问题的研究，而忽略了或较少地分析有关外部环境对组织的影响问题。

第三，对解决管理实践中的协调问题以及为贯彻各种管理职能提供服务方面较少涉及。

第三节　行为科学理论

一、行为科学(Behavior Science)

行为科学是研究人的行为或人类集合体的行为，在心理学、人类学、社会学、经济学、政治学和语言学等的边缘领域协作的一门科学。其研究内容涉及思考过程、交往、消费者行为、经营行为、社会的和文化的变革、国际关系政策的拟定等广泛的课题。

管理百科全书将行为科学定义为：行为科学是运用自然科学的实验和观察方法，研究自然和社会环境中人的行为以及低级动物行为的科学，已经确认的学科包括心理学、社会学、社会人类学和其他学科类似的观点和方法。按照这一定义，行为科学的应用范围几乎涉及到人类活动的一切领域，形成了众多的分支学科，如组织管理行为学、医疗行为学、犯罪行为学、政治行为学、行政行为学等。

行为科学广泛应用于企业管理，研究如何激发人的工作积极性，提高劳动生产率，改善并协调人与人之间的关系，缓和劳资矛盾。很多心理学家、社会心理学家、社会学家围绕这些问题进行研究，这些人被统称为行为科学家，如马斯洛等。行为科学不同于心理学中的行为主义派别，行为主义拒绝意识或把意识等同于行为，行为科学虽然标榜研究人的行为规律，但它结合人的主观世界来研究行为规律，广泛接受传统心理学上用来描述人们主观世界的观念，如需要动机、性格、爱好、心理机制等。

二、行为科学的发展历史

行为科学作为一种管理理论，开始于20世纪20年代末至30年代初的霍桑实验，而真正发展却在20世纪50年代。它正式被命名为行为科学，是在1949年美国芝加哥的一次跨学科的科学会议上。

20世纪30年代以前，很多管理学派对管理方法的研究都是以“事”为中心，忽视了对人的研究。对行为科学研究起源于20世纪50年代的美国。行业科学的英文原名有单复数之分，以复数表示的行为科学为广义的行为科学，是一个学科群。

现在管理学中所讲的行为科学专指狭义的行为科学，即指应用心理学、社会学、人类学及其他相关学科的成果，是研究管理过程中的行为和人与人之间关系规律的一门科学。

行为科学的产生是生产力和社会矛盾发展到一定阶段的必然结果，也是管理思想发展的必然结果。行为科学的产生既有其政治背景，也有其经济背景和文化背景。泰勒科学管理理论建立以后，社会经济、政治、文化发展状况导致了行为科学的兴起。

行为科学的研究，基本上可以分为两个时期。

前期以人际关系学说(或人群关系学说)三条结论为主要内容，从20世纪30年代梅奥的霍桑试验开始，到1949年在美国芝加哥跨学科的科学会议上第一次提出行为科学的概念为止。在1953年美国福特基金会召开的各大学科学家参加的会议上，其正式定名为行为科学，视为行为科学研究时期。

今天的行为科学之所以成为根深叶茂的学科大树，在很大程度上得益于梅奥及其霍桑实验对人性的探索。其实，在霍桑实验之前就有一些管理学家对人的心理和行为作了一些研究，并建立起工业心理学，对管理学的发展起着相当大的推动作用，只不过在当时没有成为古典管理理论的主流。

(1)美国的管理学家福莱特。福莱特于1920年发表《新国家》一书，被认为是一位政治哲学家。她的主要著作有《新国家》、《动态的管理》、《自由和协作》等。她的有关利益结合、形势规律的论述同泰勒的精神革命、职能管理的精神是一致的。她的关于协作、相互影响等论述还同人际关系学说创始人梅奥等人的论点相似。可以说，她把这两个时期联系了起来，成为两者之间的过渡。

(2)原籍德国的美国心理学家、工业心理学的创始人之一芒斯特伯格。芒斯特伯格先后发表了《心理学和工业效率》、《一般心理学和应用心理学》、《企业心理学》等著作，是最先提出心理学能应用于工业以提高劳动生产率的心理学家，并最早确定工业心理学的范围和方法。

(3)比利时心理学家、工业心理学的首创人之一索利尔。他的代表作是《应用心理学：研究工作中人的因素的技术的导论》。他还发表论文150篇以上，许多是讨论工业中人的因素的。索利尔是工业心理学在比利时的先驱者之一,对发展和传播工业心理学作出了较大贡献。

(4)美国心理学家、工业心理学的奠基人之一斯科特。他善于对人事管理的研究,先后发表了《提高人的效率》、《广告心理学的理论和实际》、《人事管理:理论、实务和观点》等著作。他最早把心理学应用于工业中的激励和生产率提高等问题中,把心理学基本原理应用于工商业的经营管理方法中,促进了管理心理学的发展和完善。

(5)英国的心理学家、工业心理学在英国的先驱者迈尔斯。迈尔斯先后于1918年发表了《心理学在今日的应用》、1925年发表了《英国的工业心理学》、1932年发表了《工商企业合理化》等著作。他在职业生涯的早期把心理学从课堂转移到实验室,在其职业生涯的后期又把心理学从实验室转移到办公室和工厂的现场。

(6)澳大利亚的心理学家穆齐西奥。他是工业心理学的先驱者之一,曾在澳大利亚和英国从事研究工作。主要著作有《工业心理学报告集》、《疲劳可以测定吗?》、《职业指导:文献评述》等。他和其他早期的工业心理学家的研究为以后对人的因素的更深入的研究提供了某些基础和条件。

(7)英国的企业家和管理学家本杰明·西博姆·朗特里。他对企业中人的因素问题作了较多的研究和实践,主要著作有《企业中人的因素:工业民主的试验》、《董事会和企业的目标》、《工业中的经济条件》等。

(8)英国的管理学家谢尔顿。谢尔顿强调管理中人的因素,并把人的因素同科学管理相结合。他先后发表了《管理的哲学》、《作为一种职业的管理》、《经营和组织的职能》等著作。他在管理思想上强调了管理中人的因素和对社会的责任,强调了管理的整体性及管理作为一种独立的职业在社会上的地位,并提出了管理哲学的十条基本原则。

(9)美国的企业家和管理学家亨利·丹尼森。他在注重人的因素和推行科学管理方面作出了较大的贡献,先后发表了《职工的利润分享和股权所有》、《组织工程学》、《现代竞争和企业政策》等著作。

(10)美国的管理学家和管理咨询工作者克拉克。他在关心人和工人的工作条件、推广甘特图等方面作出了贡献。主要著作有《工长技术》、《甘特图》、《生产手册》等。他写的《甘特图》曾在14个国家翻译出版,曾获得甘特奖章和其他一些荣誉称号。

此外,对行为科学的早期研究比较有影响的还有甘特、哈特内斯、布卢姆菲尔德、蒂德、巴布科克、霍普夫以及刘易森等。

行为科学已与管理科学并列而成为现代管理学发展的两大支柱,成为举足轻重的一大管理学派。从20世纪60年代末期开始,各种理论渗透合流,人们把企业逐渐看成是一个技术-社会-心理的多元系统。

行为科学是历史进步的产物。

从历史发展来看，行为科学是西方现代管理科学的一个学派，它与泰勒制相比是个进步而不是倒退。泰勒制是在第一次世界大战前出现的“科学管理”制度。工人阶级的觉悟提高后，他们用有组织的罢工、怠工等方法抵制资本家的剥削，泰勒制的定额奖惩法因此失灵了。由于生产发展的需要，许多学者探索比泰勒制先进的管理办法。他们进行种种提高劳动生产率的实验，试图通过改变劳动条件的办法找到劳动生产率的决定性因素。其结果证明：企业中人的因素比物的因素更重要，工人并不是只关注经济利益的“经济人”，而是有感情、有理智的“社会人”，职工劳动生产率的高低，在很大程度上取决于受社会和心理因素影响的工作情绪。这种理论促进人们去研究人群关系，研究如何激励“士气”，如何创造心情舒畅的工作环境，此后发展成为行为科学。由此看来，行为科学对泰勒制来说无疑是进一步的发展。

（一）霍桑试验

霍桑实验是心理学史上最有名的实验之一，这一系列在美国芝加哥西部电器公司所属的霍桑工厂进行的心理学研究是由哈佛大学的心理学教授梅奥主持。

图 2.1　乔治·埃尔顿·梅奥

霍桑工厂是一个制造电话交换机的工厂，具有较完善的娱乐设施、医疗制度和养老金制度，但工人们仍愤愤不平，生产成绩很不理想。为找出原因，美国国家研究委员会组织研究小组开展实验研究。

霍桑实验共分四个阶段。

1. 照明实验

时间是从 1924 年 11 月至 1927 年 4 月。

当时关于生产效率的理论占统治地位的是劳动医学的观点，认为也许影响工人生产效率的是疲劳和单调感等，于是当时的实验假设便是“提高照明度有助于减少疲劳，使生产效率提高”。可是经过两年多实验发现，照明度的改变对生产效率并无影响。具体结果是：当实验组照明度增大时，实验组和控制组都增产；当实验组照明度减弱时，两组依然都增产，甚至实验组的照明度减至 0.06 烛光时，其产量亦无明显下降；直至照明减至如月光一般、实在看不清时，产量才急剧降下来。研究人员面对此结果感到茫然，失去了信心。

从 1927 年起，以梅奥教授为首的一批哈佛大学心理学工作者将实验工作接管下来，继续进行。

2. 福利实验(继电器装配测试室研究)

时间是从 1927 年 4 月至 1929 年 6 月。

实验目的总的来说是查明福利待遇的变换与生产效率的关系。但经过两年多的实验发现,不管福利待遇如何改变(包括工资支付办法的改变、优惠措施的增减、休息时间的增减等),都不影响产量的持续上升,甚至工人自己对生产效率提高的原因也说不清楚。

后经进一步的分析发现,导致生产效率上升的主要原因如下。

(1)参加实验的光荣感。实验开始时有六名参加实验的女工曾被召进部长办公室谈话,她们认为这是莫大的荣誉,这说明被重视的自豪感对人的积极性有明显的促进作用。

(2)成员间良好的相互关系。

3. 访谈实验

研究者在工厂中开始了访谈计划。此计划的最初想法是要工人就管理当局的规划和政策、工头的态度和工作条件等问题作出回答,但这种规定好的访谈计划在进行过程中却大出意料之外,得到意想不到的效果。工人想就工作提纲以外的事情进行交谈,工人认为重要的事情并不是公司或调查者认为意义重大的那些事。访谈者了解到这一点,及时把访谈计划改为事先不规定内容,每次访谈的平均时间从 30 分钟延长到 1～1.5 个小时,多听少说,详细记录工人的不满和意见。访谈计划持续了两年多,工人的产量大幅提高。

工人们长期以来对工厂的各项管理制度和方法存在许多不满,无处发泄,访谈计划的实行恰恰为他们提供了发泄机会。工人们发泄过后心情舒畅,士气提高,使产量得到提高。

4. 群体实验(银行电汇室研究)

梅奥等人在这个试验中选择 14 名男工人在单独的房间里从事绕线、焊接和检验工作,对这个班组实行特殊的工人计件工资制度。

实验者原来设想,实行这套奖励办法会使工人更加努力工作,以便得到更多的报酬。但观察的结果发现,产量只保持在中等水平,每个工人的日产量平均都差不多,而且工人并不如实地报告产量。深入调查发现,这个班组为了维护他们的群体利益,自发地形成了一些规范。他们约定,谁也不能干得太多突出自己,谁也不能干得太少影响全组的产量,并且约法三章,不准向管理当局告密,如有人违反这些规定,轻则挖苦谩骂,重则拳打脚踢。进一步调查发现,工人们之所以维持中等水平的产量,是担心产量提高,管理当局会改变现行奖励制度,或裁减人员,使部分工人失业,或者会使干得慢的伙伴受到惩罚。

这一试验表明,为了维护班组内部的团结,工人可以放弃物质利益的引诱。由此研究人员提出"非正式群体"的概念,认为在正式的组织中存在着自发形成的非正式群体，这种群体有自己的特殊的行为规范，对人的行为起着调节和控制作用，同时，加强了内部的协作关系。

5. 实验结论

(1)改变工作条件和劳动效率没有直接关系；

(2)提高生产效率的决定因素是员工情绪，而不是工作条件；

(3)关心员工的情感和员工的不满情绪，有助于提高劳动生产率。

通过霍桑试验，梅奥等人提出了人际关系学说，其主要论点如下。

第一，职工是"社会人"。

古典管理理论把人看做"经济人"，他们只是为了追求高工资和良好的物质条件而工作。因此，对职工只能用绝对的、集中的权力来管理。梅奥等人提出了与"经济人"观点不同的"社会人"观点。其要点是：人重要的是同别人合作；个人是为保护其集团的地位而行动；人的思想行为更多地是由感情来引导。工作条件和工资报酬并不是影响劳动生产率的唯一原因。对职工的新的激励重点必须放在社会、心理方面，以使他们之间更好地合作并提高生产率。

第二，正式组织中存在着"非正式组织"。

所谓正式组织，就是为了有效地实现企业的目标，规定组织各成员之间相互关系和职责范围的一定组织管理体系，其中包括组织机构、方针政策、规划、章程等。但人是社会的动物，在组织内共同工作的过程中，人们必然发现相互之间的关系，形成非正式团体。在这个团体里，又形成了共同的感情，进而构成一个体系，这就是所谓非正式组织。非正式组织对人起着两种作用。

首先，它保护工人免受内部成员忽视所造成的损失，如生产得过多或过少。其次，它保护工人免受外部管理人员的干涉所造成的损失，如降低工资率或提高产量标准。至于非正式组织形成的原因，并不完全取决于经济发展情况，而是同更大的社会组织有联系。不能把这种在正式组织中形成的非正式组织看成是一种坏事，而必须看到它是必需的。它同正式组织相互依存，并对生产率的提高有很大影响。(想一想：你的生活中存在非正式组织吗？你能加以区分吗？)

第三，新的领导能力在于提高职工的满足度，以提高职工的士气，从而提高劳动生产率。

金钱或经济刺激对促进工人提高劳动生产率只起第二位的作用，起重要作用的是工人的情绪和态度，即士气。而士气又同工人的满足度有关，这个满足度在很大程度上是社会地位决定的。所谓职工的满足度，主要是指为获取安全的感觉和归属的感觉这些社会需求的满足度。工人满足度越高，士气越高，劳动生产率也就越高。而工人的满足度又依存于两个因素：首先，工人的个人情况，即工人由于历史、家庭生活和社会生活所形成的个人态度；其次，工作场所的情况，即工人相互之间或工人与上级之间的人际关系。

所谓新的领导能力，是指能够区分事实和感情，能够在生产效率和职工们的感情之间取得平衡的能力。这种新的领导能力可以弥补古典管理理论的不足，解决劳资之间以至工业社会的种种矛盾，提高劳动生产率。新的领导能力既然表现为能通过提高职工的满足度，提高职工的士气，最后达到提高生产率的目的，那就要转变管理方式，重视“人的因素”，采用以“人”为中心的管理方式，改变古典管理理论以“物”为中心的管理方式。

(二)X理论和Y理论

麦格雷戈在他所著的《企业的人性方面》一书中，提出了有名的“X理论- Y理论”的人性假定。

在麦格雷戈看来，每一位管理人员对职工的管理都基于一种对人性看法的哲学，或者都有一套假定。他把传统管理对人的观点和管理方法叫做“X理论”，其要点是：

(1)一般人的天性都是好逸恶劳的，只要可能，就会设法逃避工作；

(2)人几乎没有什么进取心，不愿承担责任，而宁愿被别人领导；

(3)人天生就反对变革，把安全看得高于一切；

(4)要使人们真正想干活，那就必须采用严格的控制、威胁并且经常不断地施加压力。

Y理论是建立在对人性和人的行为的动机更为恰当的认识基础上的新理论。其要点如下：

(1)人并不是天生就厌恶工作，工作对人们来讲，正如娱乐和休息一样自然；

(2)控制和威胁并不是促使人们为实现组织目标而努力的唯一办法，人对自己所参与的目标能实现自我指挥和自我控制；

(3)对目标作出贡献是与获得成就的报酬直接相关的，这些报酬中最重要的是自尊和自我实现的需要的满足，它们能促使人们为实现组织目标而努力。

Y理论给管理人员提供了一种对于人的乐观主义的看法，而这种乐观主义的看法是争取职工的协作和热情支持所必需的。有人指出，Y理论有些过于理想化了。所谓自我指导和自我控制，并非人人都能做到。人固然不能说生来就是懒惰而不愿负责任的，但是，在实际生活中也的确有些人是这样的，而且坚决不愿改变。对于这一些人，采用Y理论进行管理，难免会失败。

(三)马斯洛需求理论

需求层次理论，由美国著名犹太裔人本主义心理学家亚伯拉罕·马斯洛(Abraham Maslow)提出，是研究组织激励时应用最广泛的理论。

马斯洛认为，人类价值体系存在两类不同的需要，一类是沿生物谱系上升方向逐渐变弱的本能或冲动，称为低级需要和生理需要；一类是随生物进化而逐渐显现的潜能或需要，称为高级需要。

人都潜藏着这五种不同层次的需要，但在不同的时期表现出来的各种需要的迫切程度是不同的。人的最迫切的需要才是激励人行动的主要原因和动力。人的需要是从外部得来的满足逐渐向内在得到的满足转化。

在高层次的需要充分出现之前，低层次的需要必须得到适当的满足。

马斯洛坚信人有能力造出一个对整个人类及每个人来说是更好的世界，坚信人有能力实现自己的潜能和价值即达到自我实现。在心理学上，他的最大的贡献在于他领导了著名的第三思潮运动。他的需要层次理论和自我实现理论成为人本主义心理学最重要的理论之一。

马斯洛的需求层次理论有两个基本论点。

(1)人是有需要的动物，其需要取决于它已经得到了什么，还缺少什么。只有尚未满足的需要能够影响行为。

(2)人的需要都有轻重层次，某一层需要得到满足之后，另一层需要才出现。马斯洛认为，在特定点时刻，人的一切需要如果都未能得到满足，那么满足最主要的需要就比满足其他需要更迫切。

马斯洛将需求划分为五级：生理的需要、安全的需要、感情和归属的需要、受人尊重的需要、自我实现的需要。

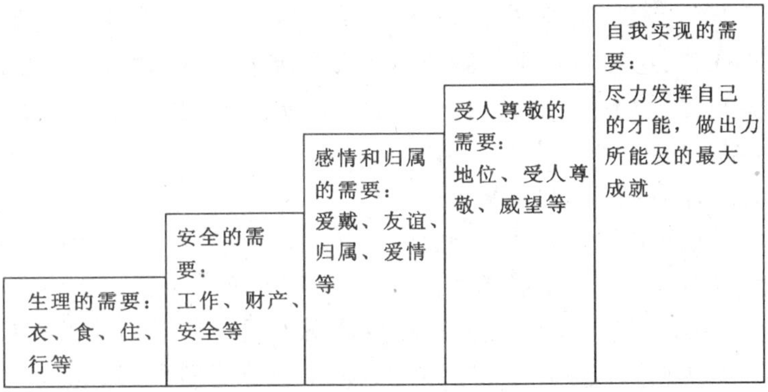

图 2-2　马斯洛需求理论示意图

马斯洛理论把需求分成生理需求、安全需求、社交需求、尊重需求和自我实现需求五类，依次由较低层次到较高层次。各层次需要的基本含义如下。

(1)生理上的需要。这是人类维持自身生存的最基本要求，包括饥、渴、衣、住、行方面的要求。如果这些需要得不到满足，人类的生存就成了问题。在这个意义上说，生理需要是推动人们行动的最强大的动力。马斯洛认为，只有这些最基本的需要满足到维持生存所必需的程度后，其他的需要才能成为新的激励因素，而到了此时，这些已相对满足的需要也就不再成为激励因素了。

(2)安全上的需要。这是人类要求保障自身安全、摆脱事业和丧失财产威胁、避免职业病的侵袭、接触严酷的监督等方面的需要。马斯洛认为,整个有机体是一个追求安全的机制,人的感受器官、效应器官、智能和其他能量主要是寻求安全的工具,甚至可以把科学和人生观都看成是满足安全需要的一部分。当然,当这种需要一旦相对满足后,也就不再成为激励因素了。

(3)感情上的需要。这一层次的需要包括两个方面的内容。一是友爱的需要,即人人都需要伙伴之间、同事之间的关系融洽或保持友谊和忠诚;人人都希望得到爱情,希望爱别人,也渴望接受别人的爱。二是归属的需要,即人都有一种归属于一个群体的感情,希望成为群体中的一员,并相互关系和照顾。感情上的需要比生理上的需要来的细致,它和一个人的生理特性、经历、教育、宗教信仰都有关系。

(4)尊重的需要。人人都希望自己有稳定的社会地位,要求个人的能力和成就得到社会的承认。尊重的需要又可分为内部尊重和外部尊重。内部尊重是指一个人希望在各种不同情境中有实力、能胜任、充满信心、能独立自主。总之,内部尊重就是人的自尊。外部尊重是指一个人希望有地位、有威信,受到别人的尊重、信赖和高度评价。马斯洛认为,尊重需要得到满足,能使人对自己充满信心,对社会满腔热情,体验到自己活着的用处和价值。

(5)自我实现的需要。这是最高层次的需要,它是指实现个人理想、抱负,发挥个人的能力到最大程度,完成与自己的能力相称的一切事情的需要。也就是说,人必须干称职的工作,这样才会使他们感到最大的快乐。马斯洛提出,为满足自我实现需要所采取的途径是因人而异的。自我实现的需要是在努力实现自己的潜力,使自己越来越成为自己所期望的人物。

(四)赫茨伯格的双因素理论

双因素理论(Two Factor Theory),也称做激励保健理论(Motivator - hygiene theory),由美国心理学家弗里德里克·赫茨伯格于1950年代末提出。

20世纪50年代末期,他和同事们对匹兹堡附近一些工商业机构的约200位专业人士作了一次调查。在调查访问后他发现,使职工感到满意的都是属于工作本身或工作内容方面的;使职工感到不满的,都是属于工作环境或工作关系方面的。他把前者叫做激励因素,后者叫做保健因素。

保健因素的满足对职工产生的效果类似于卫生保健对身体健康所起的作用。它不能直接提高健康水平,但有预防疾病的效果;它不是治疗性的,而是预防性的。保健因素包括公司政策、管理措施、监督、人际关系、物质工作条件、工资、福利等。当这些因素恶化到人们认为可以接受的水平以下时,就会产生对工作的不满意。但是,当人们认为这些因素很好时,它只是消除了不满意,并不会导致积极的态度,这就形成了某种既不是满意,又不是不满意的中性状态。那些能带来积极态度、满意和激励作用的因素就叫做"激励因素",这是那些能满足个人自我实现需要的因素，包括：成就、赏识、挑战性的工作、增加的工作责任，以及成长和发展的机会。如果这些因素具备了，就能对人们产生更大的激励。从这个意义出发，赫茨伯格认为传统的激励假设，如工资刺激、人际关系的改善、提供良好的工作条件等，都不会产生更大的激励。它们能消除不满意，防止产生问题，但这些传统的"激励因素"即使达到最佳程度，也不会产生积极的激励。按照赫茨伯格的意见，管理当局应该认识到保健因素是必需的，不过它一旦使不满意中和以后，就不能产生更积极的效果。只有"激励因素"才能使人们有更好的工作成绩。

赫茨伯格和他的助手们又对各种专业性和非专业性的工业组织进行了多次调查，他们发现，由于调查对象和条件的不同，各种因素的归属有些差别，但总的来看，激励因素基本上都是属于工作本身或工作内容的，保健因素基本都是属于工作环境和工作关系的。但是，赫茨伯格注意到，激励因素和保健因素都有若干重叠现象，如赏识属于激励因素，基本上起积极作用，但当没有受到赏识时，又可能起消极作用，这时又表现为保健因素。工资是保健因素，但有时也能产生使职工满意的结果。

三、行为科学的基本内容

行为科学的基本内容包括以下几个方面。

（一）个体行为研究

个体研究行为是行为科学分析研究企业组织中人们行为的基本单元。在个体行为这个层次中，行为科学主要是用心理学的理论和方法研究两大类问题：一类是影响个体行为的各种心理因素，另一类是关于个性的人性假说。

（二）动机与激励理论

社会心理学家和行为科学家认为人的行为都是由动机引起的，而动机是由于人们本身内在的需要而产生的，能满足人的需求活动本身就是一种奖励。

（三）群体行为研究

群体行为在组织行为学中是一个重要的问题。它主要探讨群体是一种非正式组织、群体的特征、群体的内聚力等。

（四）组织行为

行为科学家认为，一个人的一生大部分时间是在组织环境中度过的。人们在组织中的行为即称为组织行为，它建立在个体行为和群体行为的基础上，通过研究人的本性和需要，以及行为动机和在生产组织中人与人之间的关系，总结出人类在生产中行为的规律。

第四节　现代管理理论

西方现代管理理论的形成标志着西方管理理论进入了第三个发展阶段。它是在第二次世界大战后,随着社会生产力的发展以及社会学、系统科学、电子计算机技术在管理领域中日益广泛的应用而逐渐形成的。人们通常所说的西方现代管理理论不是一种管理理论,而是对各种不同管理学派理论的统称。

一、主要管理学派理论介绍

(一)管理过程学派

过程学派认为管理是一个过程,是在有组织的集体中让别人和自己一起去实现既定的目标。该学派最初的代表人物就是法约尔。管理人员在管理活动中执行着计划、组织、领导、控制等若干职能。管理是一个循环的过程,从计划到控制,再从控制到计划,表明了过程的连续性。控制职能确保组织达到其计划的目标。

(二)社会系统学派

该学派认为,人的相互关系就是一个社会系统,它是人们在意见、力量、愿望以及思想等方面的一种合作关系。管理人员的作用就是要围绕着物质的、生物的和社会的因素去适应总的合作系统。

社会系统学派最早的代表人物是美国的巴纳德。巴纳德的主要贡献有以下几点。

(1)提出了社会的各种组织都是一个协作系统的观点。他认为,组织的产生是人们协作愿望导致的结果。人们个人办不到的许多事,协作就可办到。

(2)分析了正式组织存在的三种要素,即成员协作的意愿、组织的共同目标及组织内的信息交流。

(3)提出了权威接受理论。过去的学者是从上到下解释权威的,认为权威都是建立在等级系列组织地位基础上。而巴纳德则是从下到上解释权威,认为权威的存在必须以下级的接受为前提。至于怎样才能接受,需具备一定的条件。

(4)对经理的职能进行了新的概括。经理应主要作为一个信息交流系统的联系中心,并致力于实现协作努力工作。

(三)决策理论学派

决策理论学派的主要代表人物是美国的赫伯特·西蒙。决策理论的主要论点有以下几点。

(1)强调了决策的重要性。该理论认为,管理的全过程就是一个完整的决策过程,即决策贯穿于管理的全过程,管理就是决策。

(2)分析了决策过程中的组织影响。上级不是代替下级决策,而是提供给下级决策前提，包括价值前提和事实前提，使之贯彻组织意图。价值前提是对行动进行判断的标准，而事实前提是对能够观察的环境及环境作用方式的说明。

(3)提出了决策应遵循的准则。该理论主张用“令人满意的准则”去代替传统的“最优化原则”。

(4)分析了决策的条件。管理者决策时，必须利用并凭借组织的作用，尽量创造条件，以解决知识的不全面性、价值体系的不稳定性及竞争中环境的变化性问题。

(5)归纳了决策的类型和过程。该理论把决策分成程序化决策和非程序化决策两类。程序化决策是指反复出现和例行的决策，非程序化决策是指那种从未出现过的，或者其确切的性质和结构还不很清楚或相当复杂的决策。

(四)系统管理理论学派

该学派强调管理的系统观点，要求管理人员树立全局观念、协作观念和动态适应观念，即不能局限于特定领域的专门职能，也不能忽视各自在系统中的地位和作用。

系统管理学派的代表人物是理查德·约翰逊、卡斯特和罗森茨·韦克。

(五)经验主义学派

经验主义学派的主要代表人物是彼得·德鲁克。经验主义学派通过案例研究，向一些大企业的经理提供在相同情况下管理的经验和方法。基本观点是：否认管理理论的普遍价值，主张从“实例研究”、“比较研究”中导出通用规范；由经验研究来分析管理。他们特别重视关于某个公司组织结构、管理职能和程序等方面的研究。

(六)管理科学学派

管理科学学派也被称为管理数理学派或管理计量学派。这一学派的主要代表人物是美国的伯法等人。他们认为“管理”就是用数学模型及其符号来表示计划、组织、控制、决策等合乎逻辑的程序，求出最优解，以达到企业目标。因此，他们认为管理科学就是制定用于管理决策的数学和统计模型，并将这些模型通过电子计算机应用于管理实践中。

(七)权变理论学派

权变理论是一种较新的管理思想。权变的意思，通俗地讲，就是权宜应变。该学说认为，在企业管理中，由于企业内外部环境复杂多变，因此管理者必须根据企业环境的变化而随机应变，没有什么一成不变、普遍适用的“最佳”管理理论和方法。他们要求管理者根据组织的实际情况来选择最好的管理方式。

二、现代管理的主要特点

与传统科学管理相比，现代管理已发生了很大变化，主要表现出以下几个特点。

（一）现代管理的中心由物向人转变，管理方式由刚向柔发展

在传统管理中，大生产以机器为中心，工人只是机器系统的配件，因此人被异化为物，管理的中心是物。但是，随着社会的发展和生产力水平的提高，个人因素如创造性、个性、才能等，在生产活动中越来越显出重要作用。这就促使管理部门日益重视人的因素，管理工作的中心也从物转向人。在管理方式上，现代管理则更强调用柔的方法，注重强调职工参与管理、民主管理，以及人力资源开发和职工激励。例如：实行“民主化管理”、“扩大工作范围和内容”、“弹性工作时间”、“提案制度”、“目标管理”、“培育企业文化”，重视非正式组织，重视员工的培训和继续教育，用情感手段和办法去做“人”的工作，协调人际关系，想方设法激发职工的工作干劲。这种尊重个人的价值和能力，通过激励、关心人，以感情调动职工积极性、主动性和创造性的管理方法，充分体现了现代管理“以人为本”的管理新理念。

（二）现代管理理论十分强调系统、权变、创新等管理观点

现代管理理论认为，管理的对象是一个系统，因此必须运用系统思想和系统分析方法来指导管理实践活动，解决和处理管理的实际问题。而且管理所处的环境系统是十分复杂和多变的，因此，没有一套固定的管理模式能适应各种组织的发展，每个组织必须根据自己的特点，根据现代管理的基本法则来创造性地形成自己的管理特色，这就要求管理者必须具有权变和创新的思想，不断丰富管理实践，不断推动管理理论、方法和手段的发展。

（三）现代管理的组织形式呈现多样化、扁平化发展趋势

现代管理的组织形式多样化，并且随着社会经济的发展，正进行着不断的变革和完善。在组织形式上，一些新的组织形式不断推出，如事业部制、矩阵制、立体三维制、柔性化经营管理特征的“虚拟组织”以及与资产重组和一体化相适应的控股、参股等管理组织模式等；在组织的结构方面，借助于信息技术，组织的层次逐渐减少，从金字塔型组织结构逐步向扁平化、柔性化的组织结构转变，柔性化的组织结构的有形界限逐渐模糊，有利于借用外力和整合外部资源；在组织成员的配备上，组织中各类人员的比例发生了明显的变化，管理者和业务专家的比例大大提高，他们对组织的影响力也越来越强。

（四）现代管理的目标由传统的单纯追求利润转向追求企业、员工、顾客、社会各方利益的共同满足

被誉为“经营之神”的日本松下电器公司董事长松下幸之助曾说：“如果要扩大自己的公司，仅想赚钱是不够的，着眼点要放在更高的地方，要与社会共同发展，或对社会有所裨益。只有如此，才会产生梦想与希望的力量。”实践证明，企业发展与履行社会职责，从长远看是一致的。仅仅谋求最大利润管理目标已经显得过时，与社会共同发展，重视员工和顾客的利益，越来越成为企业经营的强有力信念。

(五)现代管理十分重视对组织环境的研究,以提高管理者的工作成效

组织不是一个封闭的系统,它必然要与周围各种环境发生相互作用。管理者的工作成效通常取决于他们对周围环境的了解、认识和掌握程度,取决于他们是否能够正确、及时地作出反应。现代管理理论,特别是权变管理理论,十分强调环境对管理决策和管理行为的重要性,并对影响管理的环境因素进行了探讨。

(六)现代管理广泛运用现代自然科学新成果和现代化管理工具

现代管理广泛运用运筹学、数学、统计学以及电子计算机等现代科学技术和工具,来提高管理工作的效率和经济效益。例如,现代管理运用概率论、线性规划、排队论、对策论、网络技术、预测技术、价值工程等,将经营管理中的复杂问题编制成数学模型,通过计算求解、定量分析,作为制定各种可行的较为满意方案的依据;运用电子计算机进行工资管理、成本核算、存贮控制、订货管理、编制生产计划等。而且,信息技术的发展进一步促使管理方法和手段得到完善,并得到更加深入的应用。例如,20 世纪 70 年代后出现的管理信息系统(MIS)、人工智能技术、分布式数据库技术、虚拟技术、办公自动化系统(OAS)、专家系统(ES)、决策支持系统(DSS)、经理信息系统(EIS)、计算机集成制造系统(CIMS)等管理手段得到不断的发展和完善,并在管理各个领域中得到更加广泛和深入的应用。

第五节　管理思想的新发展

现代管理理论的基本目标是要在不断急剧变化的社会中,保持一个充满活力的组织,使之能够持续地低消耗、高产出,完成组织的使命,履行其社会责任。因此,要实现这一目标,就必须要求管理理论不断发展和完善。自 20 世纪 90 年代以来,经济全球化、信息化和知识化迅猛发展,使现代组织所面临的经营环境日益复杂多变,竞争越来越激烈。众多管理者不断探索,提出了许多新的管理观念、原则和方法。

一、知识管理

20 世纪 90 年代,美国经济的高速发展,引发了对知识推动经济增长作用的新认识。利用知识资本获得真正的竞争优势正在成为一种全新的管理理念。因此,对知识的管理变得日益重要。

知识管理是使信息转化为可被人们掌握的知识,并以此来提高特定组织的应变能力和创新能力的一种新型管理形式。知识管理重在培养集体的创造力,并推动组织的创新。而创新是知识经济的核心内容,是企业活力之源。技术创新、制度创新、管理创新、观念创新以及各种创新的相互结合、相互推动,将成为企业经济增长的引擎。

从国内外知识管理的实践来看，知识管理项目可分为四类：

一是内部知识的交流和共享，这是知识管理最普遍的应用；

二是企业的外部知识管理，这主要包括供应商、用户和竞争对手等利益相关者的动态报告，专家、顾客意见的采集，员工情报报告系统，行业领先者的最佳实践调查等；

三是个人与企业的知识生产；

四是管理企业的知识资产，这也是知识管理的重要方面，它主要包括市场资产（来自客户关系的知识资产）、知识产权资产（纳入法律保护的知识资产）、人力资产（知识资产的主要载体）和基础结构资产（组织的潜在价值）等几个方面。

二、学习型组织

彼得·圣吉（P. M. Senge）于1990年出版了名为《第五项修炼——学习型组织的艺术与实务》的著作，这本著作一出版立即引起了轰动。彼得·圣吉用全新的视野来考察人类群体危机最根本的症结所在，认为人们片面和局部的思考方式及由此所产生的行动，造成了目前切割而破碎的世界，为此需要突破线性思考的方式，排除个人及群体的学习障碍，重新就管理的价值观念、管理的方式方法进行革新。

彼得·圣吉提出了学习型组织的五项修炼，认为这五项修炼是学习型组织的技能。

第一项修炼：自我超越。自我超越的修炼是指学习不断深入，并加深个人的真正愿望，集中精力，培养耐心，并客观地观察现实。它是学习型组织的精神基础。自我超越需要不断认识自己，认识外界的变化，不断地赋予自己新的奋斗目标，并由此超越过去，超越自己，迎接未来。

第二项修炼：改善心智模式。心智模式是指根深蒂固于每个人或组织之中的思想方式和行为模式，它影响人或组织如何了解这个世界以及如何采取行动的许多假设、成见，甚或是图像、印象。个人与组织往往不了解自己的心智模式，故而对自己的一些行为无法认识和把握。第二项修炼就是要把镜子转向自己，先修炼自己的心智模式。

第三项修炼：建立共同愿景。如果有任何一项理念能够一直在组织中鼓舞人心，凝聚一群人，那么这个组织就有了一个共同的愿景，就能够长久不衰。如宝丽来公司的"立即摄影"、福特汽车公司的"提供大众公共运输"、苹果电脑公司的"提供大众强大的计算能力"等，都是为组织确立共同努力的愿景。

第四项修炼：团体学习。团体学习的有效性不仅在于团体整体会产生出色的成果，而且其个别成员学习的速度也比其他人的学习速度快。团体学习的修炼是"深度汇谈"。"深度汇谈"是一个团体的所有成员提出心中的假设，从而真正实现一起思考的能力。“深度汇谈”的修炼也包括学习找出有碍学习的互动模式。

第五项修炼:系统思考。组织与人类其他活动一样是一个系统,受到各种细微且息息相关的行动的牵连而彼此影响着,这种影响往往要经年累月才完全展现出来。我们作为群体的一部分,置身其中而想要看清整体的变化,非常困难。因此,第五项修炼是要让人与组织形成系统观察、系统思考的能力,并以此来观察世界,从而决定我们正确的行动。

三、企业再造

从 20 世纪 80 年代初到 90 年代,西方发达国家及日本的经济发展经过短暂复苏后又纷纷跌进衰退和滞胀的泥潭,国际竞争已达白热化程度。另一方面,企业规模越来越大,组织机构臃肿,生产经营过程复杂,最终导致“大企业病”产生并日益严重。1993 年美国的迈克儿·汉默(Michael Hammer)和詹姆斯·钱辟(James Champy)为了改变这种状况,提出了“企业再造”理论,并于 1994 年出版了《企业再造》一书,该书一出版便引起管理学界和企业界的高度重视,其内容迅速流传开来。所谓企业再造指“根本重新思考,彻底翻新作业流程,以便在现今衡量表现的关键上,如成本、品质、服务和速度等,获得戏剧化的改善”。

企业再造理论认为,由英国经济学家亚当·斯密(Adam Smith)在其著作《国富论》(*The Wealth of Nations*)中创立的劳动分工论是建立在大量生产基础上的,而现在是“后工商业”时代,市场需求多变,企业不能再以量求胜,而是以质、以品种求胜。由于社会大生产的发展,使劳动分工越来越精细、协作越来越紧密,相应的企业行政管理结构和生产经营组织结构也越来越复杂,从而导致管理及生产经营成本不断上升,管理效率不断下降,企业应付市场挑战的能力越来越呆滞,因此按劳动分工论组建起来的公司无法发挥高度的弹性和灵活性以及市场应变能力,所以要求“彻底抛弃亚当·斯密的劳动分工论,而面对市场需要,在拥有科技力量的状况下,去重新组织工作流程和组织机构”。在重组中,强调将过去分割开的工作按工作流程的内在规律,并在良好的企业文化基础上重新整合和恢复起来,通过水平和垂直压缩,合并工作、扁平组织、简化流程、提高效率、节约开支,从而达到企业“减肥”和增强竞争能力的作用。

四、虚拟组织

所谓虚拟组织是指两个以上的独立的实体,为迅速向市场提供产品和服务,在一定时间内结成的动态联盟。它不具有法人资格,也没有固定的组织层次和内部命令系统,而是一种开放式的组织结构。因此,企业可以在拥有充分信息的条件下,从众多的组织中通过竞争招标或自由选择等方式精选出合作伙伴,迅速形成各专业领域中的独特优势,实现对外部资源的整合利用,从而以强大的结构成本优势和机动性，完成单个企业难以承担的市场功能，如产品开发、生产和销售。

虚拟组织中的成员可以遍布在世界各地，彼此也许并不存在产权上的联系，不同于一般的跨国公司，相互之间的合作关系是动态的，完全突破了以内部组织制度为基础的传统的管理方法。虚拟企业的特征表现在以下几个方面。

(1)虚拟组织具有较强适应性，在内部组织结构与规章制度方面具有灵活性和便捷性。

(2)虚拟组织共享各成员的核心能力。

(3)虚拟组织中的成员必须以相互信任的方式行动。

随着信息技术的发展、竞争的加剧和全球化市场的形成，没有一家企业可以单枪匹马地面对全球竞争，所以由常规组织向虚拟组织过渡是必然的，虚拟组织日益成为公司竞争战略"武器库"中的核心工具。这种组织形式有着强大的生命力和适应性，它可以使企业准确有效地把握住稍纵即逝的市场机会，对于小型企业来说尤为重要。例如，一家名为 Tekpad 的小型公司，最初生产手写型电脑输入设备，后来扩展到多媒体输入系统。这家小公司聘请著名设计公司设计，让 IBM 公司提供生产，公司自身仅仅使用 28 个临时工、4 个长期雇员，在 12 个月内就成功地推出了 4 种新产品。当 Tekpad 说 IBM 公司加工他们的产品，并且他们与其他大公司有业务联系时，他们就在业务融资、展示实力、实现承诺的能力上获得了重要的信誉。

五、商业生态系统理论

长期以来，人们形成了一种商场如战场的观念。在这个没有硝烟的战场上，企业与企业之间、企业的部门之间乃至顾客之间、销售商之间都存在着一系列的冲突。

美国学者詹姆士·穆尔(James Moore)1996 年出版的《竞争的衰亡》一书，标志着竞争战略理论的指导思想发生了重大突破。作者以生物学中的生态系统这一独特的视角来描述当今市场中的企业活动，但又不同于将生物学的原理运用于商业研究的狭隘观念。作者认为，在市场经济中，达尔文的自然选择似乎仅仅表现为最合适的公司或产品才能生存，经济运行的过程就是驱逐弱者。而穆尔提出了"商业生态系统"这一全新的概念，打破了传统的以行业划分为前提的竞争战略理论的限制，力求"共同进化"。穆尔站在企业生态系统均衡演化的层面上，把商业活动分为开拓、扩展、领导和更新四个阶段。商业生态系统在作者理论中的组成部分是非常丰富的，他建议高层经理人员经常从顾客、市场、产品、过程、组织、风险承担者、政府与社会七个方面来考虑商业生态系统和自身所处的位置；系统内的公司通过竞争可以将毫不相关的贡献者联系起来，创造一种崭新的商业模式。在这种全新的模式下，作者认为制定战略应着眼于创造新的微观经济和财富，即以发展新的循环来代替狭隘的以行业为基础的战略设计。

商业生态系统能有效地利用生态观念制定企业的策略。

1. 鼓励多样化

具有多种生命形态的生态系统是最坚强的生态系统。同样地，多样化的公司是最有创造力的公司。这种多样化不仅表现在公司业务内容与业务模式上，而且表现在用人政策上。

2. 推出新产品

在生态系统中，生命靠复制来繁衍，每一代生产下一代，以确保物种生存。产品寿命有限，不论今天多么成功，终将被下一代产品取代，因此需要不断地推出新产品。

3. 建立共生关系

共生是指两种或多种生物互相合作，以提高生存能力。传统企业视商业为零和竞争，从不考虑互利或共生关系，主张“绝对别把钱留在桌面上”。新型企业总是寻求双赢的共生关系，既在合作中竞争，又在竞争中合作，由此产生了一个新词汇——竞合。例如，苹果公司与微软公司的关系就是一种竞合关系。

六、企业整体策略理论

美国耶鲁大学企业管理学教授威维·科利斯与哈佛大学企业管理学教授辛西姬·蒙哥马利在《哈佛商业评论》上撰文指出，有些企业在多元化的发展上一帆风顺，而有些企业则惨遭失败，其成败关键就在于企业整体策略。他们在3年前提出的“资源竞争论”的基础上，进一步提出“以资源为核心的企业整体策略，指导企业创造更大的整体竞争优势”。卓越的企业整体策略能够通过协调多元事业来创造整体的价值，让“1+1大于2”，而不仅是零散的事业集合。企业要制定卓越的整体策略，首先要有整合观念。制定卓越的策略，是许多企业经理人努力的目标。有些人从核心能力着手，有些人重整事业组合，有些人则努力建立学习型组织。但是，这些做法都只是在单一要素上着力，而没有将资源、事业与组织三项因素合为一个整体。以策略创造企业整体优势的精髓，就是将资源、事业与组织这三项构成“策略金三角”的要素合为整体。

在卓越的整体策略中，资源是串联事业与组织结构的线，是决定其他要素的要素。企业的特殊资产、技术、能力都是企业的资源。不同的资源需要不同的分配方式（转移或是共享），也需要配合不同的控制系统（财务表现控制或是营运过程控制）。卓越的企业整体策略不是随意的组合，而是精心设计的整体系统，指挥企业要发展什么资源，要在什么事业上竞争，要以什么组织形态实行策略。

七、模糊经营理论

模糊与数学、控制等名词连为一体，产生出许多新鲜的概念。如今，随着网络技术和虚拟一体化的发展，模糊经营的新观念在电脑等行业中日趋流行。

美国《纽约时报》载文指出，电脑制造商、经销商和零售商之间的界线正在变得模糊：制造商仅仅承担设计产品和品牌宣传而委托别人装配；零售商面临种种新的竞争者，比如因特网销售商成为直接向客户出售产品的制造商；而原本已被认为将要随市场机制变化而淘汰的中间商，现正以崭新的姿态异常活跃起来，他们往往从制造商和零售商那里把储存和搬运商品的种种后勤工作包揽过来。

随着因特网的发展，制造商逐渐走到前台，直接面对用户。如美国戴尔计算机公司通过电话和因特网得到客户的直接订货并在7个工作日之内交付产品的做法，开创了电脑业一种新的经营模式。这种经营模式没有制造商、经销商与零售商的区别，然而，该公司却表现出比电脑业界平均水平高3～4倍的发展速度。

纵观经营方式的演变历程，可以发现，日本人20世纪70年代开创的“准时生产”方法，使人们感到无库存经营成为可能。今天，新的模糊方法则使人们的视线转向“利用别人时间”的方法。利用这种新方法，库存的负担就落在生产链条中的其他参与者身上。正如一些未来学家所设想的，21世纪产品开发商、制造商和经销商将通过数据网络紧密联系在一起，以致库存的必要性大大减少。

本章小结

在漫长的管理实践活动中，人们积累了大量的管理经验，并逐步形成了管理思想。随着社会生产力的发展，人们把各种管理思想加以归纳、总结，形成了管理理论。人们又运用这些理论去指导管理实践，并在实践中验证和不断完善这些理论。

本章重点内容简要概括如下。

(1)中国古代管理思想的特点：源发历史长、涵盖内容广、适用层次多、辐射影响大、思想凝练精。但令人遗憾的是，中国古代的管理思想比较零散，缺乏系统的整理、总结和提高，没有形成系统的管理理论。特别是到了近代以后，中国经济、政治、社会、科技、文化与西方国家的差距不断加大，这种落后必然导致并反映到管理思想与管理理论上。

(2)15世纪，意大利的马基雅维利的四项领导原理：一是群众的认可，领导者的权威来自群众；二是内聚力，领导者必须维持并加强组织的内聚力，否则组织不可能长期存在；三是求生存的意志，领导者必须具备坚强的生存意志力，以免被推翻；四是领导能力，领导者必须具有崇高的品德和非凡的能力。这些领导原理，与现代管理学尤其是领导科学理论有高度的相关性与一致性。

(3)亚当·斯密的“经济人”思想认为，人们在经济活动中追求的是个人利益，社会利益是由于个人利益之间的相互牵制而产生的。亚当·斯密的分工理论和“经济人”观点，对后来西方管理理论的形成有巨大而深远的影响。

(4)外国早期的管理思想的代表包括：亚当·斯密的劳动分工与“经济人”思想，罗伯特·欧文的人事管理思想，查尔斯·巴贝奇的科学管理。

(5)古典管理理论的代表：泰勒的“科学管理理论”，法约尔的一般管理理论，马克斯·韦伯的“理想的行政组织体系理论”。

(6)管理的十四条原则：分工；职权与职责；纪律；统一指挥；统一领导；个人利益服从整体利益；个人报酬；集权与分权；等级链；秩序；公平；人员的稳定；首创精神；团体精神。

(7)古典管理理论的特点：以提高生产效率为主要目标；以科学求实的态度进行调查研究；强调以物质利益为中心，重视个人积极性的发挥；强调规章制度的作用。

(8)古典管理理论的贡献：古典管理理论家们建立了管理研究和实践的科学基础。他们把提高组织效率作为其研究的目标，把科学的方法运用到管理活动和管理过程中，使管理学成为一个独立的研究领域，使管理活动能够在科学的基础上进行，从而使管理者能够管理大型的复杂的组织。

(9)古典管理理论的局限性

第一，对组织中人的因素的研究不够，一般只是把人看做“经济人”。

第二，主要强调对组织内部有效运行问题的研究，而忽略了或较少地分析有关外部环境对组织的影响问题。

第三，对解决管理实践中的协调问题以及为贯彻各种管理职能提供服务方面较少涉及。

(10)行为科学是研究人的行为或人类集合体的行为，在心理学、人类学、社会学、经济学、政治学和语言学等的边缘领域协作的一门科学。其研究对象涉及思考过程、交往、消费者行为、经营行为、社会的和文化的变革、国际关系政策的拟定等广泛的课题。

(11)行为科学发展的两个时期：前期以人际关系学说(或人群关系学说)三条结论为主要内容，从 20 世纪 30 年代梅奥的霍桑试验开始，到 1949 年在美国芝加哥跨学科的科学会议上第一次提出行为科学的概念为止；在 1953 年美国福特基金会召开的各大学科学家参加的会议上，正式定名为行为科学，视为行为科学研究时期。

(12)“社会人”：古典管理理论把人看做“经济人”，他们只是为了追求高工资和良好的物质条件而工作，因此对职工只能用绝对的、集中的权力来管理，而梅奥等人提出了与“经济人”观点不同的“社会人”观点。其要点是：人重要的是同别人合作、个人是为保护其集团的地位而行动以及人的思想行为更多的是由感情来引导。工作条件和工资报酬并不是影响劳动生产率的唯一原因。对职工的新的激励重点必须放在社会、心理方面，以使他们之间更好地合作并提高生产率。

(13)"非正式组织"：在组织内共同工作的过程中，人们必然发现相互之间的关系，形成非正式团体，在这个团体里，又形成了共同的感情，进而构成一个体系，这就是所谓非正式组织。

(14)非正式组织对人起着两种作用：

首先，它保护工人免受内部成员忽视所造成的损失，如生产得过多或过少；

其次，它保护工人免受外部管理人员的干涉所造成的损失，如降低工资率或提高产量标准。

新的领导能力在于提高职工的满足度，以提高职工的士气，从而提高劳动生产率。

(15)X理论和Y理论：在麦格雷戈看来，每一位管理人员对职工的管理都基于一种对人性看法的哲学，或者都有一套假定，他把传统管理对人的观点和管理方法叫做"X理论"，把建立在对人性和人的行为的动机更为恰当的认识基础上的新理论叫做"Y理论"。

(16)马斯洛需求理论：需求层次理论是研究组织激励时应用最广泛的理论。马斯洛认为，人类价值体系存在两类不同的需要，一类是沿生物谱系上升方向逐渐变弱的本能或冲动，称为低级需要和生理需要。一类是随生物进化而逐渐显现的潜能或需要，称为高级需要。马斯洛将需求划分为五级：生理的需要、安全的需要、感情的需要、尊重的需要、自我实现的需要。

(17)赫茨伯格的双因素理论：使职工感到满意的都是属于工作本身或工作内容方面的；使职工感到不满的，都是属于工作环境或工作关系方面的，他把前者叫做激励因素，后者叫做保健因素。

(18)现代管理理论主要管理学派理论包括：管理过程学派、社会系统学派、决策理论学派、系统管理理论学派、经验主义学派、管理科学学派、权变理论学派。

(19)现代管理的主要特点。与传统科学管理相比，现代管理已发生了很大变化，主要表现在：①现代管理的中心由物向人转变，管理方式由刚向柔发展；②现代管理理论十分强调系统、权变、创新等管理观点；③现代管理的组织形式呈现多样化、扁平化发展趋势；④现代管理的目标由传统的单纯追求利润转向追求企业、员工、顾客、社会各方利益的共同满足；⑤现代管理十分重视对组织环境的研究，以提高管理者的工作成效；⑥现代管理广泛运用现代自然科学新成果和现代化管理工具。

(20)知识管理：是使信息转化为可被人们掌握的知识，并以此来提高特定组织的应变能力和创新能力的一种新型管理形式。知识管理重在培养集体的创造力，并推动组织的创新。而创新是知识经济的核心内容，是企业活力之源。技术创新、制度创新、管理创新、观念创新以及各种创新的相互结合、相互推动，将成为企业经济增长的引擎。

(21)学习型组织的五项修炼。第一项修炼：自我超越；第二项修炼：改善心智模式；第三项修炼：建立共同愿景；第四项修炼：团体学习；第五项修炼：系统思考。

习　题

1. 单项选择题

(1)(　　)不是古典管理理论的代表人物。

A. 泰勒　B. 法约尔　C. 韦伯　D. 马斯洛

(2)(　　)是行政组织理论的代表人物。

A. 韦伯　B. 梅奥　C. 法约尔　D. 马斯洛

(3)泰勒的科学管理原理反映了(　　)思想。

A. 经济人假设　B. 社会人假设　C. 自我实现人假设

D. 复杂人假设

(4)最早对管理的具体职能加以概括和系统论述的是(　　)。

A. 泰勒　B. 法约尔　C. 孔茨　D. 韦伯

(5)法约尔的一般管理理论对西方管理理论的发展有着重大影响，成为后来管理过程学派的理论基础，他的代表作是(　　)。

A.《社会组织与经济组织理论》　B.《工业管理与一般管理》

C.《科学管理理论》　D.《工业文明中人的问题》

2. 简答题

(1)亚当·斯密的"经济人"的观点是什么？

(2)泰勒所提出的科学管理制度有哪些主要内容？

(3)如何客观评价泰勒制？

(4)简述马斯洛的需要层次理论的主要论点。

(5)简述法约尔所提出的管理原则。

(6)试比较麦格雷戈的 X 理论和 Y 理论。

【案例分析】

自我改善的柔性管理

大连三洋制冷有限公司(简称大连三洋)成立于 1992 年 9 月，于 1993 年正式投产，现有职工 400 余人，是由日本三洋电机株式会社、中国大连冷冻机股份有限公司和日本日商岩井株式会社三家合资兴办的企业。

大连三洋是在激烈的市场竞争中成立的。当时他们对外，面对来自国内外同行业企业形成的市场压力；对内，则面临着如何把引进的高新技术转化成高质量的产品，如何使来自各方面有着文化程度、价值观念、思维方式、行为方式巨大差异的员工，形成统一的经营理念和行为准则，适应公司发展的需要的问题。因此，大连三洋成立伊始，即把严格管理作为企业管理的主导思想，强化遵纪守规意识。

可是，随着公司的发展和员工素质的不断提高，原有的制度、管理思想和方法，有的已不能适应企业的管理需求，有的满足不了员工实现其精神价值的需要。更为重要的是，随着国内外市场竞争的激烈，大连三洋如何增强自身应变能力，为用户提供不同需求的制冷机产品，就成为公司发展过程中必须要解决的问题。因此，公司针对逐渐培养起来的员工自我管理的意识，使其逐步升华成为立足岗位的自我改善行为，即自我改善的柔性管理，从而增强了公司在激烈市场竞争中的应变能力。

大连三洋的经营领导者在实践柔性管理中深深地领悟到，公司不能把员工当成"经济人"，他们是"社会人"和"自我实现的人"。基于此，大连三洋形成了自己特有的经营理念和企业价值观，并逐步形成了职工自我改善的柔性管理。

通过这种管理和其他改革办法，大连三洋不但当年投产当年盈利，而且五年利税超亿元，合资各方连续三年分红，很快已收回投资，并净赚了两个大连三洋。下面是大连三洋自我改善的柔性管理运作的部分内容。

员工是改善活动的主体，公司从员工入厂开始，即坚持进行以"爱我公司"为核心的教育，以"创造无止境改善"为基础的自我完善教育，以"现场就是市场"为意识的危机教育。他们在吸纳和研究员工危机意识与改善欲求的基础上，总结出了自我改善的10条观念：

(1)抛弃僵化固定的观念；

(2)过多地强调理由，是不求进取的表现；

(3)立即改正错误，是提高自身素质的必由之路；

(4)真正的原因，在"为什么"的反复追问中产生；

(5)从不可能中寻找解决问题的方法；

(6)只要你开动脑筋，就能打开创意的大门；

(7)改善的成功，来源于集体的智慧和努力；

(8)更要重视不花大钱的改善；

(9)完美的追求，从点的改善开始；

(10)改善是无止境的。

这10条基本观念，如今在大连三洋已成为职工立足岗位自我改善的指导思想和自觉的行为。

大连三洋的职工自我改善是在严格管理的基础上日渐形成的。从公司创建起，他们就制定了严格规范的管理制度，要求员工要适应制度，遵守制度，而当员工把严格遵守制度当成他们自我安全和成长需要的自觉行动时，就进一步使制度能有利于发挥员工的潜能，使制度能促进员工的发展具有相对的灵活性。

例如，他们现在的“员工五准则”中第一条“严守时间”规定的后面附有这样的解释——“当您由于身体不适、交通堵塞、家庭有困难，不能按时到公司时，请拨打7317375通知公司。”在这里没有单纯“不准迟到”、“不准早退”的硬性规定，充分体现了公司规章制度“人性化”的一面。公司创立日举行庆祝，将所有员工的家属都请来予以慰问。逢年过节，公司常驻外地的营销人员总会收到总经理亲自操笔的慰问信。在他们那里，“努力工作型”的员工受到尊重。职工合理化提案被采纳的有奖，未被采纳的也会受到鼓励。企业与员工共存，为员工提供舒适的工作环境，不断提升着员工的生活质量，员工以极大的热情关心公司的发展，通过立足岗位的自我改善成了公司发展的强大动力。

思考题

(1)试分析三洋柔性管理模式的内涵。

(2)在三洋的柔性管理中体现了怎样的管理思想转变？

第三章　管理决策

【名言采撷】

我们应该把行动纳入决策之中，否则就是纸上谈兵。

——彼得·德鲁克

【教学目标】

学完本章后，你应该能够：

1. 了解信息的概念及信息系统、管理决策的类型和特点；
2. 理解管理决策的理论；
3. 掌握管理决策的类型；
4. 掌握管理决策的理论与方法。

【技能目标】

1. 如何分析决策的类型与特点；
2. 如何分析决策过程中的影响因素；
3. 如何采用合理的决策方法。

【案例导入】

案例一　“野马”的诞生

1960 年，爱奥库卡升为美国福特公司副总裁兼总经理。他观察到 60 年代一股以青年人为代表的社会革新力量正式形成，它将对美国社会、经济产生难以估量的影响，因此，爱奥库卡认为，设计新车型时，应该把青年人的需求放在第一位。在他精心组织下，经过多次改进，1962 年底这种新车最后定型。它看起来像一部运动车，鼻子长、尾部短，满足了青年人喜欢运动和刺激的心理。更重要的是，这种车的售价相当便宜，只有 2 500 美元左右，一般青年人都能买得起。最后，这种车还取了一个令青年人遐想的名字——“野马”。1964 年 4 月纽约世界博览会期间，“野马”正式在市场上露面，在此之前，福特公司为此大造了一番舆论，掀起了一股“野马”热。在上市第一年的销售活动中，顾客买走了 41.9 万辆“野马”，创下全美汽车制造业的最高纪录。“野马”的问世和巨大成功显示了爱奥库卡杰出的经营决策才能。从此，他便扬名美国企业界，并荣任福特汽车公司总裁。

（资料来源：2010 年第五期《科学决策专辑》）

此案例说明，决策成功，可以扩大销售额，降低成本，提高利润，进而占领市场。

案例二 专注于尿布生产，成就“尿布大王”

日本尼西奇公司在战后初期，仅有三十余名职工，生产雨衣、游泳帽、卫生带、尿布等橡胶制品，订货不足，经营不稳，企业有朝不保夕之感。公司董事长多川博从人口普查中得知，日本每年大约出生250万婴儿，如果每个婴儿用两条尿布，一年就需要500万条，这是一个相当可观的尿布市场。多川博决心放弃尿布以外的产品，把尼西奇公司变成尿布专业公司，集中力量，创立名牌，成为了“尿布大王”。资本仅1亿日元，年销售额却高达70亿日元。

（资料来源：MBA智库百科）

以上两例说明，决策成功，可以扩大销售额，降低成本，提高利润，进而占领市场。然而市场是多变的，人们的需求也是多变的，这就要求企业家必须时刻关注市场、适应市场，进而决策新产品的开发。这种决策一旦成功，会使处于“山穷水尽”状况的企业顿感“柳暗花明”。

第一节 决策的概念

决策一词的意思就是为了达到一定目标，采用一定的科学方法和手段，从两个以上的方案中选择一个满意方案的分析判断过程。管理就是决策，是指通过分析、比较，在若干种可供选择的方案中选定最优方案的过程。决策是计划的核心或灵魂，它对管理具有决定意义。现代管理者，只有善于在预测的基础上进行科学的决策，才能达到各自的管理目标。

一、决策的概念

“决策”一词的英语表述为decision making，意思就是作出决定或选择。时至今日，对决策概念的界定不下上百种，但仍未形成统一的看法，诸多界定归纳起来，基本有以下三种理解。

一是把决策看做是一个包括提出问题、确立目标、设计和选择方案的过程，这是广义的理解。

二是把决策看做是从几种备选的行动方案中作出最终抉择，是决策者的拍板定案，这是狭义的理解。

三是认为决策是对不确定条件下发生的偶发事件所作的处理决定。这类事件既无先例，又没有可遵循的规律，作出选择要冒一定的风险。也就是说，只有冒一定的风险的选择才是决策，这是对决策概念最狭义的理解。

以上对决策概念的解释是从不同的角度作出的，要科学地理解决策概念，有必要考察决策专家赫伯特·西蒙在决策理论中对决策内涵的看法。

一般理解,决策就是作出决定的意思,即对需要解决的事情作出决定。按汉语习惯,“决策”一词被理解为“决定政策”,主要是对国家大政方针作出决定。但事实上,决策不仅指高层领导作出决定,也包括人们对日常问题作出决定,如某企业要开发一个新产品,引进一条生产线,某人选购一种商品或选择一种职业,都带有决策的性质。可见,决策活动与人类活动是密切相关的。

正确理解决策概念,应把握以下几层意思。

(1)决策要有明确的目标。决策是为了解决某一问题,或是为了达到一定目标。确定目标是决策过程的第一步。决策所要解决的问题必须十分明确,所要达到的目标必须十分具体。没有明确的目标,决策将是盲目的。

(2)决策要有两个以上备选方案。决策实质上是选择行动方案的过程。如果只有一个备选方案,就不存在决策的问题。因而,至少要有两个或两个以上方案,人们才能从中进行比较、选择,最后选择一个满意方案作为行动方案。

(3)选择后的行动方案必须付诸实施。如果选择后的方案束之高阁,不付诸实施,那么,决策了也等于没有决策。决策不仅是一个认识过程,也是一个行动过程。

决策是人类社会自古就有的活动,决策科学化是在 20 世纪初开始形成的。第二次世界大战以后,决策研究在吸纳了行为科学、系统理论、运筹学、计算机科学等多门科学成果的基础上,结合决策实践,在 20 世纪 60 年代形成了一门专门研究和探索人们作出正确决策规律的科学——决策学。决策学研究决策的范畴、概念、结构、决策原则、决策程序、决策方法、决策组织等,并探索这些理论与方法的应用规律。随着决策理论与方法研究的深入与发展,决策渗透到社会经济、生活各个领域,尤其应用在企业经营活动中,从而出现了经营管理决策。

二、决策的原则

决策的原则就是对决策的一般要求,在常规情况下,人们按照这些原则去进行决策,可以大大减少决策的失误。决策的基本原则包含以下信息。

(一)经济效益与社会效益相结合

在市场经济条件下,企业是独立的商品生产经营者,因此必须谋求企业的盈利。以盈利为标准衡量决策是否可行应该成为企业决策的首要标准。但一个企业的生存和发展与整个社会的发展是相互联系的,我们必须在作经营决策时兼顾社会的整体利益,使企业的盈利和社会利益尽可能完美地结合起来。

(二)可能性和现实性相结合

事物是在不断发展变化的过程之中的。尽管企业的经营思想、目标和方针是根据企业内外部条件的基础上确定的,但是在使之实施时,又会遇到一系列新情况、新问题,需要在决策时加以考虑。为此,一方面应该把原先已经确定的经营思想、目标和方针进一步与不断变化着的实际情况结合起来;另一方面又应该把企业内部的条件,例如企业的产品开发能力,资金筹措能力等,与企业外部的条件(市场供求状况、竞争对手的状况)相结合起来。

(三)定量分析与定性分析相结合

现代决策必须尽可能地在决策中运用各种数学方法进行定量分析,使决策更精确、更可信,也更便于今后的操作。但是社会经济现象是十分复杂的,数学方法很难完全渗透于经营决策之中,仍有大量的决策需要利用人们的主观判断,为此仍然必须重视人们的传统经验,并把人们的传统经验与社会学、心理学等现代科学结合起来,使人们的主观判断更科学、更符合实际。

(四)领导者与专家相结合

有关业务性的决策,涉及面窄,且有惯例可循,一般由个人决策即可。但凡有关企业的战略方面的重大决策,由于对企业的生死存亡至关重要,且此类决策涉及面广,影响因素极多,仅靠个人的知识和经验决策就难以胜任,因此需要由各方面专家集体决策,这样可以集思广益,作出的决策会更正确、更易被人接受。

(五)局部和全局相结合

一个决策往往影响到企业的方方面面,但决策的制定和执行往往又是某一部门或层次的工作。因此,决策必须处理好全局和局部的关系,站得高、看得远、看得全,以全局的眼光战略地把握工作的主次和轻重缓急;从全局着想,从局部着手,全局指导局部,局部服从全局,保证全局。

(六)近期利益和远期利益结合

这也是考验领导战略思想的原则,每一次决策都对以后的经营带来正面和负面的影响,因此决策就必须考虑这些影响,保证企业经营的一致性、连贯性、继承性和可持续性。企业所作的每一次决策不能鼠目寸光,也不能舍近求远。远期是近期的指导,近期是远期的保证。

(七)决策工作的规范性和灵活性相结合

制定决策,一般会有许多制度规定、程序、方法,这是正确决策的保证,领导要充分遵循这些规范。另一方面,管理工作永远是灵活、创新、开拓的,因此要将两个方面结合紧密。

三、决策的理论

(一)古典决策理论

古典决策理论又称规范决策理论,是基于“经济人”假设提出来的,主要盛行于20世纪50年代以前。古典决策理论认为,应该从经济的角度来看待决策问题,即决策的目的在于为组织获取最大的经济利益。

古典决策理论的主要内容:

(1)决策者必须全面掌握有关决策环境的信息情报；

(2)决策者要充分了解有关备选方案的情况；

(3)决策者应建立一个合理的自上而下的执行命令的组织体系；

(4)决策者进行决策的目的始终都在于使本组织获取最大的经济利益。

古典决策理论假设，作为决策者的管理者是完全理性的，决策环境条件的稳定与否是可以被改变的，在决策者充分了解有关信息情报的情况下，是完全可以作出完成组织目标的最佳决策的。古典决策理论忽视了非经济因素在决策中的作用，这种理论不一定能指导实际的决策活动，因而逐渐被更为全面的行为决策理论代替。

(二)行为决策理论

行为决策理论的发展始于20世纪50年代。对古典决策理论的“经济人”假设发难的第一人是赫伯特·西蒙(Herbert Simon)。他在《管理行为》一书中指出，理性的和经济的标准都无法确切地说明管理的决策过程，进而提出“有限理性”标准和“满意度”原则。其他学者对决策者行为作了进一步的研究，他们在研究中也发现，影响决策者进行决策的不仅有经济因素，还有其个人的行为表现，如态度、情感、经验和动机等。

行为决策理论的主要内容有以下几方面。

(1)人的理性介于完全理性和非理性之间，即人是有限理性的，这是因为在高度不确定和极其复杂的现实决策环境中，人的知识、想象力和计算力是有限的。

(2)决策者在识别和发现问题中容易受知觉上的偏差的影响，而在对未来的状况作出判断时，直觉的运用往往多于逻辑分析方法的运用。所谓知觉上的偏差，是指由于认知能力的有限，决策者仅把问题的部分信息当做认知对象。

(3)由于受决策时间和可利用资源的限制，决策者即使充分了解和掌握有关决策环境的信息情报，也只能做到尽量了解各种备选方案的情况，而不可能做到全部了解，决策者选择的理性是相对的。

(4)在风险型决策中，与经济利益的考虑相比，决策者对待风险的态度起着更为重要的作用。决策者往往厌恶风险，倾向于接受风险较小的方案，尽管风险较大的方案可能会带来较为可观的收益。

(5)决策者在决策中往往只求满意的结果，而不愿费力寻求最佳方案。导致这一现象的主要原因有三种：①决策者不注意发挥自己和别人继续进行研究的积极性，只满足于在现有的可行方案中进行选择；②决策者本身缺乏有关能力，在有些情况下，决策者出于个人某些因素的考虑而作出自己的选择；③评估所有的方案并选择其中的最佳方案，需要花费大量的时间和金钱，这可能得不偿失。

行为决策理论抨击了把决策视为定量方法和固定步骤的片面性，主张把决策视为一种文化现象。例如，威廉·大内(William Ouchi)在其对美日两国企业在决策方面的差异所进行的比较研究中发现，东西方文化的差异是导致这种决策差异的一种不容忽视的原因，从而开创了决策的跨文化比较研究。

除了西蒙的“有限理性”模式，林德布洛姆的“渐进决策”模式也对“完全理性”模式提出了挑战。林德布洛姆认为决策过程应是一个渐进过程，而不应大起大落（当然，这种渐进过程积累到一定程度也会形成一次变革），否则会危及组织内的稳定，给组织带来结构、心理倾向和习惯等的震荡和资金困难，也使决策者不可能了解和思考全部方案并弄清每种方案的结果（这是由于时间的紧迫和资源的匮乏）。因此，“按部就班、修修补补的渐进主义决策者或安于现状的人，似乎不是一位‘叱咤风云’的英雄人物，而实际上是能够清醒地认识到自己是在与无边无际的宇宙进行搏斗的足智多谋的解决问题的决策者”。这说明，决策不能只遵守一种固定的程序，应根据组织内外环境的变化进行适时的调整和补充。

（三）当代决策理论

继古典决策理论和行为决策理论之后，决策理论有了进一步的发展，即产生了当代决策理论。当代决策理论的核心内容是：决策贯穿于整个管理过程，决策程序就是整个管理过程。

组织是由作为决策者的个人及其下属、同事组成的系统。整个决策过程从研究组织的内外环境开始，继而确定组织目标、设计可达到该目标的各种可行方案、比较和评估这些方案进而进行方案选择（即作出择优决策），最后实施决策方案，并进行追踪检查和控制，以确保预定目标的实现。这种决策理论对决策的过程、决策的原则、程序化决策和非程序化决策、组织机构的建立同决策过程的联系等作了精辟的论述。

对当今的决策者来说，在决策过程中应广泛采用现代化的手段和规范化的程序，并以系统理论、运筹学和电子计算机为工具，辅之以行为科学的有关理论。这就是说，当代决策理论把古典决策理论和行为决策理论有机地结合起来，它所概括的一套科学行为准则和工作程序，既重视科学的理论、方法和手段的应用，又重视人的积极作用。

第二节　决策的类型与特点

一、决策的类型

根据决策所要解决的问题的实质，可按不同的标准对决策进行分类。

（一）长期决策与短期决策

按决策影响时间的长短划分，可以分为长期决策与短期决策。

(1)长期决策是指有关组织今后发展方向的长远性、全局性的重大决策，又称长期战略决策，如投资方向的选择、人力资源的开发和组织规模的确定等。

(2)短期决策是为实现长期战略目标而采取的短期策略手段，又称短期战术决策，如企业日常营销、物资储备以及生产中资源配置等。

(二)战略决策、战术决策与业务决策

按决策的重要程度划分，可以分为战略决策、战术决策与业务决策。

(1)战略决策对组织最重要，通常包括组织目标、方针的确定，组织机构的调整，企业产品的更新换代，技术改造等，这些决策牵涉组织的方方面面，具有长期性和方向性。

(2)战术决策又称管理决策，是在组织内贯彻的决策，属于战略决策执行过程中的具体决策。战术决策旨在实现组织中各环节的高度协调和资源的合理使用，如企业生产计划和销售计划的制订、设备的更新、新产品的定价以及资金的筹措等都属于战术决策的范畴。

(3)业务决策又称执行性决策，是日常工作中为提高生产效率、工作效率而作出的决策，牵涉范围较窄，只对组织产生局部影响。属于业务决策范畴的主要有：工作任务的日常分配和检查，工作日程(生产进度)的安排和监督，岗位责任制的制定和执行，库存的控制以及材料的采购等。

(三)集体决策与个人决策

按决策主体的多少，可以分为集体决策与个人决策。

集体决策是指多个人一起作出的决策，个人决策则是指单个人作出的决策。

相对于个人决策，集体决策有以下优点：

(1)能更大范围地汇总信息；

(2)能拟定更多的备选方案；

(3)能得到更多的认同；

(4)能更好地沟通；

(5)能作出更好的决策等。

但集体决策也有一些缺点，如花费较多的时间、产生“群体思维”(group think)以及责任不明等。

(四)初始决策与追踪决策

按决策的起点分类，可把决策分为初始决策与追踪决策。

初始决策是零起点决策，它是在有关活动尚未进行从而环境未受到影响的情况下进行的。随着初始决策的实施，组织环境发生变化，这种情况下所进行的决策就是追踪决策。因此，追踪决策是非零起点决策。

(五)程序化决策与非程序化决策

按决策的重复性程度，可把决策分为程序化决策与非程序化决策。

组织中的问题可被分为两类：一类是例行问题，另一类是例外问题。例行问题

是指那些重复出现的、日常的管理问题，如管理者日常遇到的产品质量、设备故障、现金短缺、供货单位未按时履行合同等问题；例外问题则是指那些偶然发生的、新颖的、性质和结构不明的、具有重大影响的问题，如组织结构变化、重大投资、开发新产品或开拓新市场、长期存在的产品质量隐患、重要的人事任免以及重大政策的制定等问题。

赫伯特·西蒙根据问题的性质把决策分为程序化决策与非程序化决策。程序化决策涉及的是例行问题，而非程序化决策涉及的是例外问题。

(六)确定型决策、风险型决策与不确定型决策

从环境因素的可控程度看，可把决策分为确定型决策、风险型决策与不确定型决策。

(1)确定型决策是指在稳定(可控)条件下进行的决策。在确定型决策中，决策者确切知道自然状态的发生，每个方案只有一个确定的结果，最终选择哪个方案取决于对各个方案结果的直接比较。

(2)风险型决策也称随机决策，在这类决策中，自然状态不止一种，决策者不能知道哪种自然状态会发生，但能知道有多少种自然状态以及每种自然状态发生的概率。

(3)不确定型决策是指在不稳定条件下进行的决策。在不确定型决策中，决策者可能不知道有多少种自然状态，即便知道，也不能知道每种自然状态发生的概率。

二、决策的特点

(一)目标性

任何决策都包含着目标的确定。目标体现的是组织想要获得的结果。目标明确以后，方案的拟定、比较、选择、实施及实施效果的检查就有了标准与依据。

(二)可行性

方案的实施需要利用一定的资源。缺乏必要的人力、物力、财力，理论上十分完善的方案也只能是空中楼阁。因此，在决策过程中，决策者不仅要考虑采取某种行动的必要性，而且要注意实施条件的限制。

(三)选择性

决策的关键是选择，没有选择就没有决策。而要能有所选择，就必须提供可以相互替代的多种方案。事实上，为了实现同样的目标，组织总是可以从事多种不同的活动。这些活动在资源要求、可能结果及风险程度等方面存在着或多或少的差异，因此，不仅有选择的可能，而且有选择的必要。

(四)满意性

决策的原则是“满意”，而不是“最优”。

（五）过程性

(1)组织中的决策并不是单项决策，而是一系列决策的综合。这是因为组织中的决策牵涉到方方面面。当令人满意的行动方案被选出后，决策者还要就其他一些问题(如资金筹集、结构调整和人员安排等)作出决策，以保证该方案的顺利实施。只有当配套决策都作出后，才能认为组织的决策已经完成。

(2)在这一系列决策中，每个决策本身就是一个过程。为了方便理论分析，我们把决策的过程划分为几个阶段。但在实际工作中，这些阶段往往是相互联系、交错重叠的，难以截然分开。

（六）动态性

决策的动态性与过程性有关。决策不仅是一个过程，而且是一个不断循环的过程。作为过程，决策是动态的，没有真正的起点，也没有真正的终点。我们知道，组织的外部环境处在不断变化中。这要求决策者密切监视并研究外部环境及其变化，从中发现问题或找到机会，及时调整组织的活动，以实现组织与环境的动态平衡。

第三节　决策的过程

一、决策的过程

（一）识别机会或诊断问题

决策者必须知道哪里需要行动，所以决策过程的第一步是识别机会或诊断问题。如果没有问题，则不需要决策，如果问题不明确，则难以作出正确的决策。因此认识并分析问题是最为重要也是最为困难的环节。识别机会和问题并不总是简单的，因为要考虑组织中人的行为。有些时候，问题可能植根于个人的过去经验、组织的复杂结构或个人和组织因素的某种混合。因此，管理者必须特别注意要尽可能精确地评估问题和机会。另一些时候，问题可能简单明了，只要稍加观察就能识别出来。

评估机会和问题的精确程度有赖于信息的精确程度，所以管理者要尽力获取精确的、可信赖的信息。低质量的或不精确的信息使时间白白浪费掉，并使管理者无从发现导致某种情况出现的潜在原因。

即使收集到的信息是高质量的，在解释的过程中，也可能发生扭曲。有时，随着信息持续地被误解或有问题的事件一直未被发现，信息的扭曲程度会加重。大多数重大灾难或事故都有一个较长的潜伏期，在这一时期，有关征兆被错误地理解或不被重视，从而未能及时采取行动，导致灾难或事故的发生。

更糟的是，即使管理者拥有精确的信息并正确地解释它，处在他们控制之外的因素也会对机会和问题的识别产生影响。但是，管理者只要坚持获取高质量的信息并仔细地解释它，就会提高作出正确决策的可能性。

（二）识别目标

目标体现的是组织想要获得的结果。所想要的结果的数量和质量都要明确下来，因为目标的这两个方面最终指导决策者选择合适的行动路线。

目标的衡量方法有很多种，如我们通常用货币单位来衡量利润或成本目标，用一小时每人的产出数量来衡量生产率目标，用次品率或废品率来衡量质量目标。

根据时间的长短，可把目标分为长期目标、中期目标和短期目标。长期目标通常用来指导组织的战略决策，中期目标通常用来指导组织的战术决策，短期目标通常用来指导组织的业务决策。无论时间的长短，目标总指导着随后的决策过程。

（三）拟定备选方案

一旦机会或问题被正确地识别出来，管理者就要提出达到目标和解决问题的各种方案，这一步骤需要创造力和想象力。在提出备选方案时，管理者必须把其试图达到的目标牢记在心，而且要提出尽可能多的方案。

管理者常常借助其个人经验、经历和对有关情况的把握来提出方案。为了提出更多、更好的方案，需要从多种角度审视问题，这意味着管理者要善于征询他人的意见。

备选方案可以是标准的和显明的，也可以是独特的和富有创造性的。标准方案通常是指组织以前采用过的方案。通过头脑风暴法、名义小组技术和德尔菲技术等，管理者可以提出富有创造性的方案。

（四）评估备选方案

评估备选方案是为了确定所拟定的各种方案的价值或恰当性，从而确定最优的方案。为此，管理者起码要具备评价每种方案的价值或相对优势/劣势的能力。在评估过程中，管理者要使用预定的决策标准（如所想要的质量）以及每种方案的预期成本、收益、不确定性和风险，最后对各种方案进行排序。例如，管理者会提出以下的问题：该方案会有助于我们质量目标的实现吗、该方案的预期成本是多少、与该方案有关的不确定性和风险有多大等。

（五）作出决定

在决策过程中，管理者通常要作出最后选择。但作出决定仅是决策过程中的一个步骤。尽管选择一个方案看起来很简单——只需要考虑全部可行方案并从中挑选一个能最好解决问题的方案，但实际上，作出选择是很困难的。由于最好的决定通常建立在仔细判断的基础上，所以管理者要想作出一个好的决定，必须仔细考察全部事实，确定是否可以获取足够的信息以及最终选择最好方案。

（六）选择实施战略

方案的实施是决策过程中至关重要的一步。在方案选定以后，管理者就要制定实施方案的具体措施和步骤。实施过程中通常要注意做好以下工作：

(1)制定相应的具体措施,保证方案的正确实施;

(2)确保与方案有关的各种指令能被所有有关人员充分接受和彻底了解;

(3)应用目标管理方法把决策目标层层分解,落实到每一个执行单位和个人;

(4)建立重要的工作报告制度,以便及时了解方案进展情况并及时进行调整。

(七)监督和评估

一个方案可能涉及较长的时间,在这段时间,形势可能发生变化,而初步分析建立在对问题或机会的初步估计上,因此,管理者要不断对方案进行修改和完善,以适应变化了的形势。同时,连续性活动因涉及多阶段控制而需要定期的分析。

由于组织内部条件和外部环境的不断变化,管理者要不断修正方案来减少或消除不确定性,定义新的情况,建立新的分析程序。具体来说,职能部门应对各层次、各岗位履行职责情况进行检查和监督,及时掌握执行进度,检查有无偏离目标,及时将信息反馈给决策者。决策者则根据职能部门反馈的信息,及时追踪方案实施情况,对与既定目标发生部分偏离的,应采取有效措施,以确保既定目标的顺利实现;对客观情况发生重大变化,原先目标确实无法实现的,则要重新寻找问题或机会,确定新的目标,重新拟定可行的方案,并进行评估、选择和实施。

需要说明的是,管理者在以上各个步骤中都会受到个性、态度和行为、伦理和价值以及文化等诸多因素的影响。

二、决策的影响因素

(一)环境

环境对决策的影响体现在以下两个方面。

(1)环境的特点影响着组织的活动选择。就企业而言,如果市场相对稳定,则今天的决策基本上是昨天决策的翻版与延续;而如果市场急剧变化,则需要经常对经营方向和内容进行调整。处在垄断市场上的企业,通常将经营重点放在内部生产条件的改善、生产规模的扩大以及生产成本的降低上;而处在竞争市场上的企业,需要密切关注竞争对手的动向,不断推出新产品,努力改善促销宣传,建立健全销售网络。

(2)对环境的习惯反应模式也影响着组织的活动选择。对于相同的环境,不同的组织可能作出不同的反应。而这种调整组织与环境关系的模式一旦形成,就会趋于稳固,限制着决策者对行动方案的选择。

(二)过去决策

今天是昨天的继续,明天是今天的延伸。历史总要以这种或那种方式影响着未来。在大多数情况下,组织中的决策不是在一张白纸上进行的初始决策,而是对初始决策的完善、调整或改革。

过去的决策是目前决策的起点；过去方案的实施，给组织内部状况和外部环境带来了某种程度的变化，进而给“非零起点”的目前决策带来了影响。

过去的决策对目前决策的影响程度取决于过去决策与现任决策者的关系情况。如果过去的决策是由现在的决策者作出的，决策者考虑到要对自己当初的选择负责，就不会愿意对组织活动作重大调整，而倾向于将大部分资源继续投入到过去方案的实施中，以证明自己的一贯正确。相反，如果现在的决策者与过去的决策没有什么关系，重大改变就可能被其接受。

（三）决策者对风险的态度

人的理性是有限的。决策者对未来的预知不可能与实际发生的情况完全一样，导致方案实施后未必能产生期望的结果。就是说，决策是有风险的（在现实世界中，确定型决策是少之又少的）。

决策者对风险的态度会影响其对方案的选择。喜好风险的人，通常会选取风险程度较高但收益也较高的行动方案；而厌恶风险的人，通常会选取较安全同时收益水平也较低的行动方案。

（四）伦理

决策者是否重视伦理以及采用何种伦理标准会影响其对待行为或事物的态度，进而影响其决策。

不同的伦理标准会对决策产生影响，而不同的国家可能有不同的伦理标准。如在巴西，一个人可能认为，只要金额较小，贿赂海关官员在伦理上就是可接受的。因为他想的是“海关工作人员需要这笔钱，政府是根据他们可以捞一点外快来规定他们工资的”。可见，其伦理标准是以对社会最佳为出发点的，因此无可厚非。而在美国，人们却认为这样做不符合伦理，因为他们信奉的是“只有每个人都变得诚实，制度才会更加有效”。这种伦理标准也是以对社会最佳为出发点的，因此也是值得肯定的。在前一种伦理标准下，人会作出以较小的金额贿赂海关官员的决策，以加快货物的通关速度；而在后一种伦理标准下，人会采取其他办法来达到同样的目的。

（五）组织文化

组织文化会影响到组织成员对待变化的态度，进而影响到一个组织对方案的选择与实施。

在决策过程中，任何方案的选择都意味着对过去某种程度的否定，任何方案的实施都意味着组织要发生某种程度的变化。决策者本人及其他组织成员对待变化的态度会影响到方案的选择与实施。在偏向保守、怀旧、维持的组织中，人们总是根据过去的标准来判断现在的决策，总是担心在变化中会失去什么，从而对将要发生的变化产生怀疑、害怕、抵御的心理与行为；相反，在具有开拓、创新精神的组织中，人们总是以发展的眼光来分析决策的合理性，总是希望在可能发生的变化中得到什么，因此渴望变化、欢迎变化、支持变化。很明显，欢迎变化的组织文化有利于新方案的通过与实施，而抵御变化的组织文化不利于那些对过去作重大改变的方案的通过，即使决策者费经周折让方案勉强通过，也要在正式实施前，设法创建一种有利于变化的组织文化，这无疑增加了方案的成本。

（六）时间

美国学者 W. R. 金和 D. I. 克里兰把决策划分为时间敏感型决策和知识敏感型决策。时间敏感型决策是指那些必须迅速作出的决策。战争中军事指挥官的决策多属于此类。这类决策对速度的要求甚于一切。例如，一个走在马路上的人突然看到一辆疾驶的汽车向他冲来时，最需要做的就是迅速跑开，至于跑向马路的哪一边更近，对此时的他来说不够重要。

而知识敏感型决策是指那些对时间要求不高，而对质量要求较高的决策。在作这类决策时，决策者通常有宽裕的时间来充分利用各种信息。组织中的战略决策大多属于知识敏感型决策。

三、决策的标准

什么是有效的决策？什么是正确的抉择？其判断标准是什么？除了根据决策实施的效果来判断以外，在方案抉择阶段还有没有更直接的判断标准？对于这些问题，有三种代表性的观点。

第一种观点是由科学管理的创始人泰勒首先提出的，并为运筹学家和管理学家们一贯坚持的"最优"决策标准。

在泰勒看来，任何一项管理工作，都存在一种最佳的工作方式。他认为："管理这门学问注定会具有更富于技术的性质。那些现在还被认为是在精密知识领域以外的基本因素，很快都会像其他工程的基本因素那样标准化，制成表格，被接受和利用。"泰勒对管理技术所下的定义是："确切知道要别人干什么，并注意他们用最好最经济的方法去干。"应该肯定，追求最佳是决策者的一种优良的心理品质。但必须指出的是，并非所有的管理问题和管理工作都能够数字化、标准化、模型化，从而求出其最优解来。管理既是科学，又是艺术。对决策来说，也是如此。所谓"最优"，只能是有条件的，并且是在有限的、极为严格的范围与条件下达到的。

第二种代表性观点是西蒙提出的"满意"决策标准。

西蒙对运筹学家们的"最优"决策标准提出了尖锐的批评，指出："所谓'最优'是指在数学模型范围内的最优决策而言。……热衷于'运筹学'的人很容易低估这种方法的适用条件的严格性。这可导致一种名为'数学家失语症'的病。病人将原始问题加以抽象直到数学难点或计算难点被抽象掉为止（并失去了全部真实的外观），并且将这一简化了的新问题加以求解，然后假装认为这就是他一直想要解决的问题。"

西蒙因此提出了他的“满意”决策标准，他认为：“对于使用‘运筹学’方法来说，不需要什么精确性——只要能足够给出一个近似的比不用数学而单靠常识得出的那种结果要更好的结果来。而这样的标准是不难达到的。”

然而，西蒙在提出他的“满意”决策标准之后，也注意到了这个概念的模糊性，容易使人们对决策产生某种误解，于是他补充说：“如果认为某事物在本质上就是定性的，在应用数学家作出尝试之前不能简化为数学形式，否则这将是危险的。”

第三种有代表性的观点是美国管理学家哈罗德·孔茨提出的“合理性”决策标准。他对合理性决策标准的解释是：

首先，他们必须力图达到如无积极的行动就不可能达到的某些目标；

其次，他们必须对现有环境和限定条件下依循什么方针去达到目标有清楚的了解；

第三，他们必须有情报资料的依据，并有能力根据所要达到的目标去分析和评价抉择方案；

最后，他们必须有以最好的办法解决问题的强烈愿望，并选出能最满意地达到目标的方案。

由于决策的外来环境包括着不肯定因素，做到完全合理是很难的。孔茨认为，主管人员必须确定的是有一定限度的理性，即“有限合理性”。尽管如此，主管人员还是应该在合理性的限度内，根据各种变化的性质和风险大小而尽其所能地作出最好的决策。

孔茨的合理性决策标准的实质，是强调决策过程各个阶段的工作质量最终决定了决策的正确性和有效性，而不仅仅在于进行方案抉择时采用“最优”还是“满意”的标准。这个观点是很有指导意义的。

第四节 决策的方法

科学的决策，必须运用科学的方法。决策的方法很多，涉及的技术领域也很广，怎样对组织未来的行动方案作出判断，怎样从若干个方案中比较出最优方案，是科学决策的关键。

一、决策的定性方法

（一）德尔菲法

1. 德尔菲法简介

德尔菲法是在20世纪40年代由O.赫尔姆和N.达尔克首创，经过T.J.戈尔登和兰德公司进一步发展而成的。德尔菲这一名称起源于古希腊有关太阳神阿波罗的神话。传说中阿波罗具有预见未来的能力。因此，这种预测方法被命名为德尔菲法。1946年,兰德公司首次用这种方法进行预测,后来该方法被迅速广泛采用。

德尔菲法依据系统的程序,采用匿名发表意见的方式,即专家之间不得互相讨论,不发生横向联系,只能与调查人员发生关系,通过多轮次调查专家对问卷所提问题的看法,经过反复征询、归纳、修改,最后汇总成专家基本一致的看法,作为预测的结果。这种方法具有广泛的代表性,较为可靠。

2. 德尔菲法的特征

德尔菲法的特征有:资源利用的充分性,即吸收不同的专家的看法与预测结果,充分利用了专家的经验和学识;最终结论的可靠性,即采用匿名或背靠背的方式,能使每一位专家独立地作出自己的判断,不会受到其他繁杂因素的影响;最终结论的统一性,即预测过程必须经过几轮的反馈,使专家的意见逐渐趋同。

正是由于德尔菲法具有以上这些特点,使它在诸多判断预测或决策手段中脱颖而出。这种方法的优点主要是简便易行,具有一定科学性和实用性,可以避免会议讨论时有些人产生因害怕权威而随声附和,或固执己见,或因顾虑情面不愿与他人意见冲突等弊病;同时也可以使大家发表的意见较快收集,参加者也易接受结论,综合的意见具有一定程度的客观性。

3. 德尔菲法的具体实施步骤

(1)组成专家小组。按照课题所需要的知识范围,确定专家。专家人数的多少,可根据预测课题的大小和涉及面的宽窄而定,一般不超过20人。

(2)向所有专家提出所要预测的问题及有关要求,并附上有关这个问题的所有背景材料,同时请专家提出还需要什么材料。然后,由专家作书面答复,各个专家根据他们所收到的材料,提出自己的预测意见,并说明自己是怎样利用这些材料并提出预测值的。

(3)将各位专家第一次判断意见汇总,列成图表,进行对比,再分发给各位专家,让专家比较自己同他人的不同意见,修改自己的意见和判断。也可以把各位专家的意见加以整理,或请身份更高的其他专家加以评论,然后把这些意见再分送给各位专家,以便他们参考后修改自己的意见。

(4)将所有专家的修改意见收集起来,汇总,再次分发给各位专家,以便作第二次修改。逐轮收集意见并为专家反馈信息是德尔菲法的主要环节。收集意见和信息反馈一般要经过三轮或者四轮。在向专家进行反馈的时候,只给出各种意见,但并不说明发表各种意见的专家的具体姓名。这一过程重复进行,直到每一个专家不再改变自己的意见为止。

(5)最后,对专家的意见进行综合处理。

4. 德尔菲法的优缺点

德尔菲法同常见的召集专家开会、通过集体讨论、得出一致预测意见的专家会议法既有联系又有区别。德尔菲法能发挥专家会议法的优点:能充分发挥各位专家的作用,集思广益,准确性高;能把各位专家意见的分歧点表达出来,取各家之长,避各家之短。

德尔菲法能避免专家会议法的缺点:能避免权威人士的意见影响他人的意见;能避免有些专家碍于情面,不愿意发表与其他人不同的意见;能避免出于自尊心而不愿意修改自己原来不全面的意见。

德尔菲法的主要缺点是过程比较复杂,花费时间较长。

(二)名义群体法

1. 名义群体法简介

名义群体法是指在决策过程中对群体成员的讨论或人际沟通加以限制,但群体成员是独立思考的。像召开传统会议一样,群体成员都出席会议,但群体成员首先进行个体决策。

2. 名义群体法的步骤

(1)成员集合成一个群体,但在进行任何讨论之前,每个成员独立地写下他对问题的看法。

(2)经过一段思考后,每个成员将自己的想法提交给群体,然后一个接一个地向大家说明自己的想法,直到每个人的想法都表达完并记录下来为止(通常记在一张活动挂图或黑板上)。所有的想法都记录下来之前不进行讨论。

(3)所有想法记录完后,群体开始讨论,以便把每个想法搞清楚,并作出评价。

(4)每一个群体成员独立地把各种想法排出次序,最后的决策是综合排序最高的想法。

3. 名义群体法需要遵循的原则:

(1)需要事先做好充分的准备,活动过程中要组织得当;

(2)对任务的陈述要准确、清楚,并且要写在纸上以便所有人员都能够看见;

(3)认真完成每一个步骤,以避免减弱该方法的使用效果;

(4)监督每个讨论群体在规定的时间内完成每一步骤;

(5)整个活动过程要坚持公正平等的原则;

(6)确保活动参加者在讨论过程中提出的各项建议是积极而富有建设意义。

(三)头脑风暴法

1. 头脑风暴法简介

头脑风暴法是由美国创造学家 A. F. 奥斯本于 1939 年首次提出,1953 年正式发表的一种激发性思维的方法。此法经各国创造学研究者的实践和发展,至今已经形成了一个发明技法群,如奥斯本智力激励法、默写式智力激励法、卡片式智力激励法等,其目的在于产生新观念或激发创新设想。

在群体决策中，由于群体成员心理相互作用影响，易屈于权威或大多数人意见，形成所谓的“群体思维”。群体思维削弱了群体的批判精神和创造力，损害了决策的质量。为了保证群体决策的创造性，提高决策质量，管理上发展了一系列改善群体决策的方法，头脑风暴法是较为典型的一个。

采用头脑风暴法组织群体决策时，要集中有关专家召开专题会议，主持者以明确的方式向所有参与者阐明问题，说明会议的规则，尽力创造融洽轻松的会议气氛。主持者一般不发表意见，以免影响会议的自由气氛，由专家们“自由”提出尽可能多的方案。

2. *头脑风暴法的激发机理*

头脑风暴法何以能激发创新思维？根据 A. F. 奥斯本本人及其他研究者的看法，主要有以下几点。

第一，联想反应。联想是产生新观念的基本过程。在集体讨论问题的过程中，每提出一个新的观念，都能引发他人的联想，相继产生一连串的新观念，产生连锁反应，形成新观念，为创造性地解决问题提供了更多的可能性。

第二，热情感染。在不受任何限制的情况下，集体讨论问题能激发人的热情。人人自由发言、相互影响、相互感染，能形成热潮，突破固有观念的束缚，最大限度地发挥创造性的思维能力。

第三，竞争意识。在有竞争意识的情况下，人人争先恐后，竞相发言，不断地开动思维机器，力求有独到见解和新奇想法。心理学的原理告诉我们，人类有争强好胜心理，在有竞争意识的情况下，人的心理活动效率可增加 50%或更多。

第四，个人欲望。在集体讨论解决问题的过程中，个人的欲望自由，不受任何干扰和控制，是非常重要的。头脑风暴法有一条原则，即不得批评仓促的发言，甚至不许有任何怀疑的表情、动作、神色。这就能使每个人畅所欲言，提出大量的新观念。

3. *头脑风暴法的原则*

头脑风暴法应遵守如下几个原则。

(1)庭外判决原则。对各种意见、方案的评判必须放到最后阶段，此前不能对别人的意见提出批评和评价。认真对待任何一种设想，而不管其是否适当和可行。

(2)欢迎各抒己见，自由鸣放。创造一种自由的气氛，激发参加者提出各种荒诞的想法。

(3)追求数量。意见越多，产生好意见的可能性越大。

(4)探索取长补短和改进办法。除提出自己的意见外，鼓励参加者对他人已经提出的设想进行补充、改进和综合。

4. 头脑风暴法的流程

头脑风暴法的系统化处理程序如下：

(1)对所有提出的设想编制名称一览表；

(2)用通用术语说明每一设想的要点；

(3)找出重复的和互为补充的设想，并在此基础上形成综合设想；

(4)提出对设想进行评价的准则；

(5)分组编制设想一览表。

5. 头脑风暴法的优缺点

头脑风暴法可以排除折中方案，对所讨论问题通过客观、连续的分析，找到一组切实可行的方案，因而头脑风暴法在军事决策和民用决策中得到了较广泛的应用。例如在美国国防部制订长远科技规划中，曾邀请 50 名专家采取头脑风暴法开了两周会议。参加者的任务是对事先提出的长远规划提出异议，通过讨论，得到一个使原规划文件变为协调一致的报告，在原规划文件中，只有 25％～30％的意见得到保留，由此可以看到头脑风暴法的价值。

缺点：头脑风暴法的实施成本(时间、费用等)是很高的，另外，头脑风暴法要求参与者有较好的素质。这些因素的满足程度会影响头脑风暴法实施的效果。

(四)电子会议分析法

1. 电子会议分析法简介

电子会议分析法是一种名义群体法与复杂的计算机技术结合的群体决策方法。在使用这种方法时，先将群体成员集中起来，每人面前有一个与中心计算机相连接的终端。群体成员将自己有关解决政策问题的方案输入计算机终端，然后再将它投影在大型屏幕上。

2. 电子会议分析法的特点

一是匿名。参与公共政策决策咨询的专家采取匿名的方式将自己的政策方案提出来，参与者只需把个人的想法输入键盘就行了。

二是可靠。每个人作出的有关解决公共问题的政策建议都能如实地、不会被改动地反映在大屏幕上。

三是快速。在使用计算机进行政策咨询时，不仅没有闲聊，而且人们可以在同一时间中互不干扰地交换见解，它要比传统的面对面的决策咨询的效率高出许多。

3. 电子会议分析法的局限性

一是对那些善于口头表达，而运用计算机的技能却相对较差的专家来说，电子会议分析法会影响他们的决策思维。

二是在运用这种预测方法时，由于是匿名，因而无法对提出好的政策建议的人进行奖励。

三是人们只是通过计算机来进行决策咨询的，从而是“人—机”对话，其沟通程度不如人—人对话那么丰富。

各种决策方法比较见表 3.1。

表 3.1 各种决策方法比较

效果标准	头脑风暴法	名义群体法	德尔菲法	电子会议分析法
观点的数量	中等	高	高	高
观点的质量	中等	高	高	高
社会压力	低	中等	低	低
财务成本	低	低	低	高
决策速度	中等	中等	低	高
任务导向	高	高	高	高
潜在的人际冲突	低	中等	低	低
成就感	高	高	中等	高
对决策结果的承诺	不适用	中等	低	中
群体凝聚力	高	中等	低	低

二、有关活动方向的决策方法

管理者有时需要对企业或企业某一部门的活动方向进行选择，可以采用的方法主要有经营单位组合分析法和政策指导矩阵等。

(一)经营单位组合分析法

该法由美国波士顿咨询公司建立，其基本思想是，大部分企业都有两个以上的经营单位，每个经营单位都有相互区别的产品-市场片，企业应该为每个经营单位确定其活动方向。

该法主张，在确定每个经营单位的活动方向时，应综合考虑企业或该经营单位在市场上的相对竞争地位和业务增长情况。相对竞争地位往往体现在企业的市场占有率上，它决定了企业获取现金的能力和速度，因为较高的市场占有率可以为企业带来较高的销售量和销售利润，从而给企业带来较多的现金流量。

业务增长率对活动方向的选择有两方面的影响：它有利于市场占有率的扩大，因为在稳定的行业中，企业产品销售量的增加往往来自竞争对手市场份额的下降；它决定着投资机会的大小，因为业务增长迅速可以使企业迅速收回投资，并取得可观的投资报酬。

根据上述两个标准——相对竞争地位和业务增长率，可把企业的经营单位分成四大类(如图 3.1 所示)。企业应根据各类经营单位的特征，选择合适的活动方向。

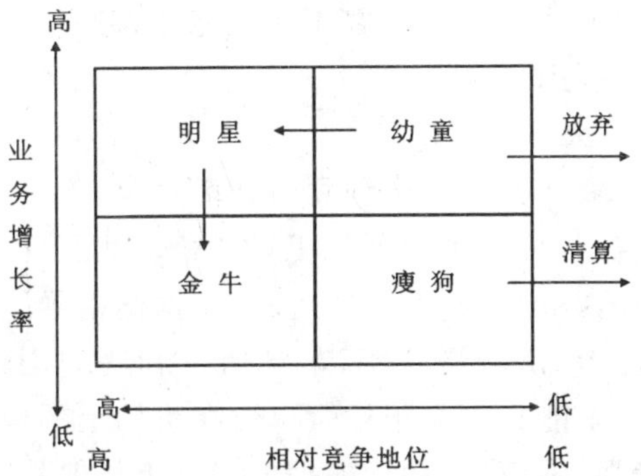

图 3.1　企业经营单位组合图

(1)“金牛”经营单位的特征是市场占有率较高,而业务增长率较低。较高的市场占有率为企业带来较多的利润和现金,而较低的业务增长率需要较少的投资。“金牛”经营单位所产生的大量现金可以满足企业的经营需要。

(2)“明星”经营单位的市场占有率和业务增长率都较高,因而所需要的和所产生的现金都很多。“明星”经营单位代表着最高利润增长率和最佳投资机会,因此企业应投入必要的资金,增加它的生产规模。

(3)“幼童”经营单位的业务增长率较高,而目前的市场占有率较低,这可能是企业刚刚开发的很有前途的领域。由于高增长速度需要大量投资,而较低的市场占有率只能提供少量的现金,企业面临的选择是投入必要的资金,以提高市场份额,扩大销售量,使其转变为“明星”,或者如果认为刚刚开发的领域不能转变成“明星”,则应及时放弃该领域。

(4)“瘦狗”经营单位的特征是市场份额和业务增长率都较低。由于市场份额和销售量都较低,甚至出现负增长,“瘦狗”经营单位只能带来较少的现金和利润,而维持生产能力和竞争地位所需的资金甚至可能超过其所提供的现金,从而可能成为资金的陷阱。因此,对这种不景气的经营单位,企业应采取收缩或放弃的战略。

经营单位组合分析法的步骤通常如下:

①把企业分成不同的经营单位;

②计算各个经营单位的市场占有率和业务增长率;

③根据其在企业中占有资产的比例来衡量各个经营单位的相对规模;

④绘制企业的经营单位组合图;

⑤根据每个经营单位在图中的位置,确定应选择的活动方向。

经营单位组合分析法以“企业的目标是追求增长和利润”这一假设为前提。对拥有多个经营单位的企业来说，它可以将获利较多而潜在增长率不高的经营单位所产生的利润投向那些增长率和潜在获利能力都较高的经营单位，从而使资金在企业内部得到有效利用。

(二)政策指导矩阵

该法由荷兰皇家一壳牌公司创立。顾名思义，政策指导矩阵即用矩阵来指导决策。具体来说就是，从市场前景和相对竞争能力两个角度来分析企业各个经营单位的现状和特征，并把它们标示在矩阵上，据此指导企业活动方向的选择。市场前景取决于赢利能力、市场增长率、市场质量和法规限制等因素，分为吸引力强、中、弱三种；相对竞争能力取决于经营单位在市场上的地位、生产能力、产品研究和开发等因素，分为强、中、弱三种。根据上述对市场前景和相对竞争能力的划分，可把企业的经营单位分成九大类(如图 3.2 所示)，据此指导企业活动方向的选择。

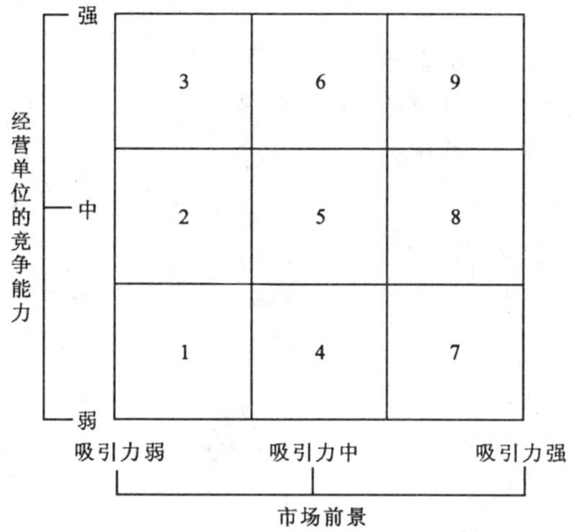

图 3.2　政策指导矩阵

处于区域 1 和 4 的经营单位竞争能力较强，市场前景也较好，应优先发展这些经营单位，确保它们获取足够的资源，以维持自身的有利市场地位。处于区域 2 的经营单位虽然市场前景较好，但企业利用不够，这些经营单位的竞争能力不够强，应分配给这些经营单位更多的资源以提高其竞争能力。

处于区域 3 的经营单位市场前景虽好，但竞争能力弱，要根据不同的情况来区别对待这些经营单位。最有前途的应得到迅速发展，其余的则需逐步淘汰，这是由企业资源的有限性决定的。

处于区域 5 的经营单位一般在市场上有 2～4 个强有力的竞争对手，应分配给这些经营单位足够的资源以使它们随着市场的发展而发展。

处于区域 6 和 8 的经营单位市场吸引力不强且竞争能力较弱，或虽有一定的竞争能力(企业对这些经营单位进行了投资并形成了一定的生产能力)但市场吸引力较弱，应缓慢放弃这些经营单位，以便把收回的资金投入到赢利能力更强的经营单位。

处于区域 7 的经营单位竞争能力较强但市场前景不容乐观。这些经营单位本身不应得到发展，但可利用它们的较强竞争能力为其他快速发展的经营单位提供资金支持。

处于区域 9 的经营单位市场前景暗淡且竞争能力较弱，应尽快放弃这些经营单位，把资金抽出来并转移到更有利的经营单位。

三、有关活动方案的决策方法

管理者选好组织的活动方向之后，接下来需要考虑的问题自然是如何到达这一活动方向。由于到达这一活动方向的活动方案通常不止一种，所以管理者要在这些方案中作出选择。在决定选用哪一个方案时，要比较不同方案的优劣，而比较的一个重要标准是各种方案实施后的经济效果。由于方案是在未来实施的，所以管理者在计算方案的经济效果时，要考虑到未来的情况。根据未来情况的可控程度，可把有关活动方案的决策方法分为三大类：确定型决策方法、风险型决策方法和不确定型决策方法。

(一)确定型决策方法

在比较和选择活动方案时，如果未来情况只有一种并为管理者所知，则须采用确定型决策方法。常用的确定型决策方法有线性规划和量本利分析法等。

1. 线性规划

线性规划是在一些线性等式或不等式的约束条件下，求解线性目标函数的最大值或最小值的方法。运用线性规划建立数学模型的步骤是：

(1)确定影响目标大小的变量，列出目标函数方程；

(2)找出实现目标的约束条件；

(3)找出使目标函数达到最优的可行解，即为该线性规划的最优解。

例 3.1　某企业生产两种产品：桌子和椅子，它们都要经过制造和装配两道工序，有关资料如表 3.2 所示。假设市场状况良好，企业生产出来的产品都能卖出去，试问何种组合的产品使企业利润最大？

表 3.2　某企业的有关资料

项　目	桌子/张	椅子/把	工序总共可利用时间/小时
用在制造工序上的时间/小时	2	4	48
用在装配工序上的时间/小时	4	2	60
单位产品利润/元	8	6	—

这是一个典型的线性规划问题。

第一步，确定影响目标大小的变量。在本例题中，目标是利润，影响利润的变量是桌子数量 T 和椅子数量 C。

第二步，列出目标函数方程：$\pi=8T+6C$。

第三步，找出约束条件。在本例题中，两种产品在一道工序上的总时间不能超过该道工序的可利用时间，即制造工序：$2T+4C\leqslant 48$，装配工序：$4T+2C\leqslant 60$。除此之外，还有两个约束条件，即非负约束：$T\geqslant 0, C\geqslant 0$。因而线性规划问题成为：如何选取 T 和 C，使 π 在上述四个约束条件下达到最大。

第四步，求出最优解——最优产品组合。通过图解法(图 3.3)，求出上述线性规划问题的解为 $T'=12$ 和 $C'=6$，即生产 12 张桌子和 6 把椅子可使企业的利润最大。

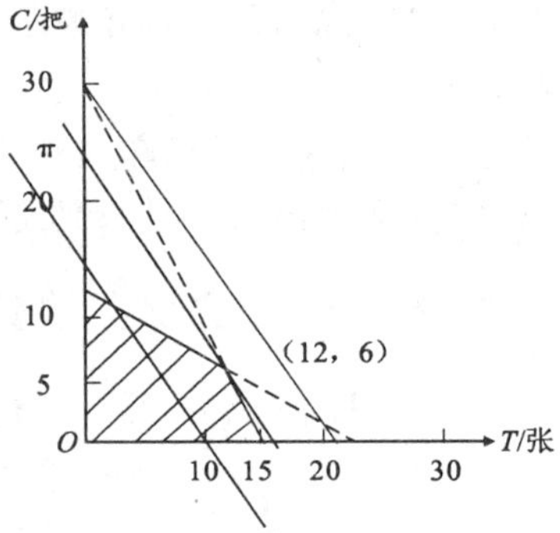

图 3.3　线性规划的图解法

2. 量本利分析法

量本利分析法又称保本分析法或盈亏平衡分析法，是通过考察产量(或销售量)、成本和利润的关系以及盈亏变化的规律来为决策提供依据的方法。

在应用量本利分析法时，关键是找出企业不盈不亏的时候的产量(称为保本产量或盈亏平衡产量，此时企业的总收入等于总成本)，而找出保本产量的方法有图解法和代数法两种。

(1)图解法。图解法是用图形来考察产量、成本和利润的关系的方法。在应用图解法时，通常假设产品价格和单位变动成本都不随产量的变化而变化，所以销售收入曲线、总变动成本曲线和总成本曲线都是直线。

例 3.2　某企业生产某产品的总固定成本为 60 000 元，单位变动成本为每件 1.8 元，产品价格为每件 3 元。假设某方案带来的产量为 100 000 件，问该方案是否可取?

利用给出的数据，在坐标图上画出总固定成本曲线、总成本曲线和总收入曲线，得出量本利分析图，如图 3.4 所示。从图 3.4 中可以得出以下信息，供决策分析之用。

1)保本产量，即总收入曲线和总成本曲线交点所对应的产量(本例题中保本产量为 50 000 件)；

2)各个产量的总收入；

3)各个产量的总成本；

4)各个产量的总利润，即各个产量的总收入与总成本之差；

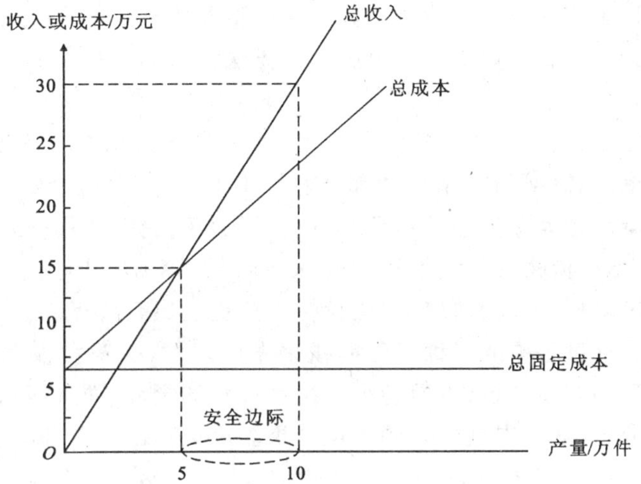

图 3.4　量本利分析图

5)各个产量的总变动成本，即各个产量的总成本与总固定成本之差；

6)安全边际，即方案带来的产量与保本产量之差[本例题中安全边际为 50 000 (=100 000－50 000)件]。

在本例题中，由于方案带来的产量(10 万件)大于保本产量(5 万件)，所以该方案可取。

(2)代数法。代数法是用代数式来表示产量、成本和利润的关系的方法。

假设 P 代表单位产品价格，Q 代表产量或销售量，F 代表总固定成本，V 代表单位变动成本，π 代表总利润，C 代表单位产品贡献($C=P-V$)。

1)求保本产量。企业不盈不亏时，$PQ=F+VQ$，所以保本产量 $Q=F/(P-V)=F/C$。

2)求保目标利润的产量。

设目标利润为 π，则 $PQ=F+VQ+\pi$，所以保目标利润 π 的产量 $Q=(F+\pi)/(P-V)=(F+\pi)/C$。

3)求利润。$\pi=PQ-F-VQ$。

4)求安全边际和安全边际率。

安全边际＝方案带来的产量－保本产量

安全边际率＝安全边际/方案带来的产量

(二)风险型决策方法

在比较和选择活动方案时，如果未来情况不只一种，管理者不知道到底哪种情况会发生，但知道每种情况发生的概率，则须采用风险型决策方法。常用的风险型决策方法是决策树法。

决策树法是用树状图来描述各种方案在不同情况(或自然状态)下的收益,据此计算每种方案的期望收益从而作出决策的方法。下面通过举例来说明决策树的原理和应用。

在实际工作中,当比较和选择活动方案时,如果未来情况不确定,但知道每种情况发生的概率,则需要用风险型决策方法。风险型决策是最常见的决策方法。由于风险型决策问题大多复杂且零乱,因此为了避免出错,常用一种简明的图示形式来辅助决策,即决策树法。决策树方法简便明了,容易掌握,尤其是在方案众多或需要作多级风险型决策的情况下,决策树方法更显出其优点。

决策树是决策过程中的一种有序的概率图解表示,决策者根据决策树所构造出来的决策过程的有序图示,不但能纵观决策过程的全局,而且能系统地对决策过程进行合理的分析,从而得到较好的决策结果。决策树由节点和分枝组成,为一个树状图示(图 3.5),节点有两种:一种叫决策点,用□表示,从决策点引出的分枝称为方案分枝;另一种节点叫状态点,用○表示,从状态点引出的分枝叫概率分枝。每一概率分枝表示一种自然发生的状态,在概率分枝的末端标明相应方案在该状态下的损益值,在概率分枝上注明不同状态可能发生的概率大小,在状态点上注明该方案计算所得的期望值。

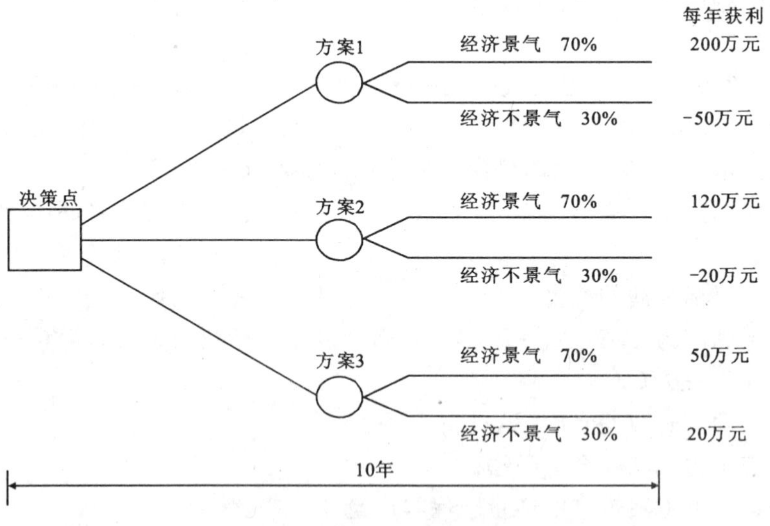

图 3.5 投资建厂决策树示意图

例 3.3 某公司拟投资建厂扩大生产规模,现有三个互斥的可选方案。

方案 1,新建大厂。需一次性投资 1 000 万元,据预算,若经济景气,每年可获利 200 万元；若经济不景气，每年会亏损 50 万元。

方案 2，新建小厂。需一次性投资 500 万元，若经济景气，每年可获利 120 万元；若经济不景气，每年会亏损 20 万元。

方案 3，改建老厂。需一次性投资 200 万元，若经济景气，每年可获利 50 万元，若经济不景气，每年仍可获利 20 万元。

假设经济繁荣的可能性为 70%，经济不景气的可能性为 30%，资产的使用期为 10 年，在不考虑税收、资金、时间、价值的情况下，请选择一个可行方案。

首先画出决策树，如图 3.5 所示。根据决策树图上的数据可以算出各种方案的期望收益：

方案 1 的期望收益为$(200\times70\%-50\times30\%)\times10-1000=250$(万元)

方案 2 的期望收益为$(120\times70\%-20\times30\%)\times10-500=280$(万元)

方案 3 的期望收益为$(50\times70\%+20\times30\%)\times10-200=210$(万元)

计算结果表明，方案 2 的期望收益最大，因此，在不考虑资金、时间、价值等因素的情况下，应选择方案 2 作为实施方案。

（三）不确定型决策方法

在比较和选择活动方案时，如果管理者不知道未来情况有多少种，或虽知道有多少种，但不知道每种情况发生的概率，则须采用不确定型决策方法。常用的不确定型决策方法有小中取大法、大中取大法和最小最大后悔值法等。下面通过举例来介绍这些方法。

例 3.4　某企业打算生产某产品。据市场预测，产品销路有三种情况：销路好、销路一般和销路差。生产该产品有三种方案：a. 改进生产线；b. 新建生产线；c. 与其他企业协作。据估计，各方案在不同情况下的收益见表 3-3。问企业选择哪个方案？

表 3.3　各方案在不同情况下的收益　　单位：万元

方案 \ 后悔值 \ 自然状态	销路好	销路一般	销路差
A. 改进生产线	180	120	−40
B. 新建生产线	240	100	−80
C. 与其他企业协作	100	700	16

1. 小中取大法

采用这种方法的管理者对未来持悲观的看法，认为未来会出现最差的自然状态，因此不论采取哪种方案，都只能获取该方案的最小收益。采用小中取大法进行决策时，首先计算各方案在不同自然状态下的收益，并找出各方案所带来的最小收益，即在最差自然状态下的收益，然后进行比较，选择在最差自然状态下收益最大或损失最小的方案作为所要的方案。

本例题中，a 方案的最小收益为－40 万元，b 方案的最小收益为－80 万元，c 方案的最小收益为 16 万元，经过比较，c 方案的最小收益最大，所以选择 c 方案。

2. 大中取大法

采用这种方法的管理者对未来持乐观的看法，认为未来会出现最好的自然状态，因此不论采取哪种方案，都能获取该方案的最大收益。采用大中取大法进行决策时，首先计算各方案在不同自然状态下的收益，并找出各方案所带来的最大收益，即在最好自然状态下的收益，然后进行比较，选择在最好自然状态下收益最大的方案作为所要的方案。

在例题中，a 方案的最大收益为 180 万元，b 方案的最大收益为 240 万元，c 方案的最大收益为 100 万元，经过比较，b 方案的最大收益最大，所以选择 b 方案。

3. 最小最大后悔值法

管理者在选择了某方案后，如果将来发生的自然状态表明其他方案的收益更大，那么他（或她）会为自己的选择而后悔，最小最大后悔值法就是使后悔值最小的方法。采用这种方法进行决策时，首先计算各方案在各自然状态下的后悔值（某方案在某自然状态下的后悔值＝该自然状态下的最大收益－该方案在该自然状态下的收益），并找出各方案的最大后悔值，然后进行比较，选择最大后悔值最小的方案作为所要的方案。

在例题中，在销路好这一自然状态下，b 方案（新建生产线）的收益最大，为 240 万元。在将来发生的自然状态是销路好的情况下，如果管理者恰好选择了这一方案，他就不会后悔，即后悔值为 0。如果他选择的不是 b 方案，而是其他方案，他就会后悔（后悔没有选择 b 方案）。比如，他选择的是 c 方案（与其他企业协作），该方案在销路好时带来的收益是 100 万元，比选择 b 方案少带来 140 万元的收益，即后悔值为 140 万元。

各个后悔值的计算结果见表 3.4。

表 3.4　各方案在各自然状态下的后悔值　　单位：万元

方案 \ 后悔值 \ 自然状态	销路好	销路一般	销路差
A. 改进生产线	60	0	56
B. 新建生产线	0	20	96
C. 与其他企业协作	140	50	0

由表中看出，a 方案的最大后悔值为 60 万元，b 方案的最大后悔值为 96 万元，

c方案的最大后悔值为140万元，经过比较，a方案的最大后悔值最小，所以选择a方案。

本章小结

决策是人们为实现一定的目标而制定的行动方案。进行方案选择并准备方案实施的活动，是一个提出问题、分析问题、解决问题的过程。决策包含着以下特性：决策是行动的基础，决策有明确的目的，决策有两个以上可行的方案，决策要因果分析和综合评价，决策要经过方案的优选过程。

决策是管理的首要职能，决策的正确性和科学性对管理活动的成败起着决定性的作用，直接关系到企业或一个组织的生存和发展。

本章重点内容简要概括如下。

(1)决策的概念。不同的学者有不同的看法，但其基本内涵大致相同，主要区别在于对决策概念作狭义的还是广义的定义。狭义地说，决策是在几种行动方案中进行选择的一个过程；广义地说，决策就是人们在掌握充分的信息和对有关情况进行深刻分析的基础上，确定目标，并用科学的方法拟定、评估各种可行方案，从中优选出合理方案并予以实施的过程。

(2)决策的原则。管理者在决策时离不开信息，信息的数量和质量直接影响决策水平，这要求管理者在决策之前以及决策过程中尽可能地通过多种渠道收集信息，作为决策的依据。决策遵循的是满意原则，而不是最优原则。

(3)决策的类型。按不同的标准可将决策分为：长期决策与短期决策，战略决策、战术决策与业务决策，集体决策与个人决策，初始决策与追踪决策，程序化决策与非程序化决策，确定型决策、风险型决策与不确定型决策。

(4)决策的过程。识别机会或诊断问题，识别目标，拟定备选方案，评估备选方案，作出决定，选择实施战略，监督和评估。

(5)决策的影响因素。环境，过去决策，决策者对风险的态度，伦理和组织文化，时间。

(6)决策的标准。

第一种观点是由科学管理的创始人泰勒首先提出的，并为运筹学家和管理学家们一贯坚持的“最优”决策标准。

第二种代表性观点是西蒙提出的“满意”决策标准。

第三种有代表性的观点是美国管理学家哈罗德·孔茨提出的“合理性”决策标准。

(7)德尔菲法。这种方法是指依据系统的程序，采用匿名发表意见的方式，即专家之间不得互相讨论、不发生横向联系、只能与调查人员发生关系，通过多轮次调查专家对问卷所提问题的看法，经过反复征询、归纳、修改，最后汇总成专家基本一致的看法，作为预测的结果。其具有广泛的代表性，较为可靠。

(8)名义群体法。这种方法是指在决策过程中对群体成员的讨论或人际沟通加以限制，但群体成员是独立思考的，像召开传统会议一样，群体成员都出席会议，但群体成员首先进行个体决策。

(9)在群体决策中，由于群体成员心理相互作用影响，易屈于权威或大多数人意见，形成所谓的"群体思维"。群体思维削弱了群体的批判精神和创造力，损害了决策的质量。为了保证群体决策的创造性，提高决策质量，管理上发展了一系列改善群体决策的方法，头脑风暴法是较为典型的一个。

(10)电子会议分析法。这是一种名义群体法与复杂的计算机技术结合的群体决策方法。在使用这种方法时，先将群体成员集中起来，每人面前有一个与中心计算机相连接的终端。群体成员将自已有关解决政策问题的方案输入计算机终端，然后再将它投影在大型屏幕上。

(11)经营单位组合分析法。大部分企业都有两个以上的经营单位，每个经营单位都有相互区别的产品-市场片，企业应该为每个经营单位确定其活动方向。该法主张，在确定每个经营单位的活动方向时，应综合考虑企业或该经营单位在市场上的相对竞争地位和业务增长情况。相对竞争地位往往体现在企业的市场占有率上，它决定了企业获取现金的能力和速度，因为较高的市场占有率可以为企业带来较高的销售量和销售利润，从而给企业带来较多的现金流量。企业应根据各类经营单位的特征，选择合适的活动方向。

(12)政策指导矩阵。即用矩阵来指导决策。具体来说，就是从市场前景和相对竞争能力两个角度来分析企业各个经营单位的现状和特征，并把它们标示在矩阵上，据此指导企业活动方向的选择。市场前景取决于盈利能力、市场增长率、市场质量和法规限制等因素，分为吸引力强、中、弱三种；相对竞争能力取决于经营单位在市场上的地位、生产能力、产品研究和开发等因素，分为强、中、弱三种。根据上述对市场前景和相对竞争能力的划分，可把企业的经营单位分成九大类。

(13)有关活动方案的决策方法。管理者在计算方案的经济效果时，要考虑到未来的情况，根据未来情况的可控程度，可把有关活动方案的决策方法分为三大类：确定型决策方法、风险型决策方法和不确定型决策方法。

(14)确定型决策方法。在比较和选择活动方案时，如果未来情况只有一种并为管理者所知，则须采用确定型决策方法。

(15)风险型决策方法。在比较和选择活动方案时，如果未来情况不只一种，管理者不知道到底哪种情况会发生，但知道每种情况发生的概率，则须采用风险型决策方法。

(16)决策树法。这是用树状图来描述各种方案在不同情况(或自然状态)下的收益，据此计算每种方案的期望收益从而作出决策的方法。

(17)不确定型决策方法。在比较和选择活动方案时，如果管理者不知道未来情况有多少种，或虽知道有多少种，但不知道每种情况发生的概率，则须采用不确定型决策方法。常用的不确定型决策方法有小中取大法、大中取大法和最小后悔值法等。

习 题

1. 单项选择题

(1)决策目标所要解决的问题带有全局性，影响重大的，就是(　　)。

A. 确定型决策　B. 风险型决策　C. 战略决策　D. 不确定型决策

(2)决策所涉及的问题一般与(　　)。

A. 将来有关　B. 过去有关　C. 现在有关　D. 过去、现在、将来有关

(3)重点解决如何组织、动员企业内部力量的具体决策属于(　　)。

A. 高层决策　B. 非程序性决策　C. 战略决策　D. 战术决策

(4)在日常管理中，以相同或基本相同的形式重复出现的决策，是(　　)。

A. 管理决策　B. 程序化决策　C. 风险型决策　D. 非程序化决策

(5)决策的方案有多种后果，每种方案都有客观的概率，这是指(　　)。

A. 风险型决策　B. 非确定型决策　C. 确定型决策　D. 等概率决策

(6)风险型决策的特点是(　　)。

A. 不明确市场情况和服务对象；明确不同自然状态下的经济效果及概率

B. 明确决策目标和两个以上可选方案；明确不同自然状态下的概率和经济效果

C. 明确决策目标和两个以上可选方案；明确不同自然状态下的经济效果，不明确概率

(7)决策定量的方法是(　　)。

A. 依靠人们的知识、经验和判断能力来进行决策的方法

B. 运用数学方法，建立数学模型来进行决策的方法

C. 确定型、不确定型和风险决策的方法

D. 一系列科学的处理过程

(8)决策所遵循的原则是(　　)。

A. 最优原则　B. 实用原则　C. 科学原则　D. 满意原则

(9)决策树的构成要素是(　　)。

A. 概率枝、方案枝、决策点、状态节点

B. 方案、概率、期望值、自然状态

C. 决策点、方案枝、概率枝、自然状态

D. 方案、决策点、概率枝、状态节点

(10)不确定型决策和风险型决策的主要区别在于(　　)。

A. 风险的大小　　B. 可控程度

C. 能否确定客观概率　　D. 环境的稳定性

2. 多项选择题

(1)企业决策按所解决问题在企业经营活动中的广度和深度可分为(　　)。

A. 非确定型决策　B. 战略决策　C. 风险型决策

D. 战术决策　E. 随机决策

(2)按照决策的可靠程度,可把决策分为(　　)。

A. 单项决策　B. 系列决策　C. 确定型决策　D. 过程决策

E. 风险型决策

(3)按决策层次划分,决策可分为(　　)。

A. 战略决策　B. 管理决策　C. 业务决策　D. 随机决策

E. 系列决策

(4)经营决策的方法,可概括为(　　)两大类。

A. 确定型决策法　B. 主观决策法　C. 风险型决策法

D. 计量决策法　E. 不确定型决策法

3. 简答题

(1)简要分析决策的过程。

(2)方案的实施过程中通常要注意的地方是哪些?

(3)决策的影响因素是什么?

(4)头脑风暴法的特点是什么?

(5)简要说明德尔菲的优缺点。

4. 计算题

(1)某企业经销一种产品,产品的单位变动费用50元,售价100元,每年固定费用90万元。此企业盈亏平衡点的产量为多少?如果企业现有生产能力为2.4万件,问每年能获得利润多少?为满足市场对产品需要,扩大生产,拟购置一条生产线,每年增加固定费用20万元,但可节约变动费用10元/件,与此同时,为了扩大产品销售计划,拟降低售价10%,问此方案是否可行?

(2)预计今后几年市场对公司产品的需求会扩大(概率为0.7),但也存在减少的可能(概率为0.3)。公司面临几种可能的选择:

①扩建厂房,更新设备,若以后公司产品的需求量扩大,公司将成为市场的领先者;若需求量减少,公司将亏损。

②使用老厂房，更新设备，无论需求量大小，公司都有一定收益，只是收益大小问题；

③先更新设备，若销路好，一年后再考虑扩建厂房，主要问题是两次投资总和大于一次投资。具体情况见表 3.6。

表 3.6　各方案有关情况表　　单位：万元

方案	投资	获利		服务年限
		需求量大	需求量小	
1	700	300	−50	5
2	400	100	60	5
3	800	300	—	4

第四章　计划

【教学目标】

学完本章后，你应该能够：

1. 了解计划在管理中的地位；
2. 了解计划的基本内容；
3. 了解计划的工作步骤；
4. 掌握计划的概念、性质及类型；
5. 了解计划的工作原理，掌握制订计划的方法。

【技能目标】

1. 计划的类型；
2. 计划的编制过程；
3. 掌握计划编制的具体方法；
4. 计划的实施与管理。

【案例导入】

威洛克威尔公司的艰难决策

在20世纪90年代，像Lockheed Martin、TRW Systems、MCDonnell Douglas等其他美国国防工业大公司一样，洛克威尔公司(Rockwell International)感觉到了美国军事费用缩减所带来的压力。随着苏联的解体和冷战的结束，五角大楼的武器和设备(例如导弹、坦克、卫星等)的购买量仅为20世纪80年代购买量的50%。这样的组织外部环境给洛克威尔公司的业绩带来了严重的威胁，管理者必须找到一项新的战略以应对这一威胁，改善公司业绩。

在公司CEO唐纳德·比尔(Donald beall)的领导下，洛克威尔公司采取了一项带领公司进入21世纪的新战略。他是公司从主要依赖军事工业向民用工业转型战略的主要推动者。例如，通过收购诸如Allen Bradly和Reliance Electric等实力强大的公司，比尔使洛克威尔公司进入工业自动化领域。每当洛克威尔购买一个新公司以后，比尔都会为新公司提供洛克威尔公司拥有的大量技术和电子领域的支持，从而使新公司变得更加强大和富有竞争力。洛克威尔公司曾设计建造了B-1轰炸机、阿波罗太空飞船、航天飞机。这家公司在新产品创新方面拥有大量的技术和技能，并拥有一支富有创造力的工程师队伍。比尔的目标是将洛克威尔公司在军事领域所积累的技术应用于众多新领域的产品开发。

一些分析人士对比尔所做的收购持批评的态度，认为比尔没有一贯的目标和愿景。他们声称，在很多公司决定集中于某一专一领域的时候，比尔建立了一个包括军事电子、自动化产品、印刷出版、航天飞机发动机、传真机芯片、塑料、通讯等众多领域的多元化王国。分析人士认为比尔也许过高估计了他运营这样一种高度多元化业务组织的能力。同时，他们也怀疑洛克威尔公司是否仅仅依据其在军事工业的成功，就一定具有成功运作如此众多业务的能力。

比尔则表示，他和他的管理团队对于洛克威尔公司进入何种业务有着明确的评价决策标准。首先，他们只收购明显处于领导者地位的行业业务。其次，他们依据长期盈利机会(长达 10 年或 10 年以上)概念与技术对每项业务进行评价。批评人士则回应说，环境是高度不确定的，比尔和他的管理团队不可能预测相关项目未来的回报情况。

但是，洛克威尔进入自动化领域的行动获得了成功。在洛克威尔公司将其高新技术和资源注入 Allen Bradly 和 Reliance Electric 等公司后，这些公司获得了工业电子市场 30%的市场份额。现在，这些公司的利润占到了洛克威尔公司利润来源的 50%以上。这仅仅是一种运气，还是使洛克威尔公司成为高科技领头羊的一系列战略行动胜利的开始呢?

问题：

1. 根据决策程序，评价比尔的行动。

2. 你认为比尔所带领的洛克威尔公司正沿着正确的道路前进吗?将来他可能遇到怎样的机会或风险?

第一节　计划的概述

凡事预则立，不预则废，讲的就是计划的重要性。管理，作为一项有意识的活动，必须经过周密的规划与运筹。任何管理者，要实施有效管理，都必须执行计划职能。计划是管理的首要职能，它统御并渗透于其他后续的管理职能。计划既包括选定和分解组织目标，又包括确定实现这些目标的方案与途径。管理者必须围绕计划规定的目标，去从事组织、领导、协调、控制等管理活动。

一、计划的概念

在管理学中，计划具有两重含义，其一是计划工作，是指根据对组织外部环境与内部条件的分析，提出在未来一定时期内要达到的组织目标以及实现目标的方案途径；其二是计划形式，是指用文字和指标等形式所表述的组织以及组织内不同部门和不同成员，在未来一定时期内关于行动方向、内容和方式安排的管理事件。无论是计划工作还是计划形式，计划都是根据社会的需要以及组织的自身能力，通过计划的编制、执行和检查，确定组织在一定时期内的奋斗目标，有效地利用组织的人力、物力、财力等资源，协调安排好组织的各项活动，取得最佳的经济效益和社会效益。

在管理的各项职能中，计划是首要的和关键的一项职能。管理者通过计划工作，合理运用其权限范围内的可用资源，协调组织各方面的力量，从而达到预期的目的。

计划工作包括调查研究、设置目标、预测未来、制订计划、贯彻落实、监督检查和修正等内容，而计划则是计划工作中计划制订的成果，贯彻实施和监督检查的对象。管理者可以把计划的内容简要地概括为六个方面，即：

做什么 （what to do it）；
为什么做（why to do it）；
谁去做 （who to do it）；
怎么做 （how to do it）；
何时做 （when to do it）；
何地做 （where to do it）；
简称为“5W1H”。

现代管理学中又提出来一个“H”(how much)即预算，如表 4.1 所示。

对计划的内容来说，是缺一不可的。一旦出现计划前提与事实不一致时，依据目的来确定是放弃计划还是创造条件实施计划。

表 4.1　计划的方面

“5W2H”＋ 一个前提＋ 应变措施		
要素	所要回答的问题	内 容
前提	该计划在何种情况下有效	预测、假设、实施条件
目标	做什么，what	最终结果、工作要求
目的	为什么要做，why	理由、意义、重要性
战略	如何做，how to	途径、基本方法、主要战术
责任	由谁做，who	人选、奖惩措施
时间表	何时做，when	起止时间、进度安排
范围	涉及哪些部门、何地， where	组织层次或地理范围
预算	需要投入多少资源，how much	费用、代价
应变措施	实际与前提不相符怎么办	最坏情况的计划

二、计划的性质

计划的根本目的，在于保证管理目标的实现。从事计划工作并使之有效地发挥作用，就必须把握计划的性质。它主要表现在以下四个方面。

（一）计划的普遍性

与计划的概念相对应，计划的普遍性有两层含义。

一是指社会各部门、各环节、各单位、各岗位，为有效实现管理目标，都必须具有相应的计划。上至国家，下至一个班组，甚至个人，无不如此。

二是指所有管理者，从最高管理人员到第一线的基层管理人员都必须从事计划工作。计划是所有管理人员的一个基本职能，只是他们各自计划工作的范围不同、特点不同。但凡是管理者都要做计划工作，都必须在上级规定的政策许可的范围内做好自己的计划工作。如果管理人员没有计划任务，那倒值得怀疑了，他还算不上是一个管理者。在管理科学研究中，人们发现基层管理者责任感的最重要因素，就是他们从事计划工作的能力。

（二）计划的首位性

把计划放在管理职能的首位，不仅因为从管理过程的角度看，计划先行于其他管理职能，而且因为在某些场合，计划是付诸实施的唯一管理职能。计划的结果可能得出一个决策，即无需进行随后的组织、领导、协调及控制工作等。例如，对于一个是否建立新工厂的计划研究工作来说，如果得出的结论是新工厂在经济上是不合算的，那也就没有筹建、组织、领导和控制一个新工厂的问题了。

计划具有首位性的原因，还在于计划影响和贯穿于组织、领导、协调和控制等各项管理职能当中。

（三）计划的科学性

无论作什么计划都必须遵循客观要求，符合事物本身发展的规律，不能脱离了现实条件任意杜撰，随意想象。从事计划工作，就是通过管理者的精心规划和主观能动作用的发挥，使那些本来不可能发生的事成为可能，使那些可能发生的事成为现实。因此，从事计划工作，一是必须要有求实的科学态度，一切从实际出发，量力而行；二是必须有可靠的科学依据，包括准确的信息、完整的数据资料等；三是必须有正确的科学方法，如科学预测、系统分析、综合平衡、方案优化等。这样才能使整体计划建立在科学的基础上，既富有创造性，又具有可行性。

（四）计划的有效性

计划不仅要确保组织目标的实现，而且要从众多的方案中选择最优的方案，以求合理利用资源和提高效率。因此，计划要追求效率。计划的效率，可以用计划对组织的目标的贡献来衡量。贡献是指实现的组织目标及所得到的利益，扣除制订和实施这个计划所需要的费用和其他因素后，能得到的剩余。在计划所要完成的目标确定的情况下，同样可以用制订和实施计划的成本及其他连带成本（如计划实施带来的损失、计划执行的风险等）来衡量效率。如果计划能得到最大的剩余，或者如果计划按合理的代价实现目标，这样的计划是有效率的。特别要注意的是，在衡量代价时，不仅要用时间、金钱或者生产来衡量，而且还要衡量个人和集体的满意程度。

三、计划的作用

在管理实践中，计划是其他管理职能的前提和基础，并且还渗透到其他管理职能之中。列宁指出：任何计划都是尺度、准则、灯塔、路标。计划是管理过程的中心环节，因此，计划在管理活动中具有特殊重要的地位和作用。

（一）计划是组织生存与发展的纲领

我们正处在一个经济、政治、技术、社会变革与发展的时代。在这个时代里，变革与发展既给人们带来了机遇，也给人们带来了风险，特别是在争夺市场、资源、势力范围的竞争中更是如此。如果管理者在看准机遇和利用机遇的同时，又能最大限度地减少风险，即在朝着目标前进的道路上架设一座便捷而稳固的桥梁，那么，组织就能立于不败之地，在机遇与风险的纵横选择中，得到生存与发展。如果计划不周，或根本没计划，那就会遭遇灾难性的后果。

（二）计划是组织协调的前提

现代社会的各行各业的组织以及它们内部的各个组成部分之间，分工越来越精细，过程越来越复杂，协调关系更趋严密。要把这些繁杂的有机体科学地组织起来，让各个环节和部门的活动都能在时间、空间和数量上相互衔接，既围绕整体目标，又各行其是，互相协调，就必须要有一个严密的计划。管理中的组织、协调、控制等如果没有计划，那就好比汽车总装厂事先没有流程设计一样不可想象。

（三）计划是指挥实施的准则

计划的实质是确定目标以及规定达到目标的途径和方法。因此，如何朝着既定的目标步步逼近，最终实现组织目标，计划无疑是管理活动中人们一切行为的准则。它指导不同空间、不同时间、不同岗位上的人们，围绕一个总目标，秩序井然地去实现各自的分目标。行为如果没有计划指导，被管理者必然表现为无目的的盲动，管理者则表现为决策朝令夕改、随心所欲、自相矛盾。结果必然是组织秩序的混乱，事倍功半，劳民伤财。在现代社会里，可以这样说，几乎每项事业、每个组织，乃至每个人的活动都不能没有计划蓝图。

（四）计划是控制活动的依据

计划不仅是组织、指挥、协调的前提和准则，而且与管理控制活动紧密相连。计划为各种复杂的管理活动确定了数据、尺度和标准，它不仅为控制指明了方向，而且还为控制活动提供了依据。经验告诉我们，未经计划的活动是无法控制的，也无所谓控制，因为控制本身是通过纠正偏离计划的偏差使管理活动保持与目标的要求一致。如果没有计划作为参数，管理者就没有"罗盘"，没有"尺度"，也就无所谓管理活动的偏差，那又何来控制活动呢？

从上可见，我们说计划是管理职能中的首要职能，不仅仅是一个次序问题，而是管理职能在实际管理活动的相互关系问题、位置问题，这是不能含糊的。

四、计划的特征

（一）预见性

这是计划最明显的特点之一。计划不是对已经形成的事实和状况的描述，而是在行动之前对行动的任务、目标、方法、措施所作出的预见性确认。但这种预想不是盲目的、空想的，而是以上级部门的规定和指示为指导，以本单位的实际条件为基础，以过去的成绩和问题为依据，对今后的发展趋势作出科学预测之后作出的。可以说，预见是否准确，决定了计划写作的成败。

（二）针对性

计划，一是根据党和国家的方针政策、上级部门的工作安排和指示精神而定，二是针对本单位的工作任务、主客观条件和相应能力而定。总之，从实际出发制订出来的计划，才是有意义、有价值的计划。

（三）可行性

可行性是与预见性、针对性紧密联系在一起的，预见准确、针对性强的计划，在现实中才真正可行。如果目标定得过高、措施无力实施，这个计划就是空中楼阁；反过来说，目标定得过低，措施方法都没有创见性，实现虽然很容易，并不能因而取得有价值的成就，那也算不上有可行性。

（四）约束性

计划一经通过、批准或认定，在其所指向的范围内就具有了约束作用，在这一范围内无论是集体还是个人都必须按计划的内容开展工作和活动，不得违背和拖延。

第二节　计划的类型

计划的种类很多，可以按不同的标准进行分类。主要分类标准有：计划的重要性、时间界限、明确性和抽象性等。但是依据这些分类标准进行划分，所得到的计划类型并不是相互独立的，而是密切联系的。比如：短期计划和长期计划、战略计划和作业计划等。表 4.2 列出了按不同分类标准划分的计划类型。

表 4.2 计划的类型

分类标准	计划的类型
按计划的重要性划分	战略计划
	作业计划
按计划的时期界限划分	长期计划
	中期计划
	短期计划
按计划内容的明确性划分	具体性计划
	指导性计划
按计划由抽象到具体的层次划分	目的
	使命
	目标
	战略
	程序
	规则
	方案
	预算

一、按计划的重要性划分

从计划的重要性程度上来看,可以将计划分为战略计划和作业计划。应用于整体组织的,为组织设立总体目标和寻求组织在环境中的地位的计划,称为战略计划。规定总体目标如何实现的细节的计划称为作业计划。战略计划与作业计划在时间框架上、在范围上和在是否包含已知的一套组织目标方面是不同的。战略计划趋向于包含持久的时间间隔,通常为五年甚至更长,它们覆盖较宽的领域和不规定具体的细节。此外,战略计划的一个重要的任务是设立目标,而作业计划假定目标已经存在,只是提供实现目标的方法。

二、按计划的时期界限划分

财务人员习惯于将投资回收期分为长期、中期和短期。长期通常指五年以上,短期一般指一年以内,中期则介于两者之间。管理人员也采用长期、中期和短期来描述计划。长期计划描述了组织在较长时期(通常五年以上)的发展方向和方针,规定了组织的各个部门在较长时期内从事某种活动应达到的目标和要求,绘制了组织长期发展的蓝图。短期计划具体地规定了组织的各个部门在目前到未来的各个较短的时期阶段,特别是最近的时段中,应该从事何种活动,从事该种活动应达到何种要求,因而为各组织成员在近期内的行动提供了依据。

三、按计划内容的明确性划分

根据计划内容的明确性指标,可以将计划分为具体性计划和指导性计划。具体性计划具有明确规定的目标，不存在模棱两可。比如，企业销售部经理打算使企业销售额在未来六个月中增长15%，他会制订明确的程序、预算方案以及日程进度表，这便是具体性计划。指导性计划只规定某些一般的方针和行动原则，给予行动者较大自由处置权，它指出重点但不把行动者限定在具体的目标上或特定的行动方案上。比如，一个增加销售额的具体计划可能规定未来六个月内销售额要增加15%，而指导性计划则可能只规定未来六个月内销售额要增加12%～16%。相对于指导性计划而言，具体性计划虽然更易于执行、考核及控制，但缺少灵活性，它要求的明确性和可预见性条件往往很难满足。

四、按计划由抽象到具体的层次划分

哈罗德·孔茨和海因·韦里克从抽象到具体，把计划划分为：目的或使命、目标、战略、政策、程序、规则、方案及预算。

（一）目的或使命

它指明一定的组织机构在社会上应起的作用，所处的地位。它决定组织的性质，决定此组织区别于彼组织的标志。各种有组织的活动，如果要使它有意义的话，至少应该有自己的目的或使命。比如：大学的使命是教书育人和科学研究，研究院所的使命是科学研究，医院的使命是治病救人，法院的使命是解释和执行法律，企业的目的是生产、分配商品和服务。

（二）目标

组织的目的或使命往往太抽象、太原则化，它需要进一步具体为组织一定时期的目标和各部门的目标。组织的使命支配着组织各个时期的目标和各个部门的目标。而且组织各个时期的目标和各部门的目标是围绕组织存在的使命所制定的，并为完成组织使命而努力的。虽然教书育人和科学研究是一所大学的使命，但一所大学在完成自己使命时会进一步具体化不同时期的目标和各院系的目标，比如最近三年培养多少人才、发表多少论文等。

（三）战略

战略是为了达到组织总目标而采取的行动和利用资源的总计划，其目的是通过一系列的主要目标和政策去决定和传达一个组织期望自己成为什么样的组织。战略并不打算确切地概述组织怎样去完成它的目标，这是无数主要的和次要的支持性计划的任务。

（四）政策

政策是指导或沟通决策思想的全面的陈述书或理解书。但不是所有政策都是陈述书，政策也常常会从主管人员的行动中含蓄地反映出来。比如，主管人员处理某问题的习惯方式往往会被下属作为处理该类问题的模式，这也许是一种含蓄的、潜在的政策。政策能帮助事先决定问题处理方法，这一方面减少对某些例行问题时间上处理的成本，另一方面把其他计划统一起来了。政策支持了分权，同时也支持了上级主管对该项分权的控制。政策允许对某些事情处理的自由，一方面我们切不可把政策当做规则，另一方面我们又必须把这种自由限制在一定的范围内。自由处理的权限大小，一方面取决于政策本身，另一方面取决于主管人员的管理艺术。

（五）程序

程序是制订处理未来活动的一种必需方法的计划。它详细列出必须完成某类活动的切实方式，并按时间顺序对必要的活动进行排列。它与战略不同，它是行动的指南，而非思想指南。它与政策不同，它没有给行动者自由处理的权力。处于理论研究的考虑，我们可以把政策与程序区分开来，但在实践工作中，程序往往表现为组织的政策。比如，一家制造企业的处理定单程序、财务部门批准给客户信用的程序、会计部门记载往来业务的程序等，都表现为企业的政策。组织中每个部门都有程序，并且在基层，程序更加具体化、数量更多。

（六）规则

规则没有酌情处理的余地。它详细、明确地阐明必需行动或无需行动，其本质是一种管理决策。规则通常是最简单形式的计划。

规则不同于程序。其一，规则指导行动但不说明时间顺序；其二，可以把程序看做是一系列的规则，但是一条规则可能是也可能不是程序的组成部分。比如："禁止吸烟"是一条规则，但和程序没有任何联系，而一个规定为顾客服务的程序可能表现为一些规则，如在接到顾客需要服务的信息后30分钟内必须给予答复。

规则也不等于政策。政策的目的是指导行动，并给执行人员留有酌情处理的余地；而规则虽然也起指导作用，但是在运用规则时，执行人员没有自行处理之权。

必须注意的是，就其性质而言，规则和程序均旨在约束思想和行为，因此只有在不需要组织成员使用自行处理权时，才使用规则和程序。

（七）方案（或规划）

方案是一个综合的计划，它包括目标、政策、程序、规则，任务分配，要采取的步骤，要使用的资源以及为完成既定行动方针所需要的其他因素。一个方案可能很大，也可能很小。通常情况下，一个主要方案（规划）可能需要很多支持计划。在主要计划进行之前，必须要把这些支持计划制订出来，并付诸实施。所有这些计划都必须加以协调和安排时间。

（八）预算

预算(budget)包含的内容不仅仅是预测，它还涉及到有计划地巧妙处理所有变量，这些变量决定着公司未来努力达到某一有利地位的绩效。预算可以说是控制范围最广的技术，因为它关系到整个组织机构而不仅是其中的几个部门。

预算是一份用数字表示预期结果的报表。预算通常是为规划服务的，一个预算就是一种定量计划，用来帮助协调和控制给定时期内资源的获得、配置和使用。

编制预算可以看成是将构成组织机构的各种利益整合成一个各方都同意的计划，并在试图达到目标的过程中，说明计划是可行的。贯穿正式组织机构的预算计划与控制工作把组织看成是一系列责任中心，并努力把测定绩效的一种系数与测定该绩效影响效果的其他系数区别开来。

第三节　计划的程序

任何计划工作都要遵循一定的程序或步骤。虽然小型计划比较简单，大型计划复杂些，但是，管理人员在编制计划时，其工作步骤都是相似的，依次包括以下内容。

一、认识机会

认识机会先于实际的计划工作开始以前，严格来讲，它不是计划的一个组成部分，但却是计划工作的一个真正起点。因为它预测到了未来可能出现的变化，清晰而完整地认识到组织发展的机会，搞清了组织的优势、弱点及所处的地位，认识到组织利用机会的能力，意识到不确定因素对组织可能发生的影响程度等。

认识机会，对做好计划工作十分关键。一位经营专家说过："认识机会是战胜风险求得生存与发展的诀窍。"诸葛亮"草船借箭"的故事流传百世，其高明之处就在于他看到了三天后江上会起雾，而曹军又不习水性不敢迎战的机会，神奇般地实现了自己的战略目标。企业经营中也不乏这样的例子。

二、确定目标

制订计划的第二个步骤是在认识机会的基础上，为整个组织及其所属的下级单位确定目标。目标是指期望达到的成果，它为组织整体、各部门和各成员指明了方向，描绘了组织未来的状况，并且作为标准可用来衡量实际的绩效。计划的主要任务，就是将组织目标进行层层分解，以便落实到各个部门、各个活动环节，形成组织的目标结构，包括目标的时间结构和空间结构。

三、确定前提条件

所谓计划工作的前提条件就是计划工作的假设条件，简言之，即计划实施时的预期环境。负责计划工作的人员对计划前提了解得越细越透彻，并能始终如一地运用它，则计划工作也将做得越协调。

按照组织的内外环境，可以将计划工作的前提条件分为外部前提条件和内部前提条件；还可以按可控程度，将计划工作前提条件分为不可控的、部分可控的和可控的三种前提条件。外部前提条件大多为不可控的和部分可控的，而内部前提条件大多数是可控的。不可控的前提条件越多，不确定性越大，就越需要通过预测工作确定其发生的概率和影响程度的大小。

四、拟定可供选择的可行方案

编制计划的第四个步骤是寻求、拟定、选择可行的行动方案。“条条道路通罗马”，描述了实现某一目标的方案途径是多条的。通常，最显眼的方案不一定就是最好的方案，对过去方案稍加修改和略加推演也可能不会得到最好的方案。一个不引人注目的方案或普通人提不出的方案，效果却往往是最佳的，这里体现了方案创新性的重要。此外，方案也不是越多越好。编制计划时没有可供选择的合理方案的情况是不多见的，更加常见的不是寻找更多的可供选择的方案，而是减少可供选择方案的数量，以便可以分析最有希望的方案。即便是使用数学方法和计算机，我们也还是要对可供选择方案的数量加以限制，以便把主要精力集中在对少数最有希望的方案的分析方面。

五、评价可供选择的方案

在找出了各种可供选择的方案和比较了它们的优缺点后，下一步就是根据前提条件和目标，权衡它们的轻重优劣，对可供选择的方案进行评估。评估实质上是一种价值判断，它一方面取决于评价者所采用的评价标准；另一方面取决于评价者对各个标准所赋予的权重。一个方案看起来可能是最有利可图的，但是需要投入大量现金，而回收资金很慢；另一方案看起来可能获利较少，但是风险较小；第三个方案在短期内没有多大的利益，但可能更适合公司的长远目标。方案的选择应该用运筹学中较为成熟的矩阵评价法、层次分析法、多目标评价法，进行评价和比较。

如果唯一的目标是要在某项业务里取得最大限度的当前利润，如果将来不是不确定的，如果无需为现金和资本可用性焦虑，如果大多数因素可以分解成确定数据，这样条件下的评估将是相对容易的。但是，由于计划工作者通常都面对很多不确定因素、资本短缺问题以及各种各样无形因素，评估工作通常很困难，甚至比较简单的问题也是这样。一家公司主要为了声誉想生产一种新产品，而预测结果表明，这样做可能造成财务损失，但声誉的收获是否能抵消这种损失，仍然是一个没有解决的问题。因为在多数情况下，存在很多可供选择的方案，而且有很多应考虑的可变因素和限制条件，评估会极其困难。

评估可供选择的方案，要注意考虑以下几点：第一，认真考察每一个计划的制约因素和隐患；第二，要用总体的效益观点来衡量计划；第三，既要考虑到每一个计划的有形的、可以用数量表示出来的因素，又要考虑到无形的、不能用数量表示出来的因素；第四，要动态地考察计划的效果，不仅要考虑计划执行所带来的利益，还要考虑计划执行所带来的损失，特别注意那些潜在的、间接的损失。

六、选择方案

计划工作的第六步是选择方案。这是在前五步工作的基础上作出的关键一步，也是决策的实质性阶段——抉择阶段。可能遇到的情况是，有时会发现同时有两个以上可取方案。在这种情况下，必须确定出首先采用哪个方案，同时将其他方案进行细化和完善，以作为后备方案。

七、制订派生计划

基本计划还需要派生计划的支持。比如，一家公司年初制订了"当年销售额比上年增长 15%"的销售计划，与这一计划相连的有许多计划，如生产计划、促销计划等。再如当一家公司决定开拓一项新的业务时，这个决策需要制订很多派生计划作为支撑，比如雇佣和培训各种人员的计划、筹集资金计划、广告计划等。

八、编制预算

在作出决策和确定计划后，计划工作的最后一步就是把计划转变成预算，使计划数字化。编制预算，一方面是为了计划的指标体系更加明确，另一方面是使企业更易于对计划执行进行控制。定性的计划往往在可比性、可控性和进行奖惩方面比较困难，而定量的计划具有较强的约束性。

从上述可见，计划的基本步骤可用图 4.1 来表示。

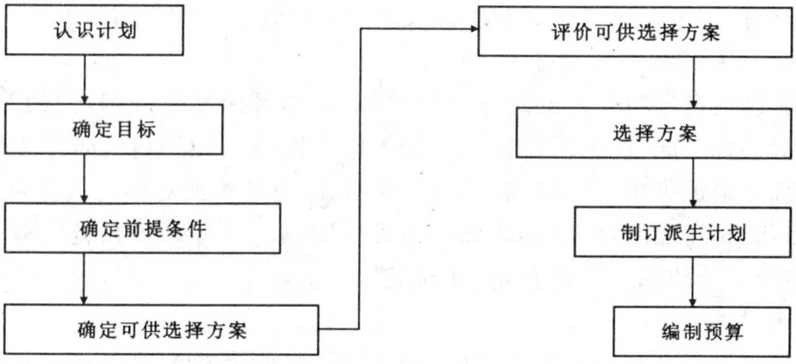

图 4.1　计划的基本步骤

第四节　目标管理

"目标管理"(MBO)的概念是管理专家彼得·德鲁克 1954 年在其名著《管理

实践》中最先提出的，其后他又提出“目标管理和自我控制”的主张。德鲁克认为，并不是有了工作才有目标，而是相反，有了目标才能确定每个人的工作。所以“企业的使命和任务，必须转化为目标”，如果一个领域没有目标，这个领域的工作必然被忽视。因此管理者应该通过目标对下级进行管理，当组织最高层管理者确定了组织目标后，必须对其进行有效分解，转变成各个部门以及各个人的分目标，管理者根据分目标的完成情况对下级进行考核、评价和奖惩。

目标管理提出以后，便在美国迅速流传。时值第二次世界大战后西方经济由恢复转向迅速发展的时期，企业急需采用新的方法调动员工积极性以提高竞争能力，目标管理的出现可谓应运而生，遂被广泛应用，并很快为日本、西欧国家的企业所效仿，在世界管理界大行其道。

目标管理的具体形式各种各样，但其基本内容是一样的。所谓目标管理乃是一种程序或过程，它使组织中的上级和下级一起协商，根据组织的使命确定一定时期内组织的总目标，由此决定上下级的责任和分目标，并把这些目标作为组织经营、评估和奖励每个单位及个人贡献的标准。

目标管理指导思想是以Y理论为基础的，即认为在目标明确的条件下，人们能够对自己负责。目标管理的具体方法是泰勒科学管理的进一步发展。它与传统管理方式相比有鲜明的特点，可概括为以下几点。

1. 重视人的因素

目标管理是一种参与的、民主的、自我控制的管理制度，也是一种把个人需求与组织目标结合起来的管理制度。在这一制度下，上级与下级的关系是平等、尊重、依赖、支持，下级在承诺目标和被授权之后是自觉、自主和自治的。

2. 建立目标锁链与目标体系

目标管理通过专门设计的过程，将组织的整体目标逐级分解，转换为各单位、各员工的分目标。即：从组织目标到经营单位目标，再到部门目标，最后到个人目标。在目标分解过程中，权、责、利三者已经明确，而且相互对称。这些目标方向一致，环环相扣，相互配合，形成协调统一的目标体系。只有每个人员完成了自己的分目标，整个企业的总目标才有完成的希望。

3. 重视成果

目标管理以制定目标为起点，以目标完成情况的考核为终结。工作成果是评定目标完成程度的标准，也是人事考核和奖惩的依据，因此成为了评价管理工作绩效的唯一标准。至于完成目标的具体过程、途径和方法，上级并不过多干预。所以，在目标管理制度下，监督的成分很少，而控制目标实现的能力却很强。

一、目标管理的特点

（一）明确目标

研究人员和实际工作者早已认识到制定个人目标的重要性。美国马里兰大学的早期研究发现，明确的目标要比只要求人们尽力去做会有更高的业绩，而且高水平的业绩是和高的目标相联系的。人们注意到，在企业中，目标技能的改善会继续提高生产率。然而，目标制定的重要性并不限于企业，而且在公共组织中也是有用的。在许多公共组织里，普遍存在的目标的含糊不清对管理人员来说是一件难事，但人们已在寻找解决这种难题的途径。

（二）参与决策

MBO 中的目标不是像传统的目标设定那样，单向由上级给下级规定目标，然后分解成子目标落实到组织的各个层次上，而是用参与的方式决定目标，上级与下级共同参与选择设定各对应层次的目标，即通过上下协商，逐级制定出整体组织目标、经营单位目标、部门目标，直至个人目标。因此，目标转化过程既是“自上而下”的，又是“自下而上”的。

（三）规定时限

MBO 强调时间性，制定的每一个目标都有明确的时间期限要求，如一个季度、一年、五年，或在已知环境下的任何适当期限。在大多数情况下，目标的制定可与年度预算或主要项目的完成期限一致。但并非必须如此，这主要是要依实际情况来定。某些目标应该安排在很短的时期内完成，而另一些则要安排在更长的时期内完成。同样，在典型的情况下，组织层次的位置越低，为完成目标而设置的时间往往越短。

（四）评价绩效

MBO 寻求不断地将实现目标的进展情况反馈给个人，以便他们能够调整自己的行动。也就是说，下属人员承担为自己设置具体的个人绩效目标的责任，并具有同他们的上级领导人一起检查这些目标的责任。因此每个人对他所在部门的贡献就变得非常明确。尤其重要的是，管理人员要努力吸引下属人员对照预先设立的目标来评价业绩，积极参加评价过程，用这种鼓励自我评价和自我发展的方法，鞭策员工对工作的投入，并创造一种激励的环境。

二、目标管理的类型

（一）业绩主导型目标管理和过程主导型目标管理

这是依据对目标的实现过程是否规定来区分的。目标管理的最终目的在于业绩，所以从根本上说，目标管理也称业绩管理。其实，任何管理其目的都是要提高业绩。

(二)组织目标管理和岗位目标管理

这是从目标的最终承担主体来分的。组织目标管理是一种在组织中自上而下系统设立和开展目标,从高层到低层逐渐具体化,并对组织活动进行调节和控制,谋求高效地实现目标的管理方法。

(三)成果目标管理和方针目标管理

这是依据目标的细分程度来分的。成果目标管理是以组织追求的最终成果的量化指标为中心的目标管理方法。

三、目标管理的功能

由于目标管理是超前性的管理、系统整体的管理和重视成果的管理以及重视人的管理,因此有以下功能。

(一)克服传统管理的弊端

传统管理主要有两大弊端:一是工作缺乏预见和计划,没事的时候,尽可悠闲自得,一旦意外事件发生,就忙成一团,成天在事务中兜圈子;二是不少组织中的领导信奉传统官僚学的理论,认为权力集中控制才能使力量集中、指挥统一和效率提高。

(二)提高工作成效

目标管理不同于以往的那种只重视按照规定的工作范围与工作程序和方法进行工作的做法,而是在各自目标明晰、成员工作目标和组织总目标直接关联的基础上,鼓励组织成员完成目标。同时,目标同客观的评价基准和奖励相配套。这有利于全面提高管理的绩效。

(三)使个体的能力得到激励和提高

在管理目标建立的过程中,成员可以各抒己见,各显其能,有表现其才能、发挥其潜能的权力和机会。工作成员为了更好地完成其职责和个人目标,必然加强自我训练和学习,不断充电,提高能力。目标管理的确定,既根据个人的能力,又具有某种挑战性,要达到目标,必须努力才有可能实现。

(四)改善人际关系

根据目标进行管理,组织的上下级沟通会有很大的改善,原因在于以下两点。

第一,目标制定时,上级为了让员工真正了解组织希望达到的目标,必须和成员商量,必须先有良好的上下沟通和取得一致的意见,这就容易形成团体意识。

第二,目标管理理念是每个组织成员的目标,是为组织整体完成并且根据整体目标而制定的。

四、目标管理的基础工作

（一）目标管理基础工作的含义和特点

目标管理基础工作就是为建立目标管理制度所做的起点性工作，是为建立目标管理制度和发挥各项专业管理的作用而提供的必不可少的经常性工作。由于组织系统担负的任务不同，不同行业、不同部门、不同单位基础工作的内容必然各有侧重，不尽相同。但基本的内容应该包括：基础知识教育、标准化和信息工作三项。其中基础知识教育是前提，标准化是依据，信息工作是关键。它们组成一个有机整体，缺一不可。目标管理基础工作具有以下三个主要特点。

1. 先行性、连续性和稳定性

基础工作大都建立在各项专业管理之前，并贯穿于整个管理活动过程。例如在推行目标管理中，确定目标应以标准为依据，实施目标和绩效审核也同样离不开标准，所以标准化应先行，且应保持连续性和稳定性。

2. 空间上的低层次性和群众性

基础工作一般发生或作用于较低层次的具体工作中。这是因为，它是各项专业管理职能发挥作用的前提和依据，所以必须围绕管理组织系统和总目标踏踏实实地去做，并设置相应的组织机构或配备专职管理人员，做到基础工作扎实可靠。

3. 内容上的多维性和多层次性

多维性是指基础工作包括多种不同的角度和多个方面，它们互相交叉、互相渗透，又能各自单独地发挥作用。多层次则是指其工作内容涉及到管理组织系统的各个层次、各个岗位、各类人员。因此，全体人员必须共同努力才能做好基础工作。

（二）目标管理工作中的信息处理

1. 信息工作的基本要求

现代管理系统离不开信息，特别是随着科学技术的进步和社会生产力的不断发展，对信息工作的要求越来越高。信息的基本要求有以下几点。

第一是适用。适用要求所提供的信息是有用的，适合需要的。这是搜集信息要注意的首要问题。

第二是及时。及时要求能够灵敏、迅速地发现和提供管理活动所需要的各种信息。

第三是准确。

第四是经济。

2. 做好信息工作应注意的问题

第一是注意提高原始记录的质量。

第二是做好统计工作。统计工作是指搜集、整理、分析研究各种信息统计资料并对之进行推论的工作。

第三是运用现代信息技术。随着电子计算机和现代化通信技术的大力运用，政务电子化、网络化势在必行，建立现代化的信息系统十分必要。

五、目标管理的基本程序

目标管理的具体做法分三个阶段：第一阶段为目标的设置，第二阶段为实现目标过程的管理，第三阶段为测定与评价所取得的成果。

（一）目标的设置

这是目标管理最重要的阶段，这一阶段可以细分为四个步骤。

1. 高层管理预定目标

这是一个暂时的、可以改变的目标预案，既可以由上级提出，再同下级讨论，也可以由下级提出，上级批准。无论哪种方式，必须共同商量决定。其次，领导必须根据企业的使命和长远战略，估计客观环境带来的机会和挑战，对本企业的优劣有清醒的认识，对组织应该和能够完成的目标做到心中有数。

2. 重新审议组织结构和职责分工

目标管理要求每一个分目标都有确定的责任主体。因此，预定目标之后，我们需要重新审查现有组织结构，根据新的目标分解要求进行调整，明确目标责任者并协调关系。

3. 确立下级的目标

首先下级明确组织的规划和目标，然后商定下级的分目标。在讨论中，上级要尊重下级，平等待人，耐心倾听下级意见，帮助下级发展一致性和支持性目标。分目标要具体量化，便于考核；分清轻重缓急，以免顾此失彼；既要有挑战性，又要有实现的可能。每个员工和部门的分目标要与其他的分目标协调一致，支持本单位和组织目标的实现。

4. 上级和下级就实现各项目标所需的条件以及实现目标后的奖惩事宜达成协议

分目标制定后，上级要授予下级相应的资源配置的权力，实现权、责、利的统一。同时，由下级写成书面协议，编制目标记录卡片，整个组织汇总所有资料后，绘制出目标图。

（二）实现目标过程的管理

目标管理重视结果，强调自主、自治和自觉。但这并不等于领导可以放手不管，相反由于形成了目标体系，一环失误，就会牵动全局。因此，领导在目标实施过程中的管理是不可缺少的。该管理的过程包括：首先进行定期检查，利用双方经常接触的机会和信息反馈渠道自然地进行；其次要向下级通报进度，便于互相协调；再次要帮助下级解决工作中出现的困难问题，当出现意外、不可测事件严重影响组织目标实现时，也可以通过一定的手续，修改原定的目标。

（三）总结和评估

达到预定的期限后，下级首先进行自我评估，提交书面报告，然后上下级一起考核目标完成情况，决定奖惩，同时讨论下一阶段目标，开始新循环。如果目标没有完成，上下级应分析原因，总结教训，切忌相互指责，以保持相互信任的气氛。

六、目标管理体制的评价

目标管理是以相信人的积极性和能力为基础的，企业各级领导者对下属人员的领导，不是简单地依靠行政命令强迫他们去干，而是运用激励理论，引导职工自己制定工作目标，自主进行自我控制，自觉采取措施完成目标，自动进行自我评价。目标管理的最大特征是通过诱导启发职工自觉地去干，激发员工的生产潜能，提高员工的工作效率，从而促进企业总体目标的实现。

目标管理与其他任何事物一样具有两个方面，既有积极的优点，又有自身的局限性。它与传统管理方法相比有许多优点，概括起来主要有以下几个方面。

（一）目标管理的优点

1. 管理强化，水平提高

扼要地讲，目标管理最大的好处就是它有利于管理水平的提高。以最终结果为导向的目标管理能迫使各级管理人员去认真思考计划的效果，而不仅仅是考虑计划的活动。为了保证目标的实现，各级管理人员必然要深思熟虑实现目标的方法和途径，考虑相应的组织机构和人选，以及需要怎样的资源和哪些帮助。许多经理认为，有一套目标体系，有一套评价标准，就激励和控制来讲，没有比这更能推动有效管理了。

2. 成果导向，结构优化

目标管理的另一个好处就是促使管理人员根据目标去确定组织的任务和结构。目标作为一个体系，规定了各层次的分目标和任务，那么，在允许的范围内，组织机构要按照实现目标的要求来设置和调整，各个职位也应当围绕所期望的成果来建立，从而使组织结构更趋合理与有效。为了取得成果，各级管理人员必须根据他们期望的成果授予下属人员相应的权力，使其与组织的任务和岗位的责任相对应。

3. 任务承诺，责任明确

目标管理还有一个重要好处就是由各级管理人员和工作人员去承担完成任务的责任，从而让各级管理者和工作人员不再只是执行指标和等待指导，而成为专心致志于完成自己目标的人。他们参与自己目标的拟订，将自己的思想纳入计划之中。他们清楚自己在计划中所拥有的自主处置的权限，能从上级领导那里得到多少帮助，以及自己应承担多大的责任，会把管理工作做得更好。

4. 监督加强，控制有效

目标管理能使责任更明确，由此就不难推理，它会使控制活动更有效。控制就是采取措施纠正计划在实施中出现与目标的偏离，确保任务的完成。有了一套可考核的目标评价体系，监督就有了依据，控制就有了准绳，也就解决了控制活动最主要的问题。

（二）目标管理的局限性

目标管理有许多优点，但它也有缺陷，这是一个事物的两个方面。有些缺陷是方式本身存在的，有些缺陷是在实施过程中因工作没到位而引起的。

1. 目标难确定

真正可考核的目标是很难确定的，尤其是要让各级管理人员的目标都具有正常的“紧张”和“费力”程度，即“不跳够不到”、“跳一跳够得到”的合理程度，是非常困难的。而这个问题恰恰是目标管理能否取得成效的关键。为此，目标设置要比展开工作和拟订计划作更多的研究。

根据先进性、可行性、可量化、可考核等要求确定管理目标体系，会对各级管理人员产生一定的压力。为了达到目标，各级管理人员有可能会作出不择手段的行为。为了防止选择不道德手段去实现目标的可能性，高层管理人员一方面要确定合理的目标，另一方面还要明确表示对行为的期望，给道德的行为以奖励，给不道德的行为以惩罚。

2. 目标短期化

几乎在所有实行目标管理的组织中，确定的目标一般都是短期的，很少有超过一年的。其原因是组织外部环境的可能性变化，导致各级管理人员难以作出长期承诺。短期目标的弊端在管理活动中是显而易见的，短期目标会导致短期行为，以损害长期利益为代价，换取短期目标的实现。为防止这种现象的发生，高层管理人员必须从长远利益来设置各级管理目标，并对可能出现的短期行为作出某种限制性规定。

3. 目标修正不灵活

目标管理要取得成效，就必须保持目标的明确性和肯定性，如果目标经常改变，说明计划没有深思熟虑，所确定的目标是没有意义的。但是，如果目标管理过程中，环境发生了重大变化，特别是在上级部门的目标已经修改，计划的前提条件或政策已变化的情况下，还要求各级管理人员继续为原有的目标而奋斗，显然是愚蠢的。然而，由于目标是经过多方磋商确定，要改变它并不是轻而易举的事，常常修订一个目标体系与制定一个目标体系所花费的精力和时间是差不多的，结果很可能不得不中途停止目标管理的进程。

综上所述，目标管理可能看起来简单，但要把它付诸实施，管理者必须对它有很好的领会和理解。

首先，管理者必须知道什么是目标管理，为什么要实行目标管理。如果管理者本身不能很好地理解和掌握目标管理的原理，那么，由其来组织实施目标管理也是一件不可能的事。

其次，管理者必须知道组织的总目标是什么，以及他们自己的活动怎样适应这些目标。如果组织的一些目标含糊不清、不现实、不协调、不一致，那么主管人员想同这些目标协调一致，实际上也是不可能的。

第三，目标管理所设置的目标必须是正确的、合理的。所谓正确，是指目标的设定应符合组织的长远利益，和组织的目的相一致，而不能是短期的。合理的，是指设置目标的数量和标准应当是科学的，因为过于强调工作成果会给人的行为带来压力，导致不择手段的行为产生。为了减少选择不道德手段去达到这些效果的可能性，管理者必须确定合理的目标，明确表示行为的期望，使得员工始终具有正常的"紧张"和"费力"程度。

第四，所设目标无论在数量或质量方面都具备可考核性，是目标管理成功的关键。任何目标都应该在数量上或质量上具有可考核性。有些目标，如"时刻注意顾客的需求并很好地为他们服务"，或"使信用损失达到最小"，或"改进提高人事部门的效率"等，都没多大意义，因为在将来某一特定时间没有人能准确地回答他们实现了这些目标没有。如果目标管理不可考核，就无益于对管理工作或工作效果进行评价。

正因为目标管理对管理者的要求相对较高，且在目标的设定中总是存在这样、那样的问题，使得目标管理在付诸实施的过程中，往往流于形式，在实践过程中有很大的局限性。于是，管理学者们顺应管理学的不断发展，根据不同发展时期对人性的不同认识，提出了相应的管理方式。

第五节　经营战略管理

经营战略管理（Business Strategy Management），是指经营战略从制定到实施，包括制定、执行、控制和调整的全过程。它是一套应付环境变化的谋划和对策，包括战略方针、战略目标和战略措施，表现为全局性、长远性、导向性、竞争性和风险性五个特征。经营战略管理通常按不同的标准分为稳定型战略、发展型战略、紧缩型战略；或分为成本领先战略、产品差异战略、市场集中战略；或分为保守型战略、可靠型战略、风险型战略；或分为单一经营战略、多元经营战略等。常见的有名牌战略、多元化经营战略、经营服务形象战略、国际化经营战略等。

企业经营战略管理是企业根据内部和外部环境的情况分析，拟定企业目标和经营指导方针，并且制定有效的战略，使企业达到经营目标的一系列管理决策与行动。

经营战略管理过程是企业基于内外部环境分析，确定战略目标，并将目标付诸实施和对战略实施过程进行控制和评价的动态过程。经营战略管理是企业高层管理人员最重要的职责。

一、经营战略的制定

制定企业经营战略的程序如下。

（一）分析企业的外部环境和内部条件，寻找发挥本企业优势的机会

企业外部环境主要包括政治、经济、科学技术、文化和自然环境。它一般具有变动性和不确定性。企业制定经营战略时，需要及时、准确、全面地掌握和分析这些环境对自己生存发展的影响。

掌握和分析行业环境是分析外部环境的主要内容。行业环境主要包括行业寿命周期、规模、技术状况、战略集团等行业现状和发展前景，以及行业中的竞争结构。美国著名战略学家迈克尔·波特指出："在任何产业里，无论是在国内还是国外，无论是生产一种产品，还是提供一种服务，竞争规则都属于以下五种力量之中，即新竞争者的加入、替代品的威胁、购买方的讨价还价能力、供应方的讨价还价能力，以及现有企业之间的竞争。"这五种竞争力量，它们之间相互影响和相互制约，就形成了行业中的竞争结构。

企业内部条件主要是指企业的综合实力。它主要包括：产品实力，如产品性能、质量、品种、销售、服务、技术水平的获利能力；战略优势，如技术、成本、资源、品牌、企业文化和形象等方面。

（二）确定企业经营的方向和目标

经营方向是指企业的发展方向、业务范围和经营领域。发展方向说明企业应满足顾客哪些需要，也可称为战略方针。业务范围表明企业经营哪几个行业的业务或生产。经营领域表明在一个行业内具体应为哪一类特定顾客提供产品或服务的经营场所。

（三）制定战略方案

这就是要制定为实现企业目标服务的对策或措施方案。战略方案可以推动企业在自己所确定的经营领域中夺取优势，从而保证企业目标的实现。企业一般应当选择在现有产品和市场领域内能促进销售、降低成本、改善资金运用等方面的战略方案，这样比较容易且风险较小。如果这方面的战略方案尚不足以实现目标，就得在新的产品和市场领域里进一步寻找有效的战略方案，如开辟新市场、发展新产品、开展多种经营等。

（四）选择战略方案

为了最后决定应采取的最优战略，企业应对已经制定的各种战略方案要进行评价和选择。评价时主要从两方面加以探讨。

第一，看战略方案的效果如何，即对实现企业目标的影响程度如何。

第二，看战略方案实现的可能性如何。企业一般要选择效果好（如利润率高、市场占有率高等）又易于实现（如不需要多投资、不用新的专门人员等）的战略方案作为企业首选的战略。

二、经营战略的执行

企业在经营战略的执行过程中，要做好以下三项工作。

（一）战略方案的分解

为了使每一个经营单位都明确自己在一定时期内的任务，应将战略方案中规定的总目标进行分解。首先是按单位分解，即把企业目标分解到各车间、各科室，各车间再把目标分解到各个班组，班组还可把目标分解到各个工人。其次是按时间分解，即把长期的总目标分解成短期的目标，使之具体化。目标层层落实后，还要与考核和奖励制度结合起来，以便调动广大职工群众执行战略的积极性。

（二）行动计划的编制

经营战略只是规定了企业经营的方向、目标和基本措施，它是比较原则的、粗略的。为了使经营战略得以顺利执行，企业还得编制具体的行动计划。通过编制行动计划，可以进一步规定任务的轻重缓急和时机，可以明确每一战略项目的工作量、起止时间、资源保证、负责人等。

（三）组织机构的调整

战略是由一定的组织机构来执行的，机构是为实施战略服务的，有什么样的战略，就应该有什么样的机构。管理人员应当根据战略的要求把企业的组织机构调整好。当企业经营由单一生产改为多种生产或跨行业经营时，原来的职能式机构就按产品大类设立若干个分部或事业部，在各个分部下再设立职能机构。当企业采用了开拓国际市场的战略后，就要设立外销科或国际经营部门等，以适应战略的需要。调整机构时应考虑企业的规模和人员的素质。

三、经营战略的控制

战略控制是实施战略中重要的一环。战略控制过程是指将战略的执行结果与既定的战略目标进行对比，发现偏差，分析原因，采取措施加以克服的整个过程。战略控制的基本环节有三个。

（一）战略评价标准

它是指要从战略目标中确定几个评价标准。评价标准可以是定性的，如战略与环境的一致性、战略与资源的配套性等，但最好是定量的，以便于对比。常用的定量评价标准有：利润总额或利润增长幅度、销售利润率、资金利润率、市场占有率等。

（二）实际工作成果

这就是战略的实际执行结果。为了获得准确的资料，除建立有效的管理信息系统外，还要采用一定的控制方法。常用的方法有两种：产出控制，即对产量、销售量、资金等定量数据的测定，用以证明工作成绩；行为控制，即直接对个人的行为进行观察，用以提高工作效率。

（三）发现和纠正偏差

将实际工作成果与预定的目标或评价标准进行对比，就会发现偏差，特别是实际成果达不到目标要求的情况。这就要进一步分析造成偏差的原因，究竟是战略本身的问题（如原定的战略目标过高等），还是执行不力、方法不妥、互相脱节等行动方面的问题，然后针对存在的问题，进行战略修订或调整，纠正偏差。

四、经营战略的调整

战略调整是战略管理的最后一个环节。当偏差原因属于战略本身时，就要对战略进行调整或修订。由于企业的外部环境经常在变，战略决策人员的水平也有限，不可能对几年后的发展预计得很准确，从而产生了战略不够准确的状况。战略调整可按调整范围的大小分为以下两类。

（一）局部战略调整

这就是按照影响战略的因素对战略进行局部性的小修改，而不涉及方向性的变化。由于这种调整并不影响总体战略，可由执行单位加以调整。

（二）总体战略调整

这是涉及到全局的长期战略方向的调整，要慎重处理，掌握足够的论据以后再改变。这种调整应由综合部门提出调整方案交企业领导研究决定。

第六节 常用的计划方法

计划工作的效率高低和质量的好坏在很大程度上取决于所采用的计划方法。现代计划方法为制订切实可行的计划提供了手段。在计划的质量方面，现代计划方法可以确定各种复杂的经济关系，提高综合平衡的准确性，能够在众多的方案中选择最优方案，还能够进行因果分析，科学地进行预测；在计划的效率方面，由于采用了现代数学工具并以计算机技术作为基础，大大加快了计划工作的速度，这就使得管理者从繁杂的计划工作中解脱出来，能够集中精力考虑更重要的问题。总之，现代计划方法具有许多优点，已经逐渐为更多的计划工作所采用，下面介绍其中几种常用的方法。

一、滚动计划法

（一）滚动计划法的含义

滚动计划法是按照“近细远粗”的原则制订一定时期内的计划，然后按照计划的执行情况和环境变化，调整和修订未来的计划，并逐期向后移动，把短期计划和中期计划结合起来的一种计划方法。

滚动计划（也称滑动计划）是一种动态编制计划的方法。它不像静态分析那样，等一项计划全部执行完了之后再重新编制下一时期的计划，而是在每次编制或调整计划时，均将计划按时间顺序向前推进一个计划期，即向前滚动一次，按照制订的项目计划进行施工，对保证项目的顺利完成具有十分重要的意义。但是由于各种原因，在项目进行过程中经常出现偏离计划的情况，因此要跟踪计划的执行过程，以发现存在的问题。另外，跟踪计划还可以监督过程执行的费用支出情况，跟踪计划的结果通常还可以作为向承包商部分支付的依据。然而，计划却经常执行得很差，甚至会被完全抛弃。

其编制方法是在已编制出的计划的基础上，每经过一段固定的时期（例如一年或一个季度，这段固定的时期被称为滚动期）便根据变化了的环境条件和计划的实际执行情况，从确保实现计划目标出发对原计划进行调整。每次调整时，保持原计划期限不变，而将计划期顺序向前推进一个滚动期。

（二）滚动计划法的制定流程

滚动计划法是根据一定时期计划的执行情况，考虑企业内外环境条件的变化，调整和修订计划，并相应地将计划期顺延一个时期，把近期计划和长期计划结合起来的一种编制计划的方法。在计划编制过程中，尤其是编制长期计划时，为了能准确地预测影响计划执行的各种因素，可以采取近细远粗的办法，近期计划订得较细、较具体，远期计划订得较粗、较概略。也就是指，在一个计划期终了时，根据上期计划执行的结果和产生条件，以及市场需求的变化，对原订计划进行必要的调整和修订，并将计划期顺序向前推进一期，如此不断滚动、不断延伸。

例如，某企业在 2000 年底制订了 2001—2005 年的五年计划，如采用滚动计划法，到 2001 年底，该企业可根据当年计划完成的实际情况和客观条件的变化，对原订的五年计划进行必要的调整，在此基础上再编制 2002—2006 年的五年计划，其后依此类推，如图 4.2 所示。

可见，滚动计划法能够根据变化了的组织环境及时调整和修正组织计划，体现了计划的动态适应性。而且，它可使中长期计划与年度计划紧紧地衔接起来。

滚动计划法既可用于编制长期计划，也可用于编制年度、季度生产计划和月度生产作业计划。不同计划的滚动期不一样，一般长期计划按年滚动，年度计划按季滚动，月度计划按旬滚动等。

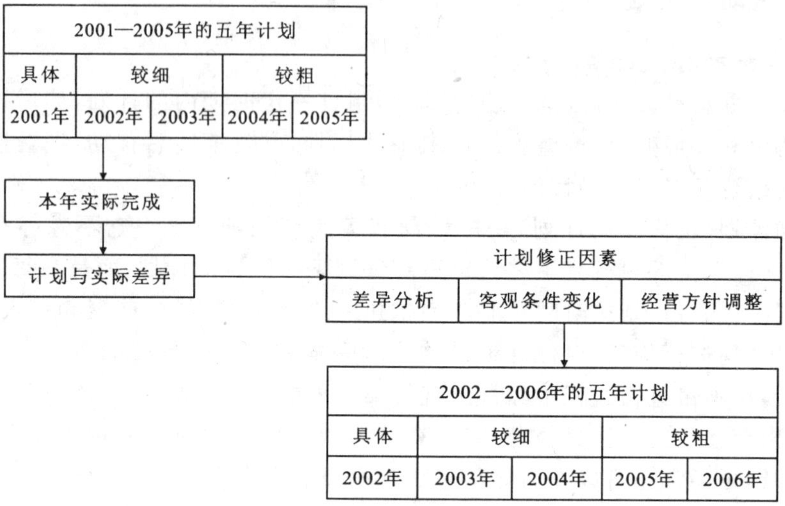

图 4.2　滚动计划法的制定流程

(三)滚动计划法的优点

滚动计划法虽然使得计划编制工作的任务量加大,但在计算机已被广泛应用的今天,其优点十分明显。

(1)把计划期内各阶段以及下一个时期的预先安排有机地衔接起来,而且定期调整补充,从而从方法上解决了各阶段计划的衔接,并且更加符合实际的问题。

(2)较好地解决了计划的相对稳定性和实际情况的多变性这一矛盾,使计划更好地发挥其指导生产实际的作用。

(3)使企业的生产活动能够灵活地适应市场需求,把供、产、销密切结合起来,从而有利于实现企业预期的目标。

注意☞ 需要指出的是,滚动间隔期的选择要适应企业的具体情况,如果滚动间隔期偏短,则计划调整较频繁,优点是有利于计划符合实际,缺点是降低了计划的严肃性。一般情况是,生产比较稳定的大批量生产企业宜采用较长的滚动间隔期,生产不太稳定的单件小批量生产企业则可考虑采用较短的滚动间隔期。

提示☞ 采用滚动计划法,可以根据环境条件变化和实际完成情况,定期地对计划进行修订,使组织始终有一个较为切合实际的长期计划作指导,并使长期计划能够始终与短期计划紧密地衔接在一起。

二、网络计划法

网络计划技术是指用于工程项目的计划与控制的一项管理技术。它是 20 世纪 50 年代末发展起来的，依其起源有关键路径法(CPM)与计划评审法(PERT)之分。1956 年，美国杜邦公司在制定企业不同业务部门的系统规划时，制订了第一套网络计划。这种计划借助于网络表示各项工作与所需要的时间，以及各项工作的相互关系，通过网络分析研究工程费用与工期的相互关系，并找出在编制计划及计划执行过程中的关键路线。

(一)网络计划技术的基本思路

网络计划技术的基本思路是运用网络图的形式表达一个计划项目中各种活动(作业、工序)之间的先后次序和相互关系，在此基础上进行网络分析，计算网络时间，确定关键活动和关键路线，然后，利用时差，对网络进行工期、资源和成本的优化，在实施过程中，通过信息反馈进行监督和控制，以确定计划目标的实现。

(二)网络图

例：某飞机发动机维修项目，包括以下作业：

A. 拆卸，5 天； B. 电子器件检查，8 天；
C. 机械零件检查，10 天； D. 机械零件更换，6 天；
E. 机械零件维修，15 天； F. 电子器件更换，9 天；
G. 组装，6 天； H. 试车，3 天。

1. 网络图的构成

图 4.3 是某飞机发动机维修项目的网络计划图。网络计划图一般由活动、事项、路线组成。

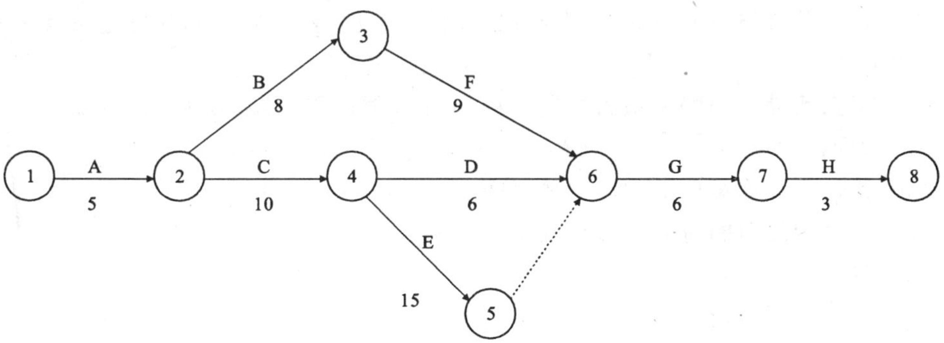

图 4.3 某飞机发动机维修项目的网络计划图

(1)活动(也称作业或工序)。活动是一项需要消耗资源，经过一定时间才能完成的具体工作，网络图上用箭线“→”表示。箭线前后的结点进行编号，分别表示活动开始和结束。活动名称或代号一般写在箭线上方，而活动所消耗的时间或其他资源一般置于箭线下方。相邻排列的活动，前活动是后活动的近前（也称紧前）活动，也就是说前活动必须完成以后，后活动才能开始。

（2）事项（也称事件或结点）。事项表示两项活动的连接点，既不消耗资源，也不占用时间，只表示前一活动的结束和后一活动的开始的瞬间。

（3）路线。路线是网络图中由始点活动出发，沿箭线方向前进，连续不断地到达终点活动的一条通道，表示一个独立的工作流程。网络图中一般有多条路线，其中消耗时间最长的一条称为关键路线（用双箭线表示），它决定总工期。

通过计算网络图中的时间参数，可求出工程工期并找出关键路径。在关键路线上的作业称为关键作业，这些作业完成的快慢直接影响着整个计划的工期。在计划执行过程中关键作业是管理的重点，在时间和费用方面需要严格控制。

2. 网络图绘制的规则（图 4.4）

（1）箭线一般均指向右边，不允许出现反向箭头。

（2）任一箭线的箭尾结点编号必须小于箭头结点编号。

（3）整个网络图中的编号不能重复，编号可以不连续。

（4）两个结点之间只能有一条箭线，如果有两项平行活动，则应用虚箭线保证此规则不被破坏，箭线不可交叉。

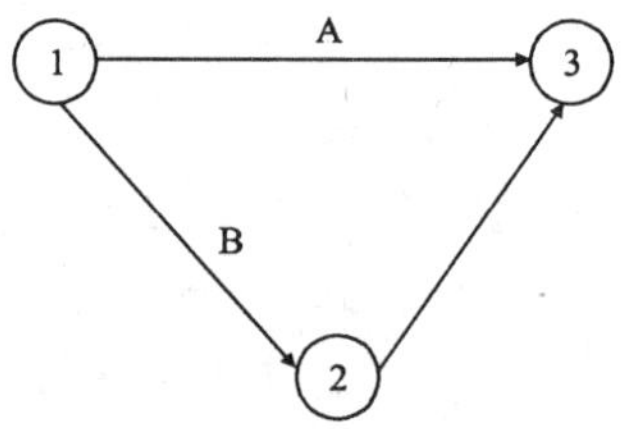

图 4.4　网络图绘制规则

（5）一个网络图只应有一个起点和一个终点。

3. 网络图的绘制步骤

（1）任务分解与分析。确定完成项目必须进行的每一项活动，并确定活动之间的逻辑关系。

（2）根据活动之间的关系绘制网络图（草图、美化图、结点编号）。图 4.5 为网络图的美化。

（3）估计和计算每项活动的完成时间。

（4）计算网络图的时间参数并确定关键路线。

（5）进行网络图优化。

（三）网络计划技术的评价

（1）能清晰地表明整个工程的各个活动的时间顺序和相互关系，并指出了完成任务的关键环节和路线。

（2）可对工程的时间进度与资源利用实施优化。

（3）可事先评价达到目标的可能性。

（4）便于组织和控制。

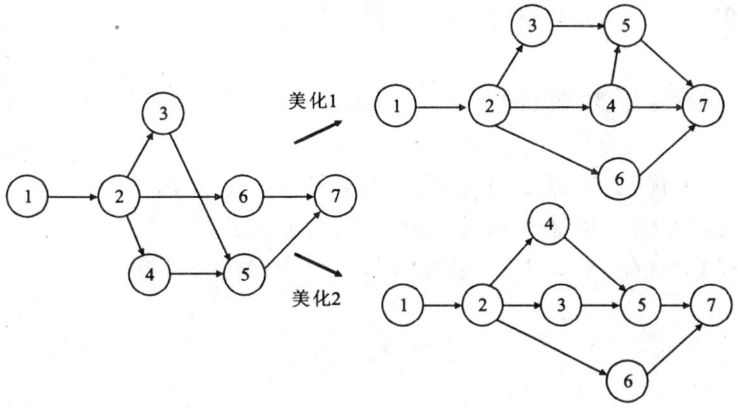

图 4.5　网络图的美化

(5)易于操作,并有广泛的应用范围。

(四)网络图的优化

网络优化,是指根据关键路线法,通过利用时差,不断改善网络计划的初始方案,在满足一定的约束条件下,寻求管理目标达到最优化的计划方案。网络优化是网络计划技术的主要内容之一,也是较之其他计划方法优越的主要方面,可分为以下几种类型:

1. 时间优化

时间优化是指在人力、物力、财力等基本条件有保证的前提下,满足最短工期要求——向关键工序要时间,向非关键工序要资源。

(1)采取技术措施:流程再造、优化、规范化、增加高效率设备、原有设备采用新工艺、提高自动化程度。

(2)采取管理措施:将非关键工序的部分人力、物力抽调到关键工序。

2. 时间-成本优化

时间-成本优化是指缩短整个工期后,使相对成本最低。

关键:缩短费用率最低的工序时间

$$费用率=\frac{C_a-C_b}{T_b-T_a}=\frac{\Delta C}{\Delta T}$$

其中:C_a——最短工期费用;

C_b——正常工期费用;

T_b—— 正常工期

T_a——缩短后的工期。

3. 时间-资源优化(统筹法)

资源包括人力、物力、财力。时间-资源化是指向非关键路线要资源,确保关键路线的完成

优化:在确保资源供给的情况下,使工期最短在确保工期的情况下,使投入资源最少

时间-人力优化:确保工期,使投入人员最少。

时间-财力优化:确保工期,合理利用周转资金。

时间-物力优化:确保工期,使投入使用物资(含工具)最少。

本章小结

在管理学中,计划具有两重含义,其一是计划工作,是指根据对组织外部环境与内部条件的分析,提出在未来一定时期内要达到的组织目标以及实现目标的方案途径;其二是计划形式,是指用文字和指标等形式所表述的组织以及组织内不同部门和不同成员,在未来一定时期内关于行动方向、内容和方式安排的管理事件。无论是计划工作还是计划形式,计划都是根据社会的需要以及组织的自身能力,通过计划的编制、执行和检查,确定组织在一定时期内的奋斗目标,有效地利用组织的人力、物力、财力等资源,协调安排好组织的各项活动,取得最佳的经济效益和社会效益。

本章重点内容简要概括如下。

(1)计划工作包括:调查研究、设置目标、预测未来、制订计划、贯彻落实、监督检查和修正等内容;而计划则是计划工作中计划制订的成果,贯彻实施和监督检查的对象。

(2)计划的根本目的:在于保证管理目标的实现。

(3)计划的性质:计划的普遍性、计划的首位性、计划的科学性、计划的有效性。

(4)计划的作用:计划是组织生存与发展的纲领,计划是组织协调的前提,计划是指挥实施的准则,计划是控制活动的依据。

(5)计划的类型:从计划的重要性程度上来看,可以将计划分为战略计划和作业计划;按计划的时期界限分,分为长期计划、中期计划和短期计划;根据计划内容的明确性指标,可以将计划分为具体性计划和指导性计划;从抽象到具体,把计划划分为:目的或使命、目标、战略、政策、程序、规则、方案及预算。

(6)计划的程序:认识机会;确定目标;确定前提条件;拟定可供选择的可行方案;评价可供选择的方案;选择方案;制订派生计划;编制预算。

(7)目标管理:所谓目标管理乃是一种程序或过程,它使组织中的上级和下级一起协商,根据组织的使命确定一定时期内组织的总目标,由此决定上下级的责任

和分目标,并把这些目标作为组织经营、评估和奖励每个单位及个人贡献的标准。

(8)目标管理的特点:明确目标、参与决策、规定时限、评价绩效。

(9)目标管理的类型:业绩主导型目标管理和过程主导型目标管理,组织目标管理和岗位目标管理,成果目标管理和方针目标管理。

(10)由于目标管理是超前性的管理、系统整体的管理和重视成果的管理以及重视人的管理,因此有以下功能:克服传统管理的弊端,提高工作成效,使个体的能力得到激励和提高,改善人际关系。

(11)目标管理的基本程序:第一阶段为目标的设置,第二阶段为实现目标过程的管理,第三阶段为测定与评价所取得的成果。

(12)目标管理的优点:管理强化,水平提高;成果导向,结构优化;任务承诺,责任明确;监督加强,控制有效。

(13)目标管理的局限性:目标难确定,目标短期化,目标修正不灵活。

(14)制定企业经营战略的步骤:分析企业的外部环境和内部条件,寻找发挥本企业优势的机会;确定企业经营的方向和目标;制定战略方案;选择战略方案。

(15)滚动计划法

基本思想:根据计划的执行情况和环境变化情况定期修订未来的计划,并逐期向前推移,使短期计划、中期计划有机地结合起来。

评价:使计划更加切合实际,并且使战略性计划的实施也更加切合实际;使长期计划、中期计划与短期计划相互衔接,短期计划内部各阶段相互衔接;大大加强了计划的弹性。

(16)网络计划技术

产生:网络计划技术于1950年代后期在美国产生和发展起来的,这种方法包括各种以网络为基础制订计划的方法,如关键路径法、计划评审技术、组合网络法等。

基本原理:是把一项工作或项目分成各种作业,然后根据作业顺序进行排列,通过网络图对整个工作或项目进行统筹规划和控制,以便用最少的人力、物力、财力资源,用最高的速度完成工作。

基本构成:网络图、工序、实工序、虚工序、路径和关键路径。

习　题

1. 单项选择题

(1)目标管理的特点是(　　)。

A. 强调管理　　B. 强调过程控制　　C. 参与式管理　　D. 权利集中

(2)某企业确定了上半年的目标,这种目标是(　　)。

A. 长期目标　　B. 短期目标　　C. 中期目标　　D. 战略目标

(3)计划指定中的滚动计划法是动态的、灵活的,它的主要特点是(　　)。

A. 按前期计划执行情况和内外环境变化,定期修订已有计划

B. 不断逐期向前推移,使短、中期考虑有机结合

C. 按近细远粗的原则来指定,避免对不确定性远期计划过早过死的安排

D. 以上三方面都是

(4)目标管理最突出的特点就是强调(　　)。

A. 计划与执行相分离　　B. 过程管理和全面控制

C. 成果管理和自我控制　　D. 自我考评和全面控制

(5)目标管理的基本精神是(　　)。

A. 以自我管理为中心　　B. 以监督控制为中心

C. 以岗位设置为中心　　D. 以人员编制为中心

(6)计划是控制的(　　)。

A. 纽带　　B. 保证　　C. 前提　　D. 展开

(7)在行动或工作之前预先拟订组织目标和行动方案是管理的(　　)。

A. 计划职能　　B. 组织职能　　C. 领导职能　　D. 控制职能

(8)计划功能的使命是使决策方案(　　)。

A. 整体化　　B. 稳定化　　C. 连续化　　D. 具体化

(9)计划职能的主要任务就是确定(　　)。

A. 组织的领导方式　　B. 组织结构

C. 组织的目标及实现目标的途径　　D. 组织目标的实现程度

(10)“跳一跳,摘桃子”,说明目标必须具有(　　)。

A. 可接受性　　B. 挑战性　　C. 可考核性　　D. 多样性

2. 多项选择题

(1)计划职能的性质是(　　)。

A. 创新性　　B. 科学性　　C. 有效性　　D. 首位性

E. 普遍性

(2)按计划内容的明确性分类,计划有(　　)。

A. 具体性计划　　B. 作业计划　　C. 战略计划　　D. 指导性计划

E. 综合性计划

(3)按计划的重要性分类,计划有(　　)。

A 财务计划　　B. 战略计划　　C. 人事计划　　D. 营销计划

E. 作业计划

(4)按计划的时间可以分为(　　)。

A. 长期计划　　B. 中长期计划　　C. 中期计划　　D. 短期计划

(5)目标管理的特点是(　　)。

A. 组织目标是共同商定的　　　　B. 组织目标是上级下指标，下级提保证

C. 根据组织的总目标来决定部门和个人的分目标

D. 一切活动围绕目标展开，将履行职责与实现目标紧密结合起来

E. 对部门和个人的考核以目标完成情况为依据

3. 判断题

(1)目标管理强调成果，实行“效益至上”。（　）

(2)强调短期目标容易产生企业的短期行为，因此企业在发展过程中要强调中长期目标。（　）

(3)网络计划技术法就是通过建立线性规划模型来求解最优方案的计划方法。（　）

(4)目标管理体现以人为中心的管理方法。（　）

(5)目标管理思想诞生于美国，最早将其应用到企业管理之中的也是在美国。（　）

(6)对于一个不确定性决策的问题，以小取大法与大中取大法可能得到不同的结论。（　）

(7)企业生产计划的制订属于战略性决策。（　）

4. 名词解释

(1)计划

(2)5W1H

(3)战略性计划

(4)目标管理

(5)网络计划图

(6)滚动计划法

5. 简答题

(1)什么是计划？计划工作的特征有哪些？

(2)简述计划工作的程序。

(3)目标管理的基本程序有哪些？

(4)目标管理主要有哪些特点？

(5)网络计划法的优点？

【案例分析】

案例一　商业银行的困境

20世纪90年代中期，国家进行了大规模金融体制改革，原有的几大国有银行纷纷开始向商业银行转变，在这种形势下，各银行纷纷打算拓展自己的业务。某银行也指定了一个长远规划：通过不断增设营业部，在五年之内，把每年的储蓄额提

高到200亿元。规划中的另一个目标是，一旦每年的储蓄额达到200亿元，那么年利润要达到20亿元。经过几年的努力，该银行在各地开设了200个营业部，而且在规定的时间内也要达到储蓄额为200亿元的目标，但不是赚了20亿元，而是亏损了近5 000万元，使自身陷入了困境。在其他银行快速发展、综合实力不断扩大的情况下，该银行只能勉强维持生存，连掉头的机会也微乎其微。

思考题

什么原因使得该银行在生死攸关的利润指标上判断失误，而且差距如此之大?

案例二

某工程由六道作业构成，有关资料如下表所示。

作业	紧前作业	完成时间(天)
A	——	20
B	——	25
C	A	10
D	A	12
E	B,C	5
F	D,E	10

要求画出工程网络图并求出工程完工期及关键作业线路。

【实训环节】 计划能力训练

1. 将全班分成A、B两组，并相对而坐，围成圆圈。

2. 教师每十分钟发放一个题目(也可以抽签)。

3. 第一节课由A组制订计划，B组分析评价计划；第二节课A、B两组轮换角色。

4. 教师公布题目后，负责制订计划的一组用抢答的方式确定制订计划者，经过5～10分钟准备后提出一个简要的计划。

5. 制订计划的重点：

· 注重创意思维；

· 注重方案运筹，形成基本合理的可行方案。

6. 计划提出后，另一组成员对该计划进行评论，指出其合理之处，存在的问题和不足。制订一方的本组人员可对计划作进一步补充和解释说明。

7. 每一个计划的题目大约进行十分钟，总共利用大约两节课时间。

【成果与检测】

1. 对于通过竞争制订计划的学生，为1分；计划制订较好者为2分。

2. 分析评价方态度积极，观点正确，为 1 分；表现突出，反驳有力的为 2 分。

3. 其他参与发言的，一般的记 1 分；较好的记 2 分；如果计划好，评价也好的总分记 3 分。

4. 课程结束后上交书面资料(即计划提纲)。

附：计划项目

1. 如果你是班长，怎样抓好一个班级建设，请草拟一份计划书。

2. 请为班级策划一次周末联欢活动，草拟计划书。

3. 计划在“3.15”消费者权益日策划一次街头宣传活动，请你做一份策划书。

4. 如果你想承包一家校园超市，你怎样经营策划?

5. 请你为校园“十大歌手大赛”进行策划。

6. 请你为商学院学生会体育部将要进行的足球比赛做一份计划书。

7. 最近某班频繁发生逃课、迟到、早退等违纪现象，对此请制定一个整顿纪律的工作方案。

8. 假如你所在寝室同学之间关系不和，寝室卫生较差，你作为新任寝室长将如何改变这种局面。

9. 如果你所在的班级学生厌学，学习气氛不浓，请你制定一份激励全班同学努力学习的方案。

10. 学生会举行校内大规模校园文化活动，需要你去拉赞助，请制定一份工作方案。

【案例分享】

在选拔管理者时，计划与组织能力是测评的一个重要方面。那么，什么是计划与组织能力呢？基本上计划与组织能力可以总结为：能够把握与理解上级意图，形成工作目标，根据工作需要整合资源，制定具体的、可操作的行动方案，并组织计划实施的能力。这只是从概念上对计划与组织能力进行了陈述，但是计划与组织能力的核心是什么呢？您别着急知道答案，我们先看一个小案例。

考官提问：“假如让你组织给汶川地震灾区的募捐活动，你会如何组织?”

考生一答曰：“我会先制作一个工作计划，接下来组织实施。主要的内容包括：选择募捐的地点，做宣传让大家知道我们的活动，召集足够的人手维持募捐现场秩序、收钱等，最后把募捐的全部钱款寄给灾区。”

您觉得考生一答得怎么样？看上去他回答的内容已经涵盖了募捐的主要环节，如果按照他的这个计划去做，基本上能够组织一个募捐活动。但是，这样做的效果会如何我们先不作判断，接下来再看看考生二的回答。

考生二答曰：“我想这个工作的主要目的是募集到更多的钱去支援灾区，所以这项工作的重点应该是如何让更多的人知道这件事，如何让知道的人捐献出更多的钱。所以做好这个事情最主要的工作是宣传工作，采取有效的方式让更多人知道我们的活动，让知道的人很感动而肯募捐更多的钱，让他们相信我们的钱用到了灾区老百姓身上。”

您觉得考生二的回答如何？考生二和考生一最大的差别是，考生二抓住了这项工作的重点。计划与组织能力并不只是给工作安排一个流水账，而是能够根据工作重点安排工作内容的优先顺序，有效地分配资源，而这才是计划与组织能力的核心。抓住了这个关键点，才能对候选人的计划与组织能力进行有效的测评。

各位同学应该明白了在日常学习和活动中怎么样提高自己的计划和组织能力了吧！

第五章　组织

【名言采撷】

凡治众如治寡，分数是也；斗众如斗寡，形名是也。

——孙子

管理得好的工厂，总是单调乏味，没有任何激动人心的事件发生。

——彼得·德鲁克

【教学目标】

学完本章后，你应该能够：

1. 理解和掌握组织的含义；
2. 掌握常见的传统组织结构形式，包括其优缺点和适用范围；
3. 理解组织的职权及关系：如管理的幅度与管理层次、集权与分权等；
4. 明确人员配备的原则与内容；
5. 理解组织文化的含义、内容与作用；
6. 了解组织变革的动因和类型。

【技能目标】

1. 培养分析组织结构、协调职权关系、制定组织规范的能力；
2. 具备一定构建组织架构的能力；
3. 整合各种资源和有效地协调各方关系的组织能力。

【案例导入】

两个早餐店

有一个早餐摊点，只有四十岁左右的夫妇两人，男人负责蒸包子、炸油条和收钱，女人负责煮馄饨、给客人盛稀饭和收拾桌子。一般客人去了只需告诉女人要吃什么，女人负责把食品端到客人桌上，客人吃完经过门口的时候男人负责收钱，然后女人抽空收拾桌子。在中国各个城市的大街小巷，有无数这样的“夫妻档”早餐摊点，运营得井井有条。

有一家三星级酒店的餐厅，早晨兼卖早餐，服务员就是酒店的服务员，制作食品的就是餐厅厨师，前台四个人，后台洗碗、做饭的约七个人。客人去了先要在一个由专人负责的点餐处点餐，交钱打出小票，然后拿着小票去领餐处和若干客人挤在一起找几个手忙脚乱的服务员领餐，交钱的时候还经常看见收钱的专职人员扯着脖子问领餐的人："包子还有没有?"桌子经常没有人收拾，经常听到客人端着盘子站着喊服务员收拾桌子，盘子也洗得不干不净。

两个早餐点，后者占地面积和服务的客户数大概是前者的两倍。前一个硬件设施远落后于后一个，但是人均效率、利润，甚至客户满意度，却高于后者。

这是什么原因造成的呢?

第一节　组织概述

个个是英雄，整体是狗熊。兵熊熊一个，将熊熊一窝。前者说的是组织，后者说的是领导。将人、财、物按目标的要求整合成一个整体，体现的就是管理的组织职能。

管理离开了组织，管理活动就无法有效开展。

本章主要阐述组织的概念、组织结构的设计、常见的组织结构类型、人员配备的原则与程序、组织文化与变革等。

一、组织的含义

(一)组织的定义

管理学家哈罗德·孔茨认为：组织是正式的、有意形成的职务结构或职位结构。显然他认为为了使人们能为实现目标而有效的工作，就必须设计和维持一种职务结构，这就是组织管理职能的任务。

那么什么是职务结构？职能结构是指计划职能根据组织总目标制定组织战略和各级分目标。定下目标就需要执行。如何执行？其实就是怎么做，谁来做，做什么。这就需要定岗、定人、定责，这种框架就是职务结构或组织架构。

下面让我们来看看自然界常见的组织。

秋天到了，我们望着南飞的大雁，在欣赏它们优美队形的同时，我们想过没有，它们为什么会这样飞呢？这就是动物生存的本能，生存的需要。所以大雁有一种天生的合作本能。在飞行时一群大雁排成整齐的"V"字形，一只头雁充当领飞者，过一段时间，另一只雁再去领飞，其他的呈"V"字形散开，一只跟随着另一只。科学家研究发现：前边的雁能帮助后边飞的雁形成局部的真空，以减小空气的阻力，这样飞要比单独飞行少飞出12％的距离！这就是团队协作中1加1大于2的倍增效果。

我们认为，组织(organizing)是为了达到预定的目标，对各种资源的配置过程和由此而产生的权力机构。我们可以从下面三个方面来理解组织的概念。

（1）名词，指组织结构。管理者在组织中开展组织工作的结果是创建了一个框架，这个框架充分体现了组织的分工与协作关系，是指有共同目标与功能的人的集合体，是一个体系和一个架构，是一种实体。我们称做组织结构，简称"组织"。

（2）动词，即组织工作。如进行组织结构的设计与再设计，包括对组织中各个成员的职位安排、任务分工和权力资源的分配等，是一种活动。

（3）组织概念中，资源包括我们通常所说的人、财、物。而权力不应简单理解为决定权或指挥权，还包括建议权。

作为管理学的一种管理职能，组织通常指的是动态的组织。

（二）组织的特征

俗话说"没有组织的群体，就如同是一盘散沙"。"一盘散沙"当然说的就是方向不明，责任不清。如果有了组织，就不会存在这个问题了。我们显然可以看出组织有以下特征。

（1）多人构成，通常由一群人所组成（大于等于两个人）。

（2）有共同的目标，通常称为组织目标，这是组织存在的前提和基础。

（3）是分工与协作关系的组织结构，它包括不同层次的分工合作。组织内部有多个部门，每个部门有特定的工作内容，由部门人员来承担。为了顺利地完成工作，组织中的员工都有特定的职责和权力，有上下层次结构。特定分工协作是组织区别于群体的重要标志。

小贴士　　组织的小知识

（1）组织的纪律性。没有纪律的队伍是打不出胜仗的。只有有结构、有组织地团队协作，才能真正地产生效益。从小到大，从学生时代到职场时代，班级里，职场上，总有一些章程。小至小学生行为规范，大到工厂规则，任何一类规定，都是管理者为了更好地组织团队而制作的条例。周报会、动员会、会场安排，这些都是组织的外在表现形式。

（2）以一当十并不难，难的是以十当一。在非洲大草原上，夏季烈日炎炎，一队蚂蚁正在行走。突然前边的草起火了，火势迅猛地把蚁群包围，蚂蚁们似乎已无路可逃。这时，蚂蚁突然聚拢起来，紧紧缩成一团，滚成一个大大的蚁球，滚动着冲向火海，熊熊大火中，在外围的蚂蚁们牺牲了，但更多的蚂蚁却逃了出来。这就是蚂蚁"抱成团"的力量，如果哪个蚂蚁自己往外冲，必死无疑。而以十当一的往外冲，就战胜了困难。

（3）团队利益高于个人利益，组织品牌永远大于个人品牌。蒙牛之所以那么牛，是因为有牛根生"人聚财散，财聚人散"的聪明哲学。为什么很多中关村的 IT 企业一过 200 人就四分五裂？为什么很多咨询公司一做大就裂变成几个小公司？因为大家"太聪明"了，都是高智商的人，但摆不平个人利益与团队利益的关系，最后只能"宁为鸡头，不做凤尾"。

二、组织的分类

依照不同的标准,我们可以把组织分成不同的类型。

(一)依照组织的形成方式分类

依照组织的形成方式,我们把组织分为正式组织与非正式组织。

1. 正式组织

正式组织是具有一定结构、同一目标和特定功能的行为系统。它有三个基本要素:意愿协作、共同目标和信息沟通。

正式组织的特征:①正规性,经过特定规划建立起来的,而不是自发形成;②目的性,有明确的组织目标;③稳定性,组织内各部门职责、权限及工作任务皆有明确规定,职位按照等级原则进行法定安排,每个人承担一定的角色,有明确的法律、制度和行为规范。

2. 非正式组织

非正式组织是正式组织内若干成员在共同的工作过程中自然形成的以感情、喜好等情绪为基础的松散的、没有正式规定的群体。非正式组织具有以下特征。

(1)自发性。组织的建立是以人们之间具有共同的思想,相互喜爱,相互依赖为基础,是自发形成的。

(2)内聚性。组织最主要的作用是满足个人不同的需要。组织一经形成,会产生各种行为规范,约束个人的行为。这种规范可能与正式组织目标一致,也可能不一致,甚至发生抵触。

(3)不稳定性。非正式组织会因为各种原因,如人员的变化、兴趣的转移、工作环境的改善而解散。

(4)领袖作用较大。非正式组织中的领袖人物往往威信较高,说话分量重。

(二)依照人类社会生活的基本领域以及组织的性质分类

依据人类社会生活的基本领域,以及组织的性质可以把组织划分为政治、经济、文化、群众、宗教组织。

1. 政治组织

这是一种追求、运用、分配社会公共权力为基本目标的组织。

2. 经济组织

这是人类社会最基本的社会组织,它承担着为社会创造和提供物质财富的职能。它存在于生产、交换、分配、消费等不同领域。

3. 文化性组织

这是以满足人们各种文化需求为目的,为社会提供和创造精神财富为职能的组织。

4. 群众性组织

这是特定社会群体为追求和保障自己地位和权利的自治性组织。

5. 宗教性组织

这是以某种宗教信仰为宗旨而形成的组织。

（三）依照组织目标和受益者的关系分类

美国著名社会学家、交换学派的代表布劳及史考特根据组织目标和受益者的关系，把组织划分为互利组织、服务组织、企业组织和公益组织四类。

1. 互利组织

互利组织以组织的参与者或成员为主要受惠对象，组织的目的在于维护及促进组织成员所追求的利益，如工会、俱乐部。

2. 服务组织

基本功能是以服务为主。组织的受惠者，是公众中与组织有直接接触的人群，如医院、学校。

3. 企业组织

它也被称为工商组织。它的受惠者是组织的所有者、股东、经营者和员工，如工厂、商店。

4. 公益组织

其主要受惠对象是全体公民，如政府机构、研究机构。

（四）依照组织的基本性质分类

依照组织的基本性质分类，组织可以分为营利性组织和非营利性组织。

1. 营利性组织

营利性组织指以市场为导向，以销售物质商品或提供服务来满足顾客需求，追求经济效益的经济实体。其以企业为主体，主要履行社会的经济功能。

2. 非营利性组织

组织的运营目标不以获取利润为目的，而是追求拟定的社会目标。非营利性组织并不等于没有盈利，而是指它具有为公众服务的宗旨，不以营利为目的，组织所得不为任何个人牟取私利，组织自身具有合法的免税资格并可为捐赠人减免税的组织。

非营利性组织的认定有严格的标准，必须是经有权机关登记，按上级有关规定收取一定的规费或有偿提供服务收取费用，纳入财政预算管理的单位，并具有以下特征：①必须依法成立；②有必要的财产和经费；③有自己的名称、组织机构和场所；④不具有营利性，不以获取利润为目的。

这些特征必须同时具备，否则就不是非营利性组织。非营利性组织主要分布在教育、医疗、文化、科研、体育，以及各类社会团体中。其具体表现形式大致分为三类：第一类是行政部门的服务性单位，第二类是行政主管部门与民间资金相结合组成的单位,第三类是自治性的民间组织。

第二节　组织结构的类型与设计

【案例分享】

景德镇一专门生产传统陶瓷工艺品的企业,伴随着我国对外开放政策,逐渐发展壮大起来。销售额和出口额近10年来平均增长15%以上。员工由原来的不足50人增加到1 000人。企业一把手王厂长既管销售,又管生产,是一个多面全能型的管理者。最近企业发生了一些事情,让王厂长应接不暇。

其一,生产基本是按定单生产,平时厂长只需传达生产指令。碰到交货紧时,厂长带头,和员工一起挑灯夜战。虽然按时交货,但质量不过关,产品被退回,并被要求索赔。

其二,以前企业规模小,招聘人数少,所以王厂长一人就可以轻松决定。现在每年要招收大中专学生近50人,还要牵涉到人员的培训等,王厂长发现无论时间、精力还是具体业务能力上,已经跟不上公司发展的需要。

其三,过去总是王厂长临时抓人去做后勤等工作,现在这方面工作太多,临时抓人去做,已经做不完和做不好。

一句话就是以前有效的管理方法现在已经失去了作用。

你知道该企业采取的是什么类型的组织结构吗?从组织工作的角度看,该企业存在着一些问题?你有何建议措施?

一、传统的组织结构

(一)直线制

直线制是一种最早也是最简单的组织形式(图5.1)。它的特点是企业各级行政单位从上到下实行垂直领导,下属部门只接受一个上级的指令,各级主管负责人对所属单位的一切问题负责。厂部不另设职能机构(可设职能人员协助主管人工作),一切管理职能基本上都由行政主管自己执行。

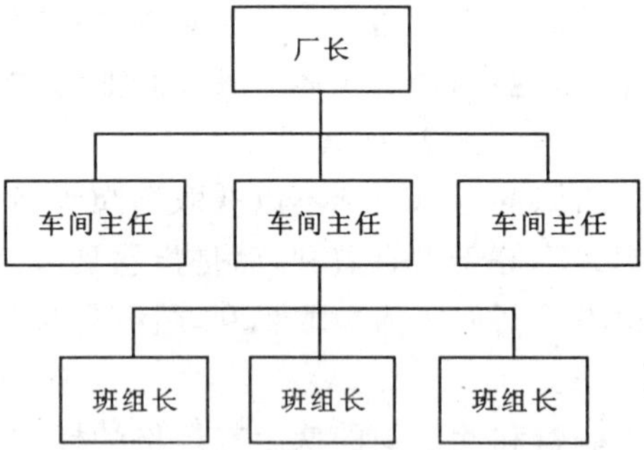

图5.1　直线制结构

直线制组织结构的优点是:结构比较简单,责任分明,命令统一。

缺点是:它要求行政负责人通晓多种知识和技能,亲自处理各种业务。这在业务比较复杂、企业规模比较大的情况下,把所有管理职能都集中到最高主管一人身上，显然是难以胜任的。

因此，直线制只适用于规模较小、生产技术比较简单的企业，对生产技术和经营管理比较复杂的企业并不适宜。

（二）职能制结构

职能制结构是指按职能组织部门分工，从企业高层到基层，均把承担相同职能的管理业务及其人员组合在一起，设置相应的管理部门和管理职务（图5.2）。例如，把所有同销售有关的业务工作和人员都集中起来，成立销售部门，由分管市场营销的副经理领导全部销售工作。研究开发、生产制造、工程技术等部门同样如此。

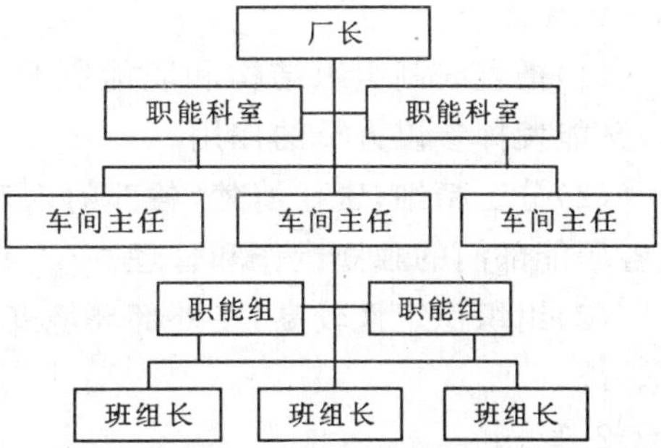

图 5.2　职能制结构

职能制的优点是：能适应现代化工业企业生产技术比较复杂，管理工作比较精细的特点；能充分发挥职能机构的专业管理作用，减轻直线领导人员的工作负担。但缺点也很明显：它妨碍了必要的集中领导和统一指挥，形成了多头领导；不利于建立和健全各级行政负责人和职能科室的责任制，在中间管理层往往会出现“有功大家抢，有过大家推”的现象；另外，在上级行政领导和职能机构的指导和命令发生矛盾时，下级就无所适从，影响工作的正常进行，容易造成纪律松弛，生产管理秩序混乱。

由于这种组织结构形式的明显的缺陷，现代企业一般都不采用职能制。

（三）直线职能制结构

直线职能制组织结构是现实中运用得最为广泛的一个组织形态，在各国的组织中被普遍地采用，而且采用的时间也较长（图5.3）。我国目前大多数企业，甚至机关、学校、医院等一般也都采用直线职能制的结构。

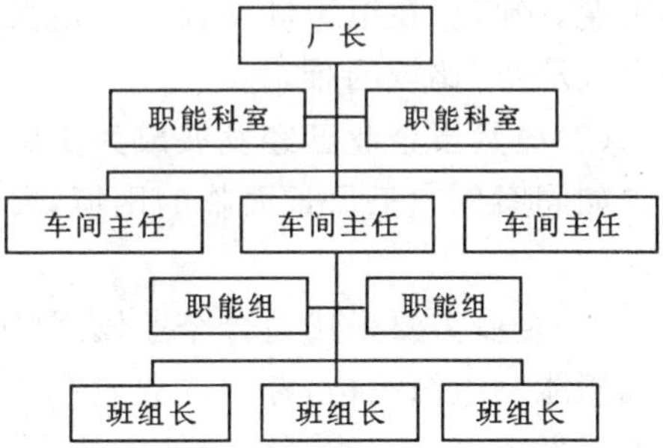

图 5.3　直线职能制结构

直线职能制，也叫生产区域制，或直线参谋制。它是在直线制和职能制的基础上，取长补短，吸取这两种形式的优点而建立起来的。在组织内部既有保证组织目标实现的直线部门，也有按专业分工设置的职能部门。直线职能制是直线制与职能制的结合。但职能部门在这里的作用是作为该级直线领导者的参谋和助手，它不能对下级部门发布命令，只能进行业务指导。

直线职能制的优缺点如下。

1. 优点

(1)把直线制组织结构和职能制组织结构的优点结合起来，既能保持统一指挥，又能发挥参谋人员的作用。

(2)分工精细，责任清楚，各部门仅对自己应做的工作负责，效率较高，利于企业各职能部门的独立运作和管理。

(3)组织稳定性较高，在外部环境变化不大的情况下，易于发挥组织的集团效率。

2. 缺点

(1)部门间缺乏信息交流，不利于集思广益地作出决策。

(2)直线部门与职能部门(参谋部门)之间目标不易统一，职能部门之间横向联系较差，信息传递路线较长，矛盾较多，上层主管的协调工作量大。

(3)难以从组织内部培养熟悉全面情况的管理人才。

(4)系统刚性大，适应性差，容易因循守旧，对新情况不易及时作出反应。

(5)各职能部门间的封闭式管理会导致企业业务流程的脱节和不连贯。

(6)容易引起各职能部门间因各自利益所得而互相推诿、互相推卸责任情况的发生。为了克服这些缺点，企业可以设立各种综合委员会，或建立各种会议制度，以协调各方面的工作，起到沟通作用，帮助高层领导出谋划策。

【案例点评】

(1)从案例中给出的信息看，企业采用的是直线型组织结构形式，这种组织结构的优点是：结构比较简单，所有的人都明白他们应向谁报告和谁向他报告；责任与职权明确；每个人有一个并且只能有一个直接上级，因而作出决定可能比较容易和迅速。缺点：在组织规模较大的情况下，业务比较复杂，所有管理职能都集中由一个人承担，比较困难。

(2)显然当企业已经发展成为 1 000 人时，直线型组织结构制约企业的正常发展。如同案例中王厂长面临的困境，要一个人管所有的事情，已经没有效果和效率了。

(3)企业需要采用适合企业发展的组织结构形式，例如管理进行专业化分工的直线职能制组织结构，考虑设立生产计划部门、人力资源部门以及后勤部门。这样就可以发挥直线职能制组织结构的优点，即各级直线管理者都有相应的职能机构和人员作为参谋和助手，因而能够对本部进行有效管理，以适应现代管理工作比较复杂而细致的特点，而每个部门都是由直线人员统一指挥，这就满足了现代组织活动需要统一指挥和实行严格的责任制度的要求。

(四)事业部制

事业部制最早是由美国通用汽车公司总裁斯隆于 1924 年提出的，故有“斯隆模型”之称，也叫“联邦分权化”，是一种高度（层）集权下的分权管理体制。它适用于规模庞大、品种繁多、技术复杂的大型企业，是国外较大的联合公司所采用的一种组织形式，近几年我国一些大型企业集团或公司也引进了这种组织结构形式。

事业部制是分级管理、分级核算、自负盈亏的一种形式，即一个公司按地区或按产品类别分成若干个事业部，从产品的设计、原料采购、成本核算、产品制造，一直到产品销售，均由事业部及所属工厂负责，实行单独核算，独立经营，公司总部只保留人事决策、预算控制和监督大权，并通过利润等指标对事业部进行控制。也有事业部只负责指挥和组织生产，不负责采购和销售，实行生产和供销分立，但这种事业部正在被产品事业部所取代。还有的事业部则按区域来划分。

事业部制是指以某个产品、地区或顾客为依据，将相关的研究开发、采购、生产、销售等部门结合成一个相对独立单位的组织结构形式（图 5.4）。它表现为，在总公司领导下设立多个事业部，各事业部有各自独立的产品或市场，在经营管理上有很强的自主性，实行独立核算，是一种分权式管理结构。事业部制又称 M 型组织结构，即多单位企业、分权组织，或部门化结构。

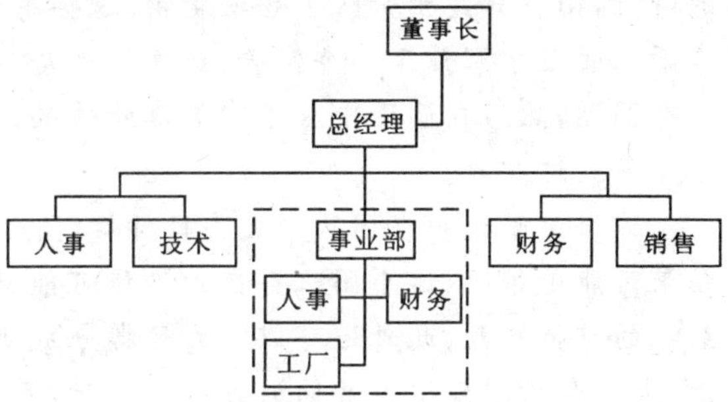

图 5.4　事业部制结构

事业部制是指总公司下面按产品、地区、业务范围划分事业部分公司。其特征是：决策权并不完全集中于公司最高管理层，而是分权给事业部，有利于它们统一管理、独立核算；公司最高管理层摆脱了日常事务，集中精力进行重大决策的研究；公司的适应性强；适于规模大，产品种类多，经营范围广，分地区经营，技术上、生产上可以相互独立进行的企业；管理层次多，管理费用高，各事业部协助比较困难，易产生各自为政、本位主义的倾向。

它适用于规模庞大、品种繁多、技术复杂的大型企业，是国外较大的联合公司所采用的一种组织形式，近几年我国一些大型企业集团或公司也引进了这种组织结构形式。

二、现代的组织结构

（一）团队结构

团队是由员工和管理层组成的一个共同体，它合理利用每一个成员的知识和技能协同工作，解决问题，达到共同的目标。

团队和群体有着根本性的一些区别，群体可以向团队过渡。管理学家罗宾斯认为，团队就是由两个或者两个以上的，相互作用、相互依赖的个体，为了特定目标而按照一定规则结合在一起的组织。

1. 团队的构成要素

团队的构成要素总结为5P，分别为目标(purpose)、人(eople)、定位(place)、权限(power)、计划(plan)。

(1)目标。团队应该有一个既定的目标，为团队成员导航，知道要向何处去，没有目标这个团队就没有存在的价值。

小贴士 自然界中有一种昆虫很喜欢吃三叶草(也叫鸡公叶)，这种昆虫在吃食物的时候都是成群结队的，第一个趴在第二个的身上，第二个趴在第三个的身上，由一只昆虫带队去寻找食物，这些昆虫连接起来就像一节一节的火车车厢。管理学家作了一个实验，把这些像火车车厢一样的昆虫连在一起，组成一个圆圈，然后在圆圈中放了它们喜欢吃的三叶草。结果它们爬得精疲力竭也吃不到这些草。

这个例子说明在团队中失去目标后，团队成员就不知道上何处去，最后的结果可能是饿死，这个团队存在的价值可能就要打折扣。团队的目标必须跟组织的目标一致，此外还可以把大目标分成小目标具体分到各个团队成员身上，大家合力实现这个共同的目标。同时，目标还应该有效地向大众传播，让团队内外的成员都知道这些目标，有时甚至可以把目标贴在团队成员的办公桌上、会议室里，以此激励所有的人为这个目标去工作。

(2)人 。人是构成团队最核心的力量。两个(包含两个)以上的人就可以构成团队。目标是通过人员实现的。在一个团队中可能需要有人出主意，有人订计划，有人实施，有人协调不同的人一起去工作，还有人去监督团队工作的进展，评价团队最终的贡献等。不同的人通过分工来共同完成团队的目标。

(3)团队定位。团队定位包括团队的定位和个体的定位。团队的定位包括团队在企业中处于什么位置，由谁选择和决定团队的成员，团队最终应对谁负责，团队采取什么方式激励下属等。个体的定位包括作为成员在团队中扮演什么角色，是订计划还是具体实施或评估等。

(4)权限。团队当中领导人的权力大小跟团队的发展阶段相关，一般来说，团队越成熟领导者所拥有的权力相应越小，在团队发展的初期阶段领导权相对比较集中。关系团队权限的两个方面：①整个团队在组织中拥有什么样的决定权，如财务决定权、人事决定权、信息决定权；②组织的基本特征，如组织的规模多大，团队的数量是否足够多，组织对于团队的授权有多大，它的业务是什么类型。

(5)计划。①制订计划：保证方向的正确性。目标最终的实现，需要一系列具体的行动方案，可以把计划理解成目标的具体工作的程序。

②执行计划:按计划进行可以保证团队能如期实现目标。

2. 团队的类型

根据团队存在的目的和拥有自主权的大小可将团队分成三种类型。

(1)问题解决型团队。问题解决型团队的核心点是提高生产质量、提高生产效率、改善企业工作环境等。

(2)自我管理型团队。自我管理型团队通常由十多人组成,他们承担着自己以前的上司所承担的一些责任。彻底的自我管理型团队甚至可以挑选自己的成员,并让成员相互进行绩效评估。世界上许多知名的大公司都是推行自我管理团队的典范。但对自我管理型工作团队效果的总体研究表明,实行这种团队形式并不一定带来积极效果。

(3)多功能型团队。多功能型团队由来自同一等级、不同工作领域的员工组成,他们走到一起的目的就是完成某项任务。它能使组织内(甚至组织之间)不同领域员工之间交换信息,激发产生新的观点,解决面临的问题,协调复杂的项目。但是多功能型团队在形成的早期阶段需要耗费大量的时间,因为团队成员需要学会处理复杂多样的工作任务。在成员之间,尤其是那些背景、经历和观点不同的成员之间,建立起信任并能真正的合作也需要一定的时间。

在一些大型组织中,团队结构通常是与职能型结构或事业部型结构的结合。

(二)项目型和矩阵型结构

1. 项目型结构

项目型组织是指那些一切工作都围绕项目进行,通过项目创造价值并达成自身战略目标的组织,包括企业、企业内部的部门、政府或其他机构。

项目型组织结构适用于同时进行多个项目,但不生产标准产品的企业。项目型组织结构常见于一些涉及大型项目的公司,如建筑业的施工与安装单位、航空航天业等。

在项目型组织中,每个项目就像一个微型公司那样运行,完成每个项目目标所需的所有资源完全分配给这个项目,专门为这个项目服务。专职的项目经理对项目团队拥有几乎完全的项目权力和行政权力。项目型组织的设置完全是为了迅速、有效地对项目目标和客户需要作出反应。

项目型组织的缺点是:成本低效、项目间缺乏知识信息交流;每个项目必须为专门工作的团队成员提供薪金,即使是在项目某些工作很轻松的阶段;在多个同时进行的项目上存在任务上的重复,造成大量重复劳动;资源不能共享,某个项目专用的资源即使闲置,也无法应用于另一个同时进行的类似项目;同样,不同项目团队的成员也不能共享知识或专业技术技能,因为每个项目团队都是独立的,团队成员完全效力于自己的团队。

项目型组织的优点是:目标明确,统一指挥;有利于项目控制;有利于培养全面型人才;有利于迅速对客户需求作出反应。

2. 矩阵型结构

矩阵型结构是指从各职能部门中抽调有关人员,分派他们在一个或多个由项目经理领导的项目小组中工作的组织设计(图 5.5)。矩阵型组织是职能型组织与项目型组织的混合体,它既有项目型组织结构注重项目和客户的特点,也保留了职能型组织结构的职能特点。这种结构将职能与任务很好地结合在一起,既可满足对专业技术的要求,又可满足对每一项目任务快速反应的要求。各员工组织上仍归属其职能部门,项目结束,员工回各自部门。

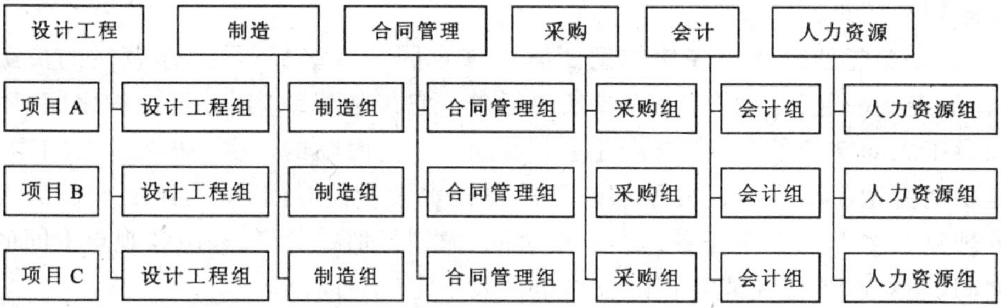

图 5.5　矩阵组织结构图

项目组织与职能部门同时存在,既发挥职能部门纵向优势,又发挥项目组织横向优势。职能部门是永久性的,项目组织是临时性的。职能部门负责人对参与项目组织的人员有组织调配和业务指导的责任,项目经理将参与项目组织的职能人员在横向上有效地组织在一起。项目经理对项目的结果负责,而职能经理则负责为项目的成功提供所需资源。

矩阵型组织结构有如下特点。

(1)双重指挥链。每个职员有两个上司——如项目经理和职能经理,可能会由于工作的优先次序而产生冲突。公司一定要制定工作纲领,保证在项目经理和职能经理之间恰当的权力平衡。

这一特点体现在手表定律:只有一只手表,可以知道时间;若拥有多只表,却无法确定具体时间。更多钟表并不能告诉人们更准确的时间,反而会让看表的人失去对准确时间的信心。

(2)工作效率较项目型组织高。职能部门的人员通常可以在几个同时进行的项目中工作,减少了人员闲置的时间,同时不同项目之间的重复劳动也大为减少。

小贴士　　启发

对于任何一件事情，不能同时设置两个不同的目标，否则将使人无所适从；对于一个人不能同时选择两种不同的价值观，否则他的行为将陷入混乱。

一个人不能由两个以上的人来指挥，否则将使这个人无所适从；对于一个企业，更是不能同时采用两种不同的管理方法，否则将使这个企业无法发展。

美国在线与时代华纳的合并就是一个典型的失败案例。美国在线是一个年轻的互联网公司，企业文化强调操作灵活、决策迅速，要求一切为快速抢占市场的目标服务。时代华纳在长期的发展过程中建立起强调诚信之道和创新精神的企业文化。

两家企业合并后，企业高级管理层并没有很好地解决两种价值标准的冲突，导致员工完全搞不清企业未来的发展方向。最终，时代华纳与美国在线的世纪联姻以失败告终。这也充分说明，要搞清楚时间，一块走时准确的表就足够了。

(3)技术资源利用能力强。矩阵型组织结构的基础的、核心的技术资源可供所有项目运用，从而提高了公司整体上的技术资源利用能力。同一职能部门的专业人员具有共同的知识背景，可以相互交流与学习，共同得到提高。他们将自己的知识应用于各个不同的项目，各职能部门的员工在项目组织内协同工作，可增进横向交流。

(4)沟通顺畅。矩阵型组织结构的成员可更及时发现问题，解决冲突。项目团队成员可以通过两个渠道向项目经理和职能经理反映情况，提醒注意潜在问题。这两种沟通渠道更利于发现问题，避免压制。

矩阵型组织结构适用于同时承担多个项目，而且各个项目的资源具有共享性的企业。

三、组织设计的概念和理论

(一)组织设计的概念

组织设计是指进行专业分工和建立使各部分相互有机协调配合的系统的过程。组织设计的成果之一是“组织结构图”，一般来说组织设计指的就是组织结构的设计。

组织设计的目的，就是要对组织成员之间的分工与协作关系作出正式安排，也就是形成正式组织的过程。

(二)组织设计的理论

组织设计理论是指有关组织结构与组织关系的系统设想，最有代表性的组织理论有：古典组织理论、行为组织理论和系统组织理论。

1. 古典组织理论

20 世纪初马克斯·韦伯(Max Weber)提出了古典组织理论。这是一种理想的组织模式——“官僚组织”,由此发展出权威的结构与关系理论,即权力结构理论。这一理论强调以工作为中心,依靠权力来维系组织内部之间的关系,它侧重于具有明晰的劳动分工、正式的规则和法规、按等级组织职位,并具有明确的命令链的组织结构设计。直到 20 世纪中叶,这种官僚组织模式一直是组织设计的主导模式。

2. 行为组织理论

美国著名的行为科学家利克特(R. Likert)通过对群体与个体行为的研究,提出了“参与型”组织模式。这种模式与传统的权力式组织模式相对立,由此发展为行为组织理论。行为组织理论认为,组织是由人组成的,有效的组织模式应注重组织中的人际关系,给予组织成员较多的行动自由和发挥潜在能力的机会。

如果说古典组织理论是从静态的角度出发,以效率为目标来组织内部结构的话,那么行为组织理论则是从动态的角度出发,以建立良好的人际关系为目标来组织符合人际关系原则的组织。

二者最大的区别在于对组织中人的地位的看法不同。古典组织理论认为,组织设计最重要的是要建立一个分工明确、非人格化的组织结构;行为组织理论则强调组织设计必须考虑到人的因素,人与人的关系以及人的能力的发挥,以期实现组织共同的目标。

3. 系统组织理论

20 世纪 70 年代以前,组织设计基本上是在上述两种模式中进行选择。随后,以巴纳德为代表的系统组织理论认为,不论是参与式还是权力式组织模式都不一定是适用于任何组织的最佳模式。组织是一个开放的系统,要根据组织所处的内外部环境进行系统设计。

(三)组织结构设计的模型

目前一般有两种组织结构设计的模型:机械式与有机式组织

机械式组织是一种刻板的严密控制的结构。特征:高度的专门化、广泛的部门化、窄管理跨度、高度正规化、有限的信息沟通(大多是下行沟通)、基层员工很少参与决策。

机械式组织结构犹如高效率的机器,以规则条例、工作的标准化和同一模式的控制作为润滑剂,试图将个性差异、人的判断及由此产生的模糊和不确定减少到最低程度。人性特征被认为是非效率的,只会带来不一致。其实绝大多数大型公司至少在一定程度上有这些机械式结构的特点。

有机式组织是一种灵活的具有高度适应性的结构,而机械式是僵硬、稳定的。表 5.1 为机械式组织和有机式组织的比较示意图。

表 5.1　机械式组织与有机式组织比较

机械式组织	有机式组织
高度的专门化	跨职能团队
僵化的部门划分	跨层级团队
指挥链明确	信息自由流动
窄管理跨度	宽管理跨度
集权化	分权化
高度正规化	低度正规化

何时选用机械式组织和有机式组织呢？我们认为主要是由四个方面共同影响的：组织的战略、规模、技术、环境的不确定性。

1. 战略与结构

组织结构应该促进组织目标的实现，因为目标是由组织的战略决定的。结构应当服从于战略。如果管理者对组织的战略作了重大调整，那么就需要修改结构以适应和支持这一调整变革，可从以下三个方面进行考察。

①创新。反映组织对有意义的、独到的创新的追求；需要有机式结构提供灵活性和自由流动的信息。

②成本最低。反映组织对严格控制成本的追求；努力通过机械式结构取得高效率、稳定性和严密的控制。

③模仿。反映组织通过仿效市场上的领先者，力求使风险最小化而盈利机会最大化。管理者一方面通过机械式结构保持紧密控制和低成本，另一方面又借助有机式结构寻求新的创新方向。

2. 规模与结构

大型组织（通常雇用了 2 000 名员工以上）倾向于比小型组织具有更高程度的专门化、部门化和集权化，规则条例也更多。但规模对结构的影响强度会逐渐减弱，即随着组织的扩大，规模的影响越小。从本质上说，2 000 名员工的组织已相当机械式。

3. 技术与结构

任何组织都需要采取某种技术，将投入转换为产出。英国学者琼·伍德沃德认为可以分为三种类型（表 5.2）：

①单件生产：代表的是单件或小批量的生产；

②大批量生产：大批、大量生产；

③连续生产：反映连续流程的生产。

表 5.2 琼·伍德沃德有关技术、结构和绩效的发现

项目	单件生产	大批量生产	连续生产
结构特征	低度的纵向分化	中度的纵向分化	高度的纵向分化
	低度的横向分化	高度的横向分化	低度的横向分化
	低度的正规化	高度的正规化	低度的正规化
最有效的结构	有机式	机械式	有机式

一般来讲，技术愈是常规化的，结构就愈显示出标准化的机械式特征。组织越是采用非常规化的技术，就越可能实行有机式结构。

4. 环境不确定性与结构

环境的不确定性程度越大，越需要有机式设计所提供的灵活度。反之，在稳定、简单的环境中，一般则采用机械式设计。

（四）影响组织设计的关键因素

管理者在进行组织结构设计时，必须正确考虑六个关键因素：工作专业化、部门化、命令链、管理幅度、集权与分权、正规化。

1. 工作专业化

工作专业化是指一个人工作任务范围的宽窄，所需技能的多少。工作专业化程度越高，所包含工作任务的范围就越窄，重复性就越强。

工作专业化程度高的优点有：

工作人员只需较少的时间就可掌握工作方法和步骤；工作速度较快，产出高；对工作人员的技能和受教育程度的要求较低，因此人员来源充分，工资水平也不高。

工作专业化程度高的不利之处有：

工作任务的细分不容易做到完美，会导致工作的不平衡，工作人员忙闲不均；由于工作环节增多，不同环节之间要求有更多的协作，物流、信息流都较复杂；工作的重复性容易导致诸如效率低下、质量降低等不利的行为结果。

2. 部门化

部门化就是将若干职位组合在一起的依据和方式。它是将组织中的活动按照一定的逻辑安排，划分为若干个管理单位。

部门划分的目的是确定组织的各项任务分配和责任归属，要求分工合理、职责分明，能有效达到组织的目标。下面介绍最主要的几种部门化形式。

①职能部门化。这是最普遍采用的一种划分方法，即按专业化的原则，以工作或任务的性质为基础来划分部门。这种根据职能进行部门划分的方法适用于所有的组织。职能部门化的优点在于把同类专家集中在一起，能够提高工作效率。其缺点是：容易出现部门的本位主义，决策缓慢，责任与组织绩效考核难以界定。

②产品部门化。这是根据组织生产的产品类型进行划分的方法。优点在于提高产品的稳定性，因为公司中与某一特定产品有关的所有活动都由同一主管指挥。缺点是：容易出现部门化倾向，行政管理人员过多，管理费用增加。

③地区部门化。这是根据地域来进行部门划分的方法。优点是：对本地区环境变化反应迅速，便于区域性协调，有利于管理人员的培养。缺点是与总部之间的管理职责划分较困难。

④过程部门化。又称流程部门化，是按完成任务的过程所经过的阶段来划分。适用于产品的生产过程，也适用于顾客的服务过程。优点是：能取得经济优势，充分发挥专业技术和技能，简化了培训，容易形成学习氛围。缺点是：部门间的协作较困难，只有最高层对企业获利负责，不利于综合高级人才的培养。

⑤顾客部门化。这是按组织服务的对象类来划分部门的方法。优点是能更加有针对性地按需生产、按需促销。缺点是只有当顾客达到一定规模时，才比较经济。

⑥人数部门化。这是单纯按人数的多少来划分部门的方法。类似于军队的师、团、营、连的划分，这是最原始、最简单的划分方法。

⑦时间部门化。它是在正常工作日不能满足工作需要时，所采用的一种部门划分方法。如三班制、轮班制工作的情形，即可按此来划分。

⑧设备部门化。这是按设备的类型来划分部门的方法。如：医院的放射科、心电图室、脑电图室、超声波室等。

大型组织进行部门化时，可能综合利用上述各种方法，以取得较好的效果。

3. 命令链

命令链(chain of command)是指从组织最高层扩展到最基层不间断的权力路线。明确谁向谁报告工作，涉及三个相关概念：职权、职责、统一指挥。

①职权是指管理职务所固有的发布命令和希望命令得到执行的权力；

②职责即职务和责任，指为了在某个领域取得成果而完成的系列任务的集合，它常常用任职者的行动加上行动的目标来加以表达，例如，维护客户关系；

③统一指挥指每个下属应当而且只能向一个上级主管直接报告工作。

4. 管理幅度与管理层次

(1)管理幅度的概念。管理幅度是指管理人员有效地监督、指挥其直接下属的人数，它决定着组织要设置多少层次，配备多少管理人员。管理层次是指组织中职位等级的数目。

管理层次受组织规模和管理幅度的影响。管理层次与组织规模成正比，在组织规模一定的条件下，管理层次与管理幅度成反比。

在其他条件相同时，管理幅度越宽，组织效率越高，这一点可以举例证明。

[案例]

假设有两个组织人员都为 4 096 人,如下图 5.6 所示。如果一个组织管理跨度每个层次均为 4,而另一个组织管理跨度为 8,那么跨度大的组织就可减少 2 个管理层次,而且能够精简管理人员 780 人,从而降低管理成本。

图 5.6　管理幅度对比

(2)宽、窄管理幅度。即有扁平和高耸两种组织结构形态。扁平结构是指管理层次少而管理幅度大的一种组织结构形态。高耸结构是指管理层次多而管理幅度小的一种组织结构形态。扁平结构与高耸结构的优缺点如下表 5.3 所示。

表 5.3　扁平结构与高耸结构的优缺点

项目	扁平结构	高耸结构
优点	1. 信息纵向传递速度快,密切了上下级关系 2. 管理费用低 3. 被管理者有较大的主动性、积极性和满足感	1. 管理严密 2. 分工明确 3. 上下级易于协调
缺点	1. 主管不能对下属进行充分有效的指导和监督 2. 上下级协调较差,同级间相互沟通困难	1. 影响信息传递速度,可能失真 2. 影响积极性 3. 容易使计划的控制工作复杂化

显然,在成本方面,管理幅度宽的组织效率更高。但是,如果管理幅度过宽,由于主管人员没有足够的时间为下属提供必要的领导和支持,员工的绩效会受到影响。

管理幅度窄的优点是管理者可以对员工实行严密的控制。管理幅度窄的主要缺点是:管理层次增多导致管理成本增加;减慢信息传递速度;易造成对下属监督过严,妨碍下属工作的自主性。

(3)影响管理幅度的因素。有效的管理幅度主要受到管理者与被管理者的工作能力、工作内容、工作环境与工作条件等诸多因素的影响。

①工作能力的影响。管理者的综合能力强，就可以快速把握问题的关键，给下属以恰当的指导，并使下属明确理解，从而缩短与每一位下属接触的时间，管理幅度可以适当放宽。反之则宜窄。被管理者的工作能力越强，则很多问题能够自己解决，管理幅度也可以适当放宽，反之则宜窄。

②工作内容和性质的影响。工作内容简单，标准清晰，控制幅度可以增加。高管人员涉及的问题复杂而困难，大多涉及组织方向性和战略性问题，其管理幅度宜窄；下属工作的相似性越大，管理幅度就可以适当加大。

③工作条件的影响。主管人员的助手配备情况越好、掌握信息的手段越先进、不同下属工作岗位的分布越接近，则管理幅度宜宽。

④工作环境的影响。环境变化越快，组织中遇到的新问题越多，下属向上级的请示就越有必要、越经常，主管人员的管理幅度就宜窄；反之则宜宽。

此外，组织文化良好的公司可以扩大管理幅度，管理所辖地域小也可以扩大管理幅度。

5. 集权与分权

集权是指职权在组织层级系统中较高层次上一定程度的集中。分权是指职权在组织层级系统中较低层次上一定程度的分散。两者具有相对性。

当前趋势是下授决策权，即分权式决策。目的是力图使组织具有灵活性和反应能力。因为基层管理者在采取最具体的行动决策方面，通常比高层管理者对问题及其解决的办法有着更细致的认识。

集权的优点主要便于统一指挥、统一协调和直接控制。缺点则是高层管理人员负担过重以及不利于管理人员的培养。

分权的优点主要是可以减轻高层管理人员负担，增强管理人员的责任心、积极性和自主性。缺点则是容易形成部门各自为政、各行其是，使得部门协调难度加大。

6. 正规化

正规化是指组织中的工作实行标准化的程度。如果一种工作的正规化程度较高，就意味着做这项工作的人对工作内容、工作时间、工作手段没有多大自主权。

由于员工被要求以完全相同的方式处理同样的投入，因而能产生一致的、统一的产出。

在不同组织中，正规化程度有很大区别。即便在同一个组织内，正规化程度也可能不同。

（五）组织结构设计的原则

1. 战略导向原则

组织结构是为达到组织目标服务的。

2. 适度超前原则

组织结构设计应该充分考虑组织的内外环境、组织的使命和远景、组织的文化和价值观、组织的现实和未来，并且随着组织的发展，组织结构能够有一定的拓展空间。

3. 系统优化原则

组织中的人、财、物与外部环境交流频繁，密切联系，所以组织应该是一个开放型系统，从而保持对环境的适应能力和应变能力。组织设计应该充分考虑交叉业务活动的统一协调和过程管理的整体性。

4. 有效管理幅度与合理管理层次的原则

管理幅度的设计没有一定的标准。在有效控制的前提下，组织应尽量减少管理层级，精简人员，实现组织扁平化。

5. 责权利对等原则

责权利对等，是组织正常运行的基本要求，有权无责容易出现乱指挥，有责无权工作无法顺利进行。

6. 职能专业化原则

各个职能部门应该既专业化分工明确，又协调一致。

7. 稳定性与适应性相结合的原则

组织结构的稳定带来人员的工作相对稳定，人员间的关系相对稳定，企业才能保证正常生产经营的运作。由于企业内外部环境的不断变化，组织结构又必须有一定的适应性，企业必须根据行业特点、生产规模、技术更新、市场需求和服务对象的变化，及时调整组织结构。

（六）组织结构设计的程序

1. 分析实现组织目标所必需的活动

我们可以通过回答两个问题来确定。第一个问题是为了达到企业的目标，企业必须在什么领域有出色的表现。第二个问题是什么工作做得不好，会影响企业的业绩，甚至影响企业的生存。

业务流程设计是组织结构设计的开始，只有总体业务流程达到最优化，才能实现企业组织高效化。业务流程有主导业务流程和保证业务流程。主导业务流程是产品和服务的形成过程，如生产流程、销售流程；保证业务流程是保证主导业务流程顺利进行的各种专业流程，如物质供应流程、人力资源流程、设备工具流程等。业务流程设计的步骤：首先，优化主导业务流程，使产品形成的全过程周期最短，效益最高；其次，设计保证业务流程，支持主导业务；最后，进行各种业务流程整体优化。

2. 依据组织资源和环境条件对实现组织目标所必需的活动进行分组，即进行组织单位的划分和组合

分组的原则是对组织贡献相同或者工作内容相似的活动应该合并在一起，由

一个单位或者部门来承担责任，同时考虑尽可能使一项活动与其他活动的联系距离保持最短。具体而言主要包括四个方面。

(1)按照优化原则设计岗位。岗位是业务流程的节点，又是组织结构的基本单位。由岗位组成车间、科室，由车间、科室组成各个子系统，由子系统组成企业的总体结构。岗位的划分既要考虑到流程的需要，也要考虑到管理的方便。

(2)规定岗位的输入、输出和转换。岗位是工作的转换器，就是把输入的业务，经过加工转换成新的业务输出。通过输入和输出就能从时间、空间和数量上把各个岗位纵横联系起来，形成一个整体。

(3)岗位人员的定质与定量。定质就是确定岗位人员的素质，人员素质的要求根据岗位业务内容确定。要求太高，造成人员浪费；要求太低，保证不了工作的质量和效率。定量就是确定岗位人员数量，人员数量的确定以岗位的业务量为依据，同时也以人员素质为依据。

(4)设计联系方式。这是确定各层次、各部门之间纵向与横向联系的手段。

3. 设计控制业务流程的组织结构

按照业务流程的连续程度和工作量的大小，确定岗位形成的各级组织结构。组织结构是实现业务流程的组织保证。岗位是保证流程实施的具体环节，部门是负责某一段流程的完成并保证其畅通无阻。所以是先有流程，后有岗位，再有车间、科室。

以上三个步骤，必须经过反复地协调平衡，才能逐渐完善。

【案例分享】

比特丽公司是美国一家大型联合公司，总部设在芝加哥，下属有 450 个分公司，经营着 9 000 多种产品，其中许多产品，如克拉克捧糖、乔氏中国食品等，都是名牌产品。公司每年的销售额达 90 多亿美元。

多年来，比特丽公司都采用购买其他公司来发展自己的积极进取战略，因而取得了迅速的发展。公司的传统做法是：每当购买一家公司或厂家以后，一般都保持其原来的产品，使其成为联合公司一个新产品的市场；另一方面对下属各分公司都采用分权的形式，允许新购买的分公司或工厂保持其原来的生产管理结构，这些都不受联合公司的限制和约束。由于实行了这种战略，公司变成由许多没有统一目标，彼此又没有什么联系的分公司组成的联合公司。

1976 年，负责这个发展战略的董事长退休以后，德姆被任命为董事长。

新董事长德姆的意图是要使公司朝着他新制定的方向发展。根据他新制定的战略，德姆卖掉了下属 56 个分公司，但同时又买下了西北饮料工业公司。

据德姆的说法，公司除了面临发展方向方面的问题外，还面临着另外两个主要问题。一个是下属各分公司都面临着向社会介绍并推销新产品的问题，为了刺激各分公司的工作，德姆决定采用奖金制，对下属干得出色的分公司经理每年奖励 1

万美元。但是，对于这些收入远远超过1万元的分公司经理人员来说，1万元奖金恐怕起不了多大的刺激作用。另一个面临的更严重的问题是，在维持原来的分权制度下，应如何提高对增派参谋人员必要性的认识，应如何发挥直线与参谋人员的作用问题。德姆决定要给下属每个部门增派参谋人员，以更好地帮助各个小组开展工作。但是，有些管理人员则认为只增派参谋人员是不够的，有的人则认为，没有必要增派参谋人员，可以采用单一联络人联系几个单位的方法，即集权管理的方法。

公司专门设有一个财务部门，但是这个财务部门根本就无法控制这么多分公司的财务活动，因此造成联合公司总部甚至无法了解并掌握下属部门支付支票的情况等。

【思考题】

1. 你对德姆的激励方法有何看法？
2. 参谋人员有何作用？如何协调直线和参谋人员之间的关系？
3. 比特丽公司可以在分权方面做得更好吗？

点评：

1. 你对德姆的激励方法有何看法？

德姆的激励方法可能难以达到理想的结果，微薄的奖励起不到足够的激励作用。要取得更好的激励效果，可以从两方面改进：一是提高物质的额度，这样对分公司经理这样高收入阶层才会起到刺激作用；二是物质奖励和精神奖励相结合，奖励能否起到激励作用取决于人们取得的成绩和他们对不同需要的追求程度而定，物质奖励和精神奖励结合起来才能发挥最大的作用。

2. 参谋人员有何作用？如何协调直线和参谋人员之间的关系？

参谋人员可以为直线主管提供信息，出谋划策，配合主管工作。在协调直线和参谋人员之间的关系时很有讲究。首先，直线主管不能为参谋左右。参谋人员所拥有的只是辅助性职权，比如提供咨询、建议等，直线主管广泛听取参谋的意见后应作出决策。注意，只有直线主管才是决策者。其次，参谋应尽可能地独立提出建议，直线主管不应过多干涉。

3. 比特丽公司可以在分权方面做得更好吗？

比特丽公司可以在分权方面做得更好。现在的比特丽公司分权程度非常高，各下属分公司基本上是分而治之，这样的管理架构使得组织十分松散，总部也缺乏控制力。在市场竞争日趋激烈的今天，组织需要形成整体的力量。比特丽公司需要平衡集权与分权，只有在现在的基础上适度集权才能形成更大的整体合力。

第三节 组织的职权及关系

一、职权

职权是指组织内部授予的指导下属活动及其行为的决定权，权力来源于职位。职权是制度化的权力，以法律为基础。职权具有一定的职责和义务。职权的类型可以分为直线职权、参谋职权和职能职权。

1. 直线职权

管理者直接指导下属工作的职权。从最高层延伸至最底层即形成所谓的指挥链。

2. 参谋职权

参谋职权指拥有某种特定的建议权或审核权，如咨询、建议等。直线职权是主导，参谋职权是从属，分为个人参谋与专业参谋。

(1)个人参谋是指个人协助直线人员执行职责，无专门职权，权力来自直线人员的授予，没有决策权和下命令的权力，如经理助理、经理个人助理、个人咨询。

(2)专业参谋常为一个单独的组织或部门，如“智囊团”或顾问班子。

直线职权和参谋职权的区别：直线职权本质是指挥和命令，拥有决策和行动的权力；参谋职权本质是服务和协议，只是思考、筹划和建议的权力。另外还有一种完全参谋制度，其全部工作，从调查研究到制定解决方案，都交参谋人员完成，而直线人员的工作就是审批。

3. 职能职权

职能职权指参谋人员或某部门的管理者所拥有的原属直线主管的那部分权力。一般是职能或参谋部门的负责人，如总经理要财务部直接向生产或营销部门传达关于财务方面的信息和建议。

要注意的是职能职权要与参谋人员或职能部门的专业工作相一致，职能职权应限于具体工作，不能危及管理者的正常管理工作，注意协调，避免责任不清和工作混乱。

二、职责

职务上应尽的责任，是指为了在某个关键成果领域取得成果而完成的系列任务的集合，常用任职者的行动加上行动的目标来加以表达。例如，维护客户关系，以保持和提升公司在客户心目中的形象。职责要把握好以下五点：

(1)获取权力的同时必须承担责任；

(2)职权是种权力，其合法性来自组织职位；

(3)职责预示着下属所完成的任务必须符合上级所规定的标准;

(4)权责一致,权责分明;

(5)有职无权无法落实和实施,有权无责则会职权滥用。

小贴士☞ 责任分散效应

1964年3月13日夜3时20分,美国纽约郊外某公寓前,一位叫朱诺比白的年轻女子在回家路上遇刺。当她绝望地喊叫"有人要杀人!救命!救命!"时,附近住户亮起了灯,打开了窗户,凶手吓跑了。当一切恢复平静后,凶手又返回作案。当她又叫喊时,附近住户又打开了电灯,凶手又逃跑了。当她认为已经无事,回到自己家上楼时,凶手又一次出现在她面前,将她杀死在楼梯上。在这个过程中,尽管她大声呼救,邻居中至少有38位到窗前观看,但无一人救她,甚至无一人电话报警。人们把这种众多旁观者见死不救的现象称为责任分散效应。

对于责任分散效应形成的原因,心理学家进行了大量的实验和调查,结果发现:这种现象不能仅仅说是众人的冷酷无情,或道德日益沦丧的表现,因为在不同的场合,人们的援助行为确实是不同的。当一个人遇到紧急情境时,如果只有他一个人能提供帮助,他会清醒地意识到自己的责任,对受难者给予帮助。因为他见死不救会产生罪恶感、内疚感,这需要付出很高的心理代价。而如果有许多人在场的话,帮助求助者的责任就由大家来分担,造成责任分散,每个人分担的责任很少,旁观者甚至可能连他自己的那一份责任也意识不到,从而产生一种"我不去救,由别人去救"的心理,造成"集体冷漠"的局面。

三、授权

授权指上级委授给下属一定权力,使下属在一定监督下,有相当的自主权和行动权。授权者对被授权者有指挥权和监督权。授权是快速决策的需要,有利于管理者集中精力处理重大问题,有利于调动下属积极性,有利于培养下级管理人员,也有利于人才资源利用。

(一)授权的原则

(1)正确选择被授权者:因事设人、视能授权。

(2)适度原则:完成任务所必需权力即可,重大决策不适合授权。

(3)权责明确原则:权责一致,权责共担。

(4)级差授权原则:只对下属授权,不可越级授权。

(5)有效监控原则:所授之权不失控。

(二)授权的过程

(1)下达任务:这里的任务是指授权者安排被授权者去做的工作。

(2)授予权力:授予完成相应工作的权力。

(3)监控与考核:要以适当的方式与手段进行必要的监督与控制,并对工作绩效进行考核与评价。

第四节　组织的人员配备

企业中常说“我们的员工是我们最重要的资产”。许多组织也都用此话或类似的语言来表达成员的作用。多项研究显示,组织的人力资源会成为竞争优势的重要源泉。

【案例分享】

苏北南通市是江苏贫困市之一。该市只有少量高技术含量的企业,科创公司就是其中之一。它原是一家国有企业,主要生产变压器,但经营不佳,亏损严重。为了加快经济发展,市政府决定以较低价格将科创公司让民营企业家向科买断产权,组建股份有限公司。买断的条件是在原有四百多工人中,保留一百多人。

向科是一位十分精明能干且具有比较优良素质的企业家,受过高等教育,在特区搞过经营。接受后,他进行了两项改革:一是提高科技开发的投入比重,二是提高销售成本比例。前者由1%提高5%,后者由3%提高到12%。两项措施都比较有力地推动了企业的经营。不过,这些高比例的销售费用中相当一部分被产品推销人员用来作为回扣或向有关人员送礼打开市场。在改制后的第二年,他解雇了原企业留下的部分工人。估计不需要多长时间,保留的一百多个工人中相当多的工人都要被解雇。

向科认为,他已陷入经济与道德、企业自身发展与履行社会责任的困境中。首先,作为本地的窗口企业,它的发展必将推动地域经济的发展,然而,提高销售成本会滋长企业经营中的一些不道德现象,形成不正当的竞争。其次,低价买断产权时,承诺接受一百多名工人,实践证明,相当一部分难以达到他的管理要求。于是,要么花大量经费培训这些工人,要么解雇他们。这样做,一方面不能履行改制时的承诺,另一方面会导致新的社会问题。为了本企业发展,向科选择了后者。

思考题

1. 你认为,在这种困境中,经营者应当如何抉择?

2. 能否存在两全其美的措施?如果不行,选择解决问题的侧重点应在哪里?

一、人员配备的含义与原则

从上面例子可以看到人员配备对于一个企业的影响程度。在大型组织中,人力资源管理包含的许多决策活动经常是由人事或人力资源开发的专家们负责制定。然而,并非所有的管理者在其中工作的组织都有正式的人事部门,即便是那些设有正式人事部门的组织，其管理者仍然需要从事一些人力资源活动。

（一）人员配备的含义

人员配备是指根据组织结构中所规定的职务的数量和要求，对所需人员进行恰当而有效的选择、考评和培训，即选人、评人、育人。

目的是为了配备合适的人员去充实组织中的各项职务，以保证组织活动的正常进行，进而实现组织的既定目标。

（二）人员配备的重要性

(1)人员配备是组织有效活动的保证。

(2)人员配备是领导和控制职能工作的关键。

(3)人员配备是组织发展的准备，如储备干部。

（三）人员配备的原则

(1)经济效益原则：不能盲目扩大和减少员工队伍，以保证组织目标的实现为前提，同时要保证组织效益的提高。

(2)量才使用原则：依据每个人的能力大小而安排合适的职务和岗位。

(3)用人所长原则：所谓天才，就是将他放在了让其充分施展的位置的人。

(4)动态平衡原则：实现人与职、人与事的动态平衡，做到人职、人事匹配。

小贴士☞ 帕金森定律

英国著名历史学家诺斯古德·帕金森通过长期调查研究，写出一本名叫《帕金森定律》的书。他在书中阐述了机构人员膨胀的原因及后果：一个不称职的官员，可能有三条出路，第一是申请退职，把位子让给能干的人；第二是让一位能干的人来协助自己工作；第三是任用两个水平比自己更低的人当助手。这第一条路是万万走不得的，因为那样会丧失许多权利；第二条路也不能走，因为那个能干的人会成为自己的对手；看来只有第三条路最适宜。于是，两个平庸的助手分担了他的工作，他自己则高高在上发号施令，他们不会对自己的权利构成威胁。两个助手既然无能，他们就上行下效，再为自己找两个更加无能的助手。如此类推，就形成了一个机构臃肿、人浮于事、相互扯皮、效率低下的领导体系。

二、人员配备的程序

人员配备主要包括人力资源规划、培训和绩效管理三个方面。人力资源规划包括招聘、甄选、解聘三个方面，目的是确保组织识别和选聘到有能力的员工；培训包括培训和上岗引导两项活动，目的是使得员工的技能和知识不断得到更新；绩效管理包括绩效考评、薪酬与福利、职业发展三项活动，目的是保证组织能保有长期保持高绩效水平的能干、杰出的员工。

管理人员的选聘比一般员工的选聘要重要和关键得多，因为管理者影响着整个组织活动的方方面面。

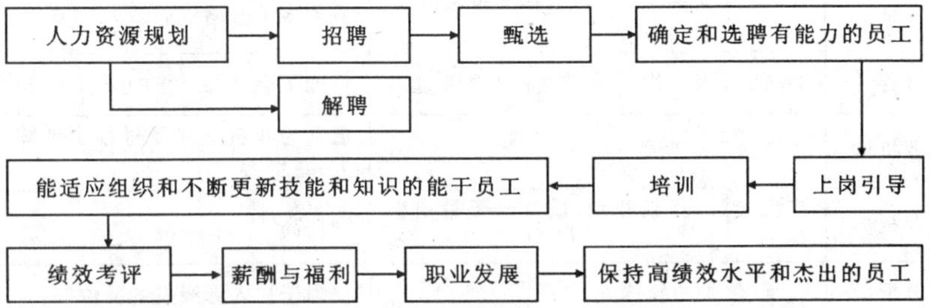

图 5.7　人员配备的八个步骤

(一)人力资源规划

人力资源规划指管理者为确保在适当的时候，为适当的职位配备适当数量和类型的工作人员，并使他们能够有效地完成所分派任务的一个过程。

1. 人力资源规划的步骤

人力资源规划的步骤归纳为两大步骤：评价现有的人力资源；预估将来需要的人力资源，并制定行动方案。

(1)评价现有的人力资源。评价现有的人力资源通常是以人力资源调查的方式进行，让员工填写调查表来获得有关信息，包括姓名、最高学历、所受培训、以前就业、所说语种、能力和专长等项目。

当前评价的另外一个内容是职务分析。它定义了组织中的职务以及履行职务所需的行为。收集到职务分析的有关信息后，管理者就可着手拟订或修订职务说明书和职务规范。

职务说明书是对任职者需做什么、怎么做和为什么要做的书面说明，通常反映职务的内容、环境和从业条件。

职务规范指明任职者要成功地开展某项工作必须拥有何种最低限度可以接受的资格标准，具体包括知识、技能和态度等方面为有效地承担职务所必须具备的起码条件。职务说明书和职务规范是管理者开始招聘和甄选人员时应该持有的重要文件。

(2)预估将来需要的人力资源。未来人力资源的需要是由组织的目标和战略决定的。人力资源需求是组织的产品或服务需求状况的一种反映。

2. 人力资源规划的内容

(1)招聘与解聘。

①招聘：安置、确定和吸引有能力的申请者的活动过程(表 5.4)。

表 5.4　招聘的主要渠道

来源渠道	优点	缺点
内部搜索	花费少、员工士气高、了解组织	供应有限
广告应征	辐射广；可有目标地针对某一特定群体（如大学生）	有许多不合格应聘者
员工推荐	会更快了解组织；可能产生高素质候选人	可能不会增加员工的类别和结构
公共就业机构	正常费用或免费	通常为非熟练或受过很少训练的候选人；花费大
私人就业机构	广泛接触；仔细甄别；通常给予短期担保	费用高
学校分配	大量、集中的候选人	仅限于初入者级别的职位
临时性支援服务	仅满足临时需要	成本高；通常限于狭小技能范围
员工租赁机构及独立承包商	满足临时需要，通常适用于特殊的、为期较长的项目	人员承诺于当前的项目而不是整个组织
互联网上的广告	可触及大量的人，并立即得到反馈	产生许多不合格的应聘者

②解聘：减少组织所配备的员工的变动（表 5.5）。

表 5.5　解聘方案

项目	方　　案
解雇	永久性、非自愿地终止合同
暂时解雇	临时性、非自愿地终止合同；可能持续若干天，也可能几年
自然减员	对自然辞职或正常退休腾出的职位空缺不予填补
调换岗位	横向或向下调换岗位；通常不会降低成本，但可缓解组织内劳动力供求不平衡
缩短工作周	减少工作时间；临时工身份做事
提前退休	为年龄大、资历深的员工提供激励，使其在正常退休前提早退离岗位
工作分担	几个员工分担某一全时职位

（2）甄选。不久前，一个刚取得会计专业学位的女大学生毕业生走进一家中等规模公司的人事部门寻找工作。当她走到了两扇门的前面，其中一扇门贴着标签“有大学学位的申请者”，另一扇贴着“无大学学位的申请者”。她打开了第一扇门。可是，她马上又面对两扇门，一扇写着“成绩平均在 3 分以上的申请者”，另一扇写着“成绩不足 3 分的申请者”。自己的平均成绩在 3.6 分，所以她再次选择了第一扇门。她再次面对两扇门，分别写着“管理专业的申请者”和“非管理专业的申请者”。她获得的是会计学位，自然打开第一扇门——发现自己来到了街上。

尽管这则故事纯属虚构，但它说明了人员挑选过程的实质。人力资源规划确定了组织的人员短缺，并且开发了一批申请者以后，管理者需要采取一些方法对申请者进行甄别，以确保最合适的候选人得到这一职位。此方法称为甄选过程（Selection process）。

甄选的步骤主要包括以下几步。

①制订选聘计划。

制订招聘计划需要考虑：组织现有规模、机构和岗位；管理人员的流动率；组织发展的需要；内容：确定职位的类型、数量、上岗时间；选聘工作组成员的确定。

②初选。初选的基本指标包括是否符合学历、学位、专业、年龄等。初选时应聘者应填写申请表：姓名、地址、电话号码、个人技能、成就等。

③甄选。甄选是一种预测行为，它设法预见聘用哪一位申请者会确保工作成功。成功即指按照组织用以评价人员绩效的标准来衡量，能把工作做好。如招聘业务员，甄选就能够预见到哪位申请者会产生更大的销售额。表 5.6 为甄选过程的四种可能结果。

表 5.6　甄选过程的四种可能结果

招聘方的选择 / 后来工作绩效表现	接　受	拒　绝
成功	正确的决策	错误的拒绝
不成功	错误的接受	正确的决策

效度和信度

效度：在甄选手段和有关工作标准之间存在能被证明的相关关系。比如在面试、笔试、复试三个环节中，只有笔试分数高能否证明应聘者一定在工作岗位上其表现也好呢？管理当局需要证明任何用以甄别申请者的甄选手段的使用都必须与工作的绩效相关。

信度：指明一种手段是否能对同一事物作出持续一致的测量。例如，假定一项测试具有信度，那么某个人的成绩就应当在相当一段时间内保持相对稳定，这里假设所测试指标的特性也相对不变。要使甄选手段称为有效的预测器，它就必须拥有可接受范围的一致性。

管理游戏：各小组成员被分配一定任务，必须合作才能较好地完成，如购买、供应、装配或搬运。

④面谈：与申请表一样，几乎是普遍得到使用的一种人员甄选手段。

面谈的建议：要把握某些问题的合法性；对所有应聘者设计一些固定的问题；取得对应聘者面谈的工作有关的更详细信息，尽量减少对应聘者履历、经验、兴趣、测试成绩或其他方面的先前认识；多提那些要求应聘者对实际做法给予详尽描述的行为问题；采用标准的评价格式；面谈中要做笔记；避免短时间面谈，防止过早形成决策。

⑤背景调查：对应聘者与工作有关的一些背景信息进行查证，以确定其任职资格。考察内容有：学历学位调查、工作经历核查、不良记录审查等。组织可以自己调查，也可以委托专业调查机构调查。

⑥体格检查：只对少量具有特定体力要求的职位有用。

⑦人员录用。试用合格转正。

⑧评估和反馈招聘效果。评估内容：招聘各岗位人员到位情况，应聘人员满足岗位的需求情况，招聘单位成本控制情况等。组织应将评估内容总结反馈给招聘部门。

根据甄选手段的不同，对不同职位的选拔，其效果会不同。表 5.7 列出了何种甄选手段在何时最有效，可供组织参考。

表 5.7　何种甄选手段在何时最有效

甄选手段	职位			
	高层管理	中低层管理	复杂的非管理工作	常规的作业
申请表	2	2	2	2
笔试	1	1	2	3
工作样本	—	—	4	4
评价中心	5	5	—	—
面谈	4	3	2	2
申请资料核实	3	3	3	3
推荐信查询	1	1	1	1
体格检查	1	1	1	2

说明："5"表示效度最高，"1"表示效度最低，"—"表示无数据。

（二）培训和上岗引导

1. 培训

培训是一种有组织的知识传递、技能传递、标准传递、信息传递、信念传递、管理训诫的行为。培训多以技能传递为主。

培训可以提升组织竞争力和增强组织的凝聚力。"较多的培训机会"越来越成为吸引好员工加入和留住好员工的重要因素。培训能满足员工自我完善、自我提高的需要。培训能够更好更快地让员工掌握新技术和新方法，正确理解新技术指标的含义，带来整个组织的工作水平、质量、劳动效率的提高。通过培训，管理人员可以把企业的发展战略、经营理念、管理模式、价值取向、文化氛围等带给每位员工，培养企业的团队精神和增强组织的凝聚力。表 5.8 为常见的员工培训方法。

表 5.8　常见的员工培训方法

典型的在职培训方法： 职务轮换：横向交换工作岗位； 预备实习：跟随富有经验的人做事。
典型的脱产培训方法： 传授特定知识、人际关系及解决问题的技能； 课堂讲座； 电视录像； 模拟练习； W 仿真培训。

2. 上岗引导

上岗引导主要有两个层次。一个是对工作单位的上岗引导，使新员工了解工作单位的目标，其职务是如何为单位目标服务，同时介绍同事。另外一个是对组织的上岗引导，使新员工了解组织的目标、历史、经营宗旨和程序规则、人事政策和福利，如工作时间、付酬程序、加班费用、福利待遇等，还包括让新员工参观组织的工作设施等。

很多组织，尤其是大型组织，制定有正式的上岗引导方案。这些方案可能包括安排新员工参观办公楼或厂房，观看描述组织历史的影片，与人力资源部门的代表进行短时间的座谈以了解组织的薪酬政策等。而非正式的上岗引导方案包括由管理者将新员工委托给单位中资格较老的一位同事，让他将新员工介绍给周围的同事，并带他参观如复印室、餐厅及办公设施等。

管理者有义务使新员工尽可能无顾虑地顺利融入组织之中，因而，管理者需要坦诚地与新员工谈论有关组织与员工双方的义务。

(三)绩效管理

绩效管理是指建立绩效标准，据以评价员工的绩效，以便形成客观公正的人力资源决策并提供支持这些决策的文件的过程。在人员配备环节中，绩效管理主要有三个步骤：绩效考评、薪酬与福利、职业发展三项活动。

1. 绩效考评的方法(表 5.9)

(1)书面描述法。书面描述法是考评者以书面形式描述一个员工股的所长、所短、过去的绩效和潜能，并提出改进建议的一种绩效评估方法。

表 5.9 绩效考评方法

方法	优点	缺点
书面描述法	简单易行	与其说是考核绩效，不如说是考核写作
关键事件法	事例丰富，以行为为依据	耗时，无法量化
评分表法	提供定量数据，时间耗费少	不能提供工作行为评价方面的详细信息
行为定位评分法	侧重具体可衡量的工作行为	耗时，使用难度大
多人比较法	将员工与其他人比较	员工数量大时操作不便
目标管理法	侧重于目标，结果导向	耗时
360 度反馈法	全面	耗时

(2)关键事件法。考评者将注意力集中在那些区分有效和无效的工作绩效的关键行为方面。考评者记下一些细小但能说明员工所做的是特别有效果的或无效果的事件。这里的要点是：只述及具体行为，而不笼统地评价一个人的个性特质。

(3)评分表法。评分表法是一种古老但也最常用的绩效评估方法。评分表法首先是列出一系列绩效因素，如工作数量与质量、职务知识、合作性、忠诚度、出勤、诚实和首创精神等，然后，考评者逐一针对表中的每一项，按增量尺度对员工进行评分。

(4)多人比较法。多人比较法是相对而非绝对的衡量方法。多人比较法常见的有以下三种。

①分组排序法：要求评价者按特定的分组将员工编入诸如“前 20%”、次“20%”之类的次序中。

②个体排序法：要求考评者将员工从高到低的顺序加以排列。

③配对比较法：每个员工都一一与比较组中的其他每一位员工结对比较，评出其中的“优”和“劣”；在所有的结对比较完成后，将每位员工得到的“优”数累积起来，然后排出总的顺序。

(5)目标管理法。目标管理法是对管理人员和专门职业人员进行绩效评估的首选方法。每个员工都有若干具体指标，这些指标是其工作成功开展的关键目标。

(6)360 度反馈法。360 度反馈法是利用上司、员工本人及其同事处得来的反馈意见进行绩效评估的一种方法。如将它用于对其报酬、提升或辞退的决策，则不合适。

小贴士 晕轮效应

俄国著名的大文豪普希金狂热地爱上了被称为“莫斯科第一美人”的娜坦丽，并且和她结了婚。娜坦丽容貌惊人，但与普希金志不同道不合。当普希金每次把写好的诗读给她听时，她总是捂着耳朵说：“不要听！不要听！”相反，她总是要普希金陪她游乐，出席一些豪华的晚会、舞会，普希金为此丢下创作，弄得债台高筑，最后还为她决斗而死，使一颗文学巨星过早地陨落。在普希金看来，一个漂亮的女人也必然有非凡的智慧和高贵的品格，然而事实并非如此，这种现象被称为晕轮效应。

所谓晕轮效应，就是在人际交往中，人身上表现出的某一方面的特征，掩盖了其他特征，从而造成人际认知的障碍。在日常生活中，“晕轮效应”往往在悄悄地影响着我们对别人的认知和评价。比如有的老年人对青年人的个别缺点，或衣着打扮、生活习惯看不顺眼，就认为他们一定没出息；有的青年人由于倾慕朋友的某一可爱之处，就会把他看得处处可爱，所谓“一俊遮百丑”。

晕轮效应是一种以偏概全的主观心理臆测，其错误在于：第一，它容易抓住事物的个别特征，习惯以个别推及一般；第二，它把并无内在联系的一些个性或外貌特征联系在一起，断言有这种特征必然会有另一种特征；第三，它说好就全都肯定，说坏就全部否定，这是一种受主观偏见支配的绝对化倾向。

总之，晕轮效应是人际交往中对人的心理影响很大的认知障碍，我们在交往中要尽量地避免和克服晕轮效应的副作用。

2. 薪酬与福利

制定一个有效的、合适的薪酬制度，是人力资源管理过程的一个重要内容，有助于吸引和保持有能力的、能干的员工。组织的薪酬制度对战略绩效都有着重要影响。

管理者制定的薪酬制度，必须能反映公正性质的变化以及工作的环节，这样才能调动员工的积极性。

现在有许多组织还正使用另一种薪酬制度，称之为基于技能的薪酬方案。因为员工的技能通常影响到其工作的效率和效果。这种基于技能的薪酬方案即按员工所展示的工作技巧和能力确定报酬水平，员工的职务头衔并不决定其薪酬的高低。图 5.8 为影响薪酬与福利的因素。

3. 职业发展

职业是指一个人在其一生中所承担职务的相继历程。惯常的职业发展方案通常是组织为帮助员工在这一特定组织中能使其职业生涯得到发展而设计的。职业发展方案的核心部分就是提供有关的信息、评估和培训，以帮助员工实现其职业目标。

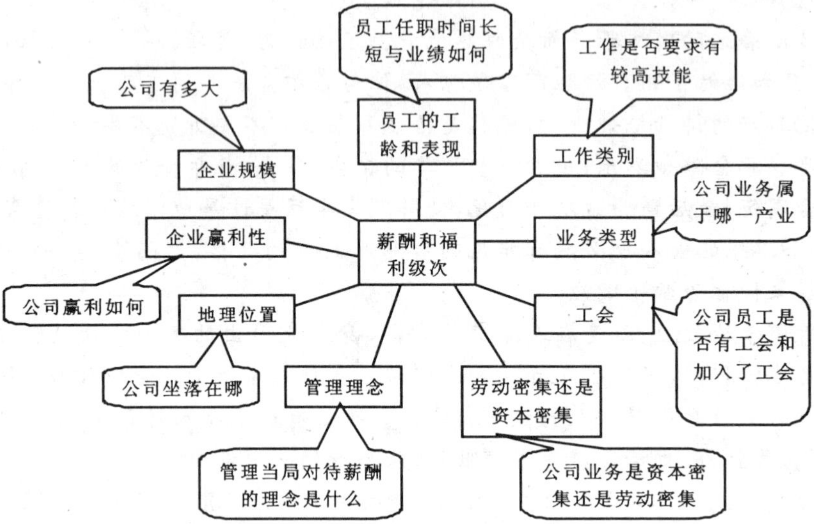

图 5.8　影响薪酬与福利的因素

假定你现在已找到工作，那么你该如何在你的工作中求得发展，表 5.10 列出了作为管理者取得职业成功的一些建议。

表 5.10　管理者职业成功要领

发展关系网	保持可见度
提高自身能力	获得对组织资源的控制
良好的同事关系	了解权力结构
支持你的上司	展现正确的形象
找个公司导师	做好工作

本章小结

组织工作的目的，就是要建立一种有效的分工协作的关系结构，以便于组织目标的实现。组织工作是管理的重要职能，本章重点内容简要概括如下。

(1)组织的含义。组织是为了达到预定的目标，对各种资源的配置过程和由此而产生的权力机构。组织的内涵包括两方面：一是指组织结构，二是指组织过程。组织就是设计一种组织结构，并使之运转的过程。组织的概念有三种含义：组织结构、组织工作和作为组织工作对象的“组织”。

(2)组织设计是指进行专业分工和建立使各部分相互有机协调配合的系统的过程。一般来说组织设计指的就是组织结构的设计。

(3)组织设计理论是指有关组织结构与组织关系的系统设想，最有代表性的组织理论有：古典组织理论、行为组织理论和系统组织理论。

(4)传统的组织结构主要有直线制结构、职能制结构、直线职能制结构、事业部制结构等。现代的组织结构主要有团队结构、矩阵型和项目型结构。

(5)组织结构设计的模型：机械式与有机式组织。机械式组织是一种刻板的严密控制的结构。特征：高度的专门化、广泛的部门化、窄管理跨度、高度正规化、有限的信息沟通(大多是下行沟通)、基层员工很少参与决策。机械式组织结构犹如高效率的机器，以规则条例、工作的标准化和同一模式的控制作为润滑剂，试图将个性差异、人的判断及由此产生的模糊和不确定减少到最低。人性特征被认为是非效率的，只会带来不一致。

(6)管理者在进行组织结构设计时，必须正确考虑六个关键因素：工作专业化、部门化、命令链、管理幅度、集权与分权、正规化。

(7)组织结构设计的原则：战略导向原则；适度超前原则；系统优化原则；有效管理幅度与合理管理层次的原则；责权利对等原则；职能专业化原则；稳定性与适应性相结合的原则。

(8)组织结构设计的程序：业务流程的总体设计，按照优化原则设计岗位，规定岗位的输入、输出和转换，岗位人员的定质与定量，设计控制业务流程的组织结构。

(9)人员配备的含义：根据组织结构中所规定的职务的数量和要求，对所需人员进行恰当而有效的选择、考评和培训，即选人、评人、育人。目的是为了配备合适的人员去充实组织中的各项职务，以保证组织活动的正常进行，进而实现组织的既定目标。

(10)人员配备的工作程序，共八个步骤：招聘、甄选、解聘可确保组织识别和选聘到有能力的员工，培训和上岗引导两项活动使得员工的技能和知识不断得到更新，绩效管理、薪酬与福利、职业发展三项活动则保证组织能保有长期保持高绩效水平的能干、杰出的员工。

(11)人员配备的原则：经济效益原则；量才使用原则；用人所长原则；动态平衡原则。

习　题

1. 单项选择题

(1)组织是管理的基本职能之一，从其定义中可以看出，它由(　　)三个基本要素构成。

A. 目标、原则和结构

B. 目标、部门和效率

C. 目标、部门和关系

(2)法定权是组织赋予领导者的岗位权力，它以服从为前提，具有明显的强制性。它包括这样几个方面的内容：(　　)。

A. 决策权、组织权、指挥权、人事权、奖惩权

B. 决策权、控制权、指挥权、人事权、奖惩权

C. 决策权、组织权、计划权、人事权、奖惩权

(3)责任、权力、利益三者之间不可分割，必须是协调的、平衡的和统一的。这就是组织工作中的(　　)原则。

A. 责权利相结合 B. 分工协作 C. 目标任务

(4)在组织规模一定的条件下，管理层次越少，其管理幅度就会(　　)。

A. 越大 B. 越小 C. 不变 D. 不一定

(5)在企业中，财务主管与财会人员之间的职权关系是(　　)。

A. 直线职权关系 B. 参谋职权关系

C. 既是直线职权关系又是参谋职权关系

D. 都不是

(6)易导致多头领导，不能实行统一指挥的组织形式是(　　)。

A. 直线制 B. 职能制 C. 直线职能制 D. 事业部制

(7)下列哪项因素不利于企业实现组织的分权(　　)。

A. 组织规模很大

B. 活动具有一定的分散性

C. 高层对低层的决策控制程度低

D. 企业内部政策具有统一性

(8)俗话说："一山难容二虎"、"一条船不能有两个船长。"从管理的角度看，对这些话的如下解释，你认为哪一种最恰当？(　　)

A. 在领导班子中如果有多个固执己见的人物最终会降低管理效率。

B. 对于需要高度集权管理的组织不能允许有多个直线领导核心。

C. 一个组织中的能人太多必然会造成内耗增加从而导致效率下降。

D. 组织中不能允许存在两种以上的观点，否则易造成管理混乱。

2. 多项选择题

(1)组织内的职权有三种形式(　　)。

A. 直线职权 B. 参谋职权 C. 职能职权

D. 授权 E. 非正式权力

(2)授权的过程包括(　　)。

A. 下达任务　B. 授予权力　C. 监控与考核

D. 分析环境　E. 计划的实施与反馈

(3)衡量一个组织集权和分权的程度，可以通过(　　)来看。

A. 决策的数目　B. 决策的重要性及影响面

C. 决策审批手续的繁简　D. 决策的实施　E. 决策程序

(4)职能部门化的局限性表现在：不利于产品结构的调整、(　　)。

A. 难以形成统一的政策　B. 不利于高级管理人员的培养

C. 会出现多头领导　D. 部门之间活动不协调

3. 判断题

(1)基层第一线管理人员对操作工作的活动进行直接监管。(　　)

(2)"江山易改，本性难移"说明个体的道德感具有很强的稳定性。所以，组织在招聘新员工时应特别重视个人道德观念的考察，若其与本组织一致，则可录用，反之则不录用。(　　)

(3)从企业组织结构的定义中可以看出，组织结构的本质是责权利关系的划分。(　　)

(4)当组织处于不稳定的环境之中，较宽的管理幅度能确保更有效的管理。(　　)

(5)劳动分工有助于提高工作效率，对分工过细也容易降低组织整体的运作效率。(　　)

(6)矩阵型组织结构是现代组织结构形式之一，不存在多头领导的问题。(　　)

(7)管理幅度、管理层次与组织规模存在着相互制约的关系，也就是说，当组织规模一定时，管理幅度与管理层次成正比关系。(　　)

4. 简答题

(1)什么是组织？对于组织职能而言，其内涵和本质是什么？

(2)常见的传统组织结构类型有哪些？试比较其各自的优缺点。

(3)管理者可以采用哪些方式进行部门化？请描述你所在的学校的部门化方式。

(4)你能调和以下两种主张吗？

A. 组织应当保持尽可能少的层次以增进协调；

B. 组织应当保持窄小的管理幅度以促进控制。

(5)你喜欢在机械式还是有机式组织中工作？为什么？

(6)先进的信息技术使组织的各项工作可以在任何时间、任何地点得以开展和完成，在这样的条件下，组织工作是否仍是一项重要的管理职能？为什么？

【案例分析】

案例一　D公司面向市场优化企业组织机构

不断改革企业管理体制，是适应不同产品结构、人才结构和科技结构，发挥企业各种资源效率的内在要求。D公司近年来在组织机构方面的改革主要有以下几种做法。

1. 逐步推行事业部制

为了适应快速多变的市场需要，提高企业的应变能力与管理效率已势在必行。D公司精心研究和策划企业组织机构的改革方案，作出了先实行模拟事业部制，而后实行独立事业部制的决定，将厂部的八个职能部门重新合并成八部一室，压缩或分流102名处室人员。这一措施激发了各经营分厂的活力，管理效率得以提高，而厂部的工作则着重于制定企业的发展战略及协调各经营分厂的经营战略、技术战略等更高层次的决策。

2. 生产组织管理从工艺专业化转向产品专业化

早在20世纪80年代末期，D公司采用以工艺专业化为核心的生产组织形式，但常常出现如下问题：①该种生产组织是跨行政部门的，在各生产工艺环节出现生产进度不一致时，有时难以协调；②由于原料品种多，可能会引起原料组织不到位而出现停工待料现象，影响生产效率。D公司对该公司的产品的生产组织进行仔细研究后，发现其主导的三大类产品基本上是相对独立的，没有必要按照生产工艺划分车间，于是打破了原来低效率的工艺专业化生产格局，建立起产品专业化的新体系，一年内劳动生产率提高了50%。

3. 改革科研体制

1991年以前，D公司将研究所集中于总厂，负责全厂的技术开发，由于科研人员远离市场，缺乏市场意识，新产品开发的速度与品种均跟不上市场需求的变化。针对这一矛盾，D公司作出了把科技人员推向市场的决策，即解散远离市场的集中式新产品开发研究所，而将其转移到相关的经营分厂。这一措施取得了很好的效果，表现在：(1)技术开发以市场为导向，消除了科研与生产、销售脱节的弊端；(2)由于有了经济观念，产品开发中的不合理费用得以减少。

4. 引进多种经营机制，实行“一厂多制”

在市场经济条件下，各种所有制有其各自的优势，国有企业引进多种经营机制、提高自身活力是一种新的尝试，D公司对此进行了初步的探索。例如，D公司的传输分厂积极采用横向联合方式进行生产经营，一方面与某省古荡镇政府合办企业，解决了产业发展所必需的土地与厂房和企业富余人员的流向问题；另一方面与香港一家公司组建了合资企业一爱华达有限公司，生产具有当今国际先进水平的SDH同步数字传输光端机，既获得了必要的资金，又得到了先进的技术。

思考题

(1)简述D公司推行事业部制的主要目的及事业部制存在的优缺点。

(2)请问D公司部门化转变是否具有合理性?

(3)简评"一厂多制"所体现的思想。

案例二　管理与道德

某宾馆经理接到处分职工王大成的报告,他觉得问题不太清楚,就作了一番调查。事实是王大成的母亲患病住院,他母亲想喝鸡汤。由于王白天上班,晚上去医院陪母亲,连去市场买鸡的时间都没有。在这种情景下,他在餐厅里偷了一只鸡,犯了错误。经理了解了情况以后,批准了餐厅对王作记大过一次、扣发当月奖金,然后带着慰问品去医院看望王的母亲,并对他母亲说:"王大成在工作中表现很好,在家里对你也很孝顺,他是你的好儿子。"患病的母亲含笑听着。次日,经理找王大成谈话,先肯定他工作好,接着又指出偷公家东西是十分错误的,并征求其对处分的想法。

王大成对这种赏罚分明、合情合理的处理十分感动,并表示自己错了,愿意接受这种处分。这时,经理离开座位说:"你母亲生病半个多月,我们都不知道,没有给予关心,我们很对不起你。"说后,经理毕恭毕敬地向王大成鞠了一个躬。

思考题

从管理与道德的关系,分析王大成的行为。

【实训环节】

请学生们构建一些小团队,约2～3人一组。每个团队在业余时间调查校(院系)学生会或你们所感兴趣的社团组织的机构设置和运作情况(包括父母单位,让其介绍组织结构),运用所学知识就现有的学生会或社团组织机构设置的合理性进行分析讨论,并根据讨论结果提出相应的改进建议。

第六章　领导

【名言采撷】

当今领导,集中到一点,就是他有能力使他的下属信服而不是简单地控制他们。

——亨利·艾利斯

【教学目标】

学完本章后,你应该能够:

1. 掌握领导的含义;
2. 了解领导与管理的关系;
3. 掌握领导的基本理论;
4. 理解领导的职能、作用和构成要素;
5. 了解主要的领导艺术。

【技能目标】

1. 具备领导影响力来源的知识,并且进行个人的领导力训练;
2. 能够应用相关的领导艺术。

【案例导入】

难得的盈利公司

美国西南航空公司是在1971年6月18日,由罗林·金与赫伯·凯莱赫创建。首航从达拉斯到休斯敦和圣安东尼奥,是一个配餐简单而且没有额外服务的短程航线。西南航空公司的不少做法以前曾被很多航空公司视为“不正规”,在相当长一段时间里曾经被其他航空公司所不屑。

在载客量上,它是世界第三大航空公司,在美国它的通航城市最多。与国内其他竞争对手相比它是以“打折航线”而闻名。2001年“9·11”事件后,几乎所有的美国航空公司陷入了困境,而美西南航则例外。2005年运力过剩和史无前例的燃油价格让美国整个航空公司行业共亏损100亿美元,达美航空和美国西北航空都是同年申请破产法保护,相比之下,美国西南航空公司则连续第33年保持盈利。美国西南航空是自1973年以来唯一一家连续盈利时间最长的航空公司。

美国西南航空公司将其成功归功于公司推行的“仆人式”的领导风格。这种方法是一改强权高压式领导为服务他人和分享信赖式领导的领导方法。"9·11"事件发生以后，公司向35 000名员工提供每小时的实时新闻，公司最高层的三位领导决定当年剩下的几个月不领取任何报酬，员工自愿拿出100多万美元，以便维持公司正常运作。公司对内承诺不裁员，对外承诺不降低服务标准。2001年9月14日，公司拿出近200万美元给员工分红，表明公司对员工信守承诺。《财富》杂志已经连续几年评选其为美国最令人羡慕的公司。

（根据百度百科《美国西南航空公司》改编）

领导是天生的，还是后天培养的？后天怎么培养领导技能？领导问题是管理学领域中研究和讨论得最多的一个话题，每年都有关于领导人调查、领导方法和领导技能的文章发表。人们普遍认为，领导对于组织管理和成功有着极其重要的作用。

第一节　领导及其本质

一、领导的定义、特征及职能

（一）领导的定义

作为动词的领导，就是指"领导行为"，也就是带领和指导下属实现既定目标的活动过程。作为名词，它是指领导者，即组织中确定组织目标并实现这一目标的首领。领导的本质也是一种影响力。

领导是一种方法，更是一种艺术，需要不断地顺势而变，需要不断创新。领导艺术应该是管理心理学的研究重点。领导艺术是指领导者具有创造性的领导才能、技巧、艺术和方法，主要包括：决策的艺术、创新的艺术、应变的艺术、指挥的艺术、抓总的艺术、统筹的艺术、协调的艺术、授权的艺术、用人的艺术、激励的艺术。

（二）领导具有的特征

领导的本质内涵可以由领导具有的特征来界定。领导应具备以下五种基本特征。

(1)领导是一种活动过程，这种活动不是领导者个人的孤立行为，而是包含着领导者、被领导者、作用对象和客观环境等多种因素。

(2)领导的基本职责，是为一定的社会组织或团体确立目标、制定战略、进行决策、编制规划和组织实施等。

(3)领导的主要职能，是率领、引导、组织、指挥、协调、控制其下属人员为实现预定目标而共同奋斗。

(4)领导的本质，是妥善处理好各种人际关系，形成以主要领导者为核心的，团结一致为实现预定目标而共同奋斗的一股合力。

(5)领导的工作绩效,不是只由领导者个人,而是由被领导者的群体活动的成效如何表现出来的。

(三)领导的职能及领导的基本构成要素

领导本质上是一项管理职能,是计划、组织、领导、控制这四项管理职能之一。它通过对被领导者行使示范、说服、命令等领导职能,促成被领导者努力地实现既定的组织目标。一般来讲,领导由领导行为的主体、领导对象、领导目的及实现目的的手段、领导力量等要素构成。

(1)领导行为的主体。也就是领导者,它是实施领导的人或集团。领导主体在领导行为中起着关键的作用。

(2)领导对象。即领导者的下属、追随者或者说是接受领导行为的影响者。

(3)领导目的及实现目的的手段。目的是群体目标的预期,其手段主要包含示范、说服、命令、指挥、激励、沟通以及领导艺术等。

(4)领导力量。领导力量指领导者拥有影响下属或追随者的能力,主要包括职位权力和个人影响力。

二、领导的作用

在带领、引导和鼓励下属为实现组织目标而努力的过程中,领导者要具体发挥指挥、激励、协调和沟通四个方面的作用。

(一)指挥作用

有人将领导者比做乐队指挥,一个乐队指挥的作用是通过演奏家的共同努力而形成一种和谐的声调和正确的节奏。由于乐队指挥的才能不同,乐队也会作出不同的反应。领导者不是站在群体的后面去推动群体中的人们,而是站在群体的前面来促使人们前进并鼓舞人们去实现目标。

(二)激励作用

领导者为了使组织内的所有人都最大限度地发挥其才能,以实现组织的既定目标,就必须关心下属,激励和鼓舞下属的斗志,发掘、充实和加强人们积极进取的动力。

(三)协调作用

在组织实现其既定目标的过程中,人与人之间、部门与部门之间发生各种矛盾和冲突及在行动上出现偏离目标的情况是不可避免的。因此,领导者的任务之一就是协调各方面的关系和活动,保证各个方面都朝着既定的目标前进。

(四)沟通作用

领导者是组织的各级首脑和联络者,在信息传递方面发挥着重要作用,是信息的传播者、监听者、发言人和谈判者,在管理的各层次中起到上情下达、下情上达的作用，以保证管理决策和管理活动顺利地进行。

三、领导的影响力

美国管理学家孔茨认为，领导是一种影响，是人们施加影响的艺术或过程，从而使人们情愿地、热心地为实现组织或群体的目标而努力。影响力就是领导者有效地影响被领导者的心理，从而进一步影响其行为的能力。领导的影响力在领导过程中具有十分重要的作用，它可以增强组织的凝聚力，使领导者意图得以顺利实现；可以提高领导者的自信心；可以作为下属的榜样。领导的影响力一般主要有两个方面，即强制性影响力和自然性影响力。强制性影响力往往同领导地位及权力属性相伴，自然性影响力多半与领导自身人格、品质和素质相联系。

（一）强制性影响力

强制性影响力又称权力性影响力。权力既是一种控制力，又是一种影响力。权力是构成一切正式组织的必要条件。一个组织的领导如不拥有某些合法权力，就不能称之为领导，也不能维持正式组织并发挥其作用。所谓权力影响力，就是合法权力所产生的效果。合法权力是一切权力的基础，而由影响力所产生的种种权力，只是合法权力的派生物。

权力影响力在于它对人的影响带有强迫性、不可抗拒性。组织授予管理者的正式权力一般包括法定权、强制权和奖励权。

1. *法定权*

法定权是指组织内各领导所固有的合法的权力。法定权取决于个人在组织中的职位。它可以被看做是一个人的正式或官方明确规定的权威地位。个人由于被任命担任某一职位而取得了相应的法定权力和权威地位，上级在自己的职责范围内有权给下级下达任务和命令，下级必须服从。

2. *强制权*

强制权是和威胁相联系的迫使他人服从的力量，也称为惩罚权。当下属没有能够按照要求履行其应该履行的职责时，管理者可以通过惩罚威胁来迫使下属履行职责，从而保证组织分派的各项任务的完成。

3. *奖励权*

奖励权通过给予一定的奖励来诱使下属作出组织所希望的行动。在下属完成一定的任务时，管理者承诺给予相应的奖励，可鼓励下属的积极性。

（二）自然性影响力

自然性影响力又称非权力性影响力。它与权力性影响力不同的是，它不是外界赋予的那种奖励和惩罚别人的手段，而是来自于个人的自身因素。其中包括领导者的道德品质、文化知识、工作才能和交往艺术等。

自然性影响力的构成因素包括品格因素、能力因素、知识因素和感情因素。由于这种影响力是建立在下属信服的基础之上的，因此有时能发挥比正式职权更大的作用。

非正式权力包括两方面，专长权和感召权。

1. 专长权

专长权是指由于个人具有某种专门的知识和特殊的技能或学识渊博而获得同事及下属的尊重和佩服，从而产生的权力。比如，一位著名的外科医生在医院和病人中可以施加相当大的影响力，虽然他没有高于他人的正式职权，但其他人都依赖于他的知识、技能和判断力。

2. 感召权

感召权是指个人具有良好的品德修养、知识水平、生活态度、情感魅力等，因而受到下属的称赞和敬佩，使下属乐于听从和追随的权力。感召权的实质是依靠领导者个人的魅力来影响下属，如公平公正、清正廉洁、关心群众等，因此也被称为个人的影响力。

四、领导与管理

领导与管理的联系极为密切，以至于通常人们把领导和管理当做同义语来使用，似乎领导者就是管理者，领导过程就是管理过程。实际上领导和管理是两个不同的概念，美国通用电气公司的前总裁杰克·韦尔奇曾说过："别只是管理，要学会领导！"这说明领导和管理是有区别的。

（一）领导与管理的联系

1. 领导是从管理中分化出来的

管理活动包括计划、组织、领导和控制等许多活动，在管理发展到一定阶段时，领导才渐渐地从管理中分化出来，成为一项重要的、独立的职能。当管理者从事影响一群人达到目标的活动时，他们是在进行领导；当领导者行使计划、组织、人事和控制职能时，他们是在进行管理。这两个过程都包含着引导一群人中的个体为实现目标而努力。

2. 领导活动和管理活动的开展都是以组织为基础的

领导活动需要有领导者与被领导者的参与，而管理活动也需要有管理者和被管理者的参与。如果没有组织，而只是单独的一个人，则不存在所谓的领导活动或管理活动。

3. 领导者和管理者在开展职能活动时，都要有一定的权力

管理者在履行管理职能时，需要以组织赋予的权力为基础。比如，质量管理人员在检验产品的质量时，就要运用组织所赋予他的对质量进行"管理"的权力。同样，领导者在实施领导职能时也要有一定的权力，这种权力可能来自于组织，也可能来源于领导者个人，如个人魅力。

4. 领导活动和管理活动在现实生活中，具有较强的复合性和相容性

领导和管理的界限并不总是很清晰的。在现实生活中，一个人可能既是领导者，又是管理者。一个组织的负责人在履行他的职责时，常常既从事领导工作，又承担管理工作，主要表现为以下两种情况：一是作为绝大多数的中间层次的组织负责人，对上级而言，他以管理者的角色出现，对下级而言，他以领导者的角色出现；二是某一岗位上的组织负责人在他的全部工作中，有一些属于领导工作，有一些属于管理工作。另外，领导与管理是一种相辅相成的关系，领导活动的目标只有在有效的管理之下才能实现，而管理能够出效益也只有在正确的领导决策之下才能达到。

5. 管理活动离不开高素质的领导者，领导者的素质又在管理实践中丰富完善

从国内外成功企业的实践分析，任何管理活动都离不开高素质的领导者，如果领导者的素质能够很好地驾驭管理活动，其所表现的领导水平较高，那么管理活动就会呈现良好的效果。反之，如果领导者的素质不能很好地驾驭管理活动，就会在管理中顾此失彼，出现不应有的失误和混乱。同样，在目前日新月异的信息时代，领导者自身素质的不断强化与提高，又离不开管理实践活动。市场经济活动所要求的领导者必须是学习型的领导者，能不断地吸纳管理活动中的新知识，自主地研究和解决新出现的各种问题，并以此为基础在管理活动中发挥应有的作用。如果离开了不断深化的管理实践活动，领导者自身素质的提高就会成为无源之水、无本之木。

（二）领导与管理的区别

尽管领导与管理有着密切的联系，是一个组织不可分割的两个方面，但领导与管理有着本质的区别，只有深刻理解这种区别，才能真正达到加强领导和强化管理的目的。国内外许多理论研究者和实践专家都对领导与管理进行过许多思考和比较，比如美国哈佛大学商学院教授约翰·科特在他的著作《变革的力量——领导与管理的差异》一书中深刻地分析了领导与管理的差别。杰克·韦尔奇先生以其丰富的领导实践和人生感悟，形象地指出："把梯子正确地靠在墙上是管理的职责，领导的作用在于保证梯子靠在正确的墙上。"所有这一切都为全面认识领导与管理的区别提供了基础。

1. 领导与管理的含义不同

领导就是率领并引导某个组织朝一定方向前进，一般包括引导、导向、带领、率领、指挥等含义。管理就是负责并促使某项工作顺利进行，一般包括管辖、处理、约束、运用、安排等含义。

2. 领导与管理的任务不同

领导的主要任务在于给组织指引前进的方向，为组织确定奋斗的目标。一个组织如果没有奋斗的目标和前进的方向，组织的一切行为都会成为无源之水、无本

之木，并失去意义。而管理的任务在于贯彻和落实领导提出的路线、方针和政策，在于促使目标的实现，在于推动组织向既定的方向迈进。一个组织如果缺乏强有力的管理，一切目标和指向都将成为空洞的口号。

3. 领导与管理的对象不同

管理的对象主要是物、财、信息及管理系统，概括地讲主要是管事，它通过制定各种规章制度、作业手册等来推动管理对象的正常运转。而领导的对象主要是人及其组织，领导者通过调动部属的热情和积极性，激发下属的潜在需求、价值观和情感，实现组织的目标。单纯事物的附加值是有限的，而人的潜力是无穷的。

4. 领导与管理的作用不同

领导的作用主要是统率和协调全局性的工作。为了有效地指挥一个部门、一个组织的全局活动，领导者要经常协调和解决下属各部门之间的分歧和摩擦，使整个组织呈现和谐发展的局面。管理的作用主要是做好领导安排的局部范围或某一方面的工作，管理者经常要处理好具体部门的业务工作，如质量管理、生产过程控制、产品分析等。领导追求的是整个组织乃至整个社会的效益，而管理侧重于追求某项工作的效益。

5. 领导与管理的途径不同

领导通过决策为组织指明方向，并通过激励促使人们沿着正确的方向前进，克服前进中的困难；管理则是通过强制的办法将人们置于正确的方向，并实现对其控制。领导是通过满足人们的基本需要，激励他们实现问题的有效解决；而管理则是通过各种制度约束，来促使问题的解决。

6. 领导与管理工作的重点不同

领导工作着重于分析研究和解决本部门与外界相关的一些重大的、长期的、广泛的问题，而管理工作则着重于解决部门内的一些非重大的、短期的、策略性的、技术性的具体问题。如省、市领导主要是落实中央、国务院制定的方针政策和省委的决定，考虑直属下级的机构设置和重大人事任免，处理影响全面工作的重大问题等，下属部门的日常工作，均属下级管理活动的范围，领导者不应过多干预。正如《古罗马法典》指出的那样：行政长官不宜过问琐事。领导的效能是通过依靠权威而发挥引导、影响的作用来实现的。而管理却必须事无巨细，要通过对个体的人、财、物、时间、信息的安排和配置，来实现管理目标。

7. 领导者与管理者的风险意识不同

一般而言，领导者经常追求有风险甚至危险的工作，越是机会诱人，领导者冒险工作的决心就越大。他们希望通过这种有挑战性的努力，获取更大的效益。而对管理者而言，更加看重秩序，因而会本能地回避风险或想方设法排除风险。领导的职责不是维持现状，而是要推进变革。千百年来，许多领袖人物概莫能外，有的轰轰烈烈，有的循序渐进，虽然方式不同，但他们的任务都是要确定一个目标，然后带领一批人历尽千辛万苦向这一目标迈进。而管理者则更加强调维持秩序，因而更习惯于限制，习惯于恪守长期形成的管理原则和制度，因为他们深知没有规矩不成方圆，不积跬步，无以至千里。因此，管理者总是小心地看待变革，谨慎地对待风险。

认真分析和深刻理解领导与管理的差别，其真正的意义在于有效地指导领导实践。有人将一个组织比喻成一架马车，马就是这个组织的领导，它要带着马车向既定的方向前进；车轮就是这个组织的管理，它要支撑着马车的平衡和运转。随着马车负荷的加大和路况的变化，马和车轮在相互合作的基础上，不断深化着自己的职能。因此，随着社会的发展，领导与管理的差异性也在不断地加大。在现实生活中，有许多领导不知道"领导应该做领导者应做的事，管理工作应交给管理者去做"的道理。在他们的认识里，自己是领导，下属的一切工作自己都有权管理，于是插手下级的工作便成了他们的家常便饭，这是十分错误的。其结果：一方面严重干扰了别人的独立工作；另一方面由于不能集中精力做自己该做的重要工作，最后领导者做了自己不该管、管不了，也管不好的事情。这些事情如果充分发挥下属的工作积极性，本来可以做得更好，但由于领导的插手可能使事情变得更糟。

一个领导一旦从管理中觉醒，他就会在领导的岗位上前进一大步。其实要真正理解领导与管理的区别，并使领导者不陷入管理的事务之中，并不困难。史蒂芬·柯维曾形象地作过这样一个比喻。一群工人在丛林里清除低矮灌木。他们是生产者，解决的是实际问题。管理者在他们的后面拟定政策，引进技术，确定工作进程和补贴计划。领导者则爬上最高的那棵树巡视全貌，然后大声嚷道："不是这块丛林。"由此可见，做任何事情，成功不仅仅取决于流了多少血汗，更重要的是努力是否得法、路子是否正确。领导的任务就是准确判断，告诉下属向何处走，并高瞻远瞩地观察和发现其他问题，至于具体的路怎么走，让管理者们去考虑。

五、领导的工作原理

同其他管理职能一样，领导工作也有其一般规律。

（一）指明目标原理

这一原理可以表述为：使人充分理解组织的目标和任务，是领导工作的重要组成部分。这一工作越是有效，就越能使组织成员了解其组织的目标，明确自己的职责，从而为实现组织目标作出自己的贡献也越大，同时，也可更好地满足组织成员的个人需求。

（二）协调目标原理

这一原理可以表述为：个人目标与组织目标若能取得协调一致，人们的行为就会趋向统一，从而实现组织目标并取得效果。从根本上说，对下级的指导和领导就是要使人们尽可能地为组织作出贡献。如果个人和组织的目标相辅相成，如果大家都能信心十足、满腔热情、团结一致地去工作，就能够最有效地实现这些目标。人们参加工作是为了满足个人的某些需要，这些需要并不完全同组织目标相一致，但是，完全可以使个人与组织的利益协调一致和相互补充。所以，在指导和领导下级时，主管人员必须要注意利用个人的需要动机去实现集体目标。在阐明计划和委派任务时，协调个人与组织的目标，使人们能够发挥出忘我的献身精神，这将会使管理工作更为顺利。

（三）命令一致性原理

这一原理可以表述为：主管人员在实现目标的过程中下达的各种命令越是一致，个人在执行命令中发生的矛盾就会越小，领导与被领导双方对最终成果的责任感也就越大。在组织工作中已提出统一指挥原理，强调的是一个人越是完全地只接受一个上级的领导，在上下级之间发生的矛盾就会越少，上下级之间互相抵触的指示就会越少，从而使下级对其工作的责任感越强。很明显，这与命令一致性原理有相似之处。人们只有在受同一个上级的指导下，才能最好地按领导的指示办事。然而，确实有时候为了提高一个组织或部门的全面工作效率，需要多方面指挥，并且按照管理宽度，即一个领导在完成一项工作任务时，同时指挥着几个下属，这就必须强调命令的一致性。这就是要体现出所做的一切工作都是为了组织目标的实现这一精神。主管人员在实现目标的过程中不允许因为下级部门或个人的不同而命令不同，更不能“朝令夕改”，使下级部门或人员无所适从，造成工作秩序混乱，从而影响目标的实现和给下属造成心理上的不愉快或不满。

（四）直接管理原理

这一原理可以表述为：主管人员同下级的直接接触越多，所掌握的各种情况就会越准确，从而使领导工作更加有效。尽管一个主管人员有可能使用一些客观的方法来评价和纠正下级的活动以保证计划的完成，但这不能代替领导者与下级之间面对面的接触。这不仅因为人们喜欢亲身感受到上级对他们本人及其工作的关心，而且，客观地说，作为主管者若不经过亲身体会，则永远不能充分地掌握所需要的全部情况。通过当面的接触，主管人员往往能够用更好的方法对下级进行指导，同下级交换意见，特别是能够听取下级的意见或建议，以及体会存在的各种问题，从而更有效地采用适宜的工作方法。

（五）沟通联络原理

这一原理可以表述为：主管人员与下属之间越是有效地、准确地、及时地沟通联络，整个组织就越能成为一个真正的整体。管理过程中所出现的大量的信息情报，包括组织外的信息情报，主管人员必须自己或组织他人进行整理、分析，从而了解组织内外的动态与变化。进行沟通联络，就是为了适应变化和保持组织的稳定。所以，沟通联络是领导工作的重要手段。没有沟通，组织就无法进行任何活动。也正是通过沟通联络，领导者向全体成员包括对环境施加个人的影响力，从而促使目标得以实现。

(六)激励原理

这一原理可以表述为:主管人员越是能够了解下属的需求和愿望并给予合理满足,就越能够调动下属的积极性,使之能为实现组织目标作出自觉的贡献。

第二节　领导方式

一、领导方式的定义

领导方式是领导者在一定的领导环境下,为完成某个特定目标,在与被领导者的交互作用中所表现出的行为方式,是指领导者在活动中表现出来的比较固定的、经常使用的行为方式和方法的总和,表现为领导者的个性。选择不同的领导方式,对于管理的结果也有很重要的影响。选择何种领导方式首先应考虑下属员工的特性及企业所处的环境。

二、领导方式的分类

(一)按权力控制程度划分

(1)集权型领导:工作任务、方针、政策及方法,都由领导者决定,然后布置给部属执行,这种领导要求下属绝对服从,并认为决策是领导个人的事情。

(2)分权型领导:领导者只决定目标、政策、任务和方向,对部属在完成各个阶段上的日常活动不加干预。

(3)均权型领导:领导者与工作人员的职责权限划分明确。

(二)按领导重心所向划分

(1)以事为中心的领导:以工作为中心,强调工作效率,以最经济的手段取得最大的工作成果。

(2)以人为中心的领导:领导者认为只有部属是愉快的工作者,才会产生最高的效率、最好的效果。

(3)人事并重式的领导:领导者认为,既要重视人,也要重视工作,两者不可偏废。

(三)按领导者的态度划分

(1)体谅型领导:领导者对部属十分体谅,关心其生活,注意建立互相依赖、互相支持的友谊,注意赞赏部属的工作成绩,提高其工作水平。

(2)严厉型领导:领导者对部属十分严厉,重组织轻个人,要求部属牺牲个人利益服从组织利益,强调个人的责任,执行严格的纪律,重视监督和考核。

(四)按决策权力大小划分

(1)专断型领导:领导者把决策权集于一人手中,以权力推行工作。

(2)民主型领导:领导者同部属互相尊重,彼此信任。

(3)自由型领导:领导者有意分散领导权,给部属以极大的自由度,只是检查工作成果,除非部属要求,不主动作工作指导。

三、领导方式的选择

领导方式应该是弹性和灵活的,而不能是僵化的、固定不变的。这就意味着,同一个领导者可以根据不同的情境自由选择领导方式,表现出任何领导风格。决定领导方式选择的第一个因素是被领导对象的特点。为了实现有效领导,领导者必须能够对下属的动机、工作能力和满意程度施加影响。决定领导方式选择的第二个因素是环境。这里的环境,是指要求下属所完成的任务是什么、正式权力系统的运作方式以及工作群体的结构。

对于难度较高的工作任务,领导者应选择专断型领导方式,对员工的工作提出具体的指导性意见。当领导所面对的是学识丰富、经验较多、自我实现需要强烈的员工时,则最好选择民主型的领导方式。

第三节　领导理论

为了解决有效领导的问题,西方许多管理学家和心理学家进行了长期的调查和实验,从不同角度进行了研究,提出了各种领导理论,这些理论大体可以分为领导特质理论、领导行为理论以及领导权变理论。其中领导特质理论认为领导的有效性取决于领导者个人特性,领导行为理论认为领导的有效性取决于领导行为和风格,领导权变理论认为领导的有效性取决于领导者、被领导者和环境的影响。

一、领导特质理论

西方研究领导者素质的成果称为领导特质理论,又称为领导性格理论。它集中回答:领导者应该具备哪些素质、如何选拔领导者、领导者如何培养等问题,这种理论首先由心理学家开始研究,他们通过领导效果的好坏,发现好的领导人与差的领导人在个人品质或特性方面有哪些差异,由此确定优秀的领导人的素质。这种归纳分析法成为研究领导特性理论的基本方法。

我国古代《孙子兵法》中,孙武把对将领的基本素质要求归纳为:“将者,智、信、仁、勇、严也。”许多西方管理学家长期以来一直把领导者个人的性格和特征作为描述和预测其领导效能的指标。这种理论研究的前提假设是领导者的个人特质是决定领导才能的关键因素。传统的领导特质理论认为,领导特质是天生的。20 世纪

60年代，美国著名的心理学家吉赛利在《管理才能探索》一书中研究探索了八种个性特征和五种激励特征。

八种个性特征是：①才智——语言与文字方面的才能；②首创精神——开拓创新的愿望和能力；③督察能力——指导监督别人的能力；④自信心——自我评价高、自我感觉好；⑤适应能力——善于与下属沟通信息，交流感情；⑥判断能力——决策判断能力较强，处事果断；⑦性别——男性与女性有一定的区别；⑧成熟程度——经验、工作阅历较为丰富。

五种激励特征是：①工作稳定性的需要；②对物质金钱的需要；③对地位权力的需要；④对自我实现的需要；⑤对事业成就的需要。

吉赛利的研究成果表明，这些特性对领导者成功管理的影响可分为三个层次，即最重要的是：才智、地位权力的需要、督察能力、事业成就的需要、自我实现的需要、自信心、判断能力等，比较次要的是首创精神、工作稳定性的需要、适应能力、物质金钱的需要、成熟程度等，最后才是性别的区别。即一个有效的领导者，首先是才智和自我实现及对事业成功的追求等对能否取得成功关系较大，而与对物质金钱的追求、工作经验等关系不大；其次，一个有效领导者的督察能力和判断能力亦是十分重要的；最后，男性与女性的区别与事业成功与否关系不大。

传统的领导特质理论受到了许多人的批评，现代领导特质理论认为先天的素质只是人的心理发展的生理条件，素质是可以在社会实践中得以培养与提高的。因此，他们主要是从满足实际工作需要和胜任领导工作所需的要求方面来研究领导者应具有的能力、修养和个性。美国普林斯顿大学包莫尔（W. J. Baumol）提出了具有代表性的作为一个领导者应具备的十个条件。

(1)合作精神：即愿与他人一起工作，能赢得人们的合作，对人不是压服，而是感动和说服。

(2)决策能力：即依赖事实而非想象进行决策，具有高瞻远瞩的能力。

(3)组织能力：即能发掘下属的才能，善于组织人力、物力和财力。

(4)精于授权：即能大权独揽，小权分散。

(5)善于应变：即机动灵活，善于进取，而不抱残守缺、墨守成规。

(6)敢于求新：即对新事物、新环境和新观念有敏锐的感受能力。

(7)勇于负责：即对上、下级和用户及整个社会抱有高度的责任心。

(8)敢担风险：即敢于承担企业发展不景气的风险，有创造新局面的雄心和信心。

(9)尊重他人：即重视和采纳别人意见，不盛气凌人。

(10)品德高尚：即品德上为社会人士和企业员工所敬仰。

一般的研究者都认同领导者有六项特质不同于非领导者：进取心、领导意愿、正直与诚实、自信、智慧和与工作相关的知识。

二、领导行为理论

领导才能与追随领导者的意愿都是以领导方式为基础的，所以许多人开始从研究领导者的内在特征转移到外在行为上，这就是领导方式理论。这种理论认为，依据个人行为方式可以对领导进行最好的分类。然而，至今还没有一个公认的“最好的”分类，因而就有各种各样的分类法，这里只着重介绍几种比较有代表性的理论。

（一）勒温的三种极端的领导方式理论

心理学家勒温在试验研究基础上，将领导者的行为方式划分为专制式、民主式及放任式三种，这是较为流行的领导方式的分类。三种领导方式理论主要内容如下。

(1)专制式领导：所有政策均由领导者决定；所有工作进行的步骤和技术，也由领导者发号施令行事；工作分配及组合多由他单独决定；领导者对下属较少接触，如有奖惩，往往对人不对事。

(2)民主式领导：主要政策由组织成员集体讨论决定，领导者采取鼓励与协助态度；通过讨论，使其他人员对工作全貌有所认识，在所设计的完成工作的途径和范围内，下属人员对于进行工作的步骤和所采用的技术，有相当的选择机会。

(3)放任式领导：组织成员或群体有完全的决策权，领导者放任自流，只管给组织成员提供工作所需的资料条件和咨询，而尽量不参与，也不主动干涉，只偶尔表示意见；工作进行几乎全依赖组织成员，各人自行负责。

勒温根据试验还得出，以上三种领导方式中，放任自流式的领导方式工作效率最低，只能达到组织成员的社交目标，但完不成工作目标；专制式的领导方式虽然通过严格管理能够达到既定的任务目标，但组织成员没有责任感，情绪消极，士气低落；民主式的领导方式工作效率最高，不但能完成工作目标，而且组织成员之间关系融洽，工作积极主动，富有创造性。因此，这三种领导方式中，一般认为以民主领导方式的效果较好。

（二）领导连续流理论

美国管理学家坦南鲍姆(R. Tannenbaum)和施密特(W. H. Schmidt)于1958年提出了领导行为连续统一体理论。他们认为，民主与独裁仅是两个极端的情况，这两者之间存在着多种领导行为，从而提出了领导行为的连续统一体理论，如图6.1所示，图中列出了七种典型的领导方式。

这种连续流也称做主管者-非主管者的行为连续流，他们认为领导方式各式各样。一个适宜的领导方法取决于环境和个性。在图6.1中，他们描述了从主要以领导人为中心到主要以下属为中心的七种领导方式，这七种方式依领导者把权力授予下属的大小程度而不同。

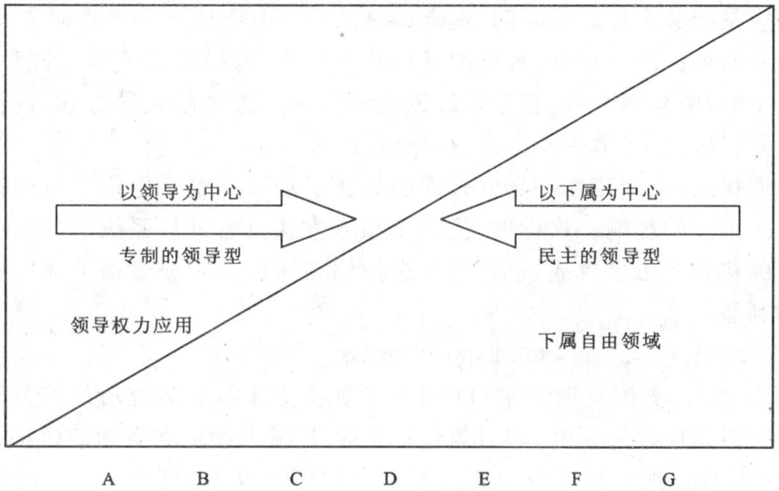

图 6.1　主管者-非主管者的行为连续流

A. 领导作出决策并宣布决策。领导对某个问题作出决策并向下属宣布，让下属执行，下属没有参与决策的机会，只能无条件地服从并执行。也就是说下属同意决策要执行，不同意决策也要执行。

B. 领导“销售”决策。在这种方式中，仍然由领导者作出决策，但领导者不是简单地宣布决策，而要说服下属接受其决策。领导对自己的决策坚信不疑，不会调整自己的决定，只是让下属更清楚地了解他的意图，更好地贯彻执行。

C. 领导提出决策并允许下属提出问题。领导作出了决策后，在一些细枝末节问题上听取下属意见，并适当地进行调整。

D. 领导提出可以修改的暂定计划。领导提出目标、计划方案，提交有关人员讨论，广泛听取意见后再作决策，决策权仍然在领导手中。

E. 领导提出问题，征求建议，作出决策。领导先不提任何解决问题的方案，下属在领导提出问题后，提出各种解决问题的方案，领导综合考虑确定或者选出较为满意的方案。

F. 领导规定界限，让下属作出决策。领导事先解释需要解决的问题，并给要作的决策规定界限，如何解决则由下属群体讨论作出决策。

G. 领导允许下属在规定的界限内行使职权。在这里下属有极大的自由，唯一界限是要遵守上级的规定。上级往往以普通成员的身份参加决策并执行团体所作出的决定。

坦南鲍姆和施密特认为，对于不同的领导方式不能绝对地认为某一种方式好，而另一种不好，而是要考虑各种因素有选择地加以应用。当需要果断指挥时，领导要善于指挥;当需要员工参与决策时,领导要能提供这种可能。也就是说,有效的领导风格应是能够在特定的时间、地点、条件、情境中选择最适当的领导行为,取得理想的领导效果。由此可见,根据领导连续流理论,领导方式不是在两种方法(独裁的或民主的)中任选其一,领导连续流提供的是一系列的领导方式,说不上哪一种方式总是正确的,而另一种方式总是错误的。

应强调指出,他们还在领导方式周围放置了圆形以表示组织环境与社会环境对领导方式施加的影响。这样做,强调了领导方式具有开放系统的性质。这就对主管人员的权力提出了挑战,也就是要求他们在作出决定或管辖下属时应考虑组织外部的利益。

(三)"工作中心"与"员工中心"理论

1947 年以后,美国管理学家利克特及密执安大学社会研究所的有关研究人员曾进行了一系列的领导研究,其对象包括企业、医院及政府各种组织机构。

1961 年,他们把领导者分为两种基本类型,即"以工作为中心(job-centered)"的领导与"以员工为中心(employee-centered)"的领导。前者的特点是:任务分配结构化、严密监督、工作激励、依照详尽的规定行事;而后者的特点是:重视人员行为反应及问题,利用群体实现目标,给予组织成员较大的自由选择的范围。

据此,利克特倡议员工参与管理。他认为有效的领导者是注重于面向下属的,他们依靠信息沟通使所有部门像一个整体那样行事。群体的所有成员(包括主管人员在内)实行一种相互支持的关系,在这种关系中,他们感到在需求价值、愿望、目标与期望方面有真正共同的利益。由于这种领导方式要求对人采取激励方法,因此利克特认为,它是领导一个群体的最为有效的方法。利克特假设了四种管理方法,以此研究和阐明他的领导原则。

第一种管理方法是"利用-命令式"方法。这种管理方法由领导发布指示,决策中没有下属参与;主要用恐吓和处分,有时也偶尔用奖赏去激励人们;惯于由上而下地传达信息,把决策权局限于最高层;等等。

第二种管理方法是"温和-命令式"方法。这种管理方法用奖赏兼某些恐吓及处罚的方法去鼓励下属;允许一些自下而上传递的信息;向下属征求一些想法与意见,并允许把某些决策权授予下属,但加以严格的政策控制。

第三种管理方法是"商议式"方法。使用这种管理方法,领导在作决策时征求、接受和采用下属的建议;通常试图去酌情利用下属的想法与意见;运用奖赏并偶尔兼用处罚的办法和让员工参与管理的办法来激励下属;既使下情上达,又使上情下达;由上级主管部门制定主要的政策和运用于一般情况的决定,但让较低一级的主管部门去作出具体的决定,并采用其他一些方法商量着办事。

第四种管理方法是"集体参与"方法。领导向下属提出挑战性目标,并对他们能够达到目标表示出信心;在诸如制定目标与评价目标所取得的进展方面,让群众参与其事并给予物质奖赏;既使上、下级之间的信息畅通,又使同级人员之间的信息畅通;鼓励各级组织作出决定,或者将他们自己与其下属合起来作为一个群体从事活动。

利克特发现,那些用第四种管理方法去从事管理活动的管理人员,一般都是极有成就的领导者。以此种方法来管理的组织,在制定目标和实现目标方面是最有成绩的。他把这些主要归之于员工参与管理的程度,以及在实践中坚持相互支持的程度。

(四)不成熟—成熟连续流

美国管理学家阿吉里斯的不成熟-成熟连续流理论,是主要集中在个人需求与组织需求问题上的研究。他主张有效的领导者应该帮助人们从不成熟或依赖状态转变到成熟状态。成熟与不成熟的状态如表 6.1 所示。

阿吉里斯认为如果一个组织不为人们提供使他们成熟起来的机会,或不提供把他们作为已经成熟的个人来对待的机会,那么人们就会变得忧虑、沮丧,并且将会以违背组织目标的方式行事。

表 6.1 不成熟-成熟连续流理论状态表

不成熟	成熟
被动性	能动性
依赖性	主动性
办事方法少	办事方法多
兴趣淡漠	兴趣浓厚
目光短浅	目光长远
从属的职位	显要的职位
缺乏自知之明	有乏自知之明,能自我控制

(五)二维构面理论

美国俄亥俄州立大学的研究者们从 1945 年起,对领导问题进行了广泛的研究。他们发现,领导行为可以利用两个构面加以描述:①关怀,②“定规”,一般称之为“俄亥俄学派理论”或“二维构面理论”。这种理论把领导行为归纳为“抓组织”和“关心人”两个因素。

(1)“抓组织”:即注重组织设计、规章制度、责权关系等,要求员工遵守规章制度。

(2)“关心人”:即注重组织气氛、尊重下级、信息交流等。

这两类因素的具体组合就形成四种领导行为,即低组织高关心人、高组织低关心人、高组织高关心人和低组织低关心人。所谓“关心”是指一位领导者对其下属所给予的尊重、信任以及互相了解的程度。从高度关心到低度关心,中间可以有无数不同程度的关心。而所谓“组织”,也就是指领导者对于下属的地位、角色与工作方式，是否都制定有规章或工作程序。这也可有高度的定规和低度的定规。因此，二维构面可构成一个领导行为坐标，大致可分为四个象限或四种领导方式，如图6.2所示。

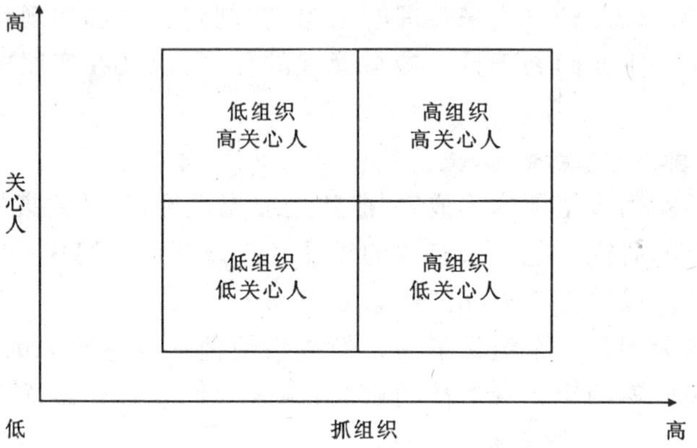

图6.2　四分图理论

这些学者企图发现这些领导方式与一些绩效指标之间的关系。他们发现，在生产部门内，工作技巧评定结果与定规程度呈正相关，而与关心程度呈负相关。但在非生产部门内，这种关系恰恰相反。一般来说，高组织和低关心的领导方式效果最差。

虽然其他人的研究未必都支持上述结论，但这些研究激发了日后对于领导问题越来越多的研究和探讨。

(六)管理方格图理论

美国管理学家布莱克和穆顿于1964年设计了一个巧妙的管理方格图，醒目地表示出主管人员对生产的关心程度和对人的关心程度(图6.3)。横坐标与纵坐标分别表示对生产和对人的关心程度。每个方格就表示"关心生产"和"关心人"这两个基本因素以不同程度相结合的一个领导方式。对生产的关心表示为主管者对各种事物所持的态度。例如：政策决定的质量、程序与过程，研究的创造性，职能人员的服务质量，工作效率及产品产量等。对人的关心含义也很广泛。例如：个人对实现目标所承担的责任，保持职工的自尊，建立在信任而非顺从基础上的职责，保持良好的工作环境以及只有满意感的人际关系等。这和上述二维构面理论极为相似：①它也是采取二维构面来说明领导方式即对人的关心程度(concern for people)和对工作的关心程度(concern for production)；②它也以坐标方式表现上述二维构面的各种组合方式，各有九种程度，因此可以有八十一种组合，形成八十一个方格。这就是所谓的"管理方格"，其中有五种典型的组合，表示五种典型的领导方式。

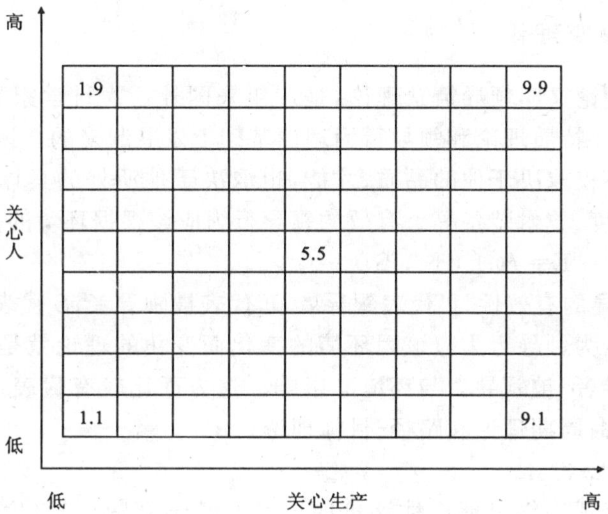

图 6.3 管理方格图

1.1 型为贫乏领导方式:表示对工作和人都极不关心,这种方式的领导者只做一些维持自己职务的最低限度的工作,也就是只要不出差错,多一事不如少一事。

9.1 型为任务领导方式:表示对工作极为关心,但忽略对人的关心,也就是不关心工作人员的需求和满足,并尽可能使后者不致干扰工作的进行。这种方式的领导者拥有很大的权力,强调有效地控制下属,努力完成各项工作。

1.9 型为俱乐部领导方式:表示对人极为关心,也就是关心工作人员的需求是否获得满足,重视搞好关系并强调同事、下级同自己的感情,但忽略工作的效果。

5.5 型为中庸之道领导方式:表示既对工作关心,也对人关心,兼而顾之,程度适中,强调适可而止。这种方式的领导既对工作的质量和数量有一定要求,又强调通过引导和激励去使下属完成任务。但是这种领导往往缺乏进取心,乐意维持现状。

9.9 型为团队领导方式:表示对工作和对人都极为关心。这种方式的领导者能使组织的目标与个人的需求最有效地结合起来,既高度重视组织的各项工作,又能通过沟通和激励,使群体合作,下属人员共同参与管理,使工作成为组织成员自觉自愿的行动,从而获得高的工作效率。这种管理方式充分显示在管理过程中,领导工作的作用表现为使组织更有效、更协调地实现既定目标。也就是说,充分调动组织成员的积极性,把个人与组织目标结合起来,形成人人为组织目标的实现而努力的生动活泼的局面。其关键在于如何协调个人与组织的目标。

应该指出,上述五种典型领导方式理论,也仅仅是理论上的描述,都是一种极端的情况。在实际生活中,很难会出现纯之又纯的典型领导方式。

三、领导权变理论

领导权变理论又叫领导情景理论,是近年来国外行为科学家重点研究的领导理论,它是在领导特质理论和领导行为理论基础上发展起来的。该理论认为,领导者的领导行为不仅取决于他的品质、才能,也取决于他所处的具体环境,如下级的水平、工作的难度、技术装备等。有效的领导行为应该根据环境的变化而变化。

$$E=f(L, F, S)$$

式中:E 代表领导的有效性,L 代表领导者,F 代表被领导者,S 代表环境,f 代表函数关系。这种认为领导行为应该因环境的变化而变化的理论就是领导权变理论,它同时关注领导者、被领导者与环境的影响。这方面比较有代表性的理论有费德勒模型、领导生命周期理论和路径-目标理论。

(一)菲德勒模型

最早对权变理论作出理论性评价的人是心理学家费德勒(F. Fiedler)。他于1962 年提出了一个"有效领导的权变模式(contingency model of leadership effectiveness)",即费德勒模式(表 6.2)。

表 6.2　费德勒模型

上下级关系	好				差			
任务结构	明确		不明确		明确		不明确	
职位权力	强	弱	强	弱	强	弱	强	弱
情境类别	1	2	3	4	5	6	7	8
领导所处的情境	有利			中间状态			不利	
有效的领导方式	任务导向			关系导向			任务导向	

这个模式把领导人的特质研究与领导行为的研究有机地结合起来,并将其与情境分类联系起来研究领导的效果。他通过 15 年调查之后,提出:有效的领导行为,依赖于领导者与被领导者相互影响的方式及情境给予领导者的控制和影响程度的一致性。他把影响领导者领导风格的环境因素归纳为三个方面:职位权力、任务结构和上、下级关系。

1. 职位权力

职位权力指的是与领导者职位相关联的正式职权和从上级及整个组织各个方面所得到的支持程度,这一职位权力由领导者对下属所拥有的实有权力所决定。领导者拥有这种明确的职位权力时,则组织成员将会更顺从他的领导,有利于提高工作效率。

2. 任务结构

任务结构是指工作任务明确程度和有关人员对工作任务的职责明确程度。当工作任务本身十分明确,组织成员对工作任务的职责明确时,领导者对工作过程易于控制,整个组织完成工作任务的方向就更加明确。

3. 上下级关系

上下级关系是指下属对一位领导者的信任、爱戴和拥护程度,以及领导者对下属的关心、爱护程度。这一点对履行领导职能是很重要的。因为职位权力和任务结构可以由组织控制,而上、下级关系是组织无法控制的。

费德勒将上述三种情境因素组合成八种情况。三种条件都具备或基本具备的,即领导成员关系良好、有任务结构(工作任务明确)、职位权力强,是有利的领导情境(情境 1、2、3);三者有一项或两项具备,是领导的一般环境(情境 4、5、6);三种条件都不具备,是不利的领导情境(情境 7、8)。这一模式指出,要提高领导的有效性,必须改变领导方式,或者改变领导者所处的环境。在环境因素有利或不利的条件下,应该选择以关心工作任务为中心的任务导向型领导者;否则,应该选择以关心人为中心的领导者。

费德勒的研究结果表明:根据群体工作情境,采取适当的领导方式可以把群体绩效提高到最大限度;当情境非常有利或非常不利时,采取工作导向型领导方式是合适的;但在各方面因素交织在一起且情境有利程度适中时,以人为重的领导方式更为有效。总体来说,大量研究对费德勒模型的总体效度进行了考察,并得出十分积极的结论。有相当多的证据支持这一模型。但是,该模型也存在一些欠缺:①可能还需要增加一些变量来进行改进与弥补;②在实践中也很难确定"领导—成员"关系有多好,"任务的结构化"有多高,以及"领导者拥有的职权"有多大(很难测量,没有很好的测量标准);③对个体属于两种领导风格中的哪一种,其判断是从费德勒设计的 LPC 问卷中得来的,而回答者的 LPC 分数并不稳定,而且 LPC 问卷也仅仅只是一份简单的心理测验调查问卷。

(二)领导生命周期理论

领导生命周期理论由美国学者科曼(A. K. Korman)首先提出,保罗·赫塞(P. Hersey)与肯尼思·布兰查德(K. Blanchard)进一步发展了该理论(图 6.4)。该理论认为,下属的"成熟度"对领导者的领导方式起重要作用。所以,对不同"成熟度"的员工采取的领导方式有所不同。

所谓"成熟度"是指人们对自己的行为承担责任的能力和愿望的大小。它取决于两个要素:工作成熟度和心理成熟度。工作成熟度包括一个人的知识和技能,工作成熟度高的人拥有足够的知识、能力和经验完成他们的工作任务而不需要他人的指导。心理成熟度指的是一个人做某事的意愿和动机。心理成熟度高的个体不

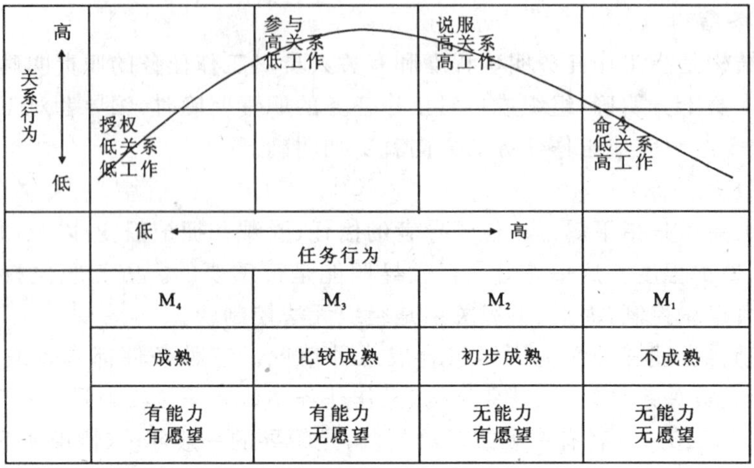

图 6.4　领导生命周期理论

需要太多的外部激励，他们靠内部动机激励。

在管理方格图的基础上，根据员工的成熟度不同，可以将领导方式分为四种：命令式、说服式、参与式和授权式，如图 6.4 所示。

图 6.4 中 M_1 代表不成熟的下属，他们既没有工作的能力，也没有工作的愿望；M_2 代表初步成熟的下属，他们没有工作的能力，但都有工作的愿望；M_3 代表比较成熟的下属，他们有工作的能力，但是没有工作的愿望；M_4 代表成熟的下属，他们既有工作的能力，也有工作的愿望。随着下属从不成熟走向成熟，领导者不仅要减少对活动的控制，而且也要减少对下属的帮助。

1. 命令式

命令式表现为高工作低关系型领导方式，领导者对下属进行分工并具体指点下属应当干什么、如何干、何时干，它强调直接指挥。因为在这一阶段，下属缺乏接受和承担任务的能力和愿望，既不能胜任又缺乏自觉性。

2. 说服式

说服式表现为高工作高关系型领导方式。领导者既给下属以一定的指导，又注意保护和鼓励下属的积极性。因为在这一阶段，下属愿意承担任务，但缺乏足够的能力，有积极性但没有完成任务所需的技能。

3. 参与式

参与式表现为低工作高关系型领导方式。领导者与下属共同参与决策，领导者着重给下属以支持及其内部的协调沟通。因为在这一阶段，下属具有完成领导者所交给任务的能力，但没有足够的积极性。

4. 授权式

授权式表现为低工作低关系型领导方式。领导者几乎不加指点，由下属自己独立地开展工作，完成任务。因为在这一阶段，下属能够而且愿意去做领导者要他们做的事。根据下属成熟度和组织所面临的环境，领导生命周期理论认为随着下属从不成熟走向成熟，领导者不仅要减少对活动的控制，而且也要减少对下属的帮助。当下属成熟度不高时，领导者要给予明确的指导和严格的控制；当下属成熟度较高时，领导者只要给出明确的目标和工作要求，由下属自我控制和完成。

（三）路径-目标理论

路径-目标理论是由加拿大多伦多大学教授伊凡斯在 1968 年首先提出，并由其同事罗伯特·豪斯(Robert House)等人加以扩充并逐渐完善的。与费德勒的观点相反，豪斯认为领导者是弹性灵活的，同一领导者可以根据不同的情境表现出任何一种领导风格。他认为有效领导者是通过明确指明实现工作目标的途径，制定合理的、员工所期待的报酬，为下属清理各项障碍，来帮助下属实现目标的。根据该理论，领导方式可以分为四种。

1. 指示型领导方式

领导者应该对下属提出要求，指明方向，给下属提供他们应该得到的指导和帮助，使下属能够按照工作程序去完成自己的任务，实现自己的目标。

2. 支持型领导方式

领导者对下属友好，平易近人，平等待人，与下属关系融洽，关心下属的生活、福利。

3. 参与型领导方式

领导者经常与下属沟通信息，商量工作，虚心听取下属的意见，让下属参与决策，参与管理。

4. 成就指向型领导方式

领导者做的一项重要工作就是树立具有挑战性的组织目标，激励下属想方设法去实现目标，迎接挑战。

路径-目标理论对领导者的启示是：领导者可以而且应该根据不同的环境特点来调整领导方式和作风，当领导者面临一个新的工作环境时，他可以采用指示型领导方式，指导下属建立明确的任务结构和明确每个人的工作任务，接着可以采用支持型领导方式，它有利于与下属形成一种协调和谐的工作气氛；当领导者对组织的情况进一步熟悉后，可以采用参与型领导方式，积极主动地与下属沟通信息，商量工作，让下属参与决策和管理。在此基础上，就可以采用成就指向型领导方式，即领导者与下属一起制定具有挑战性的组织目标，然后为实现组织目标而努力工作，并且运用各种有效的方法激励下属实现目标。

第四节 领导艺术

领导艺术是领导者个人素质的综合反映，是因人而异的。黑格尔说过“世界上没有完全相同的两片叶子”，同样也没有完全相同的两个人，没有完全相同的领导者和领导模式。有多少个领导者就有多少种领导模式。

一、领导艺术的概念

领导艺术(The Art of Leadership)，是指在领导的方式方法上表现出的创造性和有效性。从其含义中可见，领导艺术的含义，要从以下两个方面把握。一是创造，是真、善、美在领导活动中的自由创造性。“真”是把握规律，在规律中创造升华，升华到艺术境界；“善”就是要符合政治理念；“美”是指领导使人愉悦、舒畅。二是有效性，领导实践活动是检验领导艺术的唯一标准。

二、领导艺术的特点

这是一个变的时代，速度制胜的商业时代，唯一不变的就是变，速度成为商业的第一核心竞争力。无论是企业还是个人都在强调：快……快点……再快点……这个时代的特点可以概括为：快得始料未及，变得超出想象。显然，人们对速度的要求较以前更高了。纵观商业社会与人们生活的变化，不仅仅要跑得快，而且还要狂奔。过去毛主席说“落后要挨打”，如今不仅会被“挨打”，而且到了“不快即死”的境地。英特尔总裁格鲁夫在《唯偏执狂才能生存》中指出：“世界在既延伸又拉近，既垂直又水平，既协力又竞争。而时间，不保证任何企业，或个人的成就。上一个小时造就你的因素，下一个小时可能会颠覆你。无论企业，或是个人，其核心就是建立在速度的基础上瞬间决策，颠覆传统，打破惯性思维，挑战先例，并接受新的规则。”

速度的时代，企业不仅仅要技术的创新，更要管理的创新。传统的管理模式已经过时，21世纪需要每个人自动自发地创新。管理者不是带着管理模式加盟企业，而是根据企业迅速地创新。优秀的领导者不仅要在战略思想上遵循“下雨打伞”的自然法则，同时，在管理风格上要随势而变，像水一样灵活。

鉴于此，领导艺术的特点就是突破性和创造性、非模式化和非规范性、随机性和灵活性。

三、主要的领导艺术

(一)用人的艺术

如何用好人，除了要端正用人思想，让那些想干事的人有事干，能干事的人干好事外，在用人技巧上还要注意以下问题。

1. 善于用人所长

用人之诀在于用人所长，且最大限度地实现其优势互补。用人所长，首先要注意“适位”。陈景润如果不是被华罗庚发现，并将他调到数学研究所工作，他就难以摘取数学皇冠上的明珠。唐僧之所以能西天取经成功，主要是他能做到知人善任，把孙悟空、沙和尚、猪八戒安排到最适合他们的岗位上去，实现了人才所长与岗位所需的最佳组合。其次要注意“适时”。“用人用在精壮时”，界定各类人才所长的最佳使用期，不能单纯以年龄为依据，而应以素质作决定，对看准的人一定要大胆使用、及时使用。第三要注意“适度”。领导者用人不能搞“鞭打快牛”，“快牛”只能用在关键时候、紧要时刻，如果平时只顾用起来顺手、放心，长期压着那些工作责任心和工作能力都较强的人在“快车道”上超负荷运转，这些“快牛”必将成为“慢牛”或“死牛”。

2. 善于用人所爱

有位中学生曾向比尔·盖茨请教成功的秘诀，盖茨对他说：“做你所爱，爱你所做。”爱因斯坦生前曾接到要他出任以色列总统的邀请，对这个不少人垂涎的职务，他却婉言谢绝了，仍钟情于搞他的科研。正因为有了他这种明智的爱，才有了爱因斯坦这个伟大的科学家。领导者在用人的过程中，就要知人所爱、帮人所爱、成人所爱。

3. 善于用人所变

鲁迅、郭沫若原来都是学医的，后来却成了中华民族的文坛巨人。很多名人名家的成功人生告诉我们：人的特长是可以转移的，能产生特长转移的人，大都是一些创新思维与能力较强的人。对这种人才，领导者应倍加珍惜，应适时调整对他们的使用，让他们在更适合自己的发展空间里去施展才华。

（二）决策的艺术

决策是领导者要做的主要工作，决策一旦失误，对单位就意味着损失，对自己就意味着失职。这就要求领导者要强化决策意识，尽快提高决策水平，尽量减少各种决策性浪费。

1. 决策前注重调查

领导者在决策前一定要多作些调查研究，搞清各种情况，尤其是要把大家的情绪和呼声作为自己决策的第一信号，不能无准备就进入决策状态。

2. 决策中注意民主

领导者在决策中要充分发扬民主，优选决策方案，尤其碰到一些非常规性决策，应懂得按照“利利相交取其大、弊弊相交取其小、利弊相交取其利”的原则，适时进行决策，不能未谋乱断，错失决策良机。

3. 决策后狠抓落实

决策一旦定下来，就要认真抓好实施，做到言必行、行必果，决不能朝令夕改。一个领导者在工作中花样太多，是一种不成熟的表现。

(三)处事的艺术

常听到不少领导者感叹：现在的事情实在太多，怎样忙也忙不过来。一个会当领导的人，不应该成为做事最多的人，而应该成为做事最精的人。

1. 做自己该做的事

当前，摆在领导者面前的事情主要有三类：一是领导者想干、擅长干、必须要干的事，如用人、决策等；二是领导者想干、必须干、但不擅长干的事，如跑路子、挣资金等；三是领导者不想干、不擅长干、也不一定要干的事，如一些小应酬、一些可去可不去的会议等。领导者对该自己管的事一定要管好，对不该自己管的事一定不要管，尤其是那些已经明确了是下属分管的工作和只要按有关制度就可办的事，一定不要乱插手、乱干预，多做着眼明天的事。领导者应经常去反思昨天、干好今天、谋划明天，多做一些有利于本地方或本单位可持续发展的事。比如，勾画一个明晰且富于自身特点的长、中、短期工作目标，打造一个团结战斗且优势互补的领导班子。

2. 多做最为重要的事

领导者应多做最为重要的事，比如，寻找到一条能适合本地经济发展的新路子，调动下属的工作积极性。领导者在做事时应先做最重要和最紧要的事，不能主次不分，见事就做。

(四)协调的艺术

没有协调能力的人当不好领导者。协调，不仅要明确协调对象和协调方式，还要掌握一些相应的协调技巧。

1. 对上请示沟通

下级领导平时要主动多向上级领导请示汇报工作，若在工作中有意或无意得罪了上级领导，靠“顶”和“躲”是不行的。理智的办法：一是要主动沟通，错了的要大胆承认，误会了的要解释清楚，以求得到领导的谅解；二是要请人调解，这个调解人，与自己关系要好，与领导的关系更要非同一般。

2. 对下沟通协调

当下属在一些涉及到个人利益的问题上对单位或对领导有意见时，领导者应通过谈心、交心等方式来消除彼此间的误解。对能解决的问题一定要尽快解决，一时解决不了的问题，也要向人家说清原因，千万不能以“打哈哈”的方式去对待人或糊弄人。

3. 对外争让有度

领导者在与外面平级单位的协调中，其领导艺术就往往体现在争让之间。大事要争，小事要让，不能遇事必争，也不能遇事皆让。该争不争，就会丧失原则；该让不让，就会影响全局。

（五）运时的艺术

时间是一种无形的稀缺资源，领导者不能无视它，更不能浪费它。

1. 强化时间意识

有人作了统计：一个人一生的有效工作时间大约一万天。一个领导者的有效当"官"时间就是10至15年。一旦错过这个有效时间，你思想再好、能力再高，也常常是心有余而力不足。所以，领导者要利用这宝贵的时间多做点有意义的事。

2. 学会管理时间

领导者管理时间应包括两个方面。一是要善于把握好自己的时间。当一件事摆在领导者眼前时，领导者应先问一问自己"这事值不值得做?"然后再问一问自己"是不是现在必须做?"最后还要问一问自己"是不是必须自己做?"只有这样才能比较主动地驾驭好自己的时间。二是不随便浪费别人的时间。有人作过统计：某领导者有3/5的时间用在开会上。领导者要力戒"会瘾"，不要动不动就开会，不要认为工作就是开会。万一要开会，领导者也应开短会、说短话。

3. 养成惜时习惯

人才学的研究表明：成功人士与非成功人士的一个主要区别，就是成功人士年轻时就养成了惜时的习惯。作为领导者，要像比尔·盖茨那样"能站着说的东西就不要坐着说，能站着说完的东西就不要进会议室去说，能写个便条的东西就不要写成文件。"只有这样才能形成好的惜时习惯。

（六）理财的艺术

1. 懂得怎样去找钱

找钱就是要学会"开源"，也就是要利用各种可行的途径去广开财路，增加收入。比如，领导者要经常开动脑筋到省、市、县有关部门去争取各种资金，千万不要将"开源"的希望寄托在乱收费上。

2. 懂得怎样去管钱

按照上级的有关规定，领导者不能直接管财务。但这并不意味着领导者对单位的经费使用情况不闻不问。对单位的一些主要经费开支情况，领导者一定要定期进行审核，看看有没有违规违纪的情况，有没有不该花的钱。

（七）说话的艺术

说话是一门艺术，它是反映领导者综合素质的一面镜子，也是下属评价领导者水平的一把尺子。领导者要提高说话艺术，除了要提高语言表达基本功外，关键要提高语言表达艺术。

1. 做到言之有物

所谓言之有物，就是领导者在下属面前讲话，不能空话连篇，套话成堆，要尽量做到实话实说，让大家能经常从领导者的讲话中，获取一些新的有效信息，听到一些新的见解，受到一些新的启发。

2. 做到言之有理

领导者在下属面前讲话，不能官气十足，应注意情理相融。

3. 做到情理相融

一是要讲好道理。讲道理不能搞空对空，一定要与下属的思想、工作、生活等实际紧密结合起来，力求以理服人。二是要注意条理。讲话不能信口开河，语无伦次，一定要让人感到条理清晰、层次分明。三是要通情理。领导者不能拿大话来压人，要多讲些大家眼前最关心的问题、大家心里最想的问题，做到言之有味。领导者在下属面前讲话时，语言要带点甜味，要有点新意，要有点幽默感。小平同志有一句话大家耳熟能详，即“不管白猫黑猫，抓住老鼠就是好猫”。这话说得形象生动，意味十足。

（八）激励的艺术

管理要重在人本管理，人本管理的核心就是重激励。领导者要调动大家的积极性，就要学会如何去激励下属。

1. 激励要注意适时进行

美国前总统里根曾说过这样一句话：“对下属给予适时的表扬和激励，会帮助他们成为一个特殊的人。”一个聪明的领导者要善于经常适时、适度地表扬下属。这种“零成本”激励，往往会“夸”出很多为你效劳的好下属。

2. 激励注意因人而异

领导者在激励下属时，一定要区别对待。领导者最好在激励之前，搞清被激励者最喜欢什么、最讨厌什么、最忌讳什么，尽可能投其所好。

3. 激励注意多管齐下

激励的方式方法很多，有目标激励、榜样激励、责任激励、竞赛激励、关怀激励、许诺激励、金钱激励等，但从大的方面来划分主要可分为精神激励和物质激励两大类。领导者在进行激励时，要以精神激励为主，以物质激励为辅，只有形成这样的激励机制，才是一种有效的激励机制，才是一种长效的激励机制。

关于激励的具体方式在第七章将有详细的论述。

本章小结

（1）领导通过对被领导者行使示范、说服、命令等领导职能，促成被领导者努力地实现既定的组织目标。管理和领导概念既有联系，又有区别。

（2）领导者的影响力主要来自两个方面：一是来自于职位权力，包括支配权、强制权和奖励权；二是来自个人权力，包括专长权和感召权。拥有权力的领导者在实际工作中应该正确地运用组织所赋予的权力，从而提高自身的影响力。

(3)领导方式是指领导者在活动中表现出来的比较固定的、经常使用的行为方式和方法的总和，表现为领导者的个性。选择什么样的领导方式，对于管理的结果也有很重要的影响。领导方式可以有不同的分类，按权力控制程度划分，可分为集权型领导、分权型领导、均权型领导；按领导重心所向划分，可分为以事为中心的领导、以人为中心的领导、人事并重式的领导；按领导者的态度划分，可分为体谅型领导、严厉型领导；按决策权力大小划分，可分为专断型领导、民主型领导、自由型领导。

(4)领导理论主要有领导特质理论、领导行为理论和领导权变理论三大类。其他领导理论主要介绍了魅力型领导、交易型领导、转换型领导、战略型领导、跨文化型领导、伦理型领导。

(5)领导艺术包括用人的艺术、决策的艺术、处事的艺术、协调的艺术、运时的艺术、理财的艺术、说话的艺术、激励的艺术等。

习　题

1. 单项选择题

(1)领导是对个体行为和群体行为进行(　　)的影响。

A. 技术上　B. 方向上　C. 方法上　D. 以上各项

(2)命令一致原理是(　　)工作的原理。

A. 计划　B. 组织　C. 领导　D. 控制

(3)(　　)原理表明，使人们充分理解组织目标和任务，是领导工作的重要内容。

A. 目标协调　B. 命令一致

C. 直接管理　D. 指明目标

(4)(　　)原理强调上级主管所发布的命令不能相互矛盾或抵触，更不能“朝令夕改”。

A. 统一领导　B. 命令一致

C. 直接管理　D. 直接控制

(5)王先生是某公司的一名年轻技术人员，一年前被调到公司企划部任经理，考虑到自己的资历、经验等，他采取了较为宽松的管理方式。在(　　)的情况下，王先生的领导风格最有助于产生较好的管理效果。

A. 企划部任务明确，王先生与下属关系好但职位权力弱

B. 企划部任务明确，王先生与下属关系差但职位权力弱

C. 企划部任务不明确，王先生与下属关系差且职位权力弱

D. 企划部任务不明确，王先生与下属关系好且职位权力强

2. 多项选择题

(1)领导工作的含义包括(　　)。

A. 对下属施加影响　　B. 给予技术和方法上的指导

C. 进行方向上的引导　　D. 引发下属的潜在才能

E. 促进组织的沟通

(2)领导工作的原理有(　　)。

A. 职务明确原理　　B. 直接管理原理

C. 责权利一致原理　　D. 指明目标原理

E. 激励原理

(3)领导工作的作用有(　　)。

A. 更有效地实现组织目标　　B. 更协调地实现组织目标

C. 激发下属的积极性　　D. 有助于确定科学的定额

E. 有利于培养组织中的管理者

(4)领导职能的作用主要表现为(　　)。

A. 指挥　　B. 协调　　C. 激励　　D. 凝聚

E. 奖惩

(5)领导权力的来源主要包括(　　)。

A. 法定权力　　B. 奖赏权力　　C. 惩罚权力　　D. 感召权力

E. 专长权力

3. 判断题

(1)领导的本质是一种影响力,是被领导者的追随和服从。(　)

(2)勒温根据实证研究指出,民主作风的领导工作效率最低。(　)

(3)路径-目标理论是一种领导行为理论。(　)

(4)对高层领导来说,"技术技能"显得更为重要。(　)

(5)按照领导特质理论的观点,领导者之所以成为领导者,是由于他们具有与众不同的优秀品质和特殊能力。(　)

4. 简答题

(1)简述领导的定义及其基本特征。

(2)领导有哪些职能?

(3)有人说企业领导就是企业高层管理者,你认为这种说法正确吗?为什么?

(4)简述领导特质理论的基本内容。

(5)领导权变理论提出的主要论点是什么?费德勒的领导权变理论的主要内容和方法是什么?

(6)用领导方格理论和领导行为连续统一体理论来辨析你所熟悉或钦佩的一位企业领导人的领导方式。

【案例分析】

赵兰是西南百货的总会计师，在公司工作20年，待人和蔼，在公司名望较高，要求下属对自己的工作有很好的理解。年初她被提拔为商业厅副厅长。张颖毕业于一流大学会计系，在外企有7年总会计师的工作经验，被西南百货挖来接任赵兰的职位。但是在张颖就职后遇到很多问题，例如，在她向下属要数据时，下属问她为什么要这些数据。她很不理解，认为她需要什么样的数据不需要告诉下属，这是她的权力。另一件事是一位下属提供的数据有误，使她在经理会上很丢面子，然后她当众批评了这位下属，等等。总之，张颖感觉下属不是很配合自己的工作，而且由于下属的不配合，导致与其他部门的协调上出现了很多问题。

思考题

1. 试用领导风格理论分析为何会出现这些问题。

2. 该案例对实践有何指导意义？

【实训环节】 领导能力训练

1. 作一次班长模拟竞选，竞选人必须提出竞选报告，主要内容包括：班级管理目标和方法，对班长应具备的基本素质的认识，对班长职责的认识。

2. 美国人阿尔伯特·哈伯德写了一本小册子名叫《把信送给加西亚》，这是一本世界上最畅销的讲执行力的书，书中描写了美西战争时，美军中有一位中尉名叫罗文，当总统下令让他把一封带有重要军事情报的信送给古巴的将军加西亚时，罗文中尉只说了一个字“是”，罗文不会说“不”，这就是执行力。

西点军校大名鼎鼎，它的确具有神奇的光环：自1802年建校以来，西点军校培养出了2位总统、4位五星上将、3 700名将军。在美国陆军中，40%的将军来自西点军校，二战后，在世界500强的历任高管中，有1 000多名董事长、2 000多名副董事长，以及5 000多名总经理来自西点军校。全美任何一所商学院都没有培养出如此众多的管理精英。

要培养领导力，首先培养执行力，而执行力源于身体力行。西点军校学生入学的第一年就是训练执行力，后三年训练领导力。西点军校培养领军人物的独到之处，就是塑造所谓有品格的领军人物。而领军人物的品格，根据西点的解释，包括追求真理，评判是非；在行动中表现出的勇气、承诺和责任；道德，最高品德；坚定、决断、自我约束和判断力。

领导力是可以培养出来的，关键在于你有没有做领导的欲望。如果你想成为一个有效的领导者，不妨从自身品格锻炼开始，培养自己的自信心、决策能力和责任心。

第七章　激励

【名言采撷】

世界上唯一能够影响对方的方法就是给他要的东西，而且告诉他，如何才能得到它。

——戴尔·卡耐基

【教学目标】

学完本章后，你应该能够：

1. 了解激励的含义，理解激励在管理实践中的作用；
2. 明确激励的过程；
3. 掌握常用的激励理论及其在管理实践中的运用方法。

【技能目标】

1. 具备制订激励计划的基本能力；
2. 具有在实践中运用激励理论的能力。

【案例导入】

华为为加班创造条件

深圳华为公司是中国最大的通信设备供应商，拥有上万人的研发团队，业务遍及全球。华为在创业时有一个传统，叫“床垫文化”——几乎每个开发人员都有一张床垫。午休时，席地而卧；加班晚了不回家，与垫相伴。累了睡，醒了爬起来再干，一张床垫相当于半个家。“床垫文化”是华为精神的象征。

尽管华为没有一个公开条例鼓励员工加班，但是华为却一直在创造条件，让员工乐于加班。

首先，华为为每名员工卡里打入800元钱，作为一个月在公司内部吃饭购物的花销，如果员工晚上在公司加班到八点半之后，可以领到免费的夜宵。另外在公司加班到夜里十点半之后，公司可以为员工报销打车回家的出租车票。所以70%以上的员工，都会自动加班到八点半，因为刚毕业的大学生居多，平时也没有什么娱乐活动，大部分男员工也是单身，所以很多人都自动加班到八点半后回家。

在华为员工加班的背后，是华为的严格绩效考核制度。在网络设备制造商领域内，华为的年终分红和奖金算是比较高的。不过，并非每名员工都能拿到这笔绩效奖金，因为员工每个月要进行绩效考核。绩效考核分为A、B、C三个档次，每年每个档次的总绩效奖金差别在五千元以上。

绩效考核按照员工比例来固定分配，A档次一般占员工总数的5%左右，B档次占45%，C档次占45%，还有5%的员工将被视作最后一档：待查。

如果连续几个月获得C或者待查的员工，不仅拿不到奖金，也意味着被内部调岗或者降薪，对于员工来说，被调动到工资低的岗位或者降低工资，收入损失都不小。

考核员工的绩效，往往是领导根据员工是否按质按量的完成工作来确定。而能够按质按量的完成工作，就意味着员工必须加班，才能跟上华为的快节奏，不至于自己成为整个工程环节的拖后腿者。

（资料来源：2008－1－10 网易论坛《华为员工详述华为加班内幕》）

经理们时刻在思考如何让员工多干、快干、自觉干。工作中我们应该怎么样激励员工呢？威廉·詹姆斯(William James)主持的一项研究说明了激励的重要性。詹姆斯发现，计时工在工作中大约只发挥了他们能力的20%～30%，而一个受到高激励的员工能够发挥其能力的80%～90%。所以受到高激励的员工能够取得更好的工作绩效，同时旷工、拖拉、离职和不满等情况显著减少。

第一节　激励概述

一、激励的含义

从字面上理解，激励含有激发、鼓励之意。所谓激励，就是激发人的动机，使人产生内在动力的过程。激励的首要目的是为了调动组织人员的积极性，激发组织人员的主动性和创造性，以提高组织效益。激励涉及三层含义：一是激励涉及刺激人的行为的活动；二是激励涉及引导人的行为达到指定目标，三是激励涉及使这些行为持续下去的方法。

关于激励的含义，可以从以下几个方面来理解。

(1)激励的出发点是满足组织成员的各种需要，即通过系统地设计适当的外部奖酬形式和工作环境，来满足企业员工的外在性需要和内在性需要。

(2)科学的激励工作需要奖励和惩罚并举，既要对员工表现出来的符合企业期望的行为进行奖励，又要对不符合员工期望的行为进行惩罚。

(3)激励贯穿于企业员工工作的全过程，包括对员工个人需要的了解、个性的把握、行为过程的控制和行为结果的评价等。因此，激励工作需要耐心。赫兹伯格说："如何激励员工：锲而不舍。"

(4)信息沟通贯穿于激励工作的始末,从对激励制度的宣传、企业员工个人的了解,到对员工行为过程的控制和对员工行为结果的评价等,都依赖于一定的信息沟通。企业组织中信息沟通是否通畅,是否及时、准确、全面,直接影响着激励制度的运用效果和激励工作的成本。

(5)激励的最终目的是在实现组织预期目标的同时,也能让组织成员实现其个人目标,即达到组织目标和员工个人目标在客观上的统一。

由此可见,激励的目的是为了调动组织成员工作的积极性、主动性和创造性。动机是引起某种行为,维持该行为,并将其引向一定目标的过程。心理学认为,行动由动机决定,动机来自于需要。激励就是需要、动机、目标三个要素衔接而成的一个过程,如图 7.1 所示。人的一切行为都是由需要引起的。需要是一种人类心理反应过程,是指人对某种事物的渴求或欲望。动机是在需要的基础上产生的,它引起和维持个体行为并将此导向某一目标的愿望和意念,它是一个人产生某种行为的直接原因。行为是指个体在环境影响下所引起的内在生理和心理变化的外在反应。行为指向目标。人产生需要而未得到满足时,会产生一种紧张不安的心理状态,在遇到能够满足需要的目标时,这种紧张的心理状态就会转化为动机,推动人们去从事某种活动,去实现目标。目标是行为所要实现的结果,目标得以实现就获得生理或心理的满足,紧张的心理状态就会消除。这时又会产生新的需要,引起新的动机,指向新的目标。

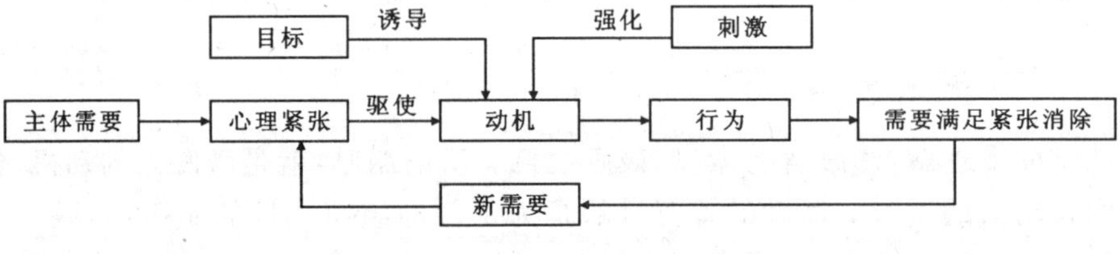

图 7.1 需要、动机、目标三要素间的互动图

二、激励机制及其作用

(一)激励机制

激励机制是在激励中起关键性作用的一些因素,由时机、频率、程度、方向等因素组成。它的功能集中表现在对激励的效果有直接和显著的影响,所以认识和了解激励的机制,对搞好激励工作是大有益处的。

1. 激励时机

激励时机是激励机制的一个重要因素。激励在不同时间进行,其作用与效果是有很大差别的。超前激励可能会使下属感到无足轻重,迟到的激励可能会让下属觉得画蛇添足,失去了激励应有的意义。

2. 激励频率

激励频率是指在一定时间里进行激励的次数,它一般是以一个工作周期为时间单位的。激励频率的高低是由一个工作周期里激励次数的多少所决定的,激励频率与激励效果之间并不完全是简单的正相关关系。激励频率的选择受多种客观因素的制约,这些客观因素包括工作的内容和性质、任务目标的明确程度、激励对象的素质情况、劳动条件和人事环境等。

3. 激励程度

激励程度是指激励量的大小,即奖赏或惩罚标准的高低。它是激励机制的重要因素之一,与激励效果有着极为密切的联系。能否恰当地掌握激励程度,直接影响激励作用的发挥。超量激励和欠量激励不但起不到激励的真正作用,有时甚至还会起反作用。比如:过分优厚的奖赏,会使人感到得来全不费工夫,丧失了发挥潜力的积极性;过分苛刻的惩罚,可能会导致人的"摔破罐"心理,挫伤下属改善工作的信心;过于吝啬的奖赏,会使人感到得不偿失,多干不如少干;过于轻微的惩罚,可能导致人的无所谓心理,不但不会改掉毛病,反而会变本加厉。所以从量上把握激励,一定要做到恰如其分,激励程度不能过高也不能过低。

4. 激励方向

激励方向是指激励的针对性,即针对什么样的内容来实施激励,它对激励效果也有显著影响。马斯洛的需要层次理论有力地表明,激励方向的选择与激励作用的发挥有着非常密切的关系。比如,对一个具有强烈自我表现欲望的员工来说,如果要对他所取得的成绩予以奖励,奖给他奖金和实物不如为他创造一次能充分表现自己才能的机会,使他从中得到更大的鼓励。

(二)激励的作用

1. 吸引人才

那些竞争力强、实力雄厚的企业,常常通过各种优惠政策、丰厚的福利待遇、快捷的晋升途径来吸引企业需要的人才。

2. 开发员工的潜在能力

哈佛大学的威廉·詹姆斯(W. James)教授在对员工激励的研究中发现,按时计酬的分配制度仅能让员工发挥20%～30%的能力,如果受到充分激励的话,员工的能力可以发挥出80%～90%,两种情况之间60%的差距就是有效激励的结果。

研究结果表明,职工的激励和组织的绩效密切相关,其关系可表示为:

$$绩效=f(能力、激励、环境)$$

上式表明,在一个人能力不变的情况下,工作成绩的大小,取决于特定环境下被激励的程度,即组织的绩效大小本质取决于组织成员的能力、成员被激励的程度和工作环境条件。组织成员要有效地工作，首先是要明确自己如何去做，能否胜任（能力）；其次，要有做好这项工作的动力（激励）；最后，要有从事这项工作所需要的材料、工具和适当的条件（环境）。如果缺少这三个要素，或者这三个要素不充分，就不可能使员工取得有效的业绩。由此可见，领导者如果不对下属进行有效的激励，即使拥有工作能力强的下属，并为他们提供最好的工具和设备，也无法使下属创造好的工作业绩。

3. 留住优秀人才

彼得·德鲁克认为，每一个组织都需要三个方面的绩效：直接的成果、价值的实现和未来的人力发展。缺少任何一方面的绩效，组织非垮不可。因此，每一位管理者都必须在这三个方面均有贡献。在三方面的贡献中，对"未来的人力发展"的贡献就是来自激励工作。

4. 造就良性的竞争环境

科学的激励制度包含有一种竞争精神，它的运行能够创造出一种良性的竞争环境，进而形成良性的竞争机制。在具有竞争性的环境中，组织成员就会受到环境的压力，这种压力将转变为员工努力工作的动力。正如麦格雷戈（D. M. McGregor）所说："个人与个人之间的竞争，才是激励的主要来源之一。"在这里，员工工作的动力和积极性成了激励工作的间接结果。

第二节　激励理论

激励理论是关于调动员工积极性的指导思想、原理和方法的概括总结。国外许多学者从不同角度对激励问题进行研究，提出了许多理论，这些理论对管理有很强的指导作用，应用性也比较强。根据研究的侧重点不同，激励理论可分为内容型理论、过程型理论和强化理论、归因理论和综合型激励理论。

一、内容型激励理论

内容型激励理论也称为需要理论，该类理论试图从人的需要出发，探索人的行为是由什么因素引发、激励的，即哪些需要可以激励员工。内容型激励理论主要有需要层次理论、ERG 理论、成就需要理论和双因素理论。

（一）需要层次理论

美国心理学家亚布拉罕·马斯洛（A. H. Maslow，1908—1970 年）在 1943 年出版的《人的动机理论》一书中提出需要层次理论，他将人的需要分为五个层次：生理的需要、安全的需要、社交的需要、尊重的需要、自我实现的需要。他认为：只有尚未满足的需要才具有激励力量；人的需要具有层次性；人在每个时期都可能存在多种需要，但其中必有一种需要占支配地位起主导作用。

1. 需要层次理论的主要内容

需要层次理论包括以下主要内容。

(1)人的需要归纳为五个层次,由低到高依次为生理需要、安全需要、社交需要、尊重需要和自我实现需要,如图7.2所示。

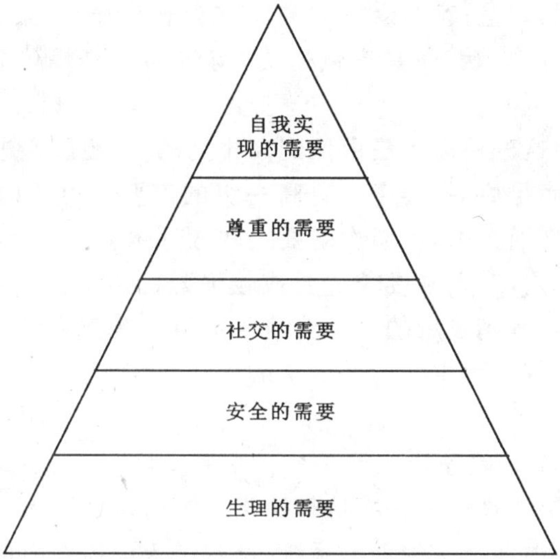

图7.2　马斯洛的需要层次理论

生理需要是指一个人对维持生存所需的衣、食、住等基本生活条件以及性、生育等延续后代的需求。在一切需要中,生理需要是最基本、最优先的,当一个人什么也没有时,首先要求满足的就是生理需要。

安全需要是指对人身安全、就业保障、工作和生活的环境安全、经济保障等的需求。当一个人生活或工作在惊恐和不安之中时,其积极性是很难调动起来的。

社交需要是指人希望获得友谊和爱情及归属的需要,希望得到别人的关心和爱护,希望成为社会的一员,在他所处的群体中占有一个位置,否则就会郁郁寡欢。

尊重需要是指人希望自己保持自尊和自重,并获得别人的尊敬,得到别人的高度评价。这种需要可分为两类:一类是要求力量、成就、信心、自由和独立的愿望;另一类是要求名誉和威信(别人对自己的尊敬和尊重)、表扬、注意、重视和赞赏的愿望。每一个人都有一定的自尊心,这种需要得到满足,就会使人感到自信、有价值、有力量、有能力并适于生存;若得不到满足,就会产生自卑感、软弱无能感,从而导致情绪沮丧,失去自信心。

自我实现需要是指促使自己的潜在能力得以实现的愿望,即希望成为自己所期望的人。一个人能够做什么,他就必须要做什么,这样才能最终感到愉快。当人的其他需要得到基本满足以后，就会产生自我实现需要，它会产生巨大的动力，使人尽可能地去实现自己的愿望。分析林肯、爱因斯坦等被马斯洛认为是自我实现的人，他发现这些人的人格特质相同点体现在：有良好的现实知觉；能正视自己、别人和自然；他们的活动和反应是自发的，而不是被迫的；能以问题为中心，而不是以自我为中心形成看法；有独立自主性，不受环境和文化的支配；能认识人类；和为数不多的人发生深厚的友谊；有与众不同的鉴赏力和审美观；具有民主的价值观；有一种哲理性、无敌意的幽默感；具有创造力；有较多的高峰体验；有高度的社会兴趣，但不墨守成规。

(2)马斯洛认为这五种需要是由低到高排列的，并逐层递进式的发展。即当较低层次的需要得到满足后，就会产生更高一级的需要。但任何一种需要并不由于高一层次需要的出现而消失，各层次需要之间相互依赖并以重叠波浪形式演进。

(3)在一定时期内，对人来说较重要或较强烈的需要为优势需要，它起着重要的激励作用。得到基本满足后的非优势需要不再具有激励作用。

(4)高层次需要是行为主体内部要求的反映，这些需要的满足对人的激励作用更大，也更持久。

2. 对需要层次理论的评价

马洛斯的需要层次理论第一次从理论上系统地阐述了人的需要与行为之间的关系，把人的需要看做多层次的动态系统，反映了人的需要由低级到高级发展的趋势等，为管理中调动员工积极性方法的运用指出了方向，即管理者要将对人的需要的重视和关心作为做好激励工作的永久出发点。

将人的需要归纳为从低级到高级不断发展的五个层次，在一定程度上反映了人类需要发展的一般规律。马洛斯指出人在每一时期都有一种需要占主导地位，其他需要处于从属地位，这启发了管理者要了解员工的优势需要。

该理论也有一定的局限性和不足之处。首先，马洛斯把五个层次看做是人类生而俱有的，把自我发展看成是个体人的自然成熟过程，完全否认社会实践活动对人成长的决定性影响，带有唯心色彩。其次，他的需要发展观带有一定的机械主义色彩。他认为需要的发展是逐层递进的，只有低层次需要满足之后，高层次需要才会显现。实际上，人的需要的发展很复杂，人有主观能动性，会调整需要的结构和内容。

3. 需要层次理论对管理实践的启示

(1)需要层次理论能准确地把握员工的需要，尤其是他们当前的优势需要(即迫切需要解决的问题)。企业可以通过问卷调查、走访、观察等形式了解。

(2)企业应设法满足员工的需要。如生理需要的满足可通过基本工资、工作条件、自助食堂等手段来满足，经济上的安全需要可通过合理的工资报酬、奖金和福利等措施去满足。

(3)满足需要的方法应多种多样,切忌单一化和单层化。满足低层次需要时应与推动高层次需要的满足相结合,运用需要激励手段时应因人、因时、因情景而异。

据 2011 年 6 月的《第一财经日报》报道,由于物价的飞涨和 CPI 的压力正在让互联网公司普调薪水和福利。员工平均年龄只有 27 岁的腾讯,宣布正式启动为期三年耗资十亿元的"安居计划",为首次购房员工提供免息借款,最高可达 30 万元。

基于各地的经济和房价水平差异,"安居计划"将免息借款金额上限分为 20 万元和 30 万元两档。其中,北京、上海、广州、深圳的员工可以申请最高 30 万元免息借款,其他城市则可以申请最高 20 万元免息借款。

据腾讯相关负责人介绍,"安居计划"只用于购买首套住房,"员工在公司工作期间只可享受一次安居计划购房免息借款",借款将分六年逐月从工资中扣除。同时,为确保能切实惠及尽可能多的腾讯基层员工,中层以上的管理干部和专家均不参与此次"安居计划"。

看了这则报道,不能不为腾讯公司的聪明决策拍手称绝。调动员工的积极性,最重要的是要分析员工的不同需要,为员工设置看得见的目标,让他们感到有奔头、有动力。在这则报道中,腾讯管理层为目标人群很明确的基层员工准备了"安居计划",使他们不仅看得见,而且几乎伸手可及。无疑,"安居计划"对刚刚进入社会的年轻的基层员工具有相当的诱惑力,这使基层员工无法不努力工作。不仅如此,腾讯的管理层还想到了中层以上的管理干部和专家与基层员工需要的差别,将激励的目标分得很明确。试想,如果"安居计划"为所有的员工都同样准备,那激励效果会有什么区别呢?

(二)ERG 理论

阿尔德弗(C. Alderfer)通过大量的调查研究,于 20 世纪 70 年代初提出了"生存、关系、成长理论",这是对马斯洛理论的一种修正。他把人的需要归结为生存(existence)、相互关系(relatedness)和成长(growth),简称为 ERG 理论。

1. *ERG 理论的主要内容*

(1)生存的需要是人最基本的需要,包含了人的一切生理上的物质需要,人的衣食住行、报酬、工作环境等基本条件都包括在此种需要当中。

(2)相互关系的需要是指人际关系(社会交往)方面的需要,包括安全感、归属感、友情、受人尊重等方面的需要。

(3)成长的需要是指发展自己,使自己在事业、能力上有所成就和提高的需要。

2. *ERG 理论与需要层次理论的区别*

阿尔德弗的 ERG 理论和马斯洛的需要层次理论比较起来,既有相似之处,又有不同之处。其不同之处主要在于:①ERG 理论表明人在同一时间可能有不止一种需要起作用,如果较高层次需要的满足受到抑制的话,那么人们对较低层次的需要的渴望会变得更加强烈;②马斯洛的需要层次是一种刚性的、阶梯式上升结构,即认为较低层次的需要必须在较高层次的需要满足之前得到充分的满足，二者具有不可逆性，而相反的是，ERG 理论并不认为各类需要层次是刚性结构，比如说，即使一个人的生存和相互关系需要尚未得到完全满足，他仍然可以为成长发展的需要工作，而且这三种需要可以同时起作用；③马斯洛认为当一个人的某一层次需要尚未得到满足时，他可能会停留在这一需要层次上，直到获得满足为止，相反的，ERG 理论则认为，当一个人在某一更高级的需要层次受挫时，那么作为替代，他的某一较低层次的需要可能会有所增加。

3. ERG 理论对管理实践的启示

人的各种需要一般来说是由低向高逐步发展的，而且低层次需要的满足程度越高，对高层次需要就越渴望，这是一种"满足—前进"的逻辑。但同时还存在着"受挫—倒退"，即当较高层次的需要受到挫折时，需要的重点就可能退到较低的层次。而且，各种需要也可能同时出现。

人的需要并不完全是生来就有的，有些需要是通过后天的学习、培养之后才产生的，尤其是较高层次的需要。

由此可见，阿尔德弗对人的需要的研究，并没有超出马斯洛的需要层次理论的范畴，只是马斯洛的理论揭示的是带有普遍意义的一般规律，而阿尔德弗的观点更侧重于带有特殊性的个体差异，二者对实际工作都具有一定的指导意义。

（三）成就需要理论

美国著名心理学教授戴维·麦克利兰（D. C. McClelland）在 1955 年对马斯洛理论的普遍性提出了挑战，对该理论的核心概念"自我实现"有无充足的根据也表示怀疑。

麦克利兰经过二十多年的研究得出结论：人类的许多需要都不是生理性的，而是社会性的，而且人的社会性需求不是先天的，而是后天的，得自于环境、经历和培养教育等。很难从单个人的角度归纳出共同的、与生俱来的心理需要。时代不同、社会不同、文化背景不同，人的需求当然就不同，所谓"自我实现"的标准也不同。马斯洛的理论过分强调个人的自我意识、内省和内在价值，忽视了来自社会的影响，失之偏颇。

1. 成就需要理论的主要内容

麦克利兰通过试验研究，归纳出三大类社会性需要：对成就的需要、对（社会）交往的需要和对权力的需要。

（1）成就需要。具有高度成就需要的人有强烈的成功愿望，寻求挑战性的工作，寻求适当难度的目标，敢于承担责任。这类人有种内在的驱动力量，渴望自己将从事的工作做得更完美、更有成效。他们不太愿意接受那些被人们认为特别容易或特别困难的工作。在他们看来，只有在成败可能性均等的条件下，才能显示出一个人出色的才能，这也是一种能使自己在奋斗中获得成功喜悦的最佳机会。

(2)交往需要。有交往需要的人具有建立友好亲密的人际关系的愿望,希望从被人接纳中得到快乐,并尽量避免因被某团体拒绝而带来的痛苦。这类人的特征是经常关心和寻求维持融洽的社会关系,希望获得他人的友谊,结交知心朋友,在社团活动的亲密与了解中得到乐趣,并乐于帮助和安慰危难中的伙伴。

(3)权力需要。对权力怀有高度需要的人,最基本的特征是竭力向往影响和操纵控制他人,而且自己具有强烈的不愿受他人控制的欲望。这类人一般总寻求领导职位,要求拥有并保持权力去影响他人,他们的特点是坚强、坦率、好争辩、头脑冷静、乐于竞争、喜欢公开演讲等。

2. 成就需要理论的应用

麦克利兰指出,人的成就需要可通过后天培养而得到加强,成就需要可以创造出富有创业精神的人物,他们会促进社会经济的发展,因此全社会都应当认识到这一问题的重要性,鼓励人们努力建功立业,取得成就。成就需要和权力需要都会使人们有杰出的表现,但二者还是有区别的。人们对权力需要的基本特点是希望影响他人,希望控制向下、向上的信息渠道,以便施加影响、掌握权力。他们对政治感兴趣,而不像高成就需要的人那样关心改进自己的工作。

高成就需要的人当中,很少产生率领众人前进的领导者,原因非常简单:成就需要强烈的人,习惯于独自解决问题,无需他人。一个高成就需要的人,未必能领导企业取得成就,因为经理的责任是激励众人取得成功,而不是只顾自己的工作成就。激发他人的成就需要有完全不同的动机和技巧。如果说成就需要对应着创业精神,那么权力需要就对应着各种领导,因为领导者的首要任务是影响别人,对权力的需要显然是他们的主要性格特征之一。

3. 成就需要理论对管理实践的启示

以上三种工作的动机和激励需要不同程度地存在于现实中,只是各种需要的强弱程度因人而异。研究发现,企业家们显示出怀有很高的成就需要和较高的权力需要,但归属需要较低;管理者们一般也显示出高度的成就和权力需要以及低的归属需要,但是其程度都不及企业家。不少事实证明,高成就需要的人对企业、对国家都颇有建树,这类人越多,事业发展越快,组织就会更加兴旺发达。

(四)双因素理论

美国心理学家赫茨伯格(F. Herzberg)等人于20世纪50年代末期在匹兹堡地区对200名工程师和会计师进行了大规模的访问谈话试验,调查被访者使他们对工作感到满意和不满意的原因各是什么。试验的目的在于验证以下假设:人类在工作中有两类性质不同的需要,即作为动物要求避开和免除痛苦,以及作为人要求在精神上不断发展、成长。赫茨伯格根据试验研究的成果,提出了双因素理论。

1. 双因素理论的主要内容

赫茨伯格认为,人类有两种不同类型的需要,或者对激励而言,存在着两种不同的因素，这两类因素，一类叫做保健因素，一类叫做激励因素。

保健因素是指和工作环境或条件相关的因素。这类因素处理不当，或者说，这类需要得不到基本的满足，会导致职工的不满，甚至严重挫伤职工的积极性；反之，这一类因素处理得当，则能防止职工产生不满情绪。赫茨伯格认为，这类因素主要有：①公司的政策和管理方式；②上级监督；③人际关系；④薪金；⑤工作安全性；⑥工作条件；⑦工作环境；等等。这些外在因素没有激励人的工作积极性的作用，但能预防员工的不满情绪。

激励因素指和工作内容紧紧联系在一起的因素。这类因素的改善，或者说这类需要的满足，往往能给职工以很大程度上的激励，产生工作的满意感，有助于充分、有效、持久地调动他们的积极性。激励因素主要有：①工作表现机会和工作带来的愉快；②工作上的成就感；③由于良好的工作成绩而得到的赞赏；④对未来发展的期望；⑤工作职务上的责任感；⑥提升；等等。

与此相关，赫茨伯格认为，满意的对立面不是不满意，而是没有满意；不满意的对立面也不是满意，而是没有不满意。保健因素是否具备、强度如何，对应着员工"没有不满意"和"不满意"，因为保健因素本身的特性，决定了它无法给人以成长的感觉，因此它不能使员工对工作产生积极的满意感。激励因素是否具备、强度如何，对应着员工"满意"和"没有满意"，因为人的心理成长取决于成就，而取得成就就要工作，激励因素代表了工作因素，所以它是成长所必需的，它提供的心理激励促使每个人努力去达成自我实现的需要。

2. 双因素理论对管理者实践的启示

双因素理论揭示了内在激励的作用，它给管理者如何更好地激励员工提供了新的思路，具有重要的指导价值。管理者应注意以下三个方面。

(1)注重对员工的内在激励。由双因素理论可以知道，消除了工作中的不满意因素并不一定能使员工得到激励而表现出最佳的工作积极性，但可消除员工的消极不满。要想真正激励员工努力工作，就要注重激励因素（例如提供有兴趣的工作），通过这些因素的运用，才能满足员工较高层次的需求，才可能把员工的感受提升到满意阶段。因此，管理者若想更有效、更持久地激励员工，就必须注重工作本身对职工的激励，最主要的形式就是工作丰富化，其中心思想就是通过增加工作中的激励因素，来充分发挥员工的积极性和创造性。

(2)正确处理保健因素与激励因素的关系。在对员工的激励中，不应忽视保健因素，但也不应过分注重改善保健因素。由双因素理论可知，满足员工的保健因素，只能防止不满，而并没有形成有效激励。赫茨伯格通过研究还发现，对于保健因素，当员工达到某种满意程度后其激励作用将会放缓，在饱和点以后将会出现衰减。因此，同其他企业相比，提供有竞争力的报酬对维持员工的积极性、消除不满情绪是有效的，但过高的报酬，并不一定能得到相应的工作效率的提高。

(3)善于把保健因素转化为激励因素。保健因素和激励因素是可以转化的，不是一成不变的。例如，员工的工资、奖金，如果同个人工作业绩相联系，就会产生激励作用，变为激励因素。如果两者没有联系，奖金发得再多，也构不成激励，一旦停发或少发，还会造成员工的不满。因此，有效的管理者，既要注意保健因素，以消除员工的不满，又要努力使保健因素变为激励因素。

二、过程型激励理论

过程型激励理论主要是研究如何由需要引起动机，由动机推动行为，并由行为指向目标的理论。它是从激励过程的各个环节上去探索如何激发人的积极性的理论，因而被称为过程型激励理论。

(一)期望理论

1. 期望理论的主要内容

期望理论是由弗鲁姆提出的。弗鲁姆认为，一种激励因素(或目标)，其激励作用的大小，受到个人从组织中所取得的报酬(或诱因)的价值判断以及对取得该报酬可能性的预期双重因素的影响，前者称为效价，后者称为期望值(期望概率)。目标激励作用 M 的大小取决于期望值 E 和效价 V 两个因素。即：

$$M=E\times V$$

期望值 E 表示被激励者达到目标的可能性大小，效价 V 是被激励者对目标的重要性评价。只有期望值和效价都很高，激励作用才大。

期望理论注重三种关系：努力——绩效关系，即个人认为通过一定努力会带来成效的可能性；绩效——奖励关系，即个人认为一定水平的绩效会带来希望的奖励的程度；奖励——个人目标关系，组织奖励满足个人目标或需要的程度以及这些潜在的奖励对个人的吸引力。比如，老师以考大学为目标激励学生努力学习，显然效果是因人而异的：第一种情况是成绩好，而且认为考上大学对自己十分重要的学生(E 和 V 均高)，显然会努力；第二种情况是成绩好，但认为考大学无用的学生(E 高 V 低)，将得不到有效的激励；第三种情况是成绩十分差，不管他认为上大学是否有用，他认为自己无论如何也考不上，激励作用不大(E 低 V 高)。

在管理激励中，设定激励目标和采用激励措施时应该注意：

(1)设置的目标要考虑到被激励者的能力，让他经过努力可以达到；

(2)要考虑组织目标和被激励者的需要，被激励者对自己看重的目标会努力奋斗；

(3)激励目标和措施要因人而异，因此要经常注意员工需求和能力的变化；

(4)目标实现后要予以一定的强化，如应有的奖励等，让其对出自上级的目标保持较高的效价。

2. 期望理论对管理实践的启示

弗鲁姆认为,要有效地激发员工的工作动机,调动员工的积极性,需要正确处理好以下三种关系。

(1)努力与绩效的关系。人总希望通过努力达到预想的结果。如果他认为通过努力有能力达到目标,即个人主观上认为达到目标的期望概率很高,就会有信心、有决心,就会激发出强大的力量。如果他认为目标高不可攀、可望而不可即,或者是目标太低、唾手可得,就会鼓不起干劲,失去内部的动力。

因此,管理者应该与下级一起设置切实可行的目标,激发下级的工作积极性;同时,管理者可以通过指导、培训等方法提高下级的工作能力,从而提高下级对努力达到绩效的期望。

(2)绩效与奖励的关系。人总是期望在达到预期的绩效后能得到合理的奖励。如果只要求人们对组织作出贡献,而组织却没有行之有效的物质或精神奖励制度进行强化,时间一长,人们被激发的内部力量会逐渐消退。因此,管理者应该根据员工的工作绩效来制定相应的奖励制度,并且将奖励与组织所重视的行为明确地联系起来。

(3)奖励与满足个人需要的关系。人总希望奖励能满足个人的需要,如生理需要、尊重需要、成长和发展的需要等。由于人与人之间在年龄、性别、资历、社会地位、经济条件等方面存在着差别,反映在需要上也有明显的个别差异。因此对同一种奖励,不同的人体验到的效价不同,它所具有的吸引力也不同。管理者在实践中要根据人的不同需要,采取内容丰富的奖励方式,才能最大限度地挖掘人的潜力,调动人的工作积极性,提高工作效率。

(二)公平理论

在管理实践中,管理者经常会听到下属对某种不公平情况的抱怨,而且发现这种抱怨会大大影响下属的工作积极性。美国心理学家斯戴西·亚当斯于 1956 年提出公平理论,又称社会比较理论,其目的是研究在社会比较中个人所作出的贡献与他所得到的报酬之间如何平衡的问题,研究报酬的公平性对人们工作积极性的影响。

1. 公平理论的主要内容

公平理论认为,当一个人做出了成绩并取得报酬以后,他不仅关心自己所得报酬的绝对量,而且关心自己所得报酬的相对量。也就是说,每个人都会自觉不自觉地把自己所获的报酬与投入的比率同他人的收支比率或本人过去的收支比率相比较。

公平理论可以用公平关系式来表示。设当事人 a 和被比较对象 b,则当 a 感觉到公平时有下式成立:

$$o_p/i_p = o_c/i_c$$

其中：o_p——自己对所获报酬的感觉；

o_c——自己对他人所获报酬的感觉；

i_p——自己对个人所作投入的感觉；

i_c——自己对他人所作投入的感觉。

当上式为不等式时，可能出现以下两种情况。

(1)$o_p/i_p<o_c/i_c$，在这种情况下，他可能要求增加自己的收入或减小自己今后的努力程度，以便使左方增大，趋于相等；第二种办法是他可能要求组织减少比较对象的收入或者让其今后增大努力程度以便使右方减小，趋于相等；此外，他还可能另外找人作为比较对象，以便达到心理上的平衡。

(2)$o_p/i_p>o_c/i_c$，在这种情况下，他可能要求减少自己的报酬或在开始时自动多做些工作，但久而久之，他会重新估计自己的技术和工作情况，终于觉得他确实应当得到那么高的待遇，于是产量便又会回到过去的水平了。

除了横向比较之外，人们也经常作纵向比较，即把自己目前投入的努力与目前所获得报偿的比值，同自己过去投入的努力与过去所获报偿的比值进行比较。只有相等时他才认为公平，如下式所示：

$$o_p/i_p=o_h/i_h$$

其中：o_p——自己对现在所获报酬的感觉；

o_h——自己对过去所获报酬的感觉；

i_p——自己对个人现在投入的感觉；

i_h——自己对个人过去投入的感觉。

当上式为不等式时，也可能出现以下两种情况。

(1)$o_p/i_p<o_h/i_h$，当出现这种情况时，人也会有不公平的感觉，这可能导致工作积极性下降。

(2)$o_p/i_p>o_h/i_h$，当出现这种情况时，人不会因此产生不公平的感觉，但也不会觉得自己多拿了报酬，从而主动多做些工作。

调查和试验的结果表明，不公平感的产生，绝大多数是由于经过比较认为自己目前的报酬过低而产生的；但在少数情况下，也会由于经过比较认为自己的报酬过高而产生。

比较体系中的报酬是指如工资、奖金、提升、赏识、受人尊敬等，包括物质方面和精神方面的所得；投入是指如工作的数量和质量、技术水平、努力程度、能力、精力、时间等；参照对象通常是自己的同事、同行、邻居、亲朋好友(一般是与自己状况相当的人)等，也可能是自己的过去。

2. 公平理论对管理实践的启示

(1)尽管公平理论的基本观点是普遍存在的，但在实际运用中却很难把握。因为个人的主观判断对此有很大的影响，人们总是倾向于过高估计自己的投入，而过低估计自己所得的报酬，对别人的投入和所得报酬的估计则与此相反。由于一个人所得的相对值比绝对值更能影响人的工作积极性，管理者在运用该理论时应当更多地注意实际工作绩效与报酬之间的合理性，同时应帮助员工正确认识自己与别人的投入和报酬。

(2)加强管理，建立平等竞争机制。人的工作动机不仅受绝对报酬的影响，而且更重要的是受相对报酬的影响。人们在主观上感到公平合理时，心情就会舒畅，人的潜力就会充分发挥出来，从而使组织充满生机和活力。这就启示管理者必须坚持“各尽所能，按劳分配”的原则，把员工所作的贡献与他应得的报酬紧密挂钩。

(3)教育员工正确选择比较对象和认识不公平现象。公平理论表明公平与否都源于个人感觉，个人判别报酬与付出的标准往往都会偏向于自己有利的一方，从而使员工产生不公平感，这对组织是不利的。因此，管理者应能以敏锐的目光察觉个人认识上可能存在的偏差，适时做好引导工作，确保个人工作积极性的发挥。

(三)目标设置理论

目标设置理论是由美国马里兰大学心理学教授洛克(E. A. Locke)通过实验室研究和现场试验结果提出的。研究中他和同事发现，大多数激励因素(如奖励、工作评价与反馈、期望、压力等)都是通过目标来影响工作动机的。因此，重视并尽可能设置合适的目标是激发动机的重要因素。

目标设置理论从研究目标本身的难度与明确性等特性开始，以后逐步扩展到从实现目标的整个激励过程中，揭示设置目标的心理效果。洛克等人提出了一个目标设置的综合模式，见图 7.3。

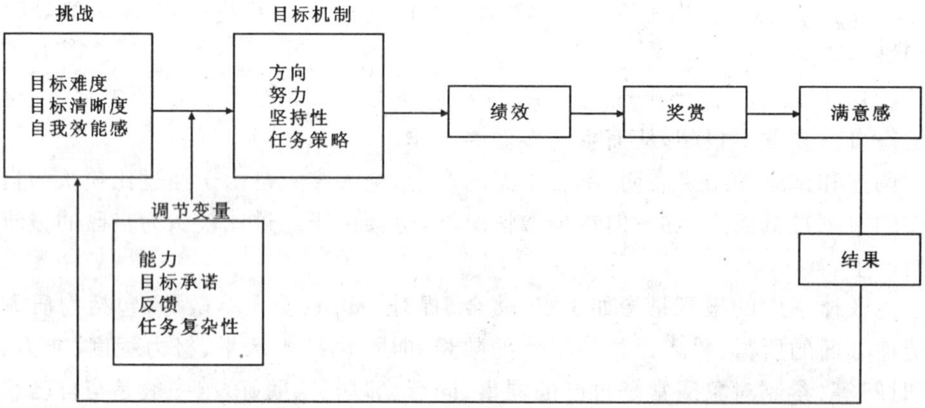

图 7.3　目标设置的综合模式

该模式表达了目标设置理论的基本内容。

第一，从激励效果看，有目标比无目标好，但是目标对努力程度的影响却因其四个属性(难度、明确性、接受、责任心)而异。具体明确的目标,能被执行者接受又有一定难度的目标,能够增强责任心的目标,激励效果好。为此,管理者可以将难度大的长远目标分解成容易实现的阶段性小目标,以分步、分阶段逐步实施。

第二,在员工实现目标的努力过程中,工作成绩取决于组织支持和员工个人的能力及个性特点。因此,要高效地实现目标,管理者必须为员工实现目标创造条件,即做好后勤支持、技能培训、协调好各方面关系等工作,以保护员工的积极性。

第三,在达到目标以后,管理者应该让员工获得满意的内在和外在两种报酬。员工只有在付出努力取得成绩之后获得高度的满足感,才会继续为新目标而努力工作。目标设置理论在管理实践中的实际应用是通过目标管理法实现的。

三、行为改造型激励理论

行为改造型激励理论以斯金纳(B. F. Skinner)的操作性条件反射为基础,着重研究对被管理者的行为的改造修正。这类理论主要有强化理论、归因理论等。

(一)强化理论

强化,是指对一种行为的肯定或否定的后果(奖励或惩罚),它在一定程度上决定该行为是否重复,即只要控制行为的后果(奖励)就可以达到控制和预测人的行为的目的。管理中可以通过各种强化手段来激发员工的积极性。

强化理论是研究人的行为怎样转化和改造,如何使人的心理和行为变消极为积极的理论,是由美国新行为主义学者斯金纳提出的。斯金纳认为,控制和预测人的行为无需了解人的内在状态和心理过程。在他看来,人相当于一个"黑箱",人的内在状态犹如黑箱内的东西,是未知的,也是不可知的。因此,他提出以学习理论来解释人类行为的形成机制,而学习过程的最基本原理就是强化。

1. 强化理论的主要内容

强化理论认为,人的行为是其所获刺激的函数,通过对取得成绩的人加以赞扬,对成绩差的人加以惩罚,使人们受到激励,因此该理论也称为行为修正理论。强化的具体方式有以下四种。

(1)正强化。正强化是指奖励那些符合组织目标的行为,以便使这些行为进一步加强,重复地出现。科学有效的正强化方法是,保持强化的间断性,强化的时间和数量尽量不要固定,管理人员根据组织需要和员工行为状况,不定期、不定量地实施强化。

(2)负强化。负强化是指预先告知某种不符合要求的行为或不良绩效引起的不愉快的后果(如批评、惩罚等),使成员为了减少或消除可能会作用在他们身上的某种不愉快刺激,从而使其行为符合要求或避免做出不符合要求的行为。

(3)惩罚。惩罚是指当组织成员出现不符合组织目标行为的情况时,采取惩罚的方法,可以迫使该行为少发生或不再发生。

(4)忽视。忽视是指对已经出现的不符合要求的行为进行"冷处理",达到“无为而治”的效果。

2. 强化手段的运用

运用强化手段时,可分为连续强化和断续强化两类。连续强化是指对每个正确的行为都给予强化,其中没有间断。断续强化则不是对每个行为都强化,按照强化的比例是否变化、间隔时间是否固定又可分为四种。

(1)固定比率的强化。按预先规定的一定比率进行强化,如计件工资等。

(2)可变比率的强化。没有固定的比率,通常是所需的行为发生多次后才给予一次强化,有较大的随机性。

(3)固定间隔的强化。不考虑行为如何,以一个固定的时间间隔提供强化,如计时工资、月度奖金等。

(4)可变经过的强化。没有固定的时间,随时都可能实施强化,如随机抽查工作、口头表扬等。

3. 强化理论对管理实践的启示

在管理工作中运用强化理论时,应遵循以下原则。

(1)管理者要明确强化的目的或目标,明确预期的行为方向,使被强化者的行为符合组织要求。

(2)管理者要选准强化物。每个人的需要不同,因而对同一种强化物的反应也各不相同。这就要求具体分析强化对象的情况,针对他们的不同需要,采用不同的强化措施。可以说,选准强化物是使组织目标同个人目标统一起来,以实现强化预期要求的中心环节。

(3)管理者要及时反馈。为了实现强化的目的,必须通过反馈的作用,使被强化者及时了解自己的行为后果,并及时兑现相应的报酬或惩罚,使有利于组织的行为得到及时肯定,促使其重复,而不利于组织的行为能得到及时的制止。

(4)管理者要尽量运用正强化的方式,避免运用惩罚的方式。斯金纳发现,“惩罚不能简单地改变一个人按原来想法去做的念头,至多只能教会他们如何避免惩罚”。事实上,过多地运用惩罚往往会造成被惩罚者心理上的创伤,引起对抗情绪,乃至采取欺骗、隐瞒等手段来逃避惩罚。但是,有时又必须运用惩罚的方式。为了尽可能避免惩罚所引起的消极作用,应把惩罚同正强化结合起来。在执行惩罚时,管理者应使被惩罚者了解受到惩罚的原因和改正的办法,而当其一旦有所改正时,即应给以正强化,使其符合要求的行为得到巩固。

(二)归因理论

1. 归因的含义

归因是一种普遍的心理现象。所谓归因就是人们对自己或他人行为的原因进行推测、判断或解释的过程。从归因的角度来看,能对自己工作成败的原因作出正确判断、采取有效措施的人，就能巩固成绩，不断进步；而行为绩效差的员工，倘若能找出自己失败的原因，正确判断，采取有效的措施，也一定能改变落后的现状，后来居上，跨入先进行列。最简单的归因莫过于把一个人的行为原因归结于外部环境因素或内部主观条件两类。如果判断个人行为的根本原因来自外界力量，称为情境归因。例如，学生考试失败归因于试卷题目太难。如果判断个体行为的根本原因是个体本身的特点，如人格、动机、情绪、态度、能力、努力等，则称为意向归因。例如，学生把学习成绩差的原因归因于自己个人贪玩，学习不努力，或学习态度不好。

美国心理学家维纳认为，对行为成败归因的分类只限于内、外两因素的划分显得过于简单，还应加上稳定性与可控性两个因素。如内部因素中的能力、性格等是相对稳定的，而机会、运气、努力等又是不稳定的，其中能力、努力、性格等是人可以控制的，而机会、运气等又是人不可控制的。

2. *归因激励理论*

维纳认为，每一维度对动机都有重要的影响。在内外维度上，如果将成功归因于内部因素，会产生自豪感，从而动机提高；归因于外部因素，则会产生侥幸心理。将失败归因于内部因素，则会产生羞愧感；归因于外部因素，则会产生愤怒的情绪。在稳定维度上，如果将成功归因于稳定因素，会产生自豪感，从而动机提高；归因于不稳定因素，则会产生侥幸心理。将失败归因于稳定因素，将会产生绝望的感觉；将失败归因于不稳定因素，则会产生愤怒的情绪。在控制性维度上，如果将成功归因于可控因素，则会积极地去争取成功；归因于不可控因素，则不会产生多大的动力。将失败归因于可控因素，则会继续努力；归因于不可控因素，则会绝望。将失败归因于内部、稳定、不可控时是最大的问题，会产生无助感。维纳通过一系列的研究，得出一些归因的最基本的结论。

(1)个人将成功归因于能力和努力等内部因素时，他会感到骄傲、满意、信心十足，而将成功归因于任务容易和运气好等外部原因时，产生的满意感则较少。相反，如果一个人将失败归因于缺乏能力或努力，则会产生羞愧和内疚，而将失败归因于任务太难或运气不好时，产生的羞愧则较少。而归因于努力比归因于能力，无论对成功或失败均会产生更强烈的情绪体验。努力而成功，体会到愉快；不努力而失败，体验到羞愧。努力而失败也应受到鼓励，这种看法与我国传统的看法一致。

(2)在付出同样努力时，能力低的人应得到更多的奖励。能力低而努力的人受到最高评价，能力高而不努力的人受到最低评价。因此，维纳总是强调内部、稳定和可控性的维度。

归因激励理论揭示一个人对自身、对他人以及对情境的知觉，原因的归结倾向及对原因的理解会对其行为的动机产生激励作用。人们对成功或失败的归因倾向，对以后工作积极性影响很大。

3. 归因理论在管理中的应用

归因在管理工作中具有十分重要的现实意义，它对于提高管理工作的质量非常有益。对于管理者来说，如何帮助员工做到正确的归因是思想教育工作的重要途径，只有将员工在工作中所出现的各种问题作出正确的归因，才能最大限度地调动他们在工作中的积极性。

(1)归因需慎重。在管理工作中，管理者对员工的行为进行归因时一定要三思而后行。因为研究者发现，人们一旦作出了倾向性的归因，即使后来被证实是错误的，也不愿意轻易放弃，这是思想僵化的一种表现。例如，一个人一旦被误诊为“精神病”，那么即使他的行为是完全正常的，也会被认为是“病态”的、不正常的。这说明归因的错误，常常会引起一系列错误的判断。由此可见，归因的正确与否，关系到一个人将来的发展。所以，管理者在对某种行为进行归因时，一定要慎之又慎。

(2)正确引导归因。管理者应当引导员工对自己的行为进行正确归因。一向习惯于把失败归因于外部原因的员工总是不从自身找原因；而一向把失败归因于内部原因(努力、能力)的员工，对工作容易缺乏信心和积极性。一般说来，当事者多把自己的行为归因于情境，而其他人则把当事人的行为归因于其个人倾向。例如，一个经常和病人闹矛盾的医护人员，往往认为病人不通情理，而他的领导则认为他在工作中没有树立一个良好的服务态度。所以，为了提高员工的素质和工作积极性，解决由于归因不一致而导致的管理者与员工之间的矛盾，管理者应对员工进行正确的归因训练，使他们对自己的行为进行客观的分析和归因，从而改变过去不良的归因。

(3)充分利用情境因素。管理者应该充分利用归因中的情境因素激发人们的积极行为，唤起人们的斗志。实际上在古时候，人们就已经懂得利用无关的自然现象在兴兵征伐、行军作战中鼓舞士兵的士气，例如著名的“诸葛亮借东风”的故事。东风本不是人力所能借到的，但是诸葛亮为了鼓舞士兵的斗志，根据自己多年来对天象研究的经验，做出东风是被他借到的假象，从而使士兵确信他们拥有一个极富神威的军师，增强了战胜敌人的信心。在现代生活中，这种现象仍然屡见不鲜。例如在体育比赛中，从对运动员的赛后采访中可以看出，优秀的运动员对比赛的失利往往是归因于自己的状态未发挥好，很少把失利归因于对手强大，或者是自己本身就与对手存在实力上差距，这种归因方式有利于增强信心，在以后的比赛中战胜对手。因此，在管理工作中，管理者应该善于掌握人们的这种心理特点，并加以正确的引导，使之在工作中产生良好的心理效应，使工作获得事半功倍的效果。

(4)管理者的自我归因。管理者要进行正确的自我归因。正确的自我归因对于管理者来说是非常重要的一个方面，这不仅关系到管理者的自身建设，也关系到他在职工中的威信和影响力，所以管理者应当时刻检讨自己的行为，并作出正确的归因。一个谦虚谨慎、充满事业心的管理者，由于对自己的行为作出正确的归因，既看到工作中的成绩，又看到所存在的问题，就会采取必要的措施，不断改进自己的工作。相反，一个骄傲自满、无所作为的管理者，只看到成绩而看不到问题，不思上进，满足于现状，甚至把功劳归揽在自己身上，把问题推给他人，那他就会受到大家的排斥和抗拒，最终成为一个失败的管理者。

四、综合型激励理论

（一）波特-劳勒综合激励模型

波特和劳勒曾以工作绩效为核心，对与绩效有关联的许多因素，进行了一系列相关性研究，并在此基础上提出了图 7.4 所示的一个综合激励模型。

此模型涉及 11 种因素，分别由图中 11 个方框表示。通过研究，可以发现这个综合模型是以“期望理论”为骨干，以“工作绩效”为核心，以“激励努力工作、工作绩效、满意感”为轴线的，但比期望理论更全面，并且更实用，更具指导意义。它可以为管理者如何改进对下级的激励，提供一个清晰、系统、逻辑严密的思考路线。

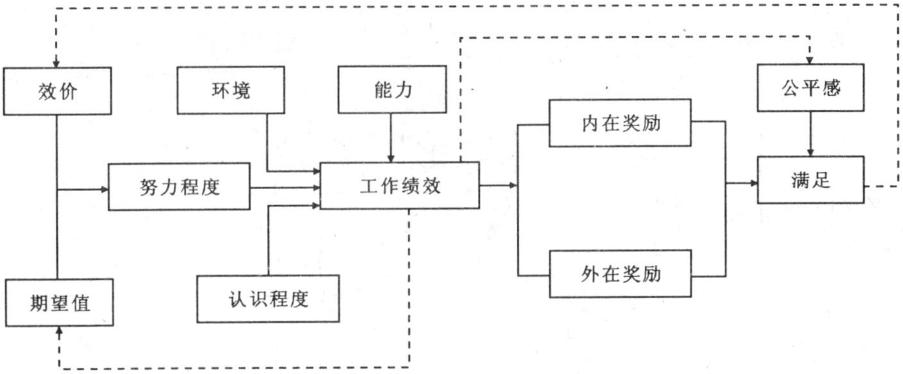

图 7.4　波特-劳勒综合激励模型

注明：“———→”表示因素间的因果关系；
“– – – – →”表示反馈回格。

据此模型，要想有效地激励下级，应先明确地为他们设置目标，即向他们讲清期望他们做到什么、达到什么绩效水准，进而明确宣布达到此要求后，他们的个人需要将能得到怎样的满足。为了提高奖酬在下级心目中的效价，管理者应进行需要摸底，使奖酬确能投其所好，同时不要忘记除了外在性奖酬，还有一种成本低但有巨大潜在吸引力的内在性奖酬。另一方面，为了帮助下级达到绩效标准，管理者要注意给他指导并提供培训，以增进他的能力，同时要帮助他克服实现绩效标准中所遇到的困难，提供必要的工作便利与条件，创造有利的工作环境。此外，管理者还应向下级明确交代领导的意图、期望与要求。这不仅有利于他工作任务的完成，而且可增强他对完成任务的信心，即提高了他的期望值，从而改进对他的激励，形成良性循环。

（二）当代综合型激励模型

为了更好地把控组织激励措施综合的效用，美国组织行为学权威、圣迭戈大学管理学教授斯蒂芬·罗宾斯将目标设置理论、期望理论、ERG理论、双因素理论、成就需要理论、强化理论、公平理论等整合构建为一种综合型激励模型。如图7.5所示。

当代综合型激励模型对管理者的启示有以下两点。

(1)机会对个人的努力有影响。个人努力不仅受到个人目标的影响(与目标设置理论一致)，而且通过模型中目标—努力还提醒我们：目标引导行为。

(2)在“个人努力—绩效—奖励—个人目标”之间密切(期望理论)配合下才能够提高努力程度。“个人努力—绩效—奖励—个人目标”间的关系又受多种因素的影响：一是取得绩效的个人必须具备工作所需要的能力，二是衡量个人绩效评估系统必须被认为是公平和客观的。

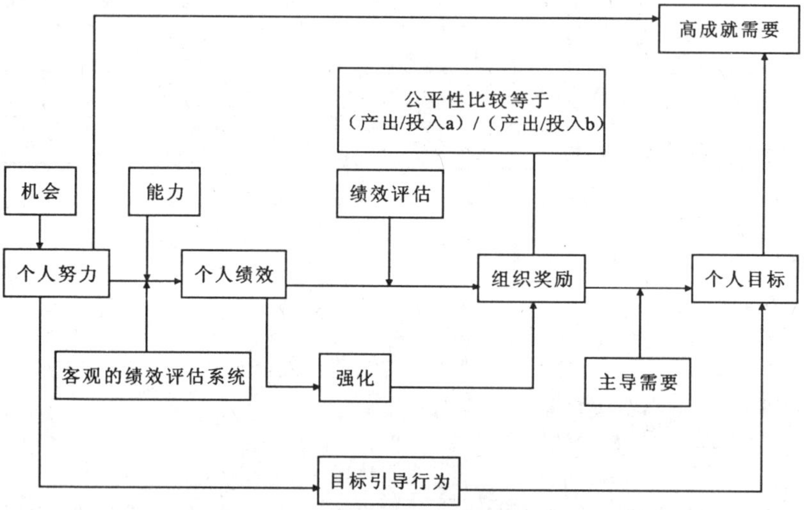

图7.5　当代综合型激励模型

(3)奖励应由绩效决定，而不应由个性、学历、经验或其他标准决定，这可使人们的行为与工作绩效紧密联系起来。激励水平的高低取决于一个人由于高绩效所得到的奖励能够在多大程度上满足与他的个人目标相一致的主导需要。

(4)模型中还综合了成就理论、强化理论、公平理论的成果。如由于组织的奖励会强化个人的绩效，管理层设计的奖励体系被员工视为高绩效的报酬，就会产生对员工行为的持续强化。奖励也是公平理论中的相关部分，个人将自己的报酬（投入）与相关人员的报酬（投入）相比较产生公平与否的感受，而这种感受会影响他们下一阶段的努力程度。

以上介绍的激励理论是西方管理心理学家多年的研究成果，是与西方的民族文化、伦理道德、价值观念等相适应的。我们在引进、应用时应注意这些差异性，并加以改造。

第三节　激励方式

在激励理论的指导下，领导者需要选择有效的激励方法，提高员工接受和执行目标的自觉程度，激发被领导者实现组织目标的热情，最终达到提高员工行为效率的目的。常用的激励方法可以归纳为如下几种。

一、物质激励

物质激励是指以物质利益为诱因，通过调节被管理者的物质利益来刺激其物质需要，以激发其动机的方式与手段。它主要包括奖酬激励和处罚两种。

（一）奖酬激励

金钱并不是唯一能激励人的力量，但在现实生活中，金钱作为一种很重要的激励因素是不可忽视的。无论采取工资的形式，还是采取鼓励性报酬、奖金、优先认股权、红利、公司支付的保险金，或做出成绩而给予人们其他东西等形式，金钱都是重要的因素。虽然在知识经济时代的今天，人们生活水平已经显著提高，金钱与激励之间的关系渐呈弱化趋势，然而，物质需要始终是人类的第一需要，是人们从事一切社会活动的基本动因，所以，物质激励仍是激励的主要形式。要使金钱能够成为一种激励因素，管理者应该记住下面几点。

1. 对于不同的人，金钱的价值不一

相同价值的金钱，对不同收入的员工有不同的价值。对于需要扶养家庭、生活负担重的人来说，金钱总是很重要的，这是他们满足低层次需求的主要手段。而对另外一些在金钱方面的需要已不再迫切的人来说，金钱不那么被看重。

2. 金钱激励必须公正

用奖酬作为激励手段，必然涉及刺激量的问题。奖酬刺激量，一是表现为绝对量，即工资、奖酬的绝对数量的大小；二是表现为相对量，即工资、奖金同一时期不同人的差别以及同一个人不同时期的差别。一个人对他所得的报酬是否满意不是只看其绝对量，而更主要的是看其相对刺激量，即要进行社会比较或历史比较，通过相对比较，判断自己是否受到了公平对待，从而影响自己的情绪和工作态度。这正体现了公平理论的要求。在实际工作中，管理者既要有选择地进行重奖，以期引起奖励效应，同时又要防止引起员工产生不公平心理。

3. 金钱激励必须反对平均主义，平均分配等于无激励

要使金钱成为一种有效的激励因素，则对于在各种职位上的人们，即使是级别相当，给予他们的薪水和奖金也必须能反映出他们个人的工作业绩。在现实中，除非员工的奖金主要是根据个人业绩来发放，否则企业尽管支付了奖金，对他们也不会有很大的激励。据调查，实行平均奖励，奖金与工作态度的相关性只有 20%，而进行差别奖励，奖金与工作态度的相关性能够达到 80%。

4. 物质激励应与相应制度结合起来

制度是目标实现的保障。因此，物质激励效应的实现也要靠相应制度的保障。企业应通过建立一套制度，创造一种氛围，以减少不必要的内耗，通过利益驱动引导下属朝工作目标努力，使组织成员都能以最佳的效率为实现组织的目标多作贡献，以实现组织目标。例如，物质奖惩标准在事前就应制定好并公之于众，且形成制度稳定下来。

（二）处罚

激励并不全是鼓励，它也包括许多负激励措施，在经济上对员工进行处罚是一种管理上的负激励，属于一种特殊形式的激励。按照激励中的强化理论，激励可采用处罚方式，即利用带有强制性、威胁性的控制技术，如批评、降级、罚款、降薪、淘汰等来创造一种令人不快或带有压力的条件，以否定某些不符合要求的行为。

现代管理理论和实践都指出，在员工激励中，正面的激励远大于负面的激励。越是素质较高的人员，处罚对其产生的负面作用就越大。它易给员工造成工作不安定感，同时还会使员工与上级主管之间的关系紧张，使同事间关系复杂。因此在应用这种方式时要注意，在进行处罚时必须有可靠的事实依据和政策依据，做到令人情服；处罚的方式与处罚量要适当，既要起到教育作用，又不能激化矛盾；同时要与思想政治工作相结合，注意疏导，尽可能减少其负作用，化消极为积极，真正起到激励作用。

下面我们来分析一篇报道。

据《上海证券报》报道，以“推动可持续发展”为主题的 2011 全球节能与新能源汽车产业峰会 6 月 26 日闭幕，工信部装备工业司司长张相木在会上表示，下一步我国要建立基于汽车燃料消耗量目标值的财税奖惩制度。

据张相木介绍，目前工信部正在推进该制度，对于汽车企业来说，如果平均燃料消耗量达不到目标值，就将受到惩罚性收费。

这项政策折射出未来一段时间中国发展汽车工业将遵循传统与新能源车并重的发展思路。

全国政协经济委员会副主任、工信部前部长李毅中则在峰会上表示，“十二五”时期应坚定不移推动传统燃油汽车节能减排，加快培育和发展新能源汽车，大力扶

持自主品牌汽车和汽车零部件产业发展。此外，峰会上传出节能汽车利好消息，截至目前，国内享受节能减排补助政策的节能汽车已有400多个型号，并仍在增加中，相关补助标准未来或许有望再提高10个百分点。

从这个报道可以看出，管理部门（工信部）在制定激励机制时综合运用了奖励（享受节能减排补助政策的节能汽车补助标准未来或许有望再提高10个百分点）和处罚（惩罚性收费）两种激励方式，激励目标也很明确（平均燃料消耗量达到目标值），相信这样的激励机制将会产生明显的效果。其实，在管理实践过程中，这两种激励方式是经常结合使用的。

二、工作激励

工作激励是指从工作的本身出发，通过设置合理的目标、丰富的工作内容和形式，鼓励员工参与管理，以激发其动机的方式与手段。它主要包括目标激励、工作激励和参与激励。

（一）目标激励

目标激励，就是确定适当的目标，诱发人的动机和行为，达到调动人的积极性的目的。目标作为一种诱因，具有引发、导向和激励的作用。员工在管理中的自觉行为，都是追求目标的过程，当每个人的目标强烈和迫切地需要实现时，他们就对企业的发展产生热切的关注，对工作产生强大的责任感，能自觉地把工作搞好。管理者就是要将每个人内心深处的这种或隐或现的目标挖掘出来，并协助他们制定详细的实施步骤，在随后的工作中引导和帮助他们努力实现目标。这种目标激励会产生强大的效果。可用以激励的目标主要有三类：工作目标、个人成长目标和个人生活目标。管理者在设计目标时，要先进合理，要具备相应的实施条件和可操作性，要使所选择的目标尽可能多地满足下级的需要，使目标的实现与奖酬、晋升等挂钩，加大目标实现的效价，将企业目标进行宣传，使职工更加了解企业，了解自己在目标的实现过程中应起到的作用，并注意把组织目标和个人目标结合起来。

（二）工作激励

根据赫茨伯格的双因素理论，对人最有效的激励因素来自于工作本身，即满意于自己的工作是最大的激励。因此，为了更好地发挥职工的工作积极性，管理者要善于调整和运用各种工作因素，进行工作设计（如工作内容丰富化和扩大化），并创造良好的工作环境，还可通过员工与岗位的双向选择，使职工对自己的工作有一定的选择权等一系列措施，使工作本身变成更具有内在意义和更高的挑战，让下级满足于自身的工作，给职工一种自我实现感，以实现最有效的激励。

（三）参与激励

所谓参与管理，是指在不同程度上让职工和下级参与组织决策和各级管理工作的研究和讨论，调动职工和下级的积极性和创造性。员工都有参与管理的要求和愿望，创造和提供一切机会让职工参与管理是调动他们积极性的有效方法。让下属或职工参与管理，有利于集中群众意见，防止决策失误；有利于满足下属或职工的归属感和受人赏识的心理需求，使职工或下级感受到上级主管的信任、重视和赏识，从而体验到自己的利益同组织的利益及组织发展密切相关而产生相应的责任感；有利于职工对决策的认同，从而激励他们自觉地去推进决策的实施。同时，主管人员与下属在商讨组织问题时，给双方都提供了一个取得别人重视的机会，从而给人一种成就感。因此，让职工恰当地参与管理，既能激励职工，又能为企业的成功获得有价值的知识。通过参与，形成职工对企业的归属感、认同感，可以进一步满足自尊和自我实现的需要。

三、精神激励

精神激励，就是对员工精神上的一种满足和激励，让员工能够感受到来自企业的关怀。精神激励的方法有许多，比如尊重、关爱、赞美、宽容员工，给员工提供公正的竞争环境，等等。

（一）关怀激励

关怀激励是指领导与下属保持不断的沟通，满足下属的“需要尊重的需求”。卓有成效的企业需要和员工达成良性的沟通。要真正获得员工的心，公司首先要了解员工的所思所想以及他们内心的需求。员工的需求是多方面、多层次的，同时各企业的情况也不尽相同，因此，实施员工关怀的具体内容、途径也不能一概而论。在实施员工关怀时，管理者应从实际出发，考虑组织的发展周期、规律、阶段、资金实力等一系列相关因素，制定切实可行的多层次关怀互动体系。对此，既不能借故不实施，也不能盲目实施，更不能靠拍脑门，作为权宜之计来抓，而应该订立制度，将之形成组织行为惯生。总之，员工关怀是一个多因素、多层次的系统工程。只有从实际出发，创造性地运用各种实施策略，才能使之起到“润滑剂”的作用，收到预期的效果，达到增强员工归属感和满意度，形成组织文化核心价值观的目的。

2010 年度最佳社会责任报告奖得主浦发银行的管理层就很会运用激励关怀。他们认为只有满意的员工，才能营造满意的服务。浦发银行坚持以人为本，主动承担员工发展的责任，保障员工权益、开展员工关怀、激发员工的归属感、重视员工的幸福感，通过就业能力培养、职业道路规划等方式，实现员工与企业共成长。2010 年，80%的员工积极参与满意度调查，满意度继续保持高水平。

同样，缺乏关怀激励，将会产生负向的管理效果。自 2009 年年底“马向前事件”后，到 2010 年 3 月以来，富士康厂区接连发生跳楼、坠楼事件，这一全球 500 强之一的企业深陷“跳楼门”。富士康这艘庞大的工业“母舰”，究竟出了什么“故障”？处于舆论漩涡中心的富士康首度打破沉默，富士康集团媒体办主任刘坤、富士康集团卫生部部长芮新明以及富士康工会副主席陈宏方，一起接受羊城晚报的独家专访首度承认缺乏员工关怀是系列事件的重要诱因之一。

(二)尊重激励

尊重激励就是通过尊重下级的意见、需要及尊重有功之臣的做法来使职工感到自己对于组织的重要性,并促使他们向先进者学习的一种激励方法。松下幸之助相信,许多员工每天注意如何在工作中进步,其成效胜过总公司所有的生产工程师和策划人员。他喜欢带来访客人参观工厂,随便指着一位员工说"这是我最好的主管之一",从而使被指者倍感自豪。

尊重激励是指管理者以平等的态度、人的感情,对待每一个被管理者,它包括信任、尊重、支持三个互相联系的方面。

信任既是对人尊重的基础,也是对人尊重的表现。一个人受到别人的信任本身就受到了一种激励。管理中的信任通常可表现为:让员工在一定的范围内自己决定其工作方法、工作程序,给他们合理的自主权,让员工参与管理决策等。

尊重就是要尊重员工的人格,尊重他们的自尊心、自爱心,尊重他们的进取心、好胜心,尊重他们的独立性,尊重他们在缺点、弱点、错误中埋藏着的优点、长处和正确的闪光点。人人都需要尊重,人人都能从尊重中得到激励。

支持主要是支持员工的创造性建议和日常工作。在管理中,"我指示你去做"和"我支持你去做"这两句话所产生的效果是不一样的。当员工出了差错时,不是简单的批评,而是主动承担责任,同时指明方向,支持他改正差错。当员工有了困难,不是熟视无睹,而是主动支持,为员工排忧解难,增加其安全感和信任感。

(三)荣誉激励

荣誉是众人或组织对个体或群体的崇高评价(如发奖状、证书,记功,通令嘉奖,表扬等),是满足人们自尊需要、激发人们奋力进取的重要手段。它可以调动人们的积极性,形成一种内在的精神力量。从人的动机看,人人都有荣誉感,具有自我肯定、争取荣誉的需要,因此管理者要设法让员工们感觉、认识到荣誉感的崇高性。

荣誉激励的具体措施有:①开展优秀员工的评比活动;②给予员工非业绩性竞争荣誉;③颁发内部证书或聘书;④借助荣誉墙和企业年鉴来激励员工;⑤以员工的名字命名某项事物;⑥进行奖励旅游;⑦对后进员工进行荣誉激励。

在现代企业管理中,荣誉激励是一种较为常见的激励方式,如美国 IBM 公司有一个"百分之百俱乐部",当公司员工完成他的年度任务,他就被批准为该俱乐部会员,他和他的家人被邀请参加隆重的集会。结果,公司的雇员都将获得"百分之百俱乐部"会员资格作为第一目标,以获取那份光荣。再如作为美国最成功的体育赛事——美国职业男子篮球联赛的组织者美国男子篮球协会设立了"篮球名人堂",成绩突出的或作出重要贡献的运动员、教练员、裁判员和篮球经理会被邀请进名人堂,这种激励方式激励着 NBA 的雇员们不断努力,奉献出各种精彩的比赛。

(四)榜样激励

榜样激励的核心是在组织中树立正面典型和标兵,以他们良好的行为鼓舞员工,创造业绩。从心理学的观点看,任何人(特别是青少年)都有强烈的模仿心理,榜样的力量是无穷的。我国在各条战线上树立过像雷锋、李素丽等一大批英雄模范人物,产生过巨大的影响,对精神文明与物质文明的建设都作出了巨大的贡献。但"榜样"的树立,应当坚持实事求是,不要"虚构"和"夸张",以免引起员工的逆反心理。

(五)适时激励

适时激励的关键在于"赏不逾时",即及时性,切忌口头许诺,画饼充饥。激励越及时越能强化正确的行为,使员工认为付出能得到应有的回报,从而更加用心地工作。如果承诺的激励迟迟不能兑现,久而久之,员工会对领导言而无信产生反感,对工作的奖励丧失信心,对工作产生消极的态度。

美国有一家公司刚开始创业时,在一次新产品开发上遇到了难题。一天晚上,公司总裁正在冥思苦想,一位技术总监闯进他的办公室,阐述了他的方案。总裁听后,觉得其构想确实非同一般,便想立即给予嘉奖。他在抽屉中翻找了好一阵,最后拿着一件东西躬身递给这位技术总监说:"这个给你!"这东西非金非银,而仅仅是一根香蕉。这是当时他所能找到的唯一奖品了,而技术总监很感动,因为这表示自己的成果得到了上级领导的承认。从此以后,该公司便授予攻克重大技术难题的技术人员一枚金制"香蕉别针"。

本章小结

(1)激励是指管理者运用各种管理手段,刺激被管理者的需要,激发其动机,充分发挥人的积极性和创造性,使其朝向所期望的目标前进的心理过程。

(2)激励理论是关于调动员工积极性的指导思想、原理和方法的概括总结。国外许多学者从不同角度对激励问题进行研究,提出了许多理论,这些理论对管理有很强的指导作用,应用性也比较强。根据研究的侧重点不同,激励理论可分为内容型理论、过程型理论、行为改造型理论和综合型激励理论。

(3)在激励理论的指导下,领导者需要选择有效的激励方法,提高员工接受和执行目标的自觉程度,激发被领导者实现组织目标的热情,最终达到提高员工行为效率的目的。常用的激励方法有物质激励、工作激励和精神激励。

习 题

1. 单项选择题

(1)古典管理理论对于人的假设是(　　)。

A. 经济人　B. 社会人　C. 自我实现人　D. 复杂人

(2)下列属于行为改造型理论的是(　　)。

A. 归因理论、强化理论　B. 需求层次理论、双因素理论、激励需求理论

C. X 理论、Y 理论　D. 超 Y 理论、公平理论

(3)麦克利兰的理论认为,对主管人员来说最重要的是(　　)。

A. 权力　B. 社交　C. 成就　D. 安全

(4)期望理论是由美国心理学家(　　)提出的。

A. 马斯洛　B. 赫茨伯格　C. 弗鲁姆　D. 波特

(5)有效激励的要求是(　　)。

A. 坚持物质利益原则　B. 重视精神奖励

C. 物质与精神奖励并重　D. 以上各项

(6)(　　)是美国心理学家赫茨伯格提出的。

A. 需求层次理论　B. 双因素理论　C. 期望理论　D. 激励强化理论

2. 多项选择题

(1) 激励理论可划分为(　　)几大类。

A. 激励内容理论　B. 激励过程理论

C. 改造型激励理论　D. 激励强化理论

E. 激励需求理论

(2)需求层次理论的内容有(　　)。

A. 工作和工作条件的需求

B. 文艺、文化娱乐生活的需求

C. 生理需求、安全需求、社交和爱情需求

D. 自尊与尊重别人的需求

E. 自我实现的需求

(3)具有普遍意义的激励方式有(　　)。

A. 思想政治工作　B. 奖励　C. 积极强化　D. 工作丰富化

E. 职工参与管理

(4) 属于内容型激励理论的有(　　)。

A. 需求层次理论　B. 期望理论　C. 管理方格理论　D. 双因素理论

E. 激励需求理论

(5)马斯洛需要层次理论把人的需要分为(　　)等。

A. 生理需要　B. 安全需要　C. 自尊需要　D. 自我实现的需要

E. 感情的需要

3. 判断题

(1)人在任何时候都有马斯洛提出的五种需求。　(　)

(2)保健因素就是生理需要、安全需要和涉及需要，激励因素就是尊重需要和自我实现的需要。 ( )

(3)根据期望理论，期望概率越大，激励效果越好，所以要尽可能提高期望概率。 ( )

(4)需要是人们产生激励行为的前提。 ( )

(5)公平理论中与他人的比较称为纵向比较，与自己的过去相比较称为横向比较。 ( )

4. 简答题

(1)简述激励的定义及其主要内容。

(2)激励机制有哪些关键性的因素？它们对激励有何影响？

(3)激励有哪些作用？

(4)结合实际谈谈如何应用期望理论来调动人们的积极性。

(5)根据公平理论，当个人认为不公平时会有哪些表现？

(6)如何通过归因理论提高员工的工作积极性？

(7)强化理论的观点是什么？为什么要提倡以奖为主、以罚为辅？

(8)结合实际，谈谈激励方法和手段的应用。

【案例分析】

F公司是一家生产电信产品的公司，在创业初期，依靠一批志同道合的朋友，大家不怕苦、不怕累，从早到晚拼命干。公司发展迅速。几年之后，员工由原来的十几人发展到几百人，业务收入由原来的每月十来万发展到每月上千万。企业大了，人也多了，但公司领导明显感觉到，大家的工作积极性越来越低，也越来越计较。

F公司的总裁黄明一贯注重思考和学习，为此特别到书店买了一些有关成功企业经营管理方面的书籍来研究。他在介绍松下幸之助的用人之道一文中看到这样一段话："经营的原则自然是希望能做到'高效率、高薪资'。效率提高了，公司才可能支付高薪资。但松下先生提倡'高薪资、高效率'时，却不把高效率摆在第一个努力的目标，而是借着提高薪资来提高员工的工作意愿，然后再达到高效率。"他想，公司发展了，确实应该考虑提高员工的待遇，一方面是对老员工为公司辛勤工作的回报，另一方面是吸引高素质人才加盟公司的需要。为此，F公司重新制定了报酬制度，大幅度提高了员工的工资，并且对办公环境进行了重新装修。

高薪的效果立竿见影，F公司很快就聚集了一大批有才华、有能力的人。所有的员工都很满意，大家的热情高，工作十分卖力，公司的精神面貌也焕然一新。但这种好势头不到两个月，大家又慢慢恢复到懒洋洋、慢吞吞的状态。这是怎么回事呢？

F公司的高工资并没有换来员工工作的高效率，公司领导陷入两难的困惑境地，既苦恼又彷徨。

思考题

如何改善F公司的现状?

【实训环节】

1. 自由选择一个同班同学组成一组,各自就自己的一周学习目标制订一个激励计划,双方共同参与激励计划的制订、检查及评价。

2. 管理中常用的激励方式有:目标激励、物质激励、信任激励、情感激励、行为激励、竞争激励、赞美激励、奖惩激励、危机激励。大家看一个如何运用激励方式的故事。一条猎狗将兔子赶出了窝,一直追赶它,追了很久仍没有捉到。猎人看到此种情景,讥笑猎狗说:“你们两个之间小的反而跑得快得多”。猎狗回答说:“你不知道,我们两个跑的目的是完全不同的。我仅仅为了一顿饭而跑,它却是为了性命而跑呀!”猎人听到后,心里想:“猎狗说的对啊,我要想得到更多的猎物,还得想个好法子。”于是,猎人又买来五条猎狗,凡是能够在打猎中捉到兔子的,就可以得到几根骨头,捉不到的就没有饭吃。这一招果然有用,猎狗们纷纷去努力追兔子,因为谁都不愿意看着别人有骨头吃,而自己没的吃。猎人通过引进五条猎狗增强了内部竞争,并为每条猎狗制定了必须捉到兔子的工作目标,使得猎狗的工作积极性大大提高。在组织管理中,如果能够适当使用目标激励和竞争激励,通常可以取得明显的管理效果。可是,这种激励方式经过一段时间后,却出现了问题。大兔子非常难捉到,而小兔子却很好捉,但捉到大兔子和捉到小兔子得到的骨头数差不多,一些善于观察的猎狗发现了这个窍门,于是专门去捉小兔子。猎人对猎狗说:“最近你们捉的兔子越来越小了,为什么?”猎狗们说:“反正没有什么大的区别,为什么费那么大的劲儿去捉大的呢?”猎人通过观察发现,并不是所有的猎狗都去捉小兔子,有一条猎狗每天带回来的兔子都要比其他猎狗的大。于是猎人额外拿出一些骨头来奖励这条猎狗,并把这条猎狗评选为“每日之星”,同时告诉这些猎狗,每天捉到最大兔子的猎狗,将被评为“每日之星”,获得“每日之星”称号的猎狗可以优先享有骨头分配权。猎狗们为了能够获得这些荣誉,纷纷努力去追大兔子,因为谁都不愿意吃别的猎狗分剩的骨头。骨头对于猎狗来说具有相当大的诱惑力,如果再配合荣誉奖励将会使猎狗更加趋之若鹜。同样,如果能够从组织成员的自身需要出发,物质激励与荣誉激励相结合,就一定会有好的效果。

请大家积极组织一个活动,运用激励方法鼓励更多的人参与,并且还要在参与中作出贡献。

第八章　沟通

【名言采撷】

一个人的成功，只有15%归结于他的专业知识，还有85%归结于人际沟通。

——戴尔·卡耐基

【教学目标】

学完本章，你应该能够：

1. 掌握沟通的概念，了解沟通的基本过程；
2. 掌握沟通渠道的种类及其优缺点；
3. 了解正式沟通和非正式沟通的区别；
4. 了解人际沟通中可能存在的障碍；
5. 掌握人际沟通改进的主要方法。

【技能目标】

1. 具备有效沟通的基本能力；
2. 掌握有效沟通的基本技巧。

【案例导入】

越来越新鲜的沟通方式

“收集一组新闻评论！！！！至少五篇哦！！！……严格而脆弱的王老师，你们伤不起……”近日，在华中师范大学武汉传媒学院2010级播音主持专业的课堂上，“80后”女教师王艳用时下网络流行的“咆哮体”给学生们布置作业，引得众学生直呼：“很振奋！”

王艳是该校新闻评论课教师，身材娇小，戴一副眼镜的她，在学生们的眼里与“咆哮”似乎搭不上任何关系，相反不少学生都觉得她为人严肃、刻板。然而让大学生们没想到的事情发生了：清明节小长假结束后，在王艳的第一堂新闻评论课上，不少同学显然还未摆脱“节后综合症”，正当少数学生昏昏欲睡时，王艳的电子课件里突然蹦出这样一段话：“收集一组新闻评论！！！！至少五篇哦！！！……每个教新闻评论的老师都是折翼天使！！严格而脆弱的王老师，你们伤不起！！！……”

看到这一幕，台下的学生们一时未反应过来，但随即便“炸开了锅”：“额的个神！居然是咆哮体！”“用咆哮体上课，这也行?!”“老师也会咆哮体了！浮云啊!!”……他们七嘴八舌地议论时，却发现台上的王艳正带着微笑，一脸“淡定”地看着他们。王艳对此解释：“播音班的学生思维特别活跃，单纯的理论教学难以提起他们的学习兴趣，所以才想用这个办法调动一下学生上课的积极性。”

对此，华师武汉传媒学院院长沈振煜教授表示，老师们可以在课堂中适当运用时尚元素去激发学生的学习积极性，只要受到学生欢迎和接受的教学方式，我们都应该表示支持，让学生更好地享受课堂的快乐。

（资料来源：http://hb.qq.com/a/20110409/000343.htm）

第一节　沟通概述

对于管理者而言，每天的工作都离不开沟通，沟通贯穿于管理工作的每一个环节，计划、组织、领导、控制工作的展开都离不开信息的沟通。管理者没有得到信息就不能作出决策，而信息的获得需要与他人进行沟通。一旦作出决策，没有沟通，决策也无法传达出去。相关研究表明，管理者每天工作中有80%的时间是在与他人进行直接沟通，另外20%的时间则以阅读或写作的方式进行间接沟通。美国金融家、曾任总统顾问的伯纳德·巴鲁克曾经说过，表达思想的能力和所要表达的思想内容同等重要。也曾有政治家指出，一个人的领导才能，90%体现在他与人沟通的能力上。由此可见沟通的重要性，管理者要做好管理工作，就必须掌握有效的沟通技巧。

一、沟通的含义

沟通，即“信息沟通”，是指信息在两个或两个以上人群中通过一定渠道传递并理解的过程。它包含了三个要素：(两个及两个以上)人、信息、理解。这说明了有效沟通不仅仅是指信息被传递，还要被接收者所理解。信息沟通有时也称为“意见交流”或“意见沟通”。

沟通主要是通过语言(或语言的文字形式)来进行的。人与人之间的沟通不仅是消息的交流，还包括情感、思想、态度、观点的交流。在沟通过程中，心理因素有着重要意义。在信息的发出者与接受者之间，需彼此了解对方进行信息交流的动机和目的，而信息交流的结果是能改变人的行为的。在沟通过程中，会出现特殊的沟通障碍，这种障碍的产生不仅是因为信息渠道(即传递)的失真或错误，而且还可能因为人所特有的心理障碍。例如，由于人的知识、经历、职业、政治观点等不同，对同一信息可能有不同的看法和不同的理解。这些特性表明，在研究沟通过程时，需要研究其特殊规律。

需要指出的是，有效沟通常常被误解为沟通双方达成共识。例如，在很多谈判中，双方都能清楚地理解对方所表达的观点，但是并不赞同对方的观点或意见，这个过程我们说它实现了有效的沟通，但是并没有在所谈问题上达成共识。在事后，人们会认为失败原因是沟通出了问题，这其实是对有效沟通的一种误解。

管理沟通主要包括个体之间的沟通，即人际沟通；团队内部成员之间的沟通，即团队沟通；组织与组织之间的沟通，即组织沟通。

二、沟通的过程

信息沟通必须具备三个要素：信息的发送者，信息的接受者以及所传递的信息内容。图 8.1 描述了沟通的过程。

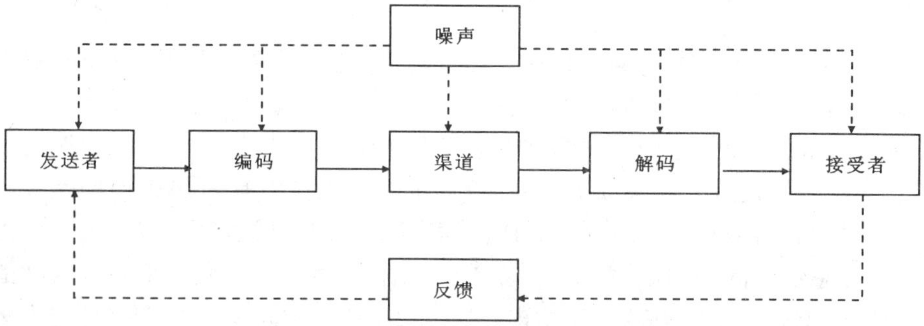

图 8.1　沟通的过程

沟通过程由发送者开始，发送者是沟通的主动方，也是信息的来源。

编码是指发送者将头脑中所希望传达的主张或想法按照对方能理解的方式进行转换从而形成信息的过程。例如：将图画转化为文字，将英文翻译成中文，将设计思路转化为设计图表，将想法变成计算机程序等。

渠道是信息传递的媒介物，信息正是通过沟通渠道从发送者传到接受者。沟通的渠道有很多，可以是口头的，如面谈、会议、电话交流等；也可以是书面的，如通知、公告、公文等；也可以借助互联网、电视、报刊杂志等媒介进行信息的传递。这些渠道各有利弊，选择合适的沟通渠道对信息的传递有着重要的作用。我们会在后面的章节进行详细论述。

接受者在接收信息之前，必须先将其翻译成自己可以理解的形式，即解码。发送者进行编码和接受者进行译码都要受到个人的知识、经验、文化背景和社会环境的影响，也正是因为主体存在的各种差异性，会导致人们在编码和解码中出现误差，从而在一定程度上影响信息的传递，影响有效沟通。

沟通的最后一个环节是反馈，是指接受者把信息返回给发送者，并对信息是否被理解进行检查，以纠正可能发生的某些偏差。

另外，整个沟通过程都有可能受到噪声的影响。这里的噪声是一种抽象性表述，指的是信息传递过程中的各种干扰因素，包括内部的和外部的。典型的噪声包括难以辨认的字迹、电话中的信号强弱干扰、接受者的疏忽大意以及生产现场中设备的背景噪声等。噪声可能在沟通过程的任何环节上造成信息的失真，从而影响沟通的有效性。例如：嘈杂的环境和场所、工作疏忽导致的接收错误、词语或符号的错误造成的解码错误等。

因此，我们认为沟通的过程是指信息发送者将要传递的信息进行正确的编码后通过有效的信息渠道传递给信息接受者，由接受者进行解码，最终被理解和接收的过程。这里强调了编码的正确性、信息渠道的有效性以及信息最终被理解和接收。

三、沟通的作用

（一）沟通是组织与外部环境之间建立联系的桥梁

企业客观的社会存在和一切经营活动都要求企业随时与外界进行有效沟通。任何组织在生产经营活动中都要与政府行政管理部门、供应商、金融中介、债权人、投资者、竞争者、顾客等发生各种各样的联系。所以组织必须不断地保持与外界的沟通，以抓住机遇，避免失败，获得更好的管理效果。

（二）沟通是组织协调各方面活动、实现科学管理的手段

要达到科学管理，管理者必须了解组织内部的信息，通过这些信息，管理者可以了解员工的需求、士气、态度与意见，了解各部门之间的关系和工作效果，并借此进行有效控制，指挥整个组织的活动，协调各环节的关系，以保证组织上下一心地实现组织目标。

（三）沟通是领导者激励下属、履行领导职能的基本途径

一个领导者无论有多么高的管理水平，都需要将自己的想法和指示传达给下属，并且需要了解下属的想法和需求，在下属遇到困难时要及时给予指导和激励，这都需要通过沟通来实现。所以，领导在履行管理职能时都离不开沟通。

（四）沟通有利于组织形成良好的了解员工工作和生活状况的人际关系

经常性的沟通和交流有利于领导及时发现员工的需求，同时也有利于员工之间相互了解，消除彼此的隔阂和误会，从而有利于组织中良好的人际关系的形成，这对实现组织目标有着重大意义。

第二节　沟通的方式

沟通的方式是指信息是以何种形式来进行传递的。采用不同的信息媒介，就

会形成不同的沟通方式。沟通主要分成语言沟通和非语言沟通两大类。

一、语言沟通

语言沟通是我们最熟悉、最常用的沟通方式，大量的人际沟通都是通过运用语言和文字来实现的。这里我们将语言沟通分为口头沟通和书面沟通两种。

（一）口头沟通

口头沟通就是运用口头表达的方式来进行信息的传递和交流。它可以是正式的，也可以是非正式的，可以是个人演说、一对一的面谈或小组讨论，也可以是非正式的讨论以及传闻或小道消息的传播。这种沟通通常见于会议、会谈、对话、演说、报告、电话联系、市场访问、街头宣传等。

口头沟通的优点在于：比较灵活，简便易行，快速传递和快速反馈，有亲切感。在这种沟通方式中双方可以自由交换意见，可以马上提出疑问并得到回复，便于双向沟通；另外在交谈时，可借助于手势、体态、表情来表达思想，有利于对方更好地理解信息。

口头沟通的缺点在于：口头沟通后保留的信息较少，并且受空间限制，人数众多的大群体无法直接对话；口头沟通对信息发送者的口头表达能力要求较高，如果信息发送者口头表达能力有限，如词不达意或口齿不清等，将无法使信息接受者把握信息的本质；口头沟通还存在信息失真的可能，尤其是在一级一级的信息传递过程中，每位传递者都会以自己的方式解释信息，这样到达终端时的信息很可能“面目全非”，在此过程中的信息传递者越多，信息失真的潜在可能性就越大。如果组织中的重要决策通过口头方式上下传送，则信息失真的可能性相当大。

（二）书面沟通

书面沟通指的是用书面文字作为媒介进行的信息传递和交流。例如，备忘录、文件、简报、通讯、刊物、调查报告、书面通知、电子邮件等其他任何传递书面文字或符号的手段。

书面沟通的优点在于：相对于口头沟通，书面沟通更加正式，它不受时间、地点限制，而且具有准确性、权威性，一般情况下，发送者与接受者双方都拥有沟通记录，沟通的信息可以无限期地保存下去，如果对信息的内容有所疑问，过后的查询是完全可能的，因此，沟通的信息可以作为合法凭证进行核实、查询；书面沟通以文字形式固化信息，可以使信息长期保存，并减少因一再传递、解释所造成的失真，对于复杂或长期的沟通来说，这一优点显得尤为重要。例如，一个新产品的市场推广计划可能需要好几个月的大量工作，以书面的方式记录下来，可以使计划的策划者在整个计划的实施过程中始终有一个参考，同时便于随时作出调整。

书面沟通的最终效益来自于其过程本身。通常情况下，书面语言比口头语言考虑得更为周全。把东西写出来可以促使人们对自己要表述的东西更认真地思考。因此,书面沟通较口头沟通显得更为周密,逻辑性更强,条理更清楚。

书面沟通的缺点在于:一旦作了记录、上了书面,不易随时修改,不能像口头沟通那样随机应变,也不能得到及时的反馈,并且书面沟通相对于口头沟通更加费时。例如,同是15分钟的英语作文测验,通过口试你向教师传递的信息远比笔试多得多。事实上,通常花费一个小时写出的东西只需10～15分钟就能说完。同时,书面沟通还受到主体因素的限制,例如,可能由于撰写者水平有限而产生编码错误,也可能由于阅读者水平有限而出现理解错误。再者,口头沟通能使接受者对其所听到的东西提出自己的看法,而书面沟通则不具备这种内在的反馈机制。其结果是无法确保所发出的信息能被接收到,即使被接收到,也无法保证接受者对信息的解释与发送者的本意一致。

在管理中,口头沟通与书面沟通都是必不可少的,但用得更多的是口头沟通。美国心理学家戴尔通过比较研究认为,兼用口头与书面沟通的沟通方式效果最好,其次是口头沟通,再次是书面沟通。通常,传递重要的、需要长期保存的信息,宜用书面沟通;传递一般性的、暂时性的、有关例行工作的信息,以口头沟通更为简便。在班组、科室中,一般来说成员不多,工作场地较为集中,担负的大多是执行性任务,因此,应特别重视口头沟通。

二、非语言沟通

非语言沟通是指人们通过动作、表情、体态、声调等非语言的方式来传递信息的沟通方式。有研究表明,在面对面的沟通中,语言的影响力为7%,声音(如说话的语气、音调、音质、音量、快慢、节奏等)的影响力为38%,而面部表情(如眼神、脸色)和体态(如手势、面部表情和其他身体动作)的影响力为55%。这些数据充分说明了非语言沟通的重要性。

非语言沟通的优点在于:适当的非语言沟通能强化语言沟通的效果,并且更加生动直接。比如教师上课时,当学生们已经开始合上书本,频频看手机,小声说话,无声的语言是在说"该下课了"。

非语言沟通的缺点在于:单独使用非语言沟通形式容易引起信息错误或模糊地传递;非语言沟通的应用范围较窄,往往只是在面对面的沟通中使用。

语言沟通与非语言沟通通常是交织在一起的,这两个方面配合得越好,沟通的效果也越好。比如,上司的言语告诉我他很生气,他的语速会很快,身体动作也表明很愤怒,于是我推断出他很恼火,这极可能是个正确的判断。因此在沟通时,要注意保持两者在表达意义上的一致性,否则,不但会使接受者感到迷茫,而且信息的清晰度也会受到影响。如果上司告诉你他真心想知道你的困难,而当你告诉他情况时,他却在浏览自己的信件,这便是一个相互冲突的信号。类似的,如怒气冲冲地表扬人、嬉皮笑脸地批评人、怒目而视地抚摸、板着脸孔与人打招呼,都会使信息模糊而使对方难以捉摸，影响沟通效果，以致招来误会，带来麻烦。

小贴士　　有关沟通过程的跨文化观点

人际沟通在世界各地并不是以相同的方式进行的。比较强调个人主义价值观的国家（如美国）与强调集体主义价值观的国家（如日本）就可证明这一点。

在美国等一些国家中重视和强调个人，沟通风格也是个体取向的，并且直言不讳。比如，对于组织内部的协商，美国管理者习惯于使用备忘录、布告、论文以及其他正式的沟通手段表明自己的看法和观点。美国主管为了使自己获得晋升机会或使下属接受自己的决策和计划，常常保留机密信息。出于自我保护的目的，下级员工也同样如此行动。

而在如日本这样的集体主义国家中，人际间的相互接触相当频繁，而且更多是非正式的。与美国不同，日本管理者针对一件事首先进行大量的口头磋商，而后才以文件的形式总结已作出的决议。面对面的沟通方式在这里受到鼓励。另外，开放式的沟通是日本人工作环境的一个固有组成部分。他们的工作空间是开放式的，不同等级的工作人员挤在一起工作。而美国管理者则强调权力、等级和沟通的正式线路。

美国与日本的这些文化差异使得经营管理人员在谈判过程中遇到不少困难。比如，有关谈判的研究发现，两国人员在谈判桌前各有不同的目标，美国人一开始就切入正题，日本对手则以建立关系为开始；美国人希望一开始就涉及数字和细节问题，日本官员则以谈及通则入手；美国人倾向于直截了当、不拐弯抹角地表明他们的拒绝，而大多数日本人却将其视为攻击和冒犯。

第三节　沟通渠道

信息的沟通需要按照一定的线路或途径在特定的人群之间流动，我们把信息流动的线路或途径称为沟通渠道。按照组织系统来分，我们可以把沟通渠道分为正式沟通渠道和非正式沟通渠道两大类。正式沟通是通过组织正式结构或层次系统运行，近年已发展为具体的信息系统。非正式沟通则是通过正式系统以外的途径来进行的。这两类沟通渠道几乎同时存在于组织之中，他们各有优缺点。管理者应该把握不同渠道各自的特点从而选择合适的沟通渠道。

一、正式沟通渠道

正式沟通一般指在组织系统内，通过组织明文规定的渠道进行信息的传递和交流。例如：组织与组织之间的公函来往；在组织中，上级的命令、指示等按系统逐级向下传送；下级的情况逐级向上报告；上下级因工作而进行的正式交流；组织内部规定的会议、汇报、请示、报告制度；等等。

根据古典管理理论，沟通应遵循指挥或层级系统进行。严格地说，越级报告或命令，或不同部门人员间彼此进行沟通，都是不允许的。因此，在组织内只有垂直（纵向）的沟通流向，很少有同一水平的横向沟通流向。实际上，按照这种模式进行沟通，不但是不可能的，而且不能符合组织的需要，因此产生了委员会，或公文抄报之类的措施，以便在同级之间横向沟通，但这仍然属于组织正式结构所安排的路线，仍属正式沟通性质。

（一）正式沟通的类型

正式沟通有下向沟通、上向沟通、横向沟通、斜向沟通四种。

1. 下向沟通

这是传统组织内最主要的沟通类型，一般以命令方式传达高层组织或上级所决定的政策、计划、规定之类的信息，或是颁发某些资料供下属使用，等等。如果组织的结构包括有多个层次，则需要层层转达，其结果往往使下向信息发生扭曲，甚至遗失，而且过程迟缓，这些都是在下向沟通中的常见问题。

2. 上向沟通

上向沟通主要是下属依照规定向上级所提出的正式的书面或口头报告，除此以外，许多机构还采取某些措施以鼓励向上沟通，例如意见箱、建议制度，以及由组织举办的征求意见座谈会或态度调查，等等。有时某些上层主管采取所谓“门户开放”政策，使下属人员可以不经组织层次向上报告。但是据研究，这种沟通也不是很有效，而且由于当事人的利害关系，往往使沟通信息发生与事实不符或失真的情形。

小贴士☞　　柯达公司的建议制度

1889年，乔治·伊斯曼收到一名普通工人写给他的建议书。这个工人建议生产部门将玻璃窗擦干净。这件看来很不起眼的小事给了乔治·伊斯曼很大的启示。他立刻召开表彰大会，对这位表现积极的员工颁发奖金，以此鼓励这种做法，从此，“柯达建议制度”也就应运而生了。

在柯达公司走廊里，每位员工都能随手取到建议表。建议表被投入任何一个信箱，都能送到“建议秘书”手中。

一百多年过去了，柯达公司员工提出的建议接近200万个，其中被采纳的超过60万个。

“柯达建议制度”在减低产品成本核算、提高产品质量、改进制造方案和保障安全生产等方面起到了很大的作用。这一制度即使没被采纳，也会达到两个目的：一是管理人员了解到职工在想什么；二是建议人得知他的建议得到重视时，会产生满足感，工作会更尽力。

3. 横向沟通

横向沟通主要是同一层次、不同业务部门之间的沟通。在正式沟通系统内，横向沟通一般机会并不多，若采用委员会和举行会议方式，往往所费时间、人力甚多，而达到沟通的效果并不好。因此，组织为顺利进行其工作，必须依赖非正式沟通以辅助正式沟通的不足。

正式沟通的优点是：沟通效果较好，比较严肃，有较强的约束力，易于保密，一般重要的信息通常都采用这种沟通方式。缺点是：因为依靠组织系统层层传递，因而沟通速度比较慢，而且显得刻板，此外也存在着信息失真或扭曲的可能。

4. 斜向沟通

斜向沟通是在一个组织当中，跨工作部门和跨组织层次的员工之间的沟通。当销售部门的经理就其部门员工的报销问题与财务部门的员工沟通时，就是斜向沟通，这两人概不是同一部门，也不是同一组织层次。从效率和速度的角度看，斜向沟通是有益的。

（二）正式沟通的模式

信息在组织中以不同的方式流动就形成了沟通模式。组织中常见的沟通渠道主要有五种模式，分别是链式、轮式、Y式、环式和全通道式沟通。以五个人为一个群体为例，相关的形态如图8.2所示。

1. 链式

链式沟通在组织系统中相当于一种纵向沟通网络[图8.2(a)]。在这个网络中，居于两端的人只能与内侧的一个成员进行联系，而居中的人可以与两端的人进行沟通。在这种情况下，信息只能由上而下或者是由下而上进行传递。

这种沟通形式，上下信息传递速度慢且容易失真，信息传递者所接收的信息差异大，平均满意程度也存在较大差距。但由于结构严谨，链式沟通形式比较规范，在传统组织结构中应用较多，属于控制型结构。在管理中，如果某一组织系统过于庞大，需要实行分权授权管理，那么，链式沟通网络是一种行之有效的方法。

2. 轮式

轮式沟通所表示的是一个管理者与四个下属之间的沟通，这是一种控制性网络，又称主管中心控制型沟通[图8.2(b)]。在组织中，大体相当于一个主管领导直接管理几个部门的权威控制系统。在该网络图中，只有一名成员C是信息的汇集点和发布中心，C与其他四位下属进行相互沟通，而另外的四名下属之间没有相互沟通。

这种沟通形式集中程度高，信息传递快，主管者具有权威性。但由于沟通渠道少，组织成员满意程度普遍较低，士气也往往会受到较大的影响。

3. Y式

Y式沟通也是一种纵向沟通网络，其中只有一个成员C位于沟通系统内的中

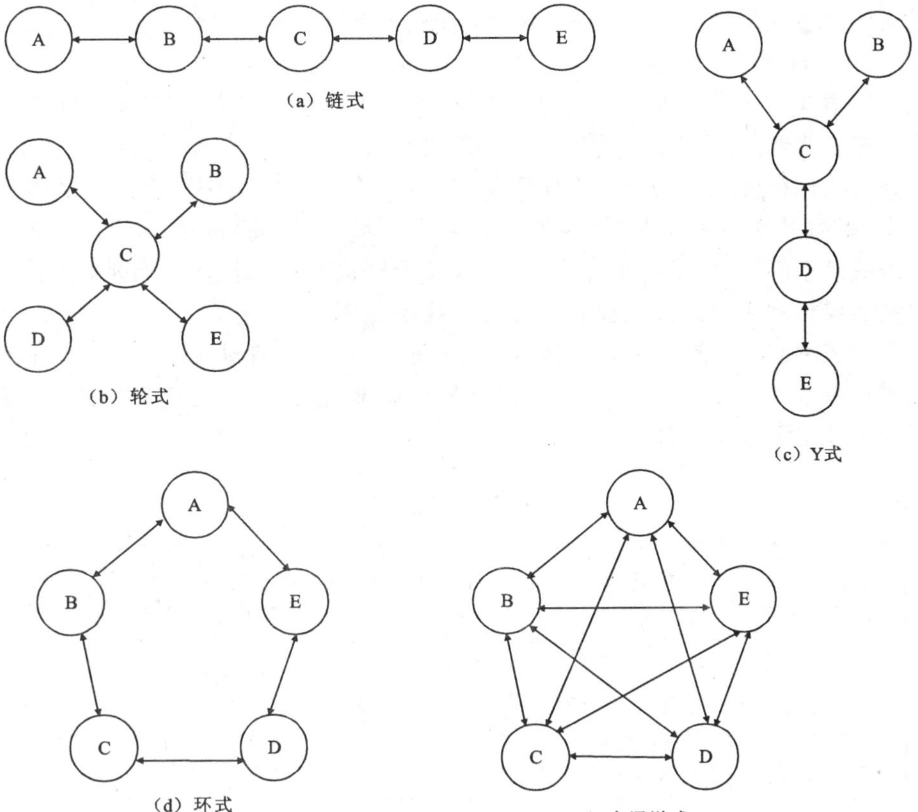

(a) 链式　(b) 轮式　(c) Y式　(d) 环式　(e) 全通道式

图 8.2　五种沟通形态图

心,成为沟通的中介[图 8.2(c)]。它表示在组织中的逐级沟通中,两位领导者 A、B 通过一个人或一个部门 C 来进行沟通,而 C 再与下属 D 进行沟通。如果把 Y 型倒过来则表示有两名下属都向 C 汇报信息,C 再与上级进行沟通。

这种网络集中化程度高,解决问题速度快,组织中领导人员预测程度较高。但是,这类网络容易引起信息失真,影响组织中成员的士气,除中心人员 C 外,组织成员的平均满意程度较低。此网络适用于工作任务十分繁重的主管人员,需要有人选择信息,提供决策依据,节省时间,而又要对组织实行有效的控制。

4. 环式

环式沟通可以看成是链式形态的一个封闭式控制型结构,表示成员之间依次联络和沟通[图 8.2(d)]。在环式网络中,各成员都可以与相邻两侧的成员沟通信息,但是不允许其他的沟通。

在这个网络中,组织的集中化程度和领导人的预测程度都较低,畅通渠道不多，组织中成员具有比较一致的满意度，组织士气高昂。如果在组织中需要创造出一种高昂的士气来实现组织目标，环式沟通是一种行之有效的措施。

5. 全通道式

全通道式沟通是一个开放式的网络系统，其中每个成员都能自由地与其他所有成员进行沟通[图 8.2(e)]。该网络中所有交流都是平等的，没有中心人物。

在这个网络中组织的集中化程度和主管人员的预测程度都很低。由于沟通渠道很多，组织成员的平均满意程度高且差异小，所以士气高昂，合作气氛浓厚。这对于解决复杂问题，增强组织合作精神，提高士气均有很大作用。但是，由于这种网络沟通渠道太多，易造成混乱，且又费时，影响工作效率。

以上五种正式沟通渠道，都有其优缺点(表 8.1)。在管理工作实践中，管理人员要进行有效的人际沟通，就需要发挥每种沟通渠道的优点，避免其缺点，使组织的管理工作水平逐步提高。

表 8.1　五种渠道的效能比较

模式 \ 评价标准	集中性	速度	正确性	领导能力	成员满意度
链式	中	中	高	高	中
轮式	高	快(任务简单) 慢(任务复杂)	高(任务简单) 低(任务复杂)	很高	低
Y式	较高	快	较高	高	较低
环式	低	慢	低	低	高
全通道式	很低	快	适中	很低	很高

二、非正式沟通渠道

非正式沟通指的是以社会关系为基础，通过正式沟通渠道之外的其他途径进行信息的传递和交流。与正式沟通不同，非正式沟通的沟通对象、时间及内容等各方面，都是未经计划和难以辨别的。其沟通途径是组织内的各种社会关系，这种社会关系超越了部门、单位以及层次。因此，非正式沟通不受组织监督，也没有组织结构上的限制。例如，员工之间私下交换意见、背后议论别人、小道消息、八卦新闻的传播等，均属于非正式沟通。任何组织都存在这种非正式沟通途径，它比较容易表达员工的真实的思想、情绪和动机，因而能提供一些正式沟通中难以获得的信息。

(一)非正式沟通的性质

如上所述，非正式沟通的产生，可以说是人们天生的需求。非正式组织是由于组织成员的感情和动机上的需要而形成的。通过这种沟通途径来交换或传递信息，常常可以满足个人的某些需求。例如人们由于某种安全的需求，乐意探听有关人事调动之类的消息；朋友之间交换消息，则意味着相互的关心和友谊的增进，借此更可以获得社会需求的满足。这种消息对于组织成员来说，往往是他们最感兴趣可又是最缺乏的消息。因此，对于依靠非正式沟通这种渠道来获得此类信息，组织成员是会感到满意的。

在相当程度内，非正式沟通的发展也是配合决策对于信息的需要的。这种途径相较于正式沟通途径具有较大弹性，它可以是横向流向，也可以是其他流向，传播速度也比较快。在许多情况下，来自非正式沟通的信息，反而得到接受者的重视。由于传递这种信息一般以口头方式，不留证据、不负责任，许多不愿通过正式沟通传递的信息，却可能在非正式沟通中透露。

但是，过分依赖这种非正式沟通途径，也有很大危险，因为这种信息遭受歪曲或发生错误的可能性相当大，而且无从查证，尤其是与员工个人关系较密切的问题，例如晋升、待遇、改组之类，常常发生所谓的"谣言"。这种不实消息的散布，往往给组织造成较大的困扰。

然而，任何组织都或多或少地存在着这种非正式沟通途径。很多研究者认为，由于非正式沟通不必受到规定手续或形式的种种限制，因此往往比正式沟通还要重要。在美国，这种途径常常称为"葡萄藤"，用以形容它枝茂叶盛、随处延伸。对于这种沟通方式，主管者既不能完全依赖用以获得必需的信息，也不能完全加以忽视，而是应当密切注意错误或不实信息发生的原因，设法向组织人员提供正确而清晰的事实，加以防止。

与正式沟通相比，非正式沟通的优点有：①速度快、效率高，如打电话向另外一个部门请教一个问题，只需 5 分钟就可以解决，如果按照正式沟通渠道来进行，则需要层层批准，耗时长；②信息准确，据国外相关研究，非正式沟通的准确率可达 95%；③能够满足员工的需要，是基于员工的愿望和需要而存在的，所以它有着积极、正面的效应，能够满足员工的安全需要、社交需要和尊重的需要。

当然，非正式沟通也存在着一些缺点，如：非正式沟通渠道内的信息是不完整的、无规可循的，不能作为决策的依据；同时，非正式沟通也涉及较多的个人感情色彩，容易被动机不纯或别有用心的人利用；再者，非正式沟通很容易导致小圈子、小集团的产生。

小贴士　非正式沟通的特点

非正式沟通的特点包括以下几个方面：

(1)消息越新鲜，人们谈论得就越多；

(2)对人们工作有影响的，最容易招致人们谈论；

(3)最为人们所熟悉的，最多为人们谈论；

(4)在工作上有关系的人，往往容易被牵扯到同一传闻中去；

(5)在工作中接触多的人，最可能被牵扯到同一传闻中去。

(二)非正式沟通的模式

组织中常见的非正式沟通渠道主要有四种模式，分别是单线式、随机式、集合式和密语式，相关形态如图 8.3 所示。

1. 单线式

单线式即个人之间依次转告，信息在非正式渠道中依次传递，把信息传播到最终接受者[图 8.3(a)]。这种情况较为少见，而且信息最易失真。

2. 随机式

随机式即个人之间随机地相互转告[图 8.3(b)]。这种信息传达方式完全是随机的，并无一定的中心人物或选择性。

3. 集合式

集合式即一些人有选择性地转告他人[图 8.3(c)]。如信息由 A 传递给特定人物 B 和 C，然后由 B 和 C 有选择性地转告给其他若干人。这种传播方式效率高，也最为常见。

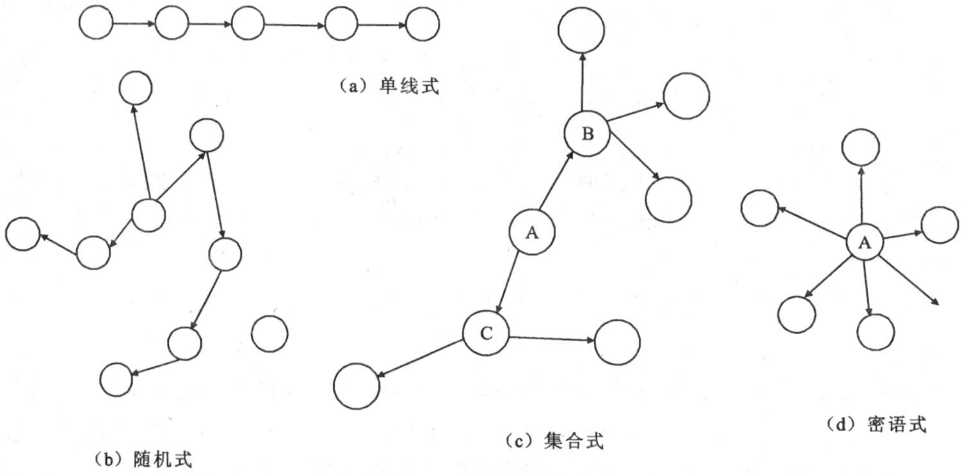

图 8.3 非正式沟通的几种模式

4. 密语式

密语式即由一个人告诉其他所有人，信息源 A 是非正式渠道中的关键人物，他主动把信息传播给其他很多人[图 8.3(d)]。

(三)非正式沟通在管理上的意义及对策

在传统的管理及组织理论中，并不承认这种非正式沟通的存在，即使发现有这一现象，也认为要将其消除或减少到最低程度。但是，当代的管理学者知道，非正式沟通现象的存在是根深蒂固的，无一法加以消除，管理人员应该加以了解、适应和整合，使其有效地担负起沟通的重要作用。例如，主管者可以设法去发现在非正式沟通的网状模式中，谁处于核心和“转播站”的地位。也许通过这种沟通网可以使信息更迅速传达。主管者也可以设法自非正式沟通中去发现所流传的信息内容。不过，这些做法也有其危险或代价。过分利用非正式沟通的结果，会冷落或破坏正式沟通系统，甚至组织结构。而设法自非正式沟通中探听消息，其结果可能导致组织背后的一套“谍报网”和打“小报告”者的出现，从而带来管理上的问题。非正式沟通网络与正式沟通网络的关系就如同人和影子的关系，管理者应正确认识作用，从而加以引导和利用。

我们认为，对非正式沟通所坚持的立场和采取的对策有如下几点。

(1)非正式沟通的产生和蔓延，主要是由于人员得不到他们所关心的消息。因此，主管者越故作神秘，封锁消息，则背后流传的谣言越加猖獗。正本清源，主管者应尽可能使组织内沟通系统较为开放或公开，则种种不实的谣言将会自然消失。

(2)管理者要想予以阻止已经产生的谣言，与其采取防卫性的驳斥，或说明其不可能的道理，不如正面提出相反的事实更为有效。

(3)闲散和单调乃是造谣生事的温床。为避免这些不实的谣言的发现，从而扰乱人心士气，主管者应注意，不要使组织成员有过分闲散或过分单调枯燥的情形发生。

(4)最基本的做法乃是培养组织成员对组织管理当局的信任和好感，这样他们比较愿意听组织提供的消息，也较能相信。

(5)在对组织主管人员的训练中，管理者应增加这方面的知识，使他们有比较正确的观念和处理方法。

第四节　沟通障碍及其克服方法

一、信息沟通的障碍

在沟通过程中，时常会有沟通无法进行或不能产生预期的效果的现象，我们称之为沟通障碍。这些障碍主要存在于信息发送者、沟通过程、信息接受者这三个环节，为了提高沟通效果，必须设法克服这些障碍因素的消极影响。

(一)信息发送者的沟通障碍

从信息发送者的角度来讲，发送者的沟通目的不明确所导致的信息内容的不确定性、发送者表达模糊、信息选择失误、信息传递方式选择的失误等都会影响到沟通效果。比如说粤语的广东人与说上海话的上海人连对方在说什么都听不懂，就更谈不上相互沟通了。除了语音之外，用词不当、语义不明和表达不清的语法错误也是语言障碍的重要方面。作为信息源的发送者如果不能进行正确的信息编码，不能准确地把自己所要表达的内容传递出去，那么，在信息传递的第一关就出了问题，必然会使接受者理解困难。

由于人们的个性及知识经验差异很大，一些在发送者看来很简单的、不需多加以说明的信息，在接受者那里却是很复杂、需要加以解释才能理解的信息。这种障碍在由上往下的下行沟通中较为常见，沟通者的层次间距越大，沟通障碍发生的可能性越大。注意到沟通双方在知识经验下的差距之后，管理者就应更多地从对方实际知识经验水平的角度考虑，选择最适合对方知识经验的语言、文字及表达风格，从而增强沟通效果。如董事会主席在董事会上的讲话与董事会主席对基层员工的讲话，应该在方式、方法上有很大的不同。

(二)信息沟通中的障碍

信息沟通是在一定的信息传递渠道中进行的，倘若信息渠道不畅通，必然会影响沟通的效果。信息沟通中的障碍主要包括沟通渠道不合理、沟通时机不合适或传递过程中受到干扰而出现误差等。

当组织结构过于庞大、层次过多，信息从上而下传递时就更容易造成失真、迟缓等现象。一般来说，信息从基层向高层传递，细节容易被抽象掉，比较概括；而信息从高层向基层传递时，则容易逐步添加更多细节。所以，一个合理的组织结构应该成为信息畅通的保障。

有些沟通产生障碍，是由于沟通时机不当造成的。沟通时机包含沟通的时间、空间两个方面。在时间方面，如果接受者由于某种原因心情不好或正在从事某项重要而又急需完成的工作时，这时一般信息不容易引起他的注意，此时与他沟通效果会很差。例如某员工家中有人得了急病，上司这时与他交代什么，他可能会点头称是，但他到底记住了多少呢，还要打一个大问号。在空间方面，选择沟通的场所不当，沟通的效果也会有很大的不同。对一个很要面子的下属来讲，上司当着大家的面批评他并限期其改正错误，与私下找他交谈，指出他的缺点的效果是截然不同的。

(三)信息接受者的障碍

从信息接受者的角度来讲，接受者对信息的不恰当加工、知觉偏差、心理障碍、思维差异等都会导致对信息理解的偏差而产生误差。

人际沟通与机器之间的沟通不同，因为双方都是有思想、感情，有内心心理活动的个体，如果他们的心理活动产生了一定的障碍，必然会影响沟通的效果。认识偏差、情绪失控、态度不妥，如对人有成见、胆怯、急躁、固执、蛮横等，都是不利于沟通的心理障碍。同时，每个人在组织中的地位不同，也容易造成心理上的差异，形成心理隔阂，而不愿或不能进行有效的沟通。如在上级与部属谈话中，如果这个上级平时比较严厉，而下属又比较内向，可能会出现下属虽然在认真听上级讲话，但由于心情紧张，信息接收率大打折扣的现象。因此，在沟通中对自己的社会角色扮演不当，对对方的社会角色把握不准，都容易造成沟通的阻塞。

小贴士 不同角色之间的“鸿沟”

(1)代沟。比如，年轻人看问题注重横比，中年人看问题喜欢纵比，当他们评价现在水平时，年长的人感到很满意，青年人则觉得不满足，于是会发生争执冲突。

(2)位沟。由于在组织中不同地位的人拥有不同的权力，这就使得组织中的人们在信息传递过程中，经常首先关注的是信息的来源，即“是谁讲的”，其次才是信息的内容。同样的信息，由不同地位的人来发布，效果会大不一样。这种等级观念的影响，常使得地位较低的人传递的重要信息不被重视，而地位较高的人发布的不重要信息则得到了不必要的过分重视，从而造成信息传递的失误。

(3)行沟。“隔行如隔山”。不同职业熏陶的不同角色对同一问题会有不同看法。

(4)性沟。男女性别导致的角色差别。女性喜欢面对面的交谈，而男性则喜欢并排坐下来，共同注视他们前边的某一点。男性与女性交谈实际上是一种跨文化的沟通。一项研究表明，在工作场所，与男性员工相比，女性员工向上级发出的信息比较少，同时所承受的信息负担也比较小。

二、克服信息沟通障碍的对策

对于以上种种沟通障碍，管理者可以从以下几个方面采取相应的对策。

(一)做好信息沟通的基础管理

信息收集是进行信息沟通的前提，也是进行管理决策的前提。在收集信息时，应注意以下问题过程。

(1)在管理中，收集及时、有用的信息的关键在于组织成员的素质，因此，要提高信息沟通的水平，首先要提高组织成员在政治方面、知识方面和能力方面的水平，建立一支反应灵敏的信息队伍。

(2)信息收集工作要求信息来源真实可靠，原始记录准确无误，信息必须是完整的。在信息收集过程中，常常会遇到报喜易、报忧难的情况。因此，对信息收集工作进行控制的关键是如实、完整的报告。

(3)在收集信息时，管理者要开辟尽可能多的渠道，力求所收集的信息完整齐备。同时，在疏通这些渠道时，管理者又要求树立全面观念、政策观念、时效观念和求实观念。

(二)做好信息的加工处理工作

对收到的信息进行加工处理也是克服沟通障碍的一个重要环节，只有经过加工处理过的信息，才能进行传递。

(1)信息的加工处理必须遵循准确、及时、系统和对实际工作具有指导意义的要求。

(2)在对信息进行加工处理时，管理者要依据其来源及时效的不同方式，归纳处理，以提高工作效率。

(3)对信息加工处理的反馈，是确保信息准确性的可靠途径。这种反馈是双向的，即下级主管部门经常给上级领导提供信息，同时，接受上级领导的信息查询；上级领导也要经常向下级提供信息，同时对下级提供的信息进行反馈，从而形成一种信息环流。

(三)做好信息传递工作

信息的生命在于传递，所以，要有效地控制信息沟通，必须努力做好信息传递工作。

(1)信息传递要贯彻“多、快、好、省”的原则，这是一般要求，在信息传递中，这些方面互相联系，互相制约，要加强协调控制。

(2)传递信息要区分不同的对象，选择信息传递的目标，确保信息的效用。同时，在提高信息传递的针对性时，管理者应注意信息的适用范围，考虑到信息的保密度。

(3)管理者要适当控制信息传递的数量，但要注意防止出现信息过分保密和随意扩散的倾向。

(4)管理者要合理控制越级传递和非正式渠道的信息传递，尽可能使之成为对层层传递和正式沟通渠道的补充，共同完成组织目标。

三、信息沟通的技巧

(一)学会积极倾听

要沟通首先要学会听，会听才能从交流中获得真正的信息。当别人说话时，我们在听，但很多情况下我们并不是在倾听。倾听是对信息进行积极主动的搜寻，而单纯的听则是被动的。在倾听时，接受者和发送者双方都在思考。我们中的不少人并不是好听众。为什么？因为做到这一点很困难，而且常常当个体有主动性时才会做得更为有效。事实上，积极倾听常常比说话更容易引起疲劳，因为它要求脑力的投入，要求集中全部注意力。我们说话的速度是平均每分钟 150 个词汇，而倾听的能力则是每分钟可接受将近 1 000 个词汇。二者之间的差值显然留给了大脑充足的时间，使其有机会神游四方。以下是对积极倾听的几点建议：

(1)留心说话者词语的选择和运用，从中获取对方所要传送的意义；

(2)留心说话者的姿势、表情、与你的距离等非语言沟通途径，从中了解对方的心理状态；

(3)不仅被动地听，而且要主动地答、主动地问、主动地说，积极参与；

(4)与说话者进行目光接触，表示自己在耐心地、有兴趣地、聚精会神地倾听；

(5)对重要的内容作些简单的记录，让说话者感到受重视；

(6)注重对方讲话的内容，也包括他讲话时的语音、语调、语速等外在的东西；

(7)及时归纳、概括讲话者所讲的要点，重复说出，并在听的过程中给对方的讲话以补充、佐证或纠正；

(8)预测讲话者后面要讲的内容，及时给予反应。

小贴士　　金人

曾经有个小国的人到中国来，进贡了三个一模一样的金人，金碧辉煌，把皇帝高兴坏了。可是这小国的人不厚道，出了一道题目：这三个金人哪个最有价值？皇帝想了许多的办法，请来珠宝匠检查，称重量，看做工，发现都是一模一样的，心想："怎么办？使者还等着回去汇报呢。泱泱大国，不会连这个小事都不懂吧？"最后，有一位退位的老大臣说他有办法。皇帝将使者请到大殿，老臣胸有成竹地拿着三根稻草，插入第一个金人的耳朵里，这根稻草从另一边耳朵出来了。第二个金人的稻草从嘴巴里直接掉出来，而第三个金人，稻草进去后掉进了肚子，什么响动也没有。老臣说："第三个金人最有价值！"使者默默无语，答案正确。

管理心得：这个故事告诉我们，最有价值的人，不一定是最能说的人。老天给我们两只耳朵一个嘴巴，本来就是让我们多听少说的。善于倾听，才是成熟的人最基本的素质。

(二)提高表达能力

由于语言可能成为沟通障碍，因此管理者应该选择合适的措辞并组织信息，以使信息清楚明确，易于接受者理解。管理者不仅需要简化语言，还要考虑到信息所指向的听众，以使所用的语言适合于接受者。记住，有效的沟通不仅需要信息被接收，而且需要信息被理解。通过简化语言并注意使用与听众一致的言语方式可以提高理解效果。比如，软件公司的技术总监在向客户传递信息时所用的语言应和专业技术人员不同。对客户应该尽量选择清晰易懂的词语，而与专业技术人员的交流中则会选择专业术语。在所有的人都理解其意义的群体内，专业语言会使沟通十分便利，但在本群体之外使用专业语言则会造成无穷问题。这要求管理者要不断培养自身说话技巧，提高表达能力。在信息传递之前管理人员首先应理清自己的思路，要了解接受者的喜好，根据其喜好选择合适的表达方式，同时，要注意自己在表达过程中的非语言信息，要善于利用非语言信息。在传递重要信息时，为了使语言问题造成的不利影响减少到最低程度，管理者可以先把信息告诉不熟悉这一内容的接受者。比如，在正式沟通之前让接受者阅读会议文件是一种十分有效的手段，其有助于确认含混的术语、不清楚的假设或不连续的逻辑思维。

小贴士☞　学会表达自我

与人沟通的另一个方面是表达自我，在表达的时候我们要注意以下几点：

(1)谈话由寻找双方的共同点开始，不应该开门见山地摆出分歧；

(2)创造一个令人舒适的、充满友好气氛的交谈环境，抑制自己的情绪，也尽量消除对方的对立情绪，使其心平气和；

(3)学会设身处地地考虑问题，站在对方的角度上提出问题；

(4)善于通过提问来诱导对方说“是”，诱导对方承认你的观点；

(5)情真意切最能感动人、说服人；

(6)针对不同对象采取不同的语言；

(7)明确信息，简化语言，注意非语言提示。

(三)善于运用反馈

很多沟通问题是由于误解或信息不准确造成的。如果管理者在沟通过程中运用反馈，则会减少这些问题的发生。这里的反馈可以是言语的，也可以是非言语的。当管理者问接受者：“你明白我的话了吗？”所得到的答复代表着反馈。但反馈不仅仅包括是或否的回答。为了核实信息是否按原有意图被接受，管理者可以询问有关该信息的一系列问题。但最好的办法是，让接受者用自己的话复述信息。例如，课堂上老师经常会向学生提与前面知识点相关的问题，就是为了从学生那里得到反馈，了解学生对知识点的掌握程度。如果管理者听到的复述正如本意，则可增强理解与精确性。反馈还包括比直接提问和对信息进行概括更精细的方法。综合评论可以使管理者了解接受者对信息的反应。另外，绩效评估、薪金核查以及晋升都是反馈的重要形式。

当然，反馈不必一定以言语的方式表达。行动比言语更为明确。比如，销售主管要求所有下属必须填好上月的销售报告，当有人未能按期上交此报告时，管理者就得到了反馈。这一反馈表明销售主管对自己的指令应该阐述得更清楚。同理，当你面对一群人演讲时，你总在观察他们的眼睛及其他非言语线索以了解他们是否在接受你的信息。

本章小结

(1)沟通是指信息在两个或两个以上人群中通过一定渠道传递并理解的过程。它包含了三个要素：(两个及两个以上)人、信息、理解。

(2)沟通的方式也就是指信息是以何种形式来进行传递的，主要分成语言沟通和非语言沟通两大类。语言沟通又包括口头沟通和书面沟通。

(3)信息的沟通需要按照一定的线路或途径在特定的人群之间流动，我们把信息流动的线路或途径称为沟通渠道。按照组织系统来分，沟通渠道分为正式沟通渠道和非正式沟通渠道两大类。正式沟通指的是通过组织明文规定的渠道进行信息的传递和交流。非正式沟通指的是以社会关系为基础，通过正式沟通渠道之外的其他途径进行信息的传递和交流。

(4)组织内正式沟通的类型主要有链式、轮式、Y 式、环式和全通道式沟通五种模式。

(5)非正式沟通渠道的模式主要有单线式、随机式、集合式和密语式。

(6)信息沟通中的障碍主要存在于信息发送者、沟通过程、信息接受者这三个环节。

(7) 管理者可以从三个方面采取相应的对策：做好信息沟通的基础管理、信息的加工处理以及信息传递。

(8)提高信息沟通技巧的方法主要有：学会积极倾听、提高表达能力、善于运用反馈等。

习　题

1. 单项选择题

(1)管理需要信息沟通，而信息沟通必须具备的三个关键要素是(　　)。

A. 传递者、接受者、信息渠道　　B. 发送者、传递者、信息内容

C. 发送者、接受者、信息内容　　D. 发送者、传递者、接受者

(2)比较链式与全通道式两种信息沟通网络的各自特点，可以得出(　　)。

A. 链式网络采取一对一的信息传递方式，传递过程中不易出现信息失真情况

B. 全通道式网络由于采取全面开放的信息传递方式，具有较高的管理效率

C. 全通道式网络比链式更能激发士气，增强组织的合作精神

D. 链式网络比全通道式网络更能激发士气，增强组织的合作精神

(3)假设你召集下属开会，研究解决领导所布置的一项紧急任务，结果其中有位比较啰嗦的人大讲特讲与主题无关的教条理论，耽误很多时间。你认为如何应付这种情况为好？(　　)

A. 任其讲下去，让其他与会者群起而攻之。

B. 不客气地打断其讲话，让别人发言。

C. 有策略地打断其讲话，指出时间很宝贵。

D. 允许其畅所欲言以表示广开言路。

(4)如果一个组织中小道消息很多，而正式渠道的消息较少，这是否意味着该组织(　　)。

A. 非正式沟通渠道中信息传递很通畅，运作良好

B. 正式沟通渠道中信息传递存在问题，需要调整

C. 其中有部分人特别喜欢在背后乱发议论，传递小道消息

D. 充分运用了非正式沟通渠道的作用，促进了信息的传递

(5)据资料表明，语言表达作为管理沟通的有效手段，可分为三种类型：体态语言、口头语言、书面语言。它们所占的比例分别为：50%、43%、7%。根据这一资料，你认为下述哪种观点正确？(　　)

A. 这份资料有谬误，因为文件存档时，最常用的是书面语言。

B. 体态语言太原始，大可不必重视它。

C. 人与人之间的沟通，还是口头语言好，体态语言太费解。

D. 在管理沟通中，体态语言起着十分重要的作用。

2. 多项选择题

(1)信息沟通的基本要素为(　　)。

A. 信息发送者　B. 信息接受者　C. 信息传递渠道　D. 传递的信息

E. 噪声

(2)通常，沟通会受到(　　)等因素的影响。

A. 个人因素　B. 人际因素　C. 结构因素　D. 技术因素

E. 文化因素

(3)下面叙述正确的是(　　)。

A. 双向沟通比单向沟通需要更多的时间

B. 双向沟通提高了接受者理解信息和识别发送者意图的准确程度

C. 双向沟通的噪声比单向沟通小

D. 发送者喜欢用双向沟通，接受者喜欢用单向沟通

E. 在双向沟通中，发送者和接受者都比较满意对信息的理解

(4)下面属于非正式沟通特点的有(　　)。

A. 信息传递速度快　B. 比较规范、约束力强

C. 信息量大、覆盖面广　D. 易于保密

E. 具有强制性

(5)沟通的含义包括了三个要素(　　)。

A. 信息　B. 传递　C. 两个和两个以上的人

D. 交流　E. 理解

3. 判断题

(1)有效沟通是指沟通双方达成共识。(　)

(2)书面沟通相较于口头沟通更易于保存。(　)

(3)管理者应该杜绝非正式沟通。(　)

(4)沟通双方文化的差异也会成为有效沟通的障碍。 （　）

(5)面部表情和体态属于沟通的方式。 （　）

4. 简答题

(1)什么是沟通？沟通的形式主要有哪几类？它们的优缺点分别是什么？

(2)正式沟通的主要类型及特点是什么？

(3)什么是非正式沟通？非正式沟通的主要优缺点有哪些？

(4)有效沟通的障碍主要有哪些？

(5)如何克服沟通障碍？

【案例分析】

案例一　大公司这样与员工沟通

全球许多大公司都有着成功的沟通经验，这些经验为我们在组织管理中建立顺畅的沟通渠道提供了良好的借鉴。

1. 总裁亲自参与

韦尔奇的继任者伊梅尔特在谈怎样支配自己的有效工作时间时说："我差不多有30%～40%的时间跟人打交道，进行交流、沟通，在我们的领导发展中心里传播GE的企业文化；还要用差不多20%的时间访问客户，确保我们的处理方式令他们满意，而且非常成功；另外用10%～20%的时间来审查业务计划、产品计划、财务计划；最后剩下的时间用来跟外部沟通。"

奥田是丰田公司第一位非丰田家族成员的总裁，在长期的职业生涯中，奥田赢得了公司内部许多人士的深深爱戴。他有1/3的时间在丰田城里度过，常常和公司里的10 000多名工程师聊天，聊最近的工作，聊生活上的困难。另有1/3的时间用来走访5 000名经销商，和他们聊业务，听取他们的意见。

2. 建立全面的沟通渠道

对"人"的高度重视和对人性张扬的强调，时刻提醒人们要不断地抛弃狭隘的本位主义、尊卑意识和自我中心倾向，只有这样才能达到所谓的"天人合一"、"人企合一"的境界。迪特尼·鲍威斯公司是一家拥有12 000余名员工的大公司，早在20年前就认识到与员工沟通意见的重要性，并且不断地加以实践。现在，该公司的员工意见沟通系统已经相当成熟和完善。特别是在20世纪80年代，在全球经济不景气的状况下，这一系统对提高公司劳动生产率发挥了巨大的作用。

该公司的"员工意见沟通"系统是建立在这样一个基本原则之上的：个人或机构一旦购买了迪特尼公司的股票，他就有权知道公司的完整财务资料，并得到有关资料的定期报告。本公司的员工，也有权知道并得到这些财务资料和一些更详尽的管理资料。迪特尼公司的员工意见沟通系统主要分为两个部分：一是每月举行的员工协调会议，二是每年举办的主管汇报和员工大会。迪特尼公司每年在总部要先后举行10余次的员工大会,在各部门要举行100多次员工大会。

那么,迪特尼公司员工意见沟通系统的效果究竟如何呢?事实是,在20世纪80年代全球经济衰退中,迪特尼公司的生产率每年以平均10%以上的速度递增。公司员工的缺勤率低于3%,流动率低于12%,属同行业最低。

3. 减少沟通层级

人与人之间最常用的沟通方法是交谈,因此鼓励越级报告成为很多跨国公司的沟通方式之一。在惠普公司,总裁的办公室从来没有门。员工受到顶头上司的不公正待遇或看到公司发生问题时,可以直接提出,还可越级反映。这种企业文化使得人与人之间相处时,彼此之间都能做到互相尊重,消除了对抗和内讧。

在这种方式下,信息可以在最短的时间内被传递,并得到对方回复。但是,当信息经过多人传送时,口头沟通的缺点就显示出来了。在此过程中卷入的人越多,信息失真的可能性就越大。每个人都以自己的方式理解信息,当信息到达终点时,其内容常常与开始的时候大相径庭。因此,管理者在与员工进行沟通的时候,应当尽量减少沟通的层级。越是高层的管理者越要注意与员工直接沟通。

4. 员工参与决策

福特公司每年都要制订一个全年的“员工参与计划”,动员员工参与企业管理。此举引发了职工对企业的“知遇之恩”,员工投入感、合作性不断提高,合理化建议越来越多,生产成本大大减少。管理者让员工参与决策,组织可以得到很多好处,但在决定把参与作为管理策略之前,必须了解有效参与的心理条件和额外条件。有效参与的心理条件主要有:第一,下属必须在心理上接受参与活动;第二,下属必须赞成参与活动;第三,下属必须看到即将参与的事件与其个人生活模式的相符之处;第四,下属必须能够明确地表达自己对即将参与的事件的满意程度。

此外,必须满足下列“外部”条件,员工参与才是可行的:对决策时效性的要求不能很高;经济上要合理;在下属参与决策时,既让他们有安全感,又不破坏组织管理者的正式权威;提供参与机会时要避免参加特定决策过程的下属向竞争对手“泄漏”信息;为使参与有效,必须为员工提供有参与决策过程的渠道;进行参与教育。

5. 积极采用巡回管理

三星首席执行官巡视基层,直接讨论。三星电子CEO尹钟龙说:“我花了很多时间巡视公司在国内外的工作场所,从基层开始检查运营情况,听取面对面的报告,表扬他们取得的进展。这使我有机会随心所欲地与直接参与者讨论事务,从高级管理层到较低级别的职员我都能接触到。尽管许多人认为,数字技术的发展为打理全球企业业务提供了便利,但我仍认为没有任何革新能够取代通过直接讨论得到的信息真实。”

6. 一对一的面谈制度

英特尔采取开放的沟通模式,既有自上而下的,也有自下而上的。管理层通过网络,向全球员工介绍公司最新的业务发展,同时也会通过网上聊天,与员工进行互动的沟通,回答员工提出的各种问题。每个季度,公司都会定期出版员工简报,让员工及时了解公司最新情况。此外,公司还有一个“一对一面谈”制度,即公司与员工之间就工作期望与要求进行沟通。面谈通常通过员工会议的形式进行,要求员工来制定会议议程,由员工来决定会议议题。

有记者同一位英特尔员工谈到如何在英特尔获得更好的个人发展时,这位员工深有感触地说:“关键还是要善于沟通,不要处处都要老板来找你谈工作,而是随时和同事、老板保持一个非常顺畅的沟通关系。”在英特尔的用人之道里面有一个很重要的原则:评价员工工作业绩是以结果为导向的,不管你过程做得怎么辛苦,付出多大,老板只看结果。也正是因为这样的原因,在新员工进入英特尔之初,得到最多的告诫就是不要去做远远超出自己能力的事情,必须善于沟通,融入团队。

(资料来源:冯国珍,王云玺. 管理学,2006)

思考题

(1)沟通在企业管理中有哪些形式?

(2)根据上述资料,说明如何促进组织中的沟通?

案例二 防止小道消息传播的圆桌会议

圆桌案例:Y公司是国内大型民营企业,这几年发展可谓如日中天,每年业绩以100%的增速成长,主导产品的市场占有率也在50%以上。在公司经营情况总体向好的情形下,公司总裁却时常觉得有点烦。原因在于公司内小道消息满天飞,一些企业内的非正式组织津津乐道于有关企业内似是而非的东西。比如,公司在外面欠了许多钱,某某市场部的经理拿了公司货款跑了等,因此极大地影响了企业内的员工士气与团队精神,更可怕的是员工对企业的信心与向心力亦由于小道消息而减弱。

圆桌成员:

诸强新——杭州唯新食品有限公司常务副总经理;

韩志锋——青汉阳品牌管理咨询公司副总经理;

王长江——北京浩竹猎头公司总经理;

高树山——普华信(国际)管理咨询公司总经理。

一、都是信息渠道惹的祸

诸强新:小道消息几乎每个企业都存在,很让人头痛。小道消息为什么能大行其道,其中一个重要因素在于:企业方面的讯息缺乏正常传播渠道,企业领导没有意识到,在企业内建立规范信息传播渠道的必要性与重要性。企业没有给员工建立正常的信息沟通渠道,员工自然只能通过非正式组织及企业内部所谓“消息灵通人士”去获悉有关信息了。

王长江：我觉得企业内部小道消息之所以有市场，源于人类爱好闲聊、喜欢传递一些好奇或者隐私信息的特性。

韩志锋：一是每个员工在所掌握的信息上存在不对称现象，二是一个企业中非正式组织有存在是在所难免的。每个人都可能因为不掌握事情的真实情况而产生猜疑，同时在自己的非正式组织中加以传播，就产生了"小道消息"。

二、建立"官方"传播渠道

诸强新：疏、堵结合很重要。首先"疏"，创办一份企业内刊，将相关信息传递给员工；二是建立管理层与员工定期沟通交流机制，及时消除员工的疑虑、误会；另外，针对企业内部有中央音响系统的状况，开办内部电台，使信息能在第一时间传达给员工。建立了多层次、立体化的正常"官方"信息传播渠道，员工有许多途径了解企业，小道消息自然大幅减少。"疏"的同时，"堵"的工作还是要做，要制定出一些禁止小道消息传播的制度。

企业要培养员工积极的心态。企业首先做的是有关理念、态度方面的培训工作。同时趁热打铁，针对培训内容与小道消息对企业、个人的危害展开大讨论。

王长江：不过，针对Y公司的情况，首先应该解决的是已经发生的谣言，这要善于利用事实。比如某某市场部的经理拿公司货款跑了，可以请那个经理在公司的公开会议上作工作报告，协助传递和澄清某些事实。至于一些不易澄清的事情，可以使用反面的结论推翻谣言的前提。只要公司处理事情客观公正，谣言一般会不攻自破。

不过，防止有害消息产生是最根本的问题，一般主要采取诸先生讲的疏导方法。另外在企业文化建设上，提倡诚信为本，公司领导言出必行，承诺一定要兑现。

三、让工作内容丰富化

韩志锋：第一，实现"透明化"管理，对员工关心的一些问题，如人事变动、薪资调整、公司转型、财务状况等进行定期发布，可借助企业内刊，也可借助内部网络；第二，强化内部沟通，提高各级例会质量，及时发现问题、解决问题，如在消息刚出炉时，就对其进行修正或阻截的话，影响自然就会小一些；第三，引导非正式组织的舆论导向，使员工自觉地从意识上杜绝小道消息的传播；最后，从小道消息中查找企业工作的缺陷。

高树山：俗话说"无风不起浪"。首先，信息源的管理非常重要。公司的中高层管理干部是信息源的关键掌握者，所以首先要使中高层管理干部具备良好的沟通素质。培训是有效捷径。在一个组织中，沟通的渠道包括会议、文件、口头、座谈会、内刊、指令等。公司必须从信息的性质和重要性，选择合适的沟通渠道和方式，而对于公司内部喜欢搬弄是非的一小部分人，要给予教育。其次是让工作丰富化。就像王经理说的，这需要适宜的制度创新和工作流程优化。三是形成富有责任感的沟通文化，就是使公司每一位员工形成"说出的话不仅要对自己负责，还要对同事和公司负责”。

（资料来源：周三多，陈佳明，鲁明泓.管理学——原理与方法（第四版），2005）

思考题

(1)结合该案例谈谈沟通在企业管理中的作用。

(2)企业应该如何对待“小道消息”？

【实训环节】 沟通能力训练

1. 学生分组比赛：选择学校附近经营比较出色的一家小店，采访小店经理，希望通过交流与沟通，掌握一些沟通技巧，同时借鉴其创业成功经验，为以后毕业创业做铺垫。

2. 在职场中，难免要与他人沟通，有职场达人总结出与他人沟通的八个黄金句子。

句型(1)：我们似乎碰到一些状况。

妙处：以最婉约的方式传递坏消息。如果立刻冲到上司的办公室里报告这个坏消息，就算不是你的事，也只会让上司质疑你处理危机的能力。此时，你应该不带情绪起伏的声调，从容不迫地说出本句型，要让上司觉得事情并非无法解决，听起来像是你将与上司站在同一阵线，并肩作战。

句型(2)：我马上处理。

妙处：上司传唤时责无旁贷。冷静、迅速地作出这样的回答，会令上司直觉地认为你是名有效率的好部属；相反，犹豫不决的态度只会惹得责任本就繁重的上司不快。

句型(3)：安琪的主意真不错。

妙处：表现出团队精神。安琪想出了一条让上司都赞赏的绝妙好计，你恨不得自己的脑筋动得比人家快，与其拉长脸孔，暗自不爽，不如真心赞美人家，会让上司觉得你富有团队精神，因而另眼看待。

句型(4)：这个报告没有你不行啦！

妙处：说服同事帮忙。有件棘手的工作，你无法独立完成，怎么开口才能让那个以这方面工作最拿手的同事心甘情愿地助你一臂之力呢？用这句话，通常人家会答应你的请求。

句型(5)：让我再认真地想一想，三点以前给你答复好吗？

妙处：巧妙闪避你不知道的事。上司问了你某个与业务有关的问题，而你不知该如何作答时，本句型不仅暂时为你解危，也让上司认为在这件事情上头你很用心。不过，事后可得做足功课，按时交出你的答复。

句型(6)：我很想知道你对某件事情的看法。

妙处：恰如其分地讨好。你与高层要人共处一室，说些什么好呢？此时，最恰当的莫过一个跟公司前景有关，而又发人深省的话题。在他滔滔不绝地诉说心得的时候，你不仅获益良多，也会让他对你的求知上进之心刮目相看。

句型(7)：是我一时失察，不过幸好……

妙处：承认疏失但不引起上司不满。犯错在所难免，勇于承认自己的过失非常重要。

句型(8)：谢谢你告诉我，我会仔细考虑你的建议。

妙处：面对批评表现冷静。自己的工作成果遭人修正或批评，的确是一件令人苦恼的事。不需要将不满的情绪写在脸上，不卑不亢的表现令你看起来更有自信，更值得人敬重。

请你学习用这八个句子与他人交流，并且谈谈你的体会。

3. 擅长沟通就一定擅长管理！下面是两个著名的沟通测试题。

(1)电梯测试

设想你是一个著名顾问公司的高级顾问，你向一个客户准备了100页的演示文稿，准备报价50万元。就在你准备给客户讲解的时候，客户方老板却接到了一个重要的电话，必须马上离开，此时你只有一个机会，就是说："我送你下楼吧，顺便讲讲我的方案。"

你只有三分钟时间，你得在这三分钟内把你方案的精髓讲出来，让这个老板在上车前说："你的方案不错，我接受你的方案和报价，具体的细节你与我的副手谈吧。"

(2)火车测试

你得坐12个小时的火车包厢去另一个地方，而同时，与你同一包厢的是一个你甚至不愿意多讲话的同事。这个包厢只有你与他。你有办法让你的旅途不仅仅是读书、吃东西、上厕所和昏昏欲睡吗？

不论你喜欢不喜欢他，你能在这12小时内发展到"痛说革命家史"的程度吗？

你得想办法让他说话，要了解他，找出共同话题。

其实现实中，管理者经常会遇到沟通恐惧，但大都不及上述两种情况那么极端与痛苦。如果你有信心挑战这两种情况，你就有办法对付任何情况下的沟通困难了。

指导老师可以在完成这两个测试题的热身后，联系实际，准备系列冲突，训练学生解决。

4. 在公司招聘的时候，越来越多的公司会考核应聘者的人际沟通能力，主要的考察点是"能不能与他人一起做事"、"能不能带领他人做事"和"能不能树立群众威信"。一个善于合作共事的人可能有下列行为表现：

(1)尊重和维护正职权威，承上启下，积极反馈上级传达的信息，主动向正职汇报工作；

(2)努力发现问题，具备独立思考精神，以恰当的方式向正职提出自己的改进建议；

(3)有大局观念，能够从全局的角度来引导和影响大家，分析和协调解决工作中的问题，顺利推动工作的开展；

(4)能够与自己的上级、公司领导和同事很好地沟通协作，善用各方面的资源，把工作在和谐的气氛下顺利推进；

(5)能协调好不同方面的利益关系，避免出现扯皮现象；

(6)主动了解他人的工作情况，并根据不同人的特点分派工作；

(7)能与自己的工作有关系的相关联系人建立良好的合作关系，加快处理问题的速度；

(8)根据自己的经验和知识，指导和帮助整个团队达成目标；

(9)言行一致，诚实，可信可靠。

请同学们参照这些行为检讨自己的行为，不断提高自己的人际沟通能力。

第九章 控制

【名言采撷】

一件事情无论计划做得多么完善,如果没有令人满意的控制系统,在实施的过程中仍然会出问题。因此,对于有效的管理,必须考虑到设计良好的控制系统所带来的好处。

有效的管理者应该始终督促他人,以保证应该采取的行动事实上已经在进行,保证他人应该达到的目标事实上已经达到。

——斯蒂芬·罗宾斯

【教学目标】

学完本章后,你应该能够:

1. 了解控制的含义及其与计划的关系;
2. 掌握管理控制的基本过程;
3. 理解管理控制的类型、原则和要求;
4. 熟悉管理控制的一般方法。

【技能目标】

1. 具备构建控制系统的基本能力;
2. 具有分析管理控制系统的能力;
3. 能够应用相关控制方法。

【案例导入】

控制与企业效益

张正在几天前被任命为一家国有化妆品公司的总经理。很快他就发现公司存在很多问题,而且其中的大多数问题都与公司不适当的控制管理有关。比如:各部门预算是由各部门自行制定,前任总经理对各部门上报的预算一般不加修改就签字批准;公司内部也没有专门的财务审核人员,因此对各部门的预算和预算的实施情况根本就没有审核;操作方面生产人员常有人不辞而别,行政工作人员迟到早退现象严重,而且常有人在工作时间利用公司电脑炒股票、玩游戏。更夸张的是,不少中层管理者还认为,公司业务不景气,生产人员缺勤很正常,行政工作人员在没什么工作可做的情况下，迟到早退、自己想办法赚点钱也是可以理解的，对此没有必要大惊小怪。

公司对资金、人员应该如何管理？财务要不要审计？制度要不要执行？

假设你被选为学生会组织部分管财务的负责人，你会如何管理资金的收支？如何预防违规报销？

组织生存发展的基本前提，是所有活动都要平稳运行，而组织不能平稳运行风险的存在就导致了对控制的需要。

第一节 控制的含义、内容和目的

控制是实现战略计划的手段。在管理工作中，控制是重要的管理职能之一，也是保持组织稳定、维持组织正常运作的手段。有控则强，失控则弱，控制力失灵，企业难以基业常青。

一、控制的含义

控制就是按照既定的目标和标准，监督衡量各项活动，并且发现和纠正偏差，以保证组织活动符合既定要求的过程。简单地说，就是将现实情况与预定标准或者目标进行比较，然后对存在的偏差进行必要的修正。由此可见，控制职能实际上包括了管理人员为保证实际工作与计划一致而采取的全部活动。

这一概念包含了如下几点要素：控制有很强的目的性，也就是说控制是为了保证组织的活动按计划进行；控制是通过监督和纠偏来实现的；控制是一个过程。

控制，有时被认为是最后的管理职能，它总是在完成了其他职能之后再执行。它与计划的关系最为密切，因为计划用于确定目标及其实现方法，而控制则关系到计划能否获得成功。

控制和计划密不可分，他们的关系表现为以下几点。

(1)计划为控制提供衡量的标准，控制又是实现计划的保证。

(2)计划和控制的效果互相依赖。计划越明确具体，控制工作就越好进行，工作结果就越好。而控制越深入、越准确，就越能保证计划的顺利进行。

(3)一切有效的控制方法，首先是计划方法，如选择什么样的控制方法、设计什么样的控制系统都必须考虑到计划本身的特点。

(4)计划本身也需要一定的控制，控制工作本身也需要一定的计划。

通常控制工作发生在计划工作结束和组织行为开始之前，因此大部分计划发生在采取行动之前，大部分控制发生在实施行动之后。但是这并不意味控制仅仅在问题发生之后实施，控制决策可以是预防性的，并且能够影响未来的计划决策。

二、控制工作的必要性

控制对一个组织来说之所以重要，主要原因是如下两点。

首先，它是组织计划目标实现的需要。没有控制就很难保证组织计划的顺利执行。而计划不能执行，组织目标便无法实现。只有通过管理控制，才能够为主管人员提供必要的信息，了解计划执行中的问题，从而采取措施，保证计划顺利进行，最终达成组织目标。

其次，它是管理职能有效运行的需要。管理控制通过发现和纠正偏差的行动与计划、组织、领导三大职能紧密联系在一起，使管理过程形成一个相对封闭的系统。在这个系统中，计划确定了组织的目标、战略、政策以及实现程序等，然后通过组织工作和领导工作等职能去实现这些计划。控制就是对实施过程加以监督，保证现实工作与既定目标的一致，使计划顺利完成。同时，有效的控制也离不开计划、组织和领导。因此，管理控制存在于管理活动的全过程，它不仅可以维持其他职能的正常运作，还可以通过采取纠偏行动来改变其他管理职能的活动。

在现代高速发展的社会中，组织的生存和发展受到多方面因素的影响。这些因素的产生导致组织内部中控制的地位更加重要。这些影响因素如下。

(1)组织面临的环境日益复杂。社会环境的多变性、不稳定性、复杂性导致了组织在实现其目标的过程中所涉及的各种环境，如政治环境、文化环境、市场环境，都有可能发生变化，这些变化的发生对组织目标的实现有相当大的影响。如伊拉克战争、企业国际化进程中的东西方文化融合、世界金融危机等，都使控制面临的形式日益复杂，需要我们积极应对。而这种应对无疑是建立在有效的控制系统基础之上的。

(2)组织本身的复杂性。社会的复杂化，必然导致组织内部的复杂化。组织内部的复杂化体现在以下几个方面。一是组织人员思想的复杂化。社会和科技的发展带来的时空差距的减少，人们教育背景、社会经历、信息渠道、社会地位、经济收入的不同进一步导致了人们思想、需要、观念的不同，这是组织复杂化的一个重要方面。二是组织本身的规模、目标导致了组织的复杂化。如企业并购和扩张、产品的多样化、企业的国际化等都对组织的发展提出了新的要求。

(3)管理者本身的失误。各级管理人员在完成本职工作的过程中由于个人能力、掌握信息等方面的原因，不可避免地会犯各种各样的错误。因此，我们有必要及时发现这些错误，并且及时纠正这些错误，使它对组织的损害降低到最小程度。

(4)分权导致的责任分散化。随着组织结构的日益复杂，组织中必须设置各级管理人员，这导致了上级对下级的授权、下级对上级权利的分享，从而导致责任的分散化。上级管理者的责任并不会因为对下级的授权而减轻，他需要对下级的工作情况进行监督和控制，进行及时的检查，以便及时发现和解决问题，防患于未然。

当组织目标没有实现时，问题就发生了。这些目标可能是部门目标、生产水平或者其他绩效指标。所有形式的管理控制的设计，都是为了给予管理者关于过程的信息。管理者可以使用这些信息防止危机、使产品达标、评价员工绩效、修正计划和保护组织资产。

三、控制的内容

对企业组织来说，管理控制的主要内容包括五个方面。

(1)对人员的控制。组织的目标是由人来完成的，为了保证员工都能够按照计划来工作，就必须对人员加以控制。最常见的方法就是现场巡视，发现问题立即纠正。另一种方法就是对员工进行系统化的工作评估，即绩效考核，对绩效好的予以奖励，以维持其良好表现；对绩效差的采取措施，纠正其偏差行为。

(2)对财务的控制。为使企业获得利润，保证企业正常运作，企业必须要进行财务控制。这主要包括财务报表审核、现金流保证、合适的负债以及各项资产有效的利用等。

(3)对作业的控制。作业就是指从劳动力、原材料等资源到最终产品的转换过程。作业控制就是通过对作业过程的控制来评价提高作业的效率和效果，从而提高组织提供的产品和服务的质量。作业控制一般又分为：生产控制、质量控制、库存控制等。

(4)对信息的控制。现代企业中，信息在组织中的地位越来越重要，不精确的、不完整的、不及时的信息会大大降低组织效率。信息控制的关键就是要建立一套管理信息系统，使管理者及时获取精确、完整的数据。

(5)对组织绩效的控制。管理者的主要职责就是达成组织目标，而组织绩效充分反映了目标的达成程度。有效实施对组织绩效的控制，关键在于科学的评价和衡量组织绩效。然而组织绩效很难用一个指标，或者几个指标加以衡量，这取决于企业的价值观。一般按照组织目标所设定的标准来衡量组织绩效，并根据组织完成目标的实际情况及时作出考核。

四、控制的目的

在现代管理工作中，控制的目的主要有两个方面：一是维持现状，二是改变现状。

维持现状是控制工作的基本目的。在变化着的组织内外部环境中，通过控制工作，随时将计划的执行情况与预先设定的标准进行比较，若发现有超计划允许范围的偏差时，能够及时采取措施纠正，以便使组织的管理活动满足计划要求，形象地说就是维持现状。

控制工作要达到的第二个目的是改变现状。随着工作的不断深入，根据控制活动发现的问题，需要对现状进行改变，即对组织目前工作的现状进行改变，如对计划进行调整、对流程进行改造、对标准进行修改，使之更适应组织面临的新形势，解决存在的问题。

对于组织内部长期存在的、影响组织发展的“慢性问题”，比如人员整体素质问题，应当采取从长远考虑、逐步解决问题的办法，以确保组织的正常发展。这也是组织控制工作的第二个目的要解决的问题。

从以上的讨论可以看出，控制的目的是与问题紧密相连的，即发现问题和解决问题。从更积极的意义来说，如果通过管理人员的积极努力，能够做到提前防止问题的发生，显然是最好的控制方式。要做到这一点，企业必须在管理的各个环节上都尽可能的完善，在问题出现之前就能够进行预测，并且采取有效的方法加以预防。

第二节　控制的类型

根据控制时点的不同可以将控制分为前馈控制、同步控制和反馈控制；根据控制来源的不同，可以分为外部控制与内部控制，组织控制与非组织控制；根据控制活动的性质，可以分为预防性控制与更正性控制。

一、控制的时间要素

（一）前馈控制

前馈控制也称为事前控制或者预防控制，它是在系统运行的输入阶段就进行控制，是发生在行为之前的控制行为，以防止问题的发生。前馈控制强调建立一个控制系统，在问题发生之前就能够采取措施避免问题的发生，而不是当问题出现时再补救。这种控制利用的是系统的输入信息。一般来说，这种方法是最经济的。制造商在购买部件之前，就先制定一个质量标准，这就是一种前馈控制。在购买高质量部件的同时，制造商也就避免了其产品出现故障的很多情形。招聘中录用员工的标准，也是前馈控制，如招聘中不用责任心不强的人，那么我们在招聘中就会刻意去考核其过去工作经历中的行为，以预测其是否有责任心。

（二）同步控制

同步控制又称为同期控制或者事中控制，它是在系统运行之中同步进行控制，是监控正在发生的行为，是一种现场控制。它能及时发现偏差，及时采取纠正措施，使损失控制在最小程度。但是对控制人员的素质要求较高，管理者要现场完成比较、分析、纠错等控制工作。最典型的同步控制，即当管理人员发现错误时，立即提出建设性的建议。如，销售经理无意中听到一名销售员没有获取客户订单，他就应该指导销售员怎样能够获得订单。

(三)反馈控制

反馈控制又称为事后控制，它是在系统运行之后进行的一种控制，是在行为执行之后的评价行为，注意力集中在行动的结果上，并以此作为改进下次工作的依据。它最大的缺点是滞后性，从衡量结果、比较分析，到制定纠偏措施，最后实施，需要一定的时间，而且损失已经发生。财务报表就是一种反馈控制。如果财务报表显示公司发生亏损，那么管理层就会研究如何改善现状，但是亏损已经发生。反馈控制是通过信息反馈及行动调节来保证系统的目标实现，它要求反馈的速度必须大于控制对象的速度。否则，错误会不断发展。

反馈控制虽然有一些不足，但仍然是一种常用的控制类型，因为很多事情只有在发生后才能看清结果。再者，事物往往是循环发展的，反馈控制能够给后面的工作提供信息和借鉴。

大多数公司兼用前馈控制、同步控制和反馈控制。管理者的一项重要工作就是选择最合适具体情况的控制方法。图 9.1 总结了上述三种按照时间分类的控制方法。

控制可以发生在一个事件或者过程中的前期、中期和后期。前馈控制通常为组织提供了最大的利益。

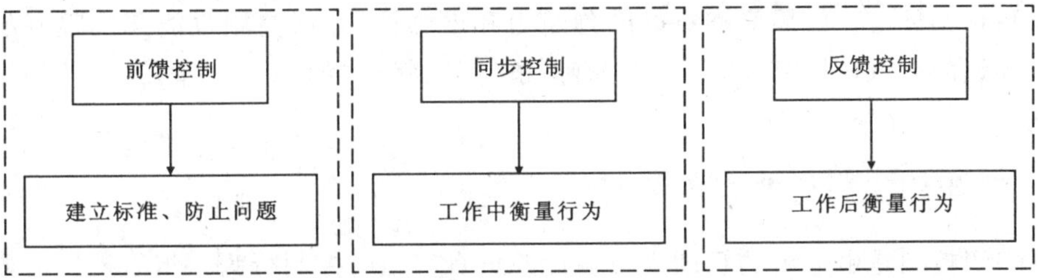

图 9.1　三种建立在时间基础上的控制类型

二、外部控制与内部控制

外部控制策略的前提假设是：员工主要受外部奖励激励，并且需要管理者的控制。

建立有效的外部控制系统有三个步骤。首先，为了激发团队成员的最佳状态，管理者要设定相对比较困难的目标并且在业绩指标中保留一点余地。其次，目标与评价标准应该不易被人伪造和歪曲。如高层管理者需要亲自调查顾客的满意度，而不是听取员工的报告。最后，奖励必须透明，并且直接与绩效挂钩。外部控制策略会产生很多积极的影响，员工知道好的绩效会带来奖励，他们就会做得更好。然而外部控制也会产生一些问题，员工努力可能不是为了对企业的忠诚，而是为了追求奖励。他们也许达到了绩效标准，但或许没有产生真正的生产效率，造成一种“华而不实”的现象。如某公司把接听顾客电话数量作为客服人员的绩效标准，结果客服人员尽可能多地接听电话，而缩短每个电话的接听时间，造成顾客意见大，服务质量下降的状况出现。

内部控制策略的前提假设是：员工能够被他们对实现组织目标的承诺所激励。自我管理的工作团队以及其他各种形式的授权就是基于内部控制策略。管理可以实施控制，但是员工不会因此效忠。丰田汽车公司提供了一个使员工忠于职守的好范例，特别是在高度的质量标准和清洁标准方面。追求高质量是丰田文化的一部分，所以大部分的丰田生产工人乐于达到管理层设定的质量标准。

建立有效的内部控制系统有三个步骤。首先，团队成员必须参与目标的设定。这些目标会在以后的目标控制中成为绩效评价的标准。其次，绩效标准（控制尺度）只能用来解决问题，而不能用来处罚与责备。当发现与绩效标准有明显偏差时，监督者与员工要共同解决实质的问题。最后，虽然奖励要与绩效挂钩，但不应该仅以一、两个尺度作为标准。内部控制策略需要评价员工的整体贡献，而不是一、两个方面的绩效。

内部控制系统不一定好，外部控制系统不一定差。内部控制适合于那些技术水平高，容易被激励的员工。外部控制则适合于那些缺乏自控能力，也并不忠实于组织目标的员工。如果能够有好的判断力和敏感性，外部控制也能起到很好的作用。控制的有效使用需要有一定的前提条件，也就是“如果……那么……”的管理方法。

三、组织控制与非组织控制

组织控制是由组织的管理人员设计并负责实施的控制行为。组织控制的典型例子是：对组织的计划、财务、人事、生产、销售等部门进行的控制，对员工进行的纪律处分等。组织控制的特点是这些控制行为是在组织的领导下实施的，具有明显的强制性。

非组织控制是指除组织控制以外的控制行为。非组织控制又可以分为群体控制和自我控制。群体控制是由组织内部的非正式群体基于群体成员们的价值观念与行为准则而进行的控制。由于非正式群体的目标与组织的目标不尽相同，因此群体控制有可能对组织目标的实现有利，也可能对组织目标的实现不利。因此，管理者应当正确对待群体控制，使之朝着有利于组织目标的方向发展。自我控制是指组织成员个人基于自己的价值观与行为理念而进行的控制。自我控制与个人素质有很大关系，也与个人的目标有关。作为组织而言，应该加强对员工的教育和引导，如通过组织文化、企业价值观、企业使命的建设与宣传来影响员工的价值观与行为理念，使员工的自我控制有利于组织目标的实现。

四、预防性控制与更正性控制

预防性控制是指为了预防组织和员工的活动偏离组织的目标而采取的控制措施，其目的是避免产生错误。一般而言，像规章制度、工作流程等都属于预防性控制的范围。当然，预防性控制必须与一定的监督体系相结合，才能充分发挥作用。

更正性控制是指为了发现工作中存在的问题以便进行更正而进行的控制。更正性控制目的是发现行为的偏差，并使行为或者实施进程回到预先确定的或者管理者所希望的水平，如企业管理中的质量检查、各种审计制度等都属于这一类型。

小贴士☞　中国式控制力的三大境界

第一种境界——软控制

从汉武帝"罢黜百家，独尊儒术"开始，儒家思想就成为每个中国人心里的道德标尺。这把横亘于每个人心里的道德标尺就是儒家控制力成功的标尺。

第二种境界——硬控制

法家认为人性是本恶的，法家思考的问题是用什么方法把一群恶人管住，让他们无法为恶。法家学说强调"法"、"术"、"势"。所谓"法"，就是定法，制定法律、规则，严格执行；所谓"术"，就是用人之术；所谓"势"，就是强调执法者的权威。法家提倡"令行禁止"。

第三种境界——无为而无不为

如果说"仁、义、礼、智、信"的儒家思想强调了企业从意识形态对员工进行软控制的话，那么"无为"的道家思想则是对"软控制"的进一步发展。道家思想追求的是"大道无形"，在控制管理方面，让员工感到从"不得不然"，到"欣然而然"，最后形成高速流畅的"自然而然"。

（资料来源：许燕. 中国式控制力——好企业是管出来的，2009）

第三节　控制的过程

控制过程分为四个阶段：确定控制标准——衡量实际成效——分析偏差——采取管理行动。图 9.2 是一个控制的流程概述。

一、确定控制标准

控制过程最初所要确定的是一系列切实可行，并且被员工接受的绩效标准。

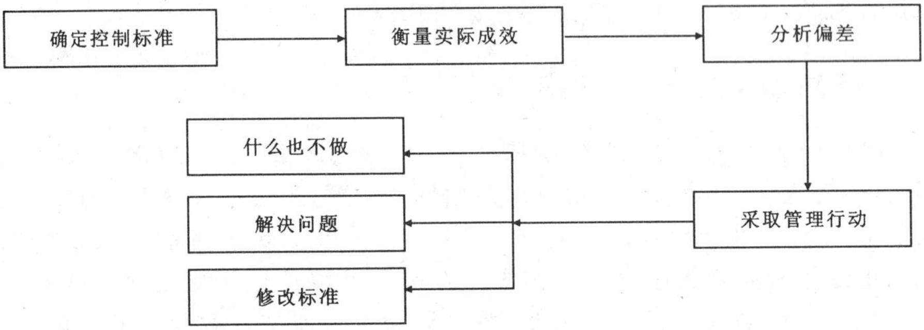

图 9.2　控制的流程

标准是衡量结果的单位。标准可以是数量上的，如销售额、利润、完成任务的时间等；也可以是质量上的，如顾客满意度、广告效果等。

（一）控制标准的内容和形式

控制标准是控制目标的表现形式，是对企业中人力、物力、财力以及各种生产经营活动方式和内容等所规定的量值界限，是控制工作的依据和基础。

由于控制的目的是为了保证计划和组织目标的实现，所以控制标准的确定必须以计划和组织目标为依据。控制工作的范围很广泛，所以为进行控制而制定的标准也有多种。常用的主要有六种：实物量标准、价值标准、时间标准、质量标准、行为标准和无形标准。

（二）控制标准的要求

(1)简明。即对标准的量值、单位、可允许的偏差范围要有明确说明；对标准的表述要通俗易懂，便于理解和接受。

(2)适用。即标准要有利于组织目标的实现，要能够反映组织活动状态。

(3)稳定。即标准要能适用于一段较长的时间，即使有弹性，也是在一定的原则范围内变化。

(4)可行。即标准不能过高，也不能过低，要使绝大多数员工经过努力都可以达到。

(5)可操作。即标准要便于比较、衡量、考核。

（三）制定控制标准的方法

控制的目的是为了保证计划和组织目标的实现，但是，不能完全用计划代替标准来进行控制，而是应该制定专门的控制标准。控制标准的制定应该以计划和组织目标为依据。

常用的制定控制标准的方法有以下几种。

(1)分解法。即把企业经营目标、经营计划按生产单位、管理部门，或者按产品零部件，或者按工艺、工序等分解为具体的计划指标，作为控制的依据。

(2)预算法。即将企业生产经营活动中需要开支的各种费用，按其明细项目确定出预算额，作为各使用部门的费用支出标准。

(3)定额法。即根据技术测定、统计分析、经验估计、比例计算等方法，制定出各种实物量标准、时间标准等，作为对各生产环节和人员的控制标准。

(4)标准化法。即根据国际标准、国家标准、行业标准和企业标准，确定有关生产经营的各种技术标准和管理标准。

比如，统计资料显示一个单位的废品率是万分之三，则对新产品的控制标准也很可能不会超过万分之三。一般来说，盈亏状况常用来作为控制标准。如企业把销售额作为控制标准，如果盈亏平衡分析得出的结论是销售额必须达到100万元，那么这家企业就会把销售额控制标准底线定为100万元。

二、衡量实际成效

衡量实际成效就是根据控制标准衡量、检查工作情况，并对计划执行的现状和阶段性成果进行如实反映和客观评价。

有了完备的控制标准体系，第二步工作就是要采集实际工作的数据，了解和掌握实际工作的情况。管理者经常直接观察工作现状来控制系统。

在衡量实际成效工作中，衡量什么，以及如何衡量，是这一阶段的核心问题。

1. 衡量什么

衡量什么，这个问题在衡量工作开始之前就应该得到确认。一般来说，管理者在确立标准时，就已经确定下来了。管理者并不要去观测所有的活动，而是选择一些关键的控制点，通过这些关键的控制点来对全部活动进行控制。关键控制点一般是计划实施过程中起决定作用的点，或者是内容出偏差的点。

2. 如何衡量

(1)个人观察：即直接取得第一手资料，是一种非常有效的衡量方法，但受到一定的局限。

(2)统计报告：按统计方法对实际工作的数据进行加工处理后形成的报告，它的价值取决于数据的真实性和全面性。

(3)口头报告和书面报告：口头报告的优点是快捷方便，能够得到即刻反馈，缺点是不易保存和调查；书面报告要比口头报告更加准确全面，如财务报告、工作总结等，但是在时间上会滞后一些。

(4)抽样调查：在工作量比较大，而工作质量又比较平均的情况下，管理者可以通过抽样检查来衡量工作。

在衡量工作中，除了要注意衡量方法外，还要特别注意所获取信息的质量，如信息的准确性、及时性、可靠性和实用性等。

衡量实际工作的成效是整个控制过程的基础性工作，而获得符合要求的信息又是整个衡量工作的关键。

3. 衡量实际成效的要求

(1)衡量实际成效要以系统检查为主，综合运用各种衡量方法，全面、准确地了解和反映实际的工作业绩。

(2)衡量实际成效要定期进行，使之成为经常性的工作。

(3)衡量实际成效要有制度保证，建立统计制度、报表制度、报告制度和总结制度等相关制度。

(4)衡量实际成效要抓住重点，对控制的关键点必须重点检查。

对现实工作进行评价比看上去要复杂得多。销售部门指标通常是客户量、销售额、客户开发等，而财务部门指标主要是成本、利润和现金流。

进行有效的工作成效评价必须具备三个重要条件：一是在衡量绩效的具体指标上管理者要达成一致，如最佳指标是销售额，还是客户服务质量；二是在衡量所需达成的精确度上管理者要达成一致，有时评价是可以相当精确的，像销售额，不过有时评价就无法精确，像顾客投诉、服务品质等，但它对于绩效的质量评价可能至关重要；三是由谁来衡量管理者也要达成一致，在很多企业中，实行了 180°、360°考核法，谁说了算、权重是多少，事先一定要明确。

三、分析偏差

在取得实际工作成效的信息后，就要将标准与实际成效进行对比，发现偏差，并且进行分析，为采取管理行动作好准备。这一步的主要工作包括衡量偏差和信息沟通。

偏差就是控制标准与实际工作的差距。分析比较的结果有两种：一是存在偏差，二是不存在偏差。实际的工作中，我们会为偏差制定一个允许范围，只要不超出这个范围，就算正常。当使用数量衡量时，统计分析能决定偏差多少算严重。基于预期理论，只有当出现较大偏差时才采取相应的改进。

有时，即使只有 1%的偏差，也会对企业产生相当大的影响，如产品的工艺质量偏差 1%就是废品，或者成为低档货。而在有些情况下，高达 10%的偏差也不算严重。如客服部门可能有 10%的问题解决落后于客户的需求，但管理者明白，所有的问题最终都能解决。

当无法采用统计方法时，管理者就要凭经验对随机误差作出判断。如员工当月绩效下降，可能与家庭产生某种状况有关。在这种意外情形下，管理者可以忽略偏差的存在。

偏差也有两种情况：正偏差和负偏差。正偏差指的是工作的结果好于标准，负偏差指的是工作的结果不如标准。如果工作结果出现了偏差，特别是存在负偏差，就必须作进一步分析。

一般来说，造成偏差的原因有三大类。

(1)工作操作原因：这是由于执行者自身的原因造成的偏差，如工作不认真、能力不够或者不熟练等。

(2)外部环境因素：当外部环境发生重大变化时也会导致计划不能实现，如国家政策变化、国际局势变化、原材料市场的变化、供应商的变化等，这些原因通常是不可控的。

(3)计划不合理：计划制订不合实际，或者形势判断失误，也是造成偏差的原因，如销售指标定得太高、经济环境预测走好但实际发生疲软等。

分析偏差是控制过程中最需要理性、智慧的环节，是否要进一步采取管理行动取决于分析的结果。如果分析结果表明没有偏差，或者偏差在允许范围内，那么这一阶段的控制工作就此结束。

为了保证控制系统正常工作，在分析偏差以后，管理者必须与有关人员充分沟通比较的结果，这些人员包括员工、员工的直接上级，有时事情严重或者牵涉面较广还要与高层管理者和相关部门沟通。

四、采取管理行动

控制过程的最后一项工作就是采取管理行动——纠正偏差。由于偏差是控制标准与实际成效的差距，因此纠正偏差的方法也有两种：一是改进工作绩效，二是修改控制标准。

(1)改进工作绩效。如果分析表明计划是可行的，控制标准也是切合实际的，问题出在工作者本身，那么就要采取改进工作的行动；如果问题出在外部环境上，那么就要采取其他的补救措施，尽量消除不良影响，随后修改战略、修正目标、另辟蹊径。

(2)改进工作绩效的行动可以分为立即纠正行动和彻底纠正行动。立即纠正行动是指发现问题后马上采取行动，用最快的速度纠正偏差，以避免造成更大的损失。彻底纠正行动是指发现问题后，通过对问题本质的分析，挖掘问题产生的根源，并且采取切实的措施，力求永久性的消除偏差。在实际工作中，二者通常结合使用。一般来说，管理者会与团队成员讨论问题的性质，其他优秀团队也会参与到解决问题的过程中来。

(3)修订标准。如果偏差来自于不合实际的标准，那么就要修订标准。用考试作一个类比，如果90%的学生在考试中不及格，那么真正的问题可能是考试内容太难。

由于环境在不断变化，标准也应该适时修改。建立新的工作计划也产生修改标准的需要。控制标准常常建立在估计的基础上，所以难免过高或者过低。如果没有员工能够达到控制标准，控制标准可能就定得过高了；如果员工都能超过控制标准，标准则可能定得过低了。当然，管理者应该从控制的目的出发，仔细分析，在确认标准的确不符合现实的要求时，方可修订标准。标准过高会影响士气，标准过低会产生懈怠。见图 9.2 所示，修订标准意味着重复控制周期。

(4)如果评估显示，事情正在按照计划执行，就不需要采取管理行动。但是这并不意味着管理者无所作为，管理者可以表扬达标的员工，这可以激励员工继续努力工作。

第四节　有效控制的方法

当实施控制时，管理者必须平衡两个主要关系：稳定性和目标达成。有效控制，是指实际工作与标准比较，始终在允许幅度内上下均匀波动。控制方法围绕行为控制和产出控制两个方面展开。

一、预算控制

在管理控制中使用最广泛的控制方法就是预算控制，它清楚表明计划与控制的关系。预算是计划的数量表现，是组织未来某一个时期具体的、数字化的计划，也就是用财务数字和非财务数字来表明工作的结果。预算是一种计划，也是一种预测，更是一种重要的控制方法。

(一)预算的种类

1. 收支预算

收支预算即收入和支出预算。收入预算是某一时期有关收益及其来源的预算，如销售收入；支出预算是在一定时期内支出的预算，如各种费用。它描述了为收入和支出所作的资金计划。它使用最广，并且最容易理解。很多公司每个月都有一份收支预算，后来逐渐演变出季度预算、半年预算和年度预算。大多数的收支预算把经营支出进行了分类。主要经营支出包括工资、福利、租金、公用设施、差旅费、设备维修费等。收支预算很难与现金流预算分开。

2. 现金预算

现金预算是指一定时期内现金的收支情况，它用来与真实的开支进行比较。现金预算反映了企业的现金偿付能力，所以在控制衡量中扮演着重要的角色。一个企业即使有很强的运营能力，但如果费用太高，入不敷出，仍然可能破产。

现金预算也明确了能够用于投资的可用资金。短期来说，现金盈余一般投资于股票、债券和基金中。长期来说，现金一般用来购买固定资产或者用来收购其他公司。还有一种选择是使用现金盈余来扩大经营规模。管理者可以用现金盈余来偿还债务，或者赎回其他股东的股份来巩固所有权。

现金流预算是现金预算的一个变形，它是对一个商业企业在一定的时期内现金流入和流出的预测，通常是一个月。现金流预算的主要目的是预知企业有没有能力获得比支出费用更多的现金流入。一项现金流预算包括四个步骤：销售预测、现金流入预测（销售回款、投资回报等）、现金流出预测（物料采购、中间环节支出、管理费用支出等）、计划整合预测现金流底线。

3. 生产预算

生产预算是对产品和服务的详细计划，它必须与销售预算和存货需求相匹配。一项生产预算可以认为是一张生产进度表。

4. 物料购买和使用预算

在预测生产需求之后，企业有必要对满足需求所需花费的成本作出估计。物料购买和使用预算，是确保所购买的原材料和零件必须满足产品需求的一个计划。在零售业企业中，此类预算明确指出所购买的货物必须符合预期的销售需求。

5. 人力资源预算

为了满足销售和生产要求，企业必须有具备一定素质的员工。人力资源预算是对在未来一个时期内的人力资源的需求以及为了满足这种需求所要付出的成本作出预测。员工规模的扩大和缩小是否能与销售和生产预期的增加和减少相一致，是管理者关注的热点之一。

6. 投资预算

企业在维持现状的同时，还必须为了未来进行投资，如设备、厂房、技术改造等。

7. 综合预算

综合预算即综合考虑各种因素，采用多种预算方法所进行的预算。它合并了不同部门的预算，目的是对这个企业的财务状况进行控制和预测。

以上称为固定预算。固定预算是一次性的资源分配，企业必须留有固定数额的资金，以维持整个预算周期的正常运作。

（二）固定预算控制可能产生的危害

虽然预算能使管理控制目标明确，但也会在一定程度上带来危害，如以预算目标取代组织目标、预算过于详细、缺乏灵活性。

（三）弹性预算

弹性预算也称可变预算，其基本思想是按照固定费用和变动费用分别编制预算，以确保预算的灵活性。弹性预算要考虑由于活动的进行而产生的可用资源的变化。在编制弹性预算时，企业应该根据具体情况研究各种费用的变动程度，以便于预算的合理性和准确性，减少预算变动的频率。

（四）零基预算

其基本思想是在编制预算时，必须对每项费用都予以重新核查，并且要以目前的需求作为核查的基准。零基预算要求每个项目的费用要以零为基数，通过仔细分析各项开支的合理性，在成本效益的基础上确定预算。由于它迫使管理者重新确定费用支出，从而促使其精打细算，量力而行。但是这种方法的工作量很大，费用估计也有一定的主观性。

预算总是和严格限制资金的使用相联系。人们认为，预算意味着保守的支出。在管理方面，预算确实限制资金的使用。预算是一种量化的计划，它的目的是分配资源。预算数字代表资金，也可以表示其他事物，如用电量、打印纸的消耗量、工时进度等。一个预算通常包括资金的流入和流出。

事实上，每位管理者都承担着一些预算职责。如果没有预算，我们不知道将要使用哪些资源、这些资源从何而来、已经使用了多少、还有多少可以使用。

(五)预算的作用

预算的作用主要体现在以下四个方面。

(1)帮助管理者掌握全局，控制组织的整体活动。资金财务状况对任何组织而言都具有十分重要的意义。通过预算，组织管理者可以清楚地看到资金由谁使用、在什么项目上使用、使用的额度是多少，以及资金的来源如何，从而可以通过资金状况来了解和控制组织的整体活动。

(2)帮助管理者合理配置资源。组织中各项活动的开展都离不开资金的支持，资金作为一种重要的杠杆调节着组织各项活动的轻重缓急以及规模的大小。因此，组织管理者可以通过预算合理配置资源，以确保组织重点活动的开展，对非重点活动进行有效的控制。

(3)有助于管理者对各部门的工作进行评价。根据各部门执行预算的情况，可以看出各部门资金使用的效率以及工作任务的完成情况，从而对各部门的工作进行评价。由于预算规定了各项资金的运用范围和资金使用负责人，所以通过预算还可以控制各级管理人员的职权，明确各级管理人员的职责。

(4)有利于提高资金的使用效率。预算具有严肃性，并且组织管理者常常把预算的执行情况作为考核下级管理人员的依据，所以各部门管理者在收支方面会尽可能精打细算，避免浪费，提高资金的使用效率。

(六)预算的编制

在预算的编制中应该注意的问题有以下几个方面。

1. 正确处理组织总预算与部门预算之间的关系

在编制预算时，管理者应当正确处理组织总预算与部门预算之间的关系。在企业管理与控制的过程中，不仅需要各部门、各项活动的预算，而且需要组织的总预算。各部门、各项活动的预算是按照部门和项目来编制的，它主要说明各部门和各项活动的收入与支出标准。全面总预算是在对所有部门及活动的预算进行平衡的基础上编制完成的，它概括了组织一定时期内的总体目标。只有编制了总预算才能进一步明确组织内部各部门的任务和目标，以及互相制约的条件，为正确、客观地评价部门工作提供依据。

2. 用统一的数字形式来表述组织内的各项预算

任何预算都需要用统一的数字形式来表达，组织内的总预算更应该如此。在组织的各种预算中，应该用统一的货币单位来表述，而部门、项目这样的分预算则不一定使用统一的货币单位。对一些具体的项目而言，用时间、长度、重量等单位来表示能提供更多的信息。如在负责原材料采购的部门预算中，用货币来表示原材料的预算，我们就只能知道原材料采购的总费用标准，而不能知道使用的原材料的种类与数量。

3. 避免预算过于繁琐

如果一个预算详细地列出各种细枝末节的费用，那么有可能影响管理人员在工作中的主动性与创造性。

4. 避免预算目标取代组织目标

编制与执行预算过程中的一个危险倾向是把预算目标置于企业目标之上。如为了实现预算规定的支出标准，而在某些涉及组织发展的活动中节省经费，严重影响组织目标的实现。预算执行过程中，管理人员一定要把组织目标放在第一位，正确处理局部与整体利益的矛盾、短期与长期发展的矛盾。

【预算控制实例】

表 9.1 给出了一家企业 2010 年前三个月的预计销售额和费用。在实际工作过程中，需要在空格处填写实际发生额，以便将两者进行比较，并进行相应的控制。本表中的预计毛利等于销售总额减去各项费用。

表 9.1　某企业预计销售额和费用　　（单位：元）

项目	1月		2月		3月	
	预计	实际	预计	实际	预计	实际
销售总额	1 200 000		1 350 000		1 400 000	
销售费用	242 000		275 000		288 000	
管理费用	310 000		310 000		310 000	
产生费用	327 000		430 500		456 800	
研究费用	118 400		118 400		115 000	

二、非预算控制

非预算控制的方法主要有质量控制技术和数量控制技术两个类型。

首先，我们介绍质量控制技术。质量控制技术是基于人的判断对绩效作出的评价，它常常是一种语言的而非数字的评价。如：对客户服务的评价是“非常优秀”，而不是在1～5尺度上的某一点，它是基于评价者的综合判断。

（一）质量控制技术

1. 视察

视察就是到现场进行督导。其优点是：能够掌握第一手资料，使管理者不断保持和更新对组织的感觉，敏感体会组织系统的运作是否正常；可以了解员工真实的工作状态，有利于对员工的正确评价；能够及时发现问题，解决问题。缺点是：可能引起员工的误解，以为管理者不信任自己。视察是成功企业常用的管理方法。

2. 报告

报告是用来向负责实施计划的主管人员汇报全面的、系统的计划执行情况，存在问题及原因，已经采取的措施，已经获得的效果，预测可能出现的状况等一系列事情的一种方式。报告应该及时、简明、突出重点，这样才能有助于管理者了解计划的进度，并且及时进行指导和改进。报告可以根据需要分为专项性报告和综合性报告。

3. 外部审计

外部审计是指由外部机构（如会计事务所）选派的审计人员对企业财务报表及其反映的财务状况进行独立的评估。为了检查财务报表及其反映的资产和负债的账面情况与企业真实情况是否相符，外部审计人员需要抽查企业的基本财务记录，验证其真实性和准确性，并分析这些记录是否符合公认的会计准则和记账程序。外部审计的优点是可以保证审计的独立性和公正性。但是，由于外来的审计人员不了解内部的组织结构、生产流程和经营特点，在对具体业务的审计过程中可能存在困难。

出于战略的考虑，企业可以利用公开信息对竞争对手或者其他公司进行外部审计。这类审计包括：调查目标公司，寻找并购机会；对供应商的信誉进行评估；发现竞争对手的优势和劣势。

外部审计常常作为发现和调查借贷欺诈行为的反馈控制手段。

4. 内部审计

内部审计是对公司本身的计划、组织、领导和控制过程进行的阶段性评估。它评估的是：公司为自己做了什么、公司为员工做了什么、公司为客户做了什么、公司为社会做了什么，等等。公司可以对很多因素作出评价，包括：财务的盈利状况、生产效率、经营成本、人力资源开发、公共关系和社会责任。审计涉及公司的过去、现在和未来。

内部审计可以由财务部门的指定人员作为一项独立任务来完成。在规模较大的组织里，也可以由一个专职的内部审计小组来进行。审计的范围和深度根据公司的规模和政策灵活掌握，既可以进行相对狭窄的财务审计，也可以进行对整个控制系统的调查和评价，如公司政策、产品定位、工作流程和管理责任分配等广泛的、综合的分析。通过对现有的控制系统有效性的检查，内部审计人员可以提供有关改进建议，促使公司政策符合实际环境，工作流程更加合理，作业方法更加科学，实现组织的自我完善。

5. 管理审计

管理审计是一种对企业所有管理工作及其绩效进行全面系统的评价和鉴定的方法。管理审计既可以由内部的有关部门进行，也可以聘请外部的专家来进行。管理审计的方法是利用公开记录的信息，从反映企业管理绩效及其影响因素的若干方面将企业与同行业相关企业，或者其他行业相关企业进行比较，以判断企业经营与管理的健康程度。

管理审计可以发现的问题有：库存控制不良、机器设备使用不经济、资源浪费，工作流程不科学等。管理审计可以对整个组织的管理绩效进行评价，为指导企业在未来改进管理系统的结构、工作程序和工作业绩提供有用的参考。管理审计可能存在的问题是重复工作，浪费人力。

6. 绩效评估

绩效评估是指通过一系列测量、评价和回顾员工工作业绩的方法，指出工作中的不足，并且进行改进。这一项工作应该由管理者和团队成员共同完成。

质量控制技术需要由人来完成质量控制信息的收集，所以，人们的工作能力和道德规范会影响这些控制信息的有效性。

（二）数量控制技术

数量控制技术是基于用数字衡量绩效的方法，如每分钟打字 80 个、每天拜访客户五个。

1. 甘特图

甘特图是一种用图表描述一项工作计划的与实际的进展情况，其目的是说明项目进展情况。

2. PERT

PERT 是利用时间预测安排活动时间的一种方法，其目的是衡量项目与时间表的吻合度。

3. 盈亏平衡分析

盈亏平衡分析是研究固定成本与价格减去可变成本的比率，其目的是衡量组织绩效以及作为纠正组织行为的基础。

4. 偏差分析

偏差分析是生产中最主要的策略，其目的是设定原材料、劳动力、管理费用的标准成本，并衡量其偏差。

5. 比率分析

比率分析又可以分为财务比率分析和经营比率分析。

(1)财务比率分析:就是通过计算实际的财务比率,并将其与目标值相比较作出判断,进行管理控制的方法。常用的财务比率有:销售利润率、负债率、资金周转率等。

(2)经营比率分析:就是通过计算实际的经营比率,并将其与目标值相比较作出判断,进行管理控制的方法。常用的经营比率有:市场占有率、投入产出率、客户满意率等。

数量控制技术被广泛的使用,因为它们看起来准确而客观。

三、作业控制

作业控制是为了保证各项作业计划的全面完成而进行的一系列管理工作。即衡量作业计划的实际执行情况,将其与控制标准进行比较,发现偏差并分析原因,采取措施纠正偏差,保证作业计划顺利实施。一般来说,作业控制主要包括成本控制、质量控制、采购库存控制。

(一)成本控制

成本控制是在对系统作出全面详细的分析以后,层层分解成本指标,以其作为衡量控制标准。也就是说,通过监控成本形成的过程来控制成本,从而提高企业的竞争优势,确保企业在预定成本下获得预期目标利润。

(二)质量控制

质量控制是指管理者通过监控质量的全过程,以确保产品的质量符合既定的标准。全面质量管理(TQC)是目前提高质量较流行的方法之一,它是指为保证产品质量符合规定标准和满足用户使用要求,企业在产品设计、试制、生产制造直至使用的全过程中,进行全员参与的、预先控制与事后检验相结合的、控制影响质量的每一个环节的全方位的质量管理。全面质量管理的思想如下所示。

(1)永远进取:TQC 认为没有最好,只有更好。

(2)提高质量:TQC 采用最广泛的质量定义,它不仅指最终的产品,而且覆盖与最终产品有关的一切。

(3)精确质量:TQC 运用数理统计方法衡量业绩,比较标准。

(4)放权雇员:TQC 授权与生产线上的工人和技术管理人员,动员和鼓励他们参与质量管理工作。

有一个持续改善质量的工具,很多企业都在用,那就是 PDCA 循环。PDCA 循环是由美国质量管理专家戴明提出来的,所以又称为“戴明环”。PDCA 的含义是:P(plan)—计划,D(do)—实施,C(check)—检查,A(action)—行动,如图 9.3 所示。要完成一项工作,必须首先作计划;紧接着执行,只有执行才能产生结果;在执行的过程中，不断检查工作进度和质量；最后对总结检查的结果进行处理，成功的经验加以肯定并适当推广、标准化，失败的教训加以总结，未解决的问题放到下一个 PDCA 循环里。以上四个过程不是运行一次就结束，而是周而复始地进行，一个循环完了，解决一些问题，未解决的问题进入下一个循环，实现阶梯式螺旋上升，如图 9.4 所示。PDCA 循环实际上是有效进行任何一项工作的合乎逻辑的工作程序，对市场营销的绩效管理尤其适用。在 PDCA 循环的四个阶段中，包含了八个步骤。

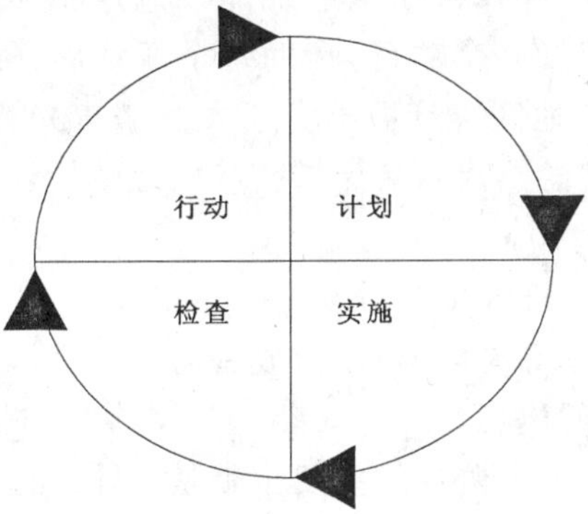

图 9.3　PDCA 循环图

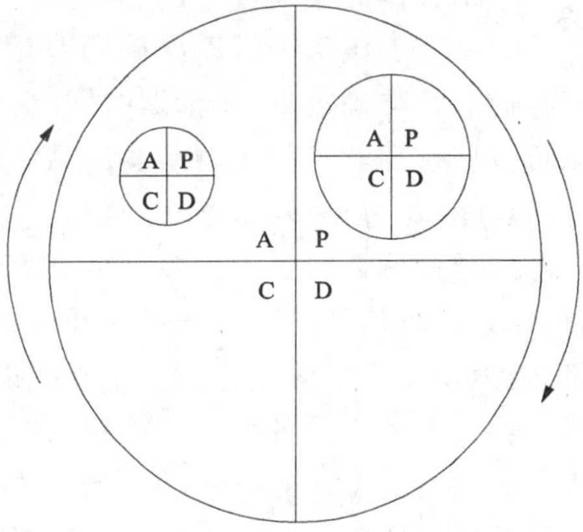

图 9.4　PDCA 循环往复，阶梯式螺旋上升

它们分别是：①分析现状，找出问题；②分析产生问题的原因；③找出主要原因；④拟定措施，制订计划；⑤执行措施和计划；⑥检查工作效果；⑦标准化成功的方法；⑧未解决的问题进入下一循环。

(三)采购库存控制

一般来说，库存是为了满足未来需要而暂时闲置的资源，人、财、物、信息等各方面的资源都有库存问题。企业的生产要正常连续地进行，供应链不能断，需要有一定的库存。库存控制主要解决的问题是：哪些物质需要有库存，合理的库存量是多少，多长时间检查一次库存量，什么时候提出采购申请，每次采购多少，等等。库存控制的目标不是增加库存，而是在保证正常生产的情况下，不断降低库存。

四、信息系统和控制

信息系统(IS)或者管理信息系统(MIS)，是一个为管理提供有用的或者必要的信息，以帮助管理者作出正确决策的系统。基于有效的信息而进行的管理控制使信息系统成为任何控制系统中不可或缺的一部分。

（一）信息系统提供控制信息

信息系统涉及的范围在不断扩大。这种扩大一部分归因于对有用的控制信息的需要不断增长，信息系统产生的控制信息是无限的，如下所示。

信息系统可以：报告不同地区、不同销售商的产品销售情况和顾客清单；提供不同地区、不同仓库、不同产品的库存信息；提供产品使用人的年龄、收入和职业情况；报告来自不同地区、不同部门的预算偏差情况；自动计算财务比率，并与相关行业指标进行比较；自动计算生产和经营指数，并与标准作比较；对资金运行作出判断，估计投资收益；利用因特网，比较产品的服务和价格。

举一个具体的案例，7－11 连锁便利店的计算机信息系统能够追踪库存情况并且预测销售。该系统可以准确跟踪记录 2 300 个项目，帮助每个便利店详细列出库存商品的准确数目，再根据时间、天气和地区统计数据分析预测销售趋势，这样就可以使管理者对积压的易腐商品和脱销的热销商品保持高度的敏感性。

（二）计算机辅助工作监控

越来越多的公司利用信息系统进行计算机辅助工作监控。在这种监控形式下，信息系统收集员工的工作习惯和生产效率等方面的数据，或者通过计算机终端网络，监控在工作中使用计算机及相关设备的员工。一旦安装了监控软件，中心计算机就会处理和记录各终端计算机的信息。电子监控的主要贡献是增加了远离管理人员的视线而工作的员工的人数。办公室职员是最容易被监控的。JetBlue 航线公司的预约中心有 700 个预约代理，他们都在家中用公司提供的计算机和电话系统工作。公司在跟踪员工的电话软件的帮助下能够保证理想的工作状态。当一个代理接到一个电话，电话系统就会记录下电话是否被迅速接听、电话持续时间、谁先挂电话等一系列数据信息。管理者还可以亲自监听任何员工的电话，以便保证服务的质量满足服务标准。

电子监控系统的主要优点是可以让管理者进行严密的监督，因为它使管理者更全面、更真实地掌握员工的工作情况。不足之处是有人认为它侵犯了员工的隐私和人格尊严，甚至会降低员工对工作的满意度。电子监控对工作内容需要创新思维的员工监控也会产生一些困难。

五、有效控制系统的设计

对一个以盈利为目的的企业，建立有效的控制系统具有重要的意义。有效的控制系统应该考虑将潜在的利益最大化，将可能的损失最小化。为了达到这一目的，管理者在设计控制系统时注意的事项有以下几点。

1. 建立有效的控制标准

有效的控制系统必须建立在有效的绩效标准上，一般来说，最有效的标准是量化的标准，它具有客观性。除此之外，控制系统还应该包括衡量企业绩效的所有重要的方面。如考核在控制中很重要，但要适度，过度的考核会引起员工的反感，导致对考核的抵制。

2. 提供充足的信息

管理者必须将控制系统的重要性传达给全体员工，使员工认识到控制的重要性，自觉地接受控制管理。在控制过程中，管理者应当及时将员工工作绩效反馈给员工本人，激励员工的工作热情。同时，员工也可以根据自己的绩效对自己的行为进行调整，使之适应企业工作要求。

3. 保证员工能够接受

任何的管理措施都要得到员工的支持，才能使管理活动顺利进行，控制活动也不例外，至少是员工能够接受。一般而言，员工能够接受的是有用、适度的控制。如果一位正常的员工怎么努力都不能达到工作标准，那么这一标准就不能被员工接受。

在控制的过程中，管理者还要注意以强化正面行为为主，引导和鼓励员工积极工作的情绪，让员工更多地参与控制决策也有利于员工容易接受管理控制。

4. 使用多种方法进行控制

多种控制方法可以互相弥补各自的不足，形成有效的控制。多种控制方法也有利于调动员工参与控制的积极性。

控制金字塔提供了在组织中实施控制的一种方法，即首先进行简单的控制，然后再进行比较复杂的控制，即简单控制→自动化控制→操作员控制→监督控制和信息控制，如图 9.5 所示。

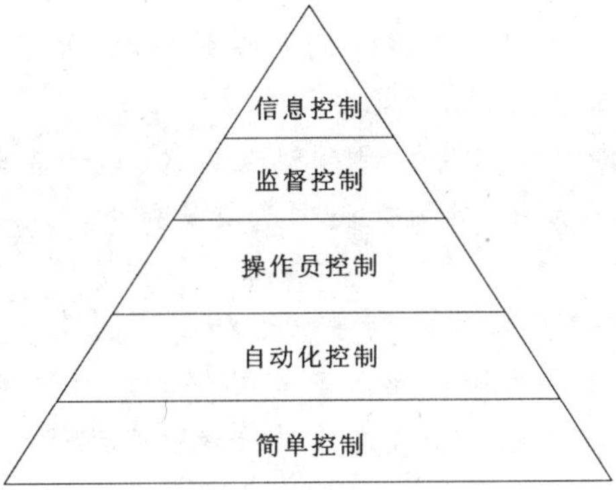

图 9.5　控制金字塔

小贴士☞ 日本、美国和中国的控制实践活动

表9.2是日本、美国和中国的控制实践活动的对比。

表9.2 日本、美国和中国的控制实践活动对比

日本	美国	中国
. 同事控制	上级控制	受集体领导控制
控制团队业绩	控制个人业绩	控制主要对集体
留有面子	责任追究到人	试图留面子
广泛应用质量控制小组	有限应用质量控制小组	有限应用质量控制小组

日本的控制工作

在有关决策的讨论中,群体对管理过程有着深刻的影响。办公室通常没有隔断,大家都能清楚地了解同事的工作业绩。管理人员与其他同事一起办公,没有独立的办公室。个人业绩的衡量不是根据一些具体而有可考核的目标,而是强调团队业绩。控制注重过程而不是数量,管理人员往往给下属"留面子"。20世纪50—60年代,日本的产品也不重视质量,但是现在,日本人以其对质量的关注而闻名,这在很大程度上要归功于他们成功地实施了质量控制。日本的质量控制要求员工积极参与质量控制小组。

美国的控制工作

在美国,控制常常意味着根据预先制定的精确标准对业绩进行衡量。在美国广泛应用的目标管理,需要制定可考核的目标并依据这些目标考核个人业绩。这样,上级就可以将偏差追究到具体的个人,并以此确定事故责任人。然而,为使个人产生最大业绩,可能会损失集体业绩。

许多质量控制的方法都是美国人创造出来的,如零缺陷控制、PDCA循环,但后来都被日本人应用,作为提高生产质量和生产效率的工具。

中国的控制工作

中国的控制主要是由集体的领导来进行。控制主要针对集体,也兼顾个体。因此,中国的控制实践活动混合了美国及日本的控制方法。在确定偏差产生的责任人时,管理者通常会给工作欠佳者留有面子,在某种程度上使用了质量控制小组,但不普遍。

通过对日本、美国和中国的控制实践活动对比,我们清楚地看到,这些国家在控制的应用方面存在差异。所以,跨国企业的管理者不仅应当熟悉本国的管理状况,还应当了解世界其他国家的管理状况。

本章小结

(1)控制就是监督组织的各项活动,以保证工作按计划进行的过程。控制与计划密不可分,控制的内容涉及管理的各个环节,归纳起来主要是对人员、财务、作业、信息和绩效五个方面的控制。

(2)完整的控制过程可分四个步骤:确定控制标准、衡量工作成效、分析偏差、采取管理行动。

(3)任何系统运行过程都表现为输入—转换—输出,根据控制时点的不同,控制可分为前馈控制、同期控制和反馈控制。

(4)构建一个有效的控制系统,应该遵循一定的原则,符合一定的要求。

(5)预算控制是管理控制中一种常用的方法,视察、报告、比率分析等非预算控制,作业控制,审计控制的方法,在实践中也被广泛地采用。

习　题

1. 单项选择题

(1)控制的最基本的目的在于(　　)。

A. 寻找错误　　B. 衡量下属绩效

C. 确保行为按照计划发展　　D. 使人们失去自由

(2)事后控制的致命弱点是(　　)。

A. 垂直性　　B. 强制性　　C. 滞后性　　D. 超前性

(3)控制过程的第一步是(　　)。

A. 协调关系　　B. 人员配备　　C. 制订计划　　D. 预测结果

(4)进行控制的根据是(　　)。

A. 计划工作　　B. 组织工作　　C. 指挥工作　　D. 协调工作

(5)最理想的控制标准是(　　)。

A. 实物标准　　B. 定性标准　　C. 资金标准　　D. 定量标准

2. 多项选择题

(1)控制的基本步骤是(　　)。

A. 拟定标推　　B. 衡量成效　　C. 比较优劣　　D. 纠正偏差

E. 标准实施

(2)控制工作的类型按纠正措施的时间要素分类主要有(　　)。

A. 现场控制　　B. 反馈控制　　C. 前馈控制　　D. 组织控制

E. 系统控制

(3)下列属于运用前馈控制的是(　　)。

A. 企业根据现有产品销售不好的情况,决定改变产品结构

B. 猎人把瞄准点定在飞奔的野兔的前方

C. 根据虫情预报,农业公司作好农药储备

D. 汽车驾驶员在上坡时,为了保持一定的车速,提前踩加速器

E. 瞄准靶心射击

(4)实行前馈控制的优越性在于(　　)。

A. 使主管人员及时得到信息以便采取措施

B. 使主管人员知道如果不及时采取措施就会出现问题

C. 克服了反馈控制中因时间滞后带来的缺陷

D. 使下属更加明确工作的奋斗方向

E. 有利于监督下属的工作

3. 判断题

(1)衡量绩效是控制活动的最终目的。(　)

(2)所谓"亡羊补牢",说的就是现场管理。(　)

(3)所谓"走动管理",说的就是前馈控制。(　)

(4)利用财务分析报告进行控制属于反馈控制。(　)

(5)数量控制比质量控制更加重要。(　)

4. 简答题

(1)什么是控制?有人说"计划是事前的事,控制是事后的事",这种说法对不对?为什么?

(2)说明控制的过程与类型。试比较不同控制类型的差异。

(3)举例说明前馈控制、同期控制和反馈控制。

(4)结合实践讨论控制的作用。

(5)控制系统的注意事项有哪些?你能找出一个学校中容易失控的关键点吗?

【案例分析】

"年终突击花钱":不该糊涂的糊涂账

政府的钱怎么花,应该向民众交代清楚,并得到民众的同意;政府花钱的过程,应该接受民众的监督;政府的钱花得是否合适,应该接受公众评价;对胡乱花钱的行为,应该被追究责任。这四个环节就是预算公开、预算监督、预算审计和问责。然而,在这四个方面,我们都做得不够好。

每到年底都要谈到政府年终突击花钱的问题,而每当这时,有关部门的官员都要向我们解释"年终突击花钱"的合理性。从我国预算执行情况看,财政支出进度均呈"前低后高"走势。12 月份财政支出虽然比较多,但都是按预算要求支出的,

因此不能说成是“年终突击花钱”，在岁末一段较集中的时间内，把预算内的钱集中花出去，本身并不违规。而支出进度“前低后高”，是由于公历年制预算年度，与实践中的人民代表大会召开的时间存在矛盾，因此，往往预算刚批下来，时间就已经过了预算年度的一小半，这必然会影响预算的执行进度；同时，项目的实施需要一定的时间，而且项目前期准备阶段需要资金较少，而项目实施阶段资金需求量明显加大。财政资金支付时，也往往呈“前少后多”的特点。这么看来，“年终突击花钱”是正常的、正确的，并不损害纳税人的利益。

但老百姓理解的“年终突击花钱”却有不同的含义。他们觉得，中央部门的钱多得花不了，于是要巧立名目，把钱花掉，其实就是乱花，甚至不排除这些钱成了“三公”消费，成了官员的福利金。而这种担心又从审计部门的有限信息中获得了佐证。审计署对 2008 年度中央预算执行和其他财政收支进行了审计，共审计 55 个中央部门，延伸审计 285 个所属单位，发现违规问题达 40.5 亿元，损失浪费问题有 4.67 亿元。2009 年部分中央部门利用虚假发票套取资金 9 784.14 万元，主要用于发放职工福利补贴等；挤占挪用财政资金和违规发放津贴补贴 10.95 亿元。

（资料来源：羊城晚报，2010－11－30）

思考题

为什么会产生“年终突击花钱”现象？如何避免“年终突击花钱”？

【实训环节】 控制能力训练

1. 组织一次班级活动，在制订活动计划时，要求用到预先控制、现场控制和反馈控制。

2. 请为故宫设计安防控制系统。

背景资料：故宫博物院 2011 年 5 月 8 日发生文物失窃。被盗物品为香港两依藏博物馆与故宫合办的现代工艺品展上的部分展品。北京警方 2011 年 5 月 11 日晚宣布，北京故宫博物院展品被盗案已经破获，一名山东籍嫌疑人石某被抓获。

故宫保卫处被称做“京城第一保卫处”。据媒体报道，历经几十年的发展，安保人数超过 240 人，下设警卫队、技术科、防火科等八个科室。故宫每天闭馆后，还有至少 1 600 个防盗报警器、3 700 个烟感探测器和 400 个摄像头在运行。依据预案，故宫的纵深体系，已被区分成防护区、监控区和禁区。而博物馆内，还有技防、人防、物防和犬防四道防线。

但是在看似戒备森严的故宫，小偷是怎么进展区盗窃的？为什么警报没响？安保人员在做什么？

据警方调查及故宫通报：①小偷是打碎了诚肃殿的玻璃，得以进入展区；②小偷还砸破了一道布展用装饰墙；③从案发现场看，展区内有十来个展柜，其中一个被撬开，丢失藏品九件（后寻回两件）。

小偷行窃时，故宫展区的警报彻夜未响。警报系统为什么会失灵？有媒体报道说，是小偷切断了警报系统、监控系统的电源，所以监控室也没有监控到情况。

据故宫发言人5月11日通报，5月8日晚10时30分许，故宫安保的内岗人员在诚肃殿外发现可疑人员，喝令其蹲下接受盘查，随后内岗人员电话上报情况，可就在这一过程中，嫌疑人跑得无影无踪！小偷遭盘查逃跑后，并没逃出故宫，而是找地方躲了起来。待5月9日故宫再度开放时，石某混迹游客中轻松出了宫门。

训练：1. 分析故宫被盗案发生的原因。

2. 设计一套控制系统，防止被盗再次发生。

第十章 管理创新

【名言采撷】

创新是一个民族进步的灵魂,是国家兴旺发达的不竭动力。

——江泽民

我认为有时候成功恰恰是失败之母。因为成功容易使人陶醉沉浸其中,并视之为经验。用经验去处理对待事物,在市场经济条件下,常常令你走进一个误区,束缚了发展。海尔的竞争优势在于创新。

——张瑞敏

【教学目标】

学完本章后,你应该能够:

1. 理解创新的概念、特点和作用;
2. 掌握创新的过程和程序;
3. 掌握创新的主体与内容。

【技能目标】

1. 提升创新精神;
2. 学习创新方法。

【案例导入】

汉王降价“迎接”苹果上市有用吗?

2011 年 5 月 6 日,苹果 iPad2 上市,不出乎大家的意料,销售火爆。

当苹果成为最烫手的科技产品话题时,中国有几家企业以各种方式表达某种“反抗”,比如汉王在其新闻发布会上砸冰苹果,表面是在“反苹果”,但明显可以看出,那个被咬过一口的苹果其实正是他们难以忘怀的精神图腾。

苹果高明之处在哪里?是技术垄断?设计精良?还是“硬件+软件”的模式完美?

这不是一道单选题,但对于 58 岁的汉王科技董事长刘迎建来说是个难题。

汉王降价“迎接”苹果上市

极具价格杀伤力的苹果 iPad2 登陆中国市场,行货 iPad2 冲击的不仅是水货市场，还有间接竞争对手电子书。

“现在买 N518 商务版汉王电子书，最低只要 1 400 元，还送无线鼠标，如果你上个月来买，还要 1 800 元一套。去年价格都要 2 500 元，现在是跳楼甩卖。”中关村一位人士接受记者采访的时候表示。为了应对苹果 iPad2 的上市，电子书报价几乎每月都在下跌。一年时间，报价从 2 500 元跌到了 1 400 元，降幅超过 44%。

至于降价后的效果，该人士认为货还是有点“走不动”。

在中关村的老牌企业中，汉王算是当之无愧“技工贸”起家。当家人刘迎建，中科院自动化所研究员出身，当年响应中科院“带着技术办公司”的号召跳下商海。但现在外界认为，汉王的科技形象已不再突出，刘迎建的科学家形象也“异化”成一个地道商人，说地道是因为其做法得到圈内人的认可。

机构对汉王前恭后倨

汉王科技 2010 年 3 月 3 日上市，之前的 2 月 24 日，银河证券发表研究报告，认为其合理股价在 53～58 元，最终发行价确定为 41.9 元。

3 月 3 日，汉王科技携电子书龙头的光环登陆深交所，当天收盘 82.11 元，上涨 96%。上市仅 7 个交易日之后，汉王科技的股价就轻松突破了百元。

2010 年 5 月 29 日，汉王科技最高上涨到 175 元，一度成了沪深两市最高价股。但此后该股就陷入了绵绵下跌途中，尽管推出了每 10 股转增 10 股的高送转方案。2011 年 5 月 6 日，汉王科技大跌 5.06%，收盘 24.02 元，复权价为 48.04 元，股价相比高峰期下跌了 72.55%。

汉王科技从上市前的万众期待，到股价飙升时的机构热捧，再到现在的落寞，这是很多人始料不及的。根据汉王科技一季报显示，机构对汉王科技的兴趣已经不再。

（资料来源：《南方周末》，2011－05－06）

思考题

(1)为什么机构对汉王的兴趣已经不再？

(2)汉王依靠降价应对苹果有用吗？

(3)苹果的发展是否一路顺风？

(4)这个案例给我们什么启示？

第一节　创新概述

一、创新的含义与特征

（一）创新的含义

创新是一种思想及在这种思想指导下的实践，是一种原则及在这种原则指导下的具体活动。美国的经济学家熊彼特在其《经济发展理论》一书中首次提出创新的概念。他认为，创新是对"生产要素的重新组合"，具体来说，包括以下五个方面：

(1)生产一种新产品，也就是消费者还不熟悉的产品，或是已有产品的一种新用途和新特征；

(2)采用一种新的生产方法，也就是在有关的制造部门中未曾采用的方法。这种方法不一定非要建立在科学新发现的基础上，它可以是以新的商业方式来处理某种产品；

(3)开辟一个新市场，就是使产品进入以前不曾进入的市场，不管这个市场以前是否存在过；

(4)获得一种原料或半成品的新的供给来源，不管这种来源是已经存在的还是第一次创造出来的；

(5)实现一种新的企业组织形式，如建立一种垄断地位或打破一种垄断地位。

之后，许多研究者也对创新进行了定义，有代表性的定义有以下五种。

(1)创新是一种开发新事物的过程。这一过程从发现潜在的需要开始，经历新事物的技术可行性阶段的检验，到新事物的广泛应用为止。创新之所以被描述为是一个创新性过程是因为它产生了某种新的事物。

(2)创新是运用知识或相关信息创造和引进某种有用的新事物的过程。

(3)创新是对一个组织或相关环境的新变化的接受。

(4)创新是指新事物的本身，具体说来就是指被相关使用部门认定的任何一种新的思想、新的实践或新的制造物。

(5)创新是新思想转化为具体行动的过程。

由此可见，创新概念所包含的范围很广，涉及许多方面。比如：有的东西之所以被称做创新，是因为它提高了工作效率或巩固了企业的竞争地位；有的是因为它改善了人们的生活质量；有的是因为它对经济有根本性的提高。但值得注意的是，创新并不一定是全新的东西，旧的东西以新的形式出现或以新的方式结合也是创新。从管理的角度来看，我们说，创新是指组织管理者对组织要素的重新组合，其目的是改变组织资源的产出量或者提高消费者的满意程度。从这个意义上讲，创新就是指将发明创造引入经济活动之中，形成具有创造性的思想并且将它转换为有用的产品或者服务的过程。而管理创新是管理者根据内外环境的变化而采取某种新的、更有效的资源整合与协调方式来促进管理系统效率和效益目标实现的过程。

(二)创新的特征

1. 创新的不确定性

(1)市场的不确定性。市场的不确定性主要是指不易预测市场未来需求的变化。外界因素如经济环境、消费者的偏好，都会对市场变化产生影响。当出现根本性创新时，市场方向无从确定，也就无法确定需求。市场不确定的来源，还可能是不知道如何将潜在的需要融入创新产品中去，以及未来产品如何变化以反映用户的需要。当存在创新竞争时，市场的不确定性还指创新企业能否在市场竞争中战胜对手。

(2)技术的不确定性。技术的不确定性主要指不确定如何用技术来体现、表达市场中消费者需要的特征，能否设计并制造出可以满足市场需要的产品和工艺。有不少产品构思，按其设计的产品要么无法制造，要么制造成本太高，因此这种构思和产品就没有什么商业价值。新技术与现有技术系统之间的不一致性也是一个重要的不确定来源。

(3)战略的不确定性。战略的不确定性主要是针对重大技术创新和重大投资项目而言的。它指一种技术创新的出现使已有投资与技能过时的不确定性，即难以判断它对创新竞争基础和性质的影响程度，以及面临新技术潜在的重大变化时企业如何进行组织适应与投资决策。当出现重大技术创新时，战略不确定性常常因严重的战略性决策失误导致产业竞争领先地位的交替。

2. 创新的保护性与破坏性

不同创新对企业产生影响的范围、程度和性质是不同的。两个极端的情况是：保护性的创新和破坏性的创新。保护性的创新，会提高企业现有技术能力的价值和可应用性。破坏性的创新则使企业现有的技能和资产遭到破坏，新的产品和工艺会使企业现有的资源、技能和知识只能低劣地满足市场的需要，或者根本无法满足市场要求，从而降低现有能力的价值，在极端情况下，会使现有能力完全过时。

3. 创新的必然性和偶然性

必然性是由管理的不可复制性产生的。管理的不可复制性客观上要求管理创新，从泰勒制管理到丰田生产方式，再到现代流行的 CIMS、虚拟系统、电子商务、网络营销等，可以说任何一种新的管理模式、方法的产生都和时代发展、科技进步密切相关。很多情况下，创新是在大量的实验、调研、严谨思考的背景下产生的。然而，另一种创新方式对管理人员来说也是丝毫不能忽视的，那就是偶然性创新。就像牛顿从苹果落地而发现万有引力定律一样，一些偶然的事件也可以引发创新。

4. 创新的被排斥性

创新活动常常受到来自各方面的排斥和压力。习惯于原有生活方式的人们往往不欢迎任何改动和变革。形象地说，创新恐惧症已成为现代组织——企业、学校、政府的一种通病。因为在原有状况下，没有麻烦，没有威胁，也没有紧迫感，一切都显得平平稳稳。所以一项新产品的创新就其本质而言，是一场推进创新力量和排斥、抵制创新力量之间的激烈斗争，管理者所面临的挑战就是如何在这些力量中间保持平衡。需要注意的是，我们应该对华而不实的或仅仅是象征意义的新产品，以及与新产品的战略目标不相一致的新产品持抵制态度，这种抵制不应受到阻挠。

5. 创新的复杂性

创新的过程是一条长链，增加上游的基础研究投入，可以直接增加下游的新技术、新产品的产出。但在实际的经济活动中，创新有很多的起因和知识源，它可以在研究、开发、市场化和应用等任何阶段发生。创新是诸多因素之间一系列复杂的、相互渗透并且共同作用的结果。创新不是一个独立的事件，而是由很多事件组成的一个螺旋式上升的轨迹，是一个复杂的系统过程。

6. 创新的时效性

就企业而言，创新一般总是从产品的创新开始的。一种市场需求总是表现为一种产品需求，所以在创新初期，企业的创新活动主要是产品创新。一旦新产品被市场接受，企业就会把注意力集中在过程创新上，其目的是降低生产成本、改进品质、提高生产效率。当产品创新和过程创新进行到一定程度时，企业的创新注意力又会逐渐转移到市场营销创新上，目的是提高产品的市场占有率。在企业创新发展的不同阶段，还会伴随必要的组织创新。在新产品投放市场一定时间以后，又会被更新的产品所代替，这表明创新具有时效性。更新的产品出现的理由：一是消费者的喜好发生了变化，二是产品的技术含量得到了提高。正是因为创新的时效性，所以在进行创新决策时，要考虑三个方面的问题：消费者对创新产品需求的持续时间有多长、被其他产品替代的可能性有多大以及创新所处的是什么时间段。

7. 创新的动态性

事物总是不断发展变化的，不仅组织的内外部环境发生变化，而且组织的创新能力也是不断积累和发展的，因此创新要素也有必要进行动态的调整。从企业间的竞争来看，随着企业创新能力的扩散，企业的竞争优势将会消失，这就需要推动一轮又一轮的创新，以便持续保持企业的竞争优势。所以，创新绝不是静态的，而是动态的。不同发展时期，企业创新的内容、方式、水平是不同的。从企业发展的总趋势看，前一时期低水平的创新，总是要被后一时期高水平的创新所替代。创新活动的不断开发和创新水平的不断提高，是推动企业发展的不竭动力。

二、创新的作用

1. 创新可以提高企业的竞争力

创新在人类的发展过程中起着十分重要的作用，在企业活动中也不例外。著名管理学家彼得·德鲁克在《管理、责任与实践》一书中指出，由于企业的目标是创造顾客，因而工商企业的管理职能只有两项：营销与创新。他认为只有这两项工作能够产生成果，其余的都属于资本范畴。在他的著作中，号召管理人员不能只做别人已经做过的事情，而应当创造性地工作，做别人没有做过的事情，以在日益激烈的竞争市场中获得优势。这里的创造性地工作指的就是组织的创新。在洗衣机市场，一般洗衣机的载物洗涤容量为5kg，而且呈现增大趋势。但海尔公司凭借其灵敏的市场触角，逆向思考，推出了与当时的消费潮流相悖的2kg容量的"小小神童"洗衣机。产品一面市，立即受到市场欢迎。海尔公司在"只有淡季的思想，没有淡季的产品"这一理念的指导下，随时保持创新的思维，由此建立了一整套的技术创新制度和相应的科研管理模式，最终赢得了市场。

2. 创新为企业的长期持续发展提供动力

企业要想持续发展，必须进行创新，不进行创新，其发展就会缺乏推动力。早在1994年，著名的经济学家克鲁格曼就提出了"虚拟的亚洲经济"的观点。他认为亚洲(除日本外)经济的增长只是依靠资金和劳动力的大量投入，而不是依靠科技进步，因此这一地区的经济高速增长是不可能持续很久的。这一预言不幸被言中。1997年爆发的东南亚金融危机波及整个亚洲，导致这些国家的经济增长放缓，甚至出现负增长。

与此相反，美国自里根时代以来，便重视和强调创新的作用，从而出现了目前自第二次世界大战以来最长时间的持续的经济增长，特别是1997年的亚洲金融危机以及1998年俄罗斯和拉美的金融风暴，导致大多数发达与不发达国家经济的倒退，而美国经济却始终稳定有力地增长。这正好说明了光靠资金和劳动力的大量投入来推动经济增长是不可持续的，必须把重点转移到知识创新上来。

3. 自主创新是取得进步的根本

对任何企业而言，创新都是根本。一个企业要取得先进的知识有两个途径：一是引进，二是创新。引进当然不失为一种快捷的方法，这种方法曾经是一些发展中国家和企业实现赶超的根本途径，但事实上，这样永远也无法真正赶超发达国家和先进企业，因为你并未掌握和拥有真正的核心技术。因此，要真正强大起来，企业必须走自主创新之路，这对于我国尤其重要。

【案例分享】

丰田：在危机中打造真正实力

2008年末，丰田高岗工厂依然一派忙碌，工人们在流水线上"舞蹈"般操作，无人驾驶的工具车一路闪着红灯响着音乐在车间往来穿梭。但在这有条不紊的现场背后，丰田在北美市场的销售量正在与日俱下，下降幅度高达30%，同样的趋势也在日本国内上演！

2007年二兆二千亿日元的盈利，改写为2008年3 500亿日元的亏损。几十年来的连续盈利由此终结，这就是全球经济危机给丰田带来的创伤。

危机重创之下，一向充当管理领头羊的丰田，采取了怎样的应对方式？尽管丰田也在做许多和其他企业类似的举措，如缩小工厂规模、减薪和裁员，但这些都是短期之举，而真正的长远之举仍然是壮大自己。

丰田现在做的事有两件:技术研发和培养人才。就在2007年,丰田战胜了美国三大汽车企业,荣登全球最大汽车制造商之位。他们有信心在2008年的经济危机中拉开和第二名之间的差距。他们的底气来自他们的优势,在环保和燃料方面,丰田的技术无与伦比。一直以来,丰田极其重视针对未来趋势进行技术研发,对于汽车企业来说,抓住了这一点就等于抓住了未来的销售。

日本企业经历了数次经济危机后的深刻体会就是要加大技术研发的投入,在日本70%的研发投入来自企业,明显形成了"企业为主,政府为辅"的格局,企业极力倡导"技术企业化,企业技术化"。加强研发,也是丰田在危机中秉承的核心原则。

危机也凸显了人才培养的重要性。研发、营销、管理者,如果他们的能力不断提高,那么企业的复兴也指日可待。在中国,丰田继在天津、成都、广州、长春布局四大产业基地后,又瞄准了江苏常熟,而这一次要建设的正是研发中心。

(资料来源:焦晶.丰田:在危机中打造真正实力,2009)

第二节 创新的过程与主体

一、创新的原则

为了推动创新并保证创新活动的顺利进行,需要正确处理各方面的关系,遵循一定的原则。创新的主要原则有以下几点。

1. 创新与维持相协调的原则

创新活动与维持活动既有区别,又相互联系、相辅相成。维持是创新的基础,创新是维持的发展;维持是为了实现创新的成果,创新为维持提供更高的起点;维持使企业保持稳定性,创新使企业具有适用性。维持和创新都是企业生存和发展所不可缺少的。然而创新与维持有时也相互矛盾、相互冲突。正确处理两者的关系,寻求创新与维持的动态平衡和最优组合,是管理者的职责,也是创新应遵循的原则。例如,研究开发新产品,要受原有产品技术水平、人员素质、管理水平以及资金积累的制约。新产品处在研究开发甚至开始生产和投入市场阶段,原有产品的生产也同时进行,这就需要正确处理新产品开发和原有产品生产之间的关系,从而满足创新与维持相协调的原则的要求。在企业中,创新与维持的平衡和组合更复杂,如:创新目标、规模、顺序的选择要适当,新技术的引进和改进创新要紧密结合,创新组织与其他组织之间要相互配合等。

2. 开拓与稳健相结合的原则

开拓是创新的本质要求。所谓开拓就是要不断地向新的领域、新的高度进发。没有开拓进取,就没有创新。然而,组织中不思进取、安于现状的现象往往普遍存在，创新活动也经常受到来自各方面甚至是高层管理人员的非议、排斥、压力和抵制，不少人担心创新会付出更大的代价，担心会改变熟悉的工作方式，担心会失去既得的利益等。这些现象成为企业创新的最大障碍。因此，管理者应以极大的热情鼓励、支持和组织创新活动，要创造促进创新的企业氛围，重塑企业文化，激发员工人人奋发向上、开拓进取。

组织创新总是在现实基础上的创新，任何成功的创新都是科学的，不容半点虚假。开拓精神还必须同求实态度相结合。求实稳健并非安于现状、墨守成规，而是面向社会、面向市场，从实际出发，量力而行，这是创新成功和稳健发展的重要保证。脱离实际的变革，不可避免地会出现盲目性、随意性和反复性。大量事实表明，创新者不是专注于冒险而是专注于机会，通过将感性认识上升到理性认识，在系统分析创新机会来源的基础上，找准机会并加以利用。一旦创新展开，就必须脚踏实地地采取各种措施，经过持续的努力，确保创新的成功。

3. 同一性和灵活性相结合的原则

有组织的创新，必须有同一明确的目标、相互协调的行动、优势集中的兵力。没有同一明确的目标，创新活动将失去方向形成盲目乱干；没有相互协调的行动，创新人员就不能团结合作，容易各自为政、相互封锁；没有优势兵力的集中，创新力量分散，则不仅会延续时间，痛失良机，甚至会导致失败。但是，创新本身又具有偶然性或机遇性，并不都在可以预料的计划之内。另外多数创新者往往是“骑在丰富想象力上获得冒险成功的人”，他们酷爱做自己幻想的事。创新的组织应具有灵活性，要放松对员工的控制，使计划具有弹性。如允许创新者自己确定题目，允许使用部分工作时间去探索新的设想，提供一定的创新尝试所需要的资金、物质条件和试验场所，允许创新者自己选择合作伙伴等，这样既有利于充分调动创新者的积极性，又有利于及时捕获创新机会。

4. 奖励创新、允许失败的原则

创新的创造性、风险性、效益性，决定了组织应对创新者的劳动及其成果进行公正评价和合理奖励。奖励是组织对创新工作的充分肯定。组织对所有的创新建议，都要实施正向的激励政策，对创新成果确有重大价值并得以采用的，要在物质上给予重奖，在职称、职务上予以破格晋升，使奖励与创新的风险和贡献相一致。同时，创新者的创新动机有一种对个人成就感的追求和自我实现的满足，创新的精神奖励不仅是必要的，甚至是更为重要的。因此，组织不仅要对创新成果进行精神的、物质的奖励，而且要在创新的全过程中给予创新者更多的理解、尊重和支持，给予创新者放手施展抱负和才能的条件和权利。奖励一定要注意公正、公开、公平，奖金额度和奖励人数要适当，以调动全体员工参与创新活动的积极性。

失败是创新活动中的必然环节，是成功的必经之路。在创新过程中，一帆风顺是极为罕见的事情，允许失败则是对创新者积极性、创造性的保护和支持。对于失败，创新者不应悲观失望、半途而废，管理者不应冷眼相向、横加指责。创新的组织管理者对待失败要宽容，要热情主动地帮助创新者总结和吸取教训，鼓励创新者坚持不懈，继续进行大胆探索和试验，直到取得成功。对待失败的正确态度：一是允许失败，二是吸取教训。

二、创新的过程

要有效地组织创新工作，就必须研究和揭示创新的规律。创新是一个非常复杂的过程，涉及组织内外部的各个方面。美国是创新活动比较活跃的国家，对创新活动也有比较深的理解，所以 3M 公司的一位常务副总裁在一次演讲中甚至这样开头："大家必须以一个坚定不移的信念作为出发点，这就是：创新是一个杂乱无章的过程。"

我们不否认创新的复杂性，以及创新过程中涉及的智力与偶然的因素，但创新还是有一定的规律可循的。应该说，杂乱无章是创新的本质的说法可以为人们所接受。因为创新是对旧事物的否定，是对新事物的探索。对旧事物的否定，必须要突破原先的制度，破坏原先的秩序，必须不遵守原先的章法；对新事物的探索，意味着要在不断的尝试中去寻找新的秩序、新的方法，在取得最终成果之前，要经历无数次的反复，无数次的失败。因此，它看上去必然是杂乱的。但这种杂乱是相对于旧制度、旧秩序而言的，就创新的总体来说，它们必然遵循一定的步骤、程序和规律。总结众多成功企业的经验，成功的创新要经历：寻找机会——提出构想——迅速行动——坚持不懈四个阶段。

（一）寻找机会

寻找机会，是开展创新活动的第一步。创新是对原有秩序的破坏，是在原有事物基础上的进一步发展，是在破坏旧事物或者原有系统结构的前提下开展的活动。原有秩序之所以要打破，是因为其内部存在着或出现了某种不协调的现象。这些不协调对系统的发展造成了某种不利的影响。创新活动正是从发现和利用旧秩序内部的冲突开始的，可以说冲突为创新提供了契机。

旧秩序中的不协调既存在于企业的内部，又可产生于企业的外部。就外部来说，企业创新契机的变化主要有以下几点。

(1)技术的变化。技术的变化可能影响企业资源的获取、生产的技术水平以及产品的销售。

(2)人口的变化。人口的变化可能影响劳动力市场的供给和产品销售市场的需求。

(3)宏观经济环境的变化。迅速增长的经济背景可能给企业带来不断扩大的市场，使同行业企业或者相关行业得到不断进步与发展，而整个国民经济的萧条则可能降低企业产品需求者的购买能力。

(4)文化与价值观念的转变。文化与价值观念的转变可能改变消费者的消费偏好或劳动者对工作及报酬的态度。

就内部来说,引发创新的不协调现象主要有以下几点。

(1)生产经营中的瓶颈。生产经营中的瓶颈可能影响劳动生产率的提高和劳动积极性的发挥,因而始终困扰着管理人员。这种不协调环节的产生,既可能是某种材料的质地不够理想,且始终找不到替代品,也可能是某种工艺加工方法的不完善,或是某种分配政策的不合理。

(2)意外的成功或失败。如派生产品的利润贡献不声不响地、出人意料地超过了主营产品;老产品经过精心整顿、改进后,结构更加合理,性能更加完善,质量更加优异,但并未得到预期数量的订单;等等。这些出乎意料的成功或失败,往往可以把企业从原先的思维模式中解救出来,从而成为创新的一个重要源泉。

以上这些因素都可以成为组织提出创新构想的机会,一旦发现机会,管理者必须紧抓不放,全力投入创新工作。

(二)提出构想

敏锐地观察到了不协调的现象后,管理者还要透过现象研究原因,并据此分析和预期不协调的未来变化趋势,估计它们可能带来的积极或消极的后果,并在此基础上努力利用各种方法,消除不协调,使企业在更高层次上实现平衡的创新构想。

(三)迅速行动

创新成功的秘密主要在于迅速行动。一旦确定了创新的目标,就必须立即付诸实施。提出的构想可能还不很完善,甚至可能很不完善,但这种并非十全十美的设想必须立即付诸实施才有意义。"没有行动的思想会自生自灭",这句话对于创新思想的实践尤为重要。一味追求完美,以减少受讥讽、被攻击的机会,就可能坐失良机,把创新的机会白白地送给自己的竞争对手。例如,20 世纪 70 年代,施乐公司为了把产品搞得十全十美,在罗彻斯特建造了一座全由工商管理硕士(MBA)使用的 29 层高楼。这些 MBA 们在大楼里对第一件可能开发的产品设计了拥有数百个变量的模型,编写了一份又一份的市场调查报告。然而,当这些人继续不着边际地分析时,当产品研制工作被搞得越来越复杂时,竞争者已把施乐公司的市场抢走了 50%以上。所以创新的构想只有在不断的尝试中才能逐步完善,企业只有迅速地行动才能有效地利用不协调提供的机会。

(四)坚持不懈

构想经过尝试才能成熟,而尝试是有风险的,不可能一击即中。创新过程是不断尝试、不断失败、不断提高的过程。因此,创新者在开始行动以后,为取得最终的成功,必须坚定不移地继续下去,绝不能半途而费,否则便会前功尽弃。在一项创新活动完成之后,创新者应该对项目进行认真的总结,对项目各阶段的经验与教训进行分析,为以后的创新积累经验。

三、创新的主体

管理者不仅应该对自己的工作进行创新，更重要的是要充分调动全体员工参与创新的工作热情，为组织内部的创新活动提供条件，以提高组织工作的整体效率。

（一）全体员工是创新活动的源泉

管理创新活动的源泉在于全体员工的积极性、智慧和创造力的发挥，因此，管理者要创造出鼓励创新的氛围，依靠全体员工开展管理创新活动，这样才能不断涌现新的创意，使管理创新活动的推行更容易得到支持。当然，作为个人的员工很难成为管理创新的主体，因为其操作性质属于操作层，且受到上司多方面的控制，虽有创意也很难在工作中进行实践。但作为群体的员工却往往能成为管理创新的主体，这是因为群体中可以包容大量的创意，当这些创意得到企业家认可并付诸实施时，这些员工们就成了真正的管理创新主体，他们在每天的工作过程中就可以进行亲身实践。比如，日本企业通过成立各种小组，全员参与管理创新，如合理化建议制定、零缺点运动、质量管理小组、创意发明委员会等。它创造出的许多广为流传的管理创新成果，像著名的全面质量管理、即时生成体制等，为企业创造了大量的财富。

（二）管理者是管理创新的中坚力量

许多管理者是在专业分工的条件下对自己职责范围内的事务、人员、资源进行管理的。这些管理领域如人事、财务、生产、营销等都存在着大量的创新空间，因此，这些管理者如果提出创意并加以有效实施的话，就能成为管理创新的主体。当然，这一阶层的管理者受到上级和自身权限的约束，其创意往往需要得到上级的认可才能转变为创新活动。如果在企业家的鼓励下，一个企业中许多管理人员都在进行管理创新的探索，那么这种企业必定是充满活力的。例如在福特"让工薪阶层都有一部福特车"的创新思维指导下，生产部门的管理人员会同技术人员经过艰苦努力，不断修改创意，设计实施方案，最后终于提出了"生产流水线"这一生产流程方面的重大创新，极大地扩张了生产规模，降低了产品成本，成为工业革命以来足以同其他重大科技发明创造相提并论的一项管理创新。

（三）管理专家和研究机构是管理创新的辅助力量

在复杂、多变和激烈的竞争环境中求生存，单凭企业家和几个管理人员的知识、智慧、经验是不够的，还需要借助一些专门的管理专家、参谋机构的理论和智慧，依靠他们来分析收集信息，制定创新方案，并帮助企业家付诸实施。这种利用"外脑"的方式对管理创新是非常重要的。据资料表明，国外一些企业的重大创新成果很多是由专家组成的"智囊团"和研究机构取得的。因此，管理创新也要充分发挥这部分力量的作用。

（四）创新型企业家是管理创新的关键

由于企业家在整个企业发展中所处的特殊地位和管理支配力，他们或亲自提出创意并付诸实施，或对管理创新活动产生重大影响。因此，企业家是管理创新成败的关键人物。企业要想不断发展，首先必须有锐意进取的创新型企业家。

企业家应始终寻求变化，对变化作出及时反应，并把变化作为创新机会予以利用。企业家的创新精神要求他们必须具备一定的心智特征和能力结构。

1. 创新型企业家的心智特征

心智特征是指由于过去的经历、素养、价值观等形成的基本固定的思维方式和行为习惯。作为管理创新主体的企业家应具备下面一些心智特征。

(1)善于学习，具有广博的知识。这是产生对某一问题有超越常人看法或认识的基础。因为新的知识和信息是对过去知识体系的一种冲击和发展，可以使人们从过去无法解决的问题中得到新的启迪，也是保证管理创新的主体具备较高的思维起点的关键。

(2)善于思考，具有系统的思维方式。这是一种发散式的思维，同平常人的线性思维方式不同。创新型企业家通常采取一种系统性全方位思维方式，即从具体到综合、从局部到全局、从现象到原因的思考方式，对问题的相关方面都考虑到。许多管理上的创意都是这样产生的。

(3)勇于进取的价值取向。只有具备强烈的事业心、高度的责任感、永不满足的价值观，他们才能对创新的追求永无止境，不断攀登管理的高峰。

(4)健全的心理素质。这是确保企业家创新活动成果的重要心理特征。它包括自知与自信、理智的情绪、坚强的意志、雄伟的胆略、宽容的心态、对挫折的忍耐、敢于冒险等多项素质。

(5)优秀的品质。使命感、信赖感、责任感、诚实、公平、勇气、热情等，都是创新型企业家应具备的优良品质。

2. 创新型企业家的能力结构

作为管理创新主体的企业家必须具备一定的能力才可能完成管理创新的过程。这些能力可以分为三个层次:核心能力、必要能力和增效能力。核心能力突出地表现为创新能力，必要能力包括转化、管理和应变能力，增效能力则表现为协调组织以加快进展的能力。

(1)创新能力。创新能力表现在企业家善于敏锐地观察事物的缺陷，准确地捕捉新生事物的萌芽，提出大胆新颖的推测和创意，继而进行周密的论证，拿出可行方案并付诸实施。它基于个人的创新意识，是管理创新主体最重要的能力，不具备这种能力管理创新就无从谈起。

(2)转化能力。转化能力是指管理创新主体将创意转化为可操作的具体方案的能力。转化能力表现为企业家要善于在转化过程中运用综合、移植、改造、重组、创新等技法，来保证好的创意能够转化为可实施的方案。

(3)应变能力。管理创新本身就是应变的事物，应变是主观思维的一种“快速反应能力”，是创新能力的基础。应变能力表现为能审时度势，能在复杂的变化中辨明方向，产生应对的创意和策略。

(4)组织协调能力。管理创新需要投入相当多的资源，需要一定的周期，而且可能面临来自各方面的阻力。只有管理创新主体具备较强的组织协调能力，才能够有效地安排所投入的资源，在改变原来的管理模式，推行新的管理程式时，使企业依然有效运转；才能使创新行为得到各方的合作与支持，从而提高管理创新成功的可能性。

日本著名企业家稻盛和夫认为：管理者只要做好“六项精进”，就能搞好企业，并拥有美好人生。这“六项精进”是：①付出不亚于任何人的努力；②要谦虚，不要骄傲；③要每天反省；④活着，就要感谢；⑤积善行，思利他；⑥忘却感性的烦恼。每一条都散发着创新的味道，不信可以试一试，没有创新，能够做到哪一条，并且坚持下去？稻盛和夫 27 岁开始创办“京瓷”公司，当时他连经营的“经”都不认识，但心里只有一个想法：不能让公司倒闭，不能让支持他、出钱帮忙办公司的人遭殃。为此，他拼命工作，常常从清晨工作到凌晨，不断改进产品、服务和经营思路，创造了今天“京瓷”的辉煌。

第三节　创新的内容

系统在运行中的创新要涉及许多方面。在此，我们主要以社会经济生活中大量存在的企业系统来介绍创新的内容。

(一)观念创新

管理观念又称为管理理念，它是指管理者或管理组织在一定的哲学思想支配下，由现时条件决定的经营管理的感性知识和理性知识构成的综合体。一定的管理理念必定受到一定的社会政治、经济、文化的影响，是企业战略目标的导向、价值原则，同时管理的理念又必定折射在管理的各项活动中。20 世纪 80 年代以来，经济发达国家的优秀企业家提出了许多新的管理理念，如知识增值观念、知识管理观念、全球经济一体化观念、战略管理观念、持续学习观念等。在我国，企业的经营观念存在着经营不明确、理念不当、缺乏时代创新等问题，因此，应该尽快适应现代社会的需要，结合自身条件，构建自己独特的经营管理理念。

(二)目标创新

我们知道，知识经济时代的到来导致了企业经营目标的重要定位。为什么？原因很简单：一是企业经营观念的革命，要求企业经营目标的重新定位；二是企业内部结构的变化，促使企业必须重视非股东主体的利益；三是企业与社会的联系日益密切、深入，社会的网络化程度大大提高，企业正成为这个网络中重要的联结点。因此，企业经营的社会性越来越突出，从而要求企业高度重视自己的社会责任，全面修正自己的经营目标。众所周知，美国曾经最为推崇利润最大化，盈利能力曾经是评价美国企业好坏成败的唯一标准，可是就在那里，今天评价企业的标准已经发生了巨大的变化。适应知识经济时代的多元目标，相互协调的企业经营目标观念被广为接受。例如，在全世界享有盛誉的美国《财富》杂志最近评选最优秀企业时，采用了创新精神、总体管理质量、财务的合理性程度、巧妙地适应公司财产的效率以及公司做全球业务的效率等多项指标。从这些带有导向性的指标中我们看到，企业对员工、对社会、对用户的责任等指标在整个指标体系中占了相当的分量。所以，在新的经济背景下，我国企业要生存，目标就必须调整为：通过满足社会需要来获得利润。

（三）技术创新

技术创新是企业创新的主要内容，企业中出现的大量创新活动是有关技术方面的。技术水平高低是反映企业经营实力的重要标志，企业要在激烈的市场竞争中处于主动地位，就必须不断进行技术创新。由于一定的技术都是通过一定的物质载体和利用这些载体的方法来实现的，因此企业的技术创新主要表现在产品创新、工艺创新、材料创新和手段创新几个方面。

(1)产品创新。对企业而言，产品是企业生存与发展的根本，一个企业的产品在市场上的受欢迎程度是决定企业市场竞争成败的主要原因。产品创新包括品种和结构的创新。品种创新要求企业根据市场需要的变化，根据消费者偏好的转移，及时地调整企业的生产方向和生产结构，不断开发出用户欢迎的产品。结构创新在于不改变原有品种的基本性能，对现有产品结构进行改进，使其生产成本更低，性能更完善，使用更安全，更具市场竞争力。产品创新是企业技术创新的核心内容。它既受制于技术创新的其他方面，又影响其他技术创新效果的发挥。新的产品和产品的新结构，往往要求企业利用新机器设备和新工艺方法，而新机器设备、新工艺的运用又为产品的创新提供了更优越的物质条件。它可以是利用新发明、新技术开发出一种全新的产品，也可以是在原有产品的基础上部分采用新技术生产出来的适合新用途、满足新需要的换代型产品，还可以是对原有产品的性能、规格、款式、品种进行完善。产品创新是技术创新的主要内容，其他创新都围绕着产品创新来进行。

(2)工艺创新。工艺创新是指生产工艺的改革和操作方法的改进。生产工艺是企业生产产品的总体流程与方法，包括工艺过程、工艺参数和工艺配方等。操作方法是指劳动者利用生产设备在个体生产环节中对原材料、零部件或者半成品进行加工的方法。泰勒在工时研究中的工具使用是操作创新的一种方式。

(3)材料创新。材料是企业产品和生产手段的基础，也是生产工艺和加工方法作用的对象。目前企业所用的材料，一方面是由大自然提供的原材料，另一方面是经过加工的半成品材料。材料创新一方面是指寻找和发现现有材料的新用途，生产出新的产品满足社会的需要；另一方面是指利用新技术与新知识制造新的合成材料，这种材料创新有着广泛的应用前景，如陶瓷材料、记忆合金的研究和应用为新产品开发提供了可能。

(4)手段创新。手段创新是指企业生产的物质条件的改造与更新。一般产品的生产都需要借助一定的生产工具，企业生产工具的水平决定着产品的质量，所以企业应当注重生产手段的创新。生产手段的创新主要包括两个方面：一是将先进的科学技术用于改进或者革新现有的设备，二是用更先进、更经济的生产手段取代现有的、陈旧的、效率低下的生产手段。

技术创新的几个方面的创新既相互区别，又相互联系。如材料的创新会带来产品质量的提高和性能的改进，但是也会带来生产手段的创新，因为新材料一般会要求使用新的生产手段，新材料的应用也会要求工艺的创新。

(四)制度创新

制度是组织运行方式、管理规范等方面的一系列的原则规定，制度的基础含义是指要求大家共同遵守的办事规程和行为准则。其目的是为约束、规范与企业有关的组织和个人的行为。制度创新从社会经济角度来分析企业系统中各成员间的正式关系的调整和变革。企业具有完善的制度创新机制，才能保证技术创新和管理创新的有效运行。如果旧的、落后的企业制度不进行创新，就会成为严重制约企业创新和发展的桎梏。

企业制度主要包括产权制度、治理结构和规章制度三个方面的内容。

(1)产权制度就是规范企业财产权利的制度。企业产权制度规定了对企业财产的所有权及相关权利的占有、使用以及收益和处理的方式，它是企业最基本的制度。

(2)治理结构规范了企业运作的基本形式，即企业是通过什么样的结构来运作的。企业的治理结构应当规范企业运作的基本方式，规范企业的管理人员在管理过程中应该遵循的标准和准则，规定对企业高层管理人员的监督与约束，是企业管理的根本性制度。

(3)规章制度是企业用以约束和规范全体员工行为的管理规则。制度的制定必须被员工认可和接受。如海尔集团在创业伊始，制定了"管理 13 条"，这是召开全体员工大会讨论通过的。随着企业不断发展，海尔人对自己的要求越来越高、越来越多。现在的规章制度已经形成了几百页、几百条的手册。

企业制度创新就是实现企业制度的变革，通过调整和优化企业所有者、经营者和劳动者三者的关系，使各个方面的权利和利益得到充分的体现；不断调整企业的组织结构和修正、完善企业内部的各项规章制度，使企业内部各种要素合理配置，并发挥最大限度的效能。

（五）结构创新

这里的结构创新是指组织结构创新。组织结构的发展史就是组织结构的创新史，因为发展的过程就是不断创新的过程。进入 20 世纪 80 年代以来，企业组织结构创新进入了一个新的阶段，许多大型企业根据自己的实际情况开展了组织结构创新。在工业化社会的时代，市场环境相对稳定，企业为了实现规模经济效益，降低成本，纷纷以正规化、集权化为目标。但随着企业规模的不断发展，组织复杂化程度越来越高，信息社会的到来，使环境不稳定因素越来越多，竞争越来越激烈。管理者意识到传统的组织结构不适应现代环境的多变性便会实施创新。一个有效的企业应当是能随着环境的变化而不断调整自己的结构，使之适应新的环境的企业。根据这一认识，现代企业组织正不断朝着灵活性、有机性方向发展。

（六）环境创新

环境是企业经营的土壤，同时也制约着企业的经营。环境创新不是指企业为适应外界变化而调整内部结构或者活动方式，而是指通过企业积极的创新活动去改造环境，去引导环境朝着有利于企业经营的方向变化。如通过企业的公关活动，影响政府的政策制定，从而改善环境；通过企业的技术创新，影响行业技术发展的方向，从而改变环境。对企业而言，市场创新是环境创新的主要内容。市场创新是指通过企业的活动去引导消费，创造需求。人们一般认为新产品的开发是企业创造市场需求的主要途径。其实，市场创新的更多内容是通过企业的推销活动来进行的，即在产品的材料、结构和性能不变的前提下，通过市场的地理转移，或者通过揭示产品的使用价值来开发新的客户；或者通过广告宣传、降价优惠等促销活动来赋予产品一定的意义，从而影响人们的某种消费行为，诱导、强化消费者的购买动机，增加产品的销售量。

（七）文化创新

企业文化在企业管理中的重要性越来越受到企业管理者的重视，现代管理已经发展到文化管理阶段，到达了管理的最高境界。然而，企业文化的发展是一个过程，不是一成不变的，它要随着时代的发展而发展，它要随着企业的发展而发展。

企业文化是指企业所特有的、并为企业成员所广泛接受的价值观念，以及由这种价值观念所决定的行为准则和行为方式。现代企业都很重视企业文化建设，企业在对员工的教育中常常将企业文化的教育作为主要内容，以得到全体员工的认可，并希望落实到员工的行动中。企业文化已经成为企业竞争优势的重要支柱。

企业文化的核心是企业的价值观，所以企业价值观的确立对于企业的发展具有十分重要的意义。人是企业管理中最重要的因素，企业文化的中心是形成以人为主体的人本文化，企业文化对人的影响最终体现在员工的行为上。海尔集团在企业文化建设中取得了巨大的成就。海尔企业文化的核心是创新，创新构成了海尔的核心价值观。他们提出的海尔精神是：敬业报国，追求卓越。敬业报国的核心是回报，就是用最好的产品来回报用户、回报社会、回报国家；追求卓越的核心是创新，它体现了海尔人永不满足、永远进取、永远创新的精神。在这样的企业精神指导下，海尔集团实现了质的飞跃，成为中国家电企业当之无愧的第一品牌。海尔集团以“海尔文化激活休克鱼”的卓越表现被写进哈佛大学教材，其总裁张瑞敏先生也作为中国企业家第一次登上哈佛讲台。

企业文化创新的表现形式主要有三个方面。

(1)企业经营理念创新。企业经营理念是指导和支配企业生产经营活动理念、准则的总称，是企业精神文化的主要组成部分。企业经营理念是决定企业发展全局的根本性理念，是指导企业全面发展的战略指导思想。企业经营理念创新是企业适应市场环境变化的先导，没有企业经营理念的创新就没有企业主动适应市场变化的具体行动，企业就无法在复杂的环境变化中生存。

(2)企业形象创新。企业形象是企业文化理念及企业经营政策在消费者心目中的反映，是社会对企业认识的体现。消费者的要求随着社会的变化而不断变化，所以企业形象也必须跟上时代发展的步伐。当今世界企业之间的竞争不再单靠技术竞争，而是通过产品、服务等多方面的因素综合进行，因此企业有必要通过企业形象的创新，在消费者心中不断树立新形象，以占据主动地位。

(3)企业品牌创新。企业品牌是企业文化的外在体现，也是企业文化的重要组成部分。现实中不存在与企业文化无关的企业品牌，也不存在脱离品牌的企业文化。企业品牌是企业产品的质量、用途、性能、特色等综合因素在消费者心目中的反应，它是企业文化和企业精神的精髓。所以，企业一方面要设计具有自身特色的、易于为消费者识别的品牌形象；另一方面要加重品牌的文化内涵，并且随着社会的发展而不断丰富品牌的内在价值，使之日久弥新。

一般来说，人们把技术创新以外的创新都称为管理创新。这是因为产品开发出来以后，接下来的生产和销售以及经营都和企业管理相关。在管理创新中，重点是制度创新、组织结构创新和企业文化创新。

【案例分享】

大董烤鸭店

北京大董烤鸭店成立于1985年4月28日，2001年由国企改制，因总经理董振祥被朋友们昵称为大董而得名。京城餐饮界都说大董是奇才，不仅是因为他的烤鸭店门庭若市，还因为他是中国餐饮圈内拥有MBA学位的厨师兼管理者第一人，更因为他的门店、菜品不断创新，给人耳目一新的感觉。

到北京的游客，有三件事必做：游故宫、登长城、吃烤鸭。但传统的北京烤鸭以香、肥、油著称，董振祥敏感地意识到，随着人们生活水平的不断提高，人们的饮食观念也会发生改变。于是董振祥潜心研究如何降低烤鸭的油量，他认为延长烤鸭时间肯定会降低烤鸭的含油量，研究表明把传统的烤鸭时间由 40 分钟调整到 1 小时 20 分钟，油量明显降低到健康标准，但随之而来的问题是烤鸭口感也明显变差。怎么样能做到油量少，又能口感好，董振祥是煞费苦心，在“浪费”了数以万计的鸭子后，终于找到了烤制的良方。大董的烤鸭与众不同，从健康角度为食客考虑是大董创新的基础。如今的大董烤鸭的鸭皮口感特殊，酥而不腻，还专门选配了甜度较低的方粒白糖，用酥酥的鸭皮蘸了放在舌间，不用嘴嚼也能化掉，口感层次丰富，完全没有其他烤鸭店的鸭皮油汁丰硕的感受。对烤鸭吃法的挖掘和保留也是大董烤鸭店的特色，每张桌子上都有一份关于烤鸭吃法的指导手册，让客人倍感温馨关怀。

在 1 000m^2 的店面，大董烤鸭店每天大约卖出 600 只烤鸭，最便宜的也要 198 元一只。2010 年 2 月 3 日大董烤鸭店南新仓分店一天的营业额就有 42.8 万元。

（资料来源：根据 2010－2－25 央视 2 套商道节目报道改编）

第四节　创新的策略

从创新战略的角度看，创新战略就是一系列选择的结果。任何企业的创新，首先都要考虑自身的技术、设备、人员、资金等实际情况。对于中小型企业，应用型创新，即在现有技术与设备的基础上开发新产品或者研究新工艺，比较现实；而对于资金和技术比较雄厚的大型公司，可以进行技术的基础性研究，这类研究一般是集科学技术于一体的研究，研究成果将对本行业的发展起着领导性的作用。企业主要有以下几种创新策略可以选择。

（一）首创型创新

首创型创新是创新度最高的一种创新活动。主要特征就是首创，如最先推出新产品、最先开辟新的销售渠道、最先采用新的广告媒体、最先改变销售价格等。首创型创新具有十分重要的意义，没有首创，就不会有改创型创新和模仿型创新。每一次重大的首创型创新，都会引发一系列相应的改创型创新和模仿型创新，从而带来广泛而深远的创新效应。对于企业来说，首创型创新可以开辟新的市场，提高企业竞争力，获取高额利润。但是，首创型创新活动风险较大，成本较高。这是由市场需求的复杂性和市场环境的多变性，以及生产、技术、环境等诸多方面的不确定性所决定的。

（二）改创型创新

改创型创新的目标是对已有的首创型创新进行改造和再改造。在现有首创的基础上，充分利用自己的优势，进行再创新，可以进一步提高产品的市场适应性，推动新市场的不断发展。这是一种具有中等创新度的创新活动。改创型创新，是介于首创型创新与模仿型创新之间的一种创新。它不必率先创新，而只需要对首创产品进行改良或者改造，因此所承担的创新风险和成本比较小，而所获得的创新收益不一定比首创少。首创是重要的，改创也是重要的。没有首创，改创就没有前提和基础；没有改创，首创就没有广阔的市场发展前景。计算机、通信技术、家用电器的应用就是很好的例证。

（三）模仿型创新

模仿型创新是创新度最低的一种创新活动，其基本特征就是模仿性。模仿者不必率先创造新市场，甚至不必对首创进行改造。模仿者既可以模仿首创者，也可以模仿改创者，它的创新点在于自己原有市场的变化和发展。一些缺乏首创能力和改创能力的中小企业常常采用此方法。一般来说，模仿者所承担的市场风险和市场开发成本都很小。虽然模仿者不能取得市场领先地位，但可以通过自己某些独占的市场条件来获得巨大的收益和优势。如模仿者可以采取率先跟进首创者的策略争取时间优势，可以采用低成本策略获得价格优势，可以采用市场割据策略得到区域优势。模仿创新有利于推动创新的扩散，但严重损害了首创者的积极性。

不同的企业在不同的发展阶段，应该选择一个适当的创新战略，进行适度创新。所谓适度创新，就是既适应市场需求的发展状况，又适应本企业的创新条件。只有这样，创新者才能充分利用和发挥本企业的创新优势，尽量减少或者避免创新的风险，提高创新的效果。

第五节　创新的类别

从类别与特征的角度，我们可以对创新进行如下分类。

（一）局部创新与整体创新

这是从创新的规模和创新对组织的影响来考虑的。局部创新指的是在组织的目标与性质不变的前提下，对组织内部的某些内容、生产要素、技术进行的创新和改造。这种创新对组织的整体发展影响不大，只是对于组织的某个局部方面产生影响。整体创新指的是对组织的整体进行的改革，对组织的目标有较大的影响，或者对组织发展起决定性作用的技术方面的创新。整体创新的特点是对组织的影响较大，创新的规模也比局部创新大，它对组织的发展具有十分重要的意义。

（二）自发创新与有组织的创新

这主要是根据创新的组织程度区分。自发创新一方面是指组织自发地应对环境的变化作出反应而进行的创新，这类创新属于被动创新；另一方面是指组织内部的团体或者个人根据自己的意愿进行的创新，主要是指没有受到组织的指令而进行的创新。这样的创新最终还是需要得到组织的认可，否则没有可能实现创新的应用。有组织的创新一方面是指组织的管理人员根据组织发展的需要，积极主动地寻求创新的机会与办法，计划、组织、实施创新活动；另一方面是指组织的管理人员积极加强对自发创新的引导，使之与组织的发展目标相一致，为组织的发展服务。有计划、有目标、有组织的创新对于组织发展的推动要远远大于自发创新对组织发展的推动，成功的机会也要大得多。

（三）消极创新与积极创新

这主要是从组织应对环境的态度来区分。消极创新是指组织的管理者或者内部员工在组织的生存与发展面临威胁的情况下，为了避免损失进一步扩大而进行的应对性创新。积极创新是指组织的管理者以敏锐的目光觉察到社会发展给组织提供的机会，主动地调整组织的战略与战术而进行的创新活动。

第六节　创新的方法

创新的方法主要有：头脑风暴法、综摄法、逆向思考法、检核表法、类比创新法、信息交合法和模仿创新法。下面对这七种方法进行详细的介绍。

（一）头脑风暴法

这是美国创造工程学家 A. F. 奥斯本在 1939 年发明的一种创新方法。这种方法是通过一种别开生面的小组会议，在短时间内充分发挥群体的创造力，从而获得很多创新设想。在“头脑风暴”的冲击下，新的构想、新的方法、新的点子层出不穷。

这种方法的目的在于创造一种自由奔放的思考环境，激发创造性思维的共振和连锁反应，以便产生更多的创造性思维。

（二）综摄法

这种方法是美国人哥顿在 1952 年发明的一种开发潜在创造力的方法。它是以一致的东西为媒介，把毫无关联、互不相同的知识要素结合起来创造出新的设想，也就是吸取各种产品和知识的精粹，综合在一起创造出新的产品和知识。

综摄法有两个基本原则。

(1)异质同化，即“变陌生为熟悉”。这是综摄法的准备阶段，指对待不熟悉的事物要用熟悉的事物、方法、原理和已有的知识去分析，从而提出新的想法。

(2)同质异化，即“变熟悉为陌生”。这是综摄法的核心，指对熟悉的事物、方法、原理和知识，用不熟悉的态度去观察分析，启发出新的创造性设想。

（三）逆向思考法

这是顺向思考的对立面，是指一种反常规、反传统的思维。顺向思维的常规性、传统性，导致人们形成一种思维定式，阻碍了创造力的发挥。如果转换思路，就可能突破“框框”取得出乎意料的成功。

逆向思维的特点如下。

(1)突破性。这种方法的成果常带有质变或者部分质变的性质,所以能取得突破性的成就。

(2)新奇性。由于思维的逆向性,所以改革的幅度较大,结果必然是新奇、新颖的。

(3)普遍性。逆向思考法适用于任何情景。

(4)实效性。逆向思考法能够及时启发解决问题的思路和途径。

(四)检核表法

这种方法普遍适用于任何类型和场合的创造活动,所以又称为"创造方法之母"。它是用一张一览表对需要解决的问题逐项进行核对,从各个角度诱发多种创造性设想,以促进创造发明、革新,或者解决问题。实践证明,这是一种能够大量开发创造性的方法。检核表法是一种多渠道的思考方法,包括迁移法、引入法、改变法、添加法、替代法、缩减法、扩大法和组合法等。它启发人们缜密地、多渠道地思考问题和解决问题,被广泛应用于创造、发明、革新和企业管理中。它的关键点在于"变",而不是把视线集中在某一点或者某一方向上。

(五)类比创新法

类比就是在两个事物之间进行比较,通过比较,找出事物间的类似之处,然后再据此推出它们在其他方面的类似之处。这两个事物可以是同类的,也可以是异类的。类比创新法是一种富有创造性的发明方法,它有利于发挥人的想象力,从异中求同,同中求异,产生新知识、新成果。常用的类比方法有:拟人类比法、直接类比法、象征类比法、因果类比法、对称类比法和综合类比法。

(六)信息交合法

这种方法是通过若干类信息在一定方向上的扩展与交合,来激发创造性思维,提出创新性设想。不同信息的撞击、重组、叠加、综合、扩散和转换,可以诱发创新性设想。正确运用信息交合法,必须注意以下三个环节。

(1)搜集信息。很多企业设立了专门的部门来搜集信息。它们运用多种渠道、多种媒体、多种方式搜集信息,特别是应用因特网。如日本三菱公司,在全世界设置了一百多处海外办事机构,九百多名日本人和两千多名当地员工从事信息搜集工作。重点是搜集新信息,特别是反映科技、经济、行业动态的最新消息,这些信息对企业的发展有直接的利害关系。

(2)挑选信息。重点挑选对本企业相关性密切的信息,这一步骤包括选择信息、核对信息、整理信息。

(3)应用信息。应用信息一要快,快才能抓住时机;二要交合,把多个信息联系起来思考,创造性地为公司发展服务。

信息交合法通过对信息的引入和多层次的组合,为创新提供了千万种可能性。

（七）模仿创新法

人类的创造发明大多是由模仿开始的，然后再进行独创。勤于思考就能通过模仿创造发明，模仿不仅用于工程技术，也用于企业管理。

【观点分享】

创新，其实很简单

创新是个最容易被误解的概念，它已经被描述得无比复杂，但其实很简单。什么是创新？学者和专家给出了各种定义，但说到底，创新就是用新的方法去做事。很多人把创新看做一个复杂的工程，事实上，在商业上被证明成功的创新案例往往是最简单、最朴实的点子或者方法。最不起眼，但令人印象深刻的创新是乔治·福尔曼拳王小电器的烤炉。该产品给烧烤炉加了一个排油装置，使得烤架能够排除食物中的无益油脂，就是这个简单的创新，让这款烤炉自 1995 年上市以来，赚取了一亿美元的销售额。

另外一个对于创新的误解是：创新必须是"突破性的技术创新"。事实证明，创新的突破性在于用一种意想不到的新方法做事，通过质量、价格和服务也可以争取市场地位。把咖啡豆变成咖啡很难界定为"突破性技术创新"，但星巴克却做得很成功。就在以科技著称的产业里，因创新而成功的企业，也不是那些靠"实验室"取胜的企业，如戴尔电脑的成功，是因为它改变了卖电脑的商业模式，他们提供网络让用户预定想要的产品，把库存降到最低。苹果和它的创始人史蒂夫·乔布斯简直就是创新的代名词，但苹果的新产品在技术上都不是"突破性的技术创新"。

其实创新就是：用更好的、更快的、更便宜的方法解决自己和别人的问题。最好的创新就是在顾客意识到问题之前，问题已经被解决了。很多管理者总是抱怨有解决不完的问题，其实每个问题都可以有一个创新的办法去解决，每个管理者都能列出一大堆具有潜力的创新清单。2001 年，宝洁公司成立了"设计部"，这是一个专门"解决问题"的部门。在随后的几年中，这个部门的员工增加了四倍。它的宗旨是了解客户需求，解决客户问题，这让宝洁公司逐渐成长为一家"消费者驱动创新"的伟大公司。

（资料来源：鲍勃·多纳利. 创新，其实很简单，2009）

本章小结

(1)创新是生产要素的重新组合，其目的是获取潜在的利润。管理创新是管理者根据内外环境的变化而采用某种新的、更有效的资源整合与协调范式来促进管理系统效率和效益目标实现的过程。

(2)创新是一个复杂的过程，一般经历寻找机会——提出构想——迅速行动——坚持不懈四个阶段。企业家、管理人员和员工都是创新的主体。

(3)系统在运行中的创新涉及多方面，主要包括观念创新、目标创新、技术创新、制度创新、结构创新、环境创新和文化创新。

(4)创新活动是一个充满创意和风险的过程，既要适应市场需求的发展状况，适应本企业的条件，又要应用适当的策略和方法。

(5)创新其实很简单，创新就是用更好的、更快的、更便宜的方法解决自己和别人的问题。

习　题

1. 单项选择题

(1)创新必须以(　　)为中心。

A. 顾客　　B. 企业　　C. 市场　　D. 技术

(2)(　　)是企业竞争实力的物化。

A. 知识　　B. 产品　　C. 效益　　D. 风险

(3)组织的管理创新最重要的、首先需要进行的是(　　)。

A. 管理目标的创新　　B. 管理战略的创新

C. 管理理念的创新　　D. 管理制度的创新

2. 多项选择题

(1)管理创新通常有以下几类：(　　)。

A. 管理思想创新　　B. 管理方式创新

C. 管理手段创新　　D. 管理模式创新

E. 管理目标创新

(2)企业制度主要包括(　　)三大类。

A. 治理结构　　B. 薪酬制度　　C. 产权制度　　D. 规章制度

E. 管理制度

(3)创新的主体是(　　)。

A. 创新者　　B. 执行者　　C. 管理者　　D. 下属员工

E. 参谋者

3. 判断题

(1)企业是创新的重要力量。　(　　)

(2)企业创新是企业家的事。　(　　)

(3)技术跨越式有可能带动一个企业实现跨越式发展。　(　　)

4. 简答题

(1)什么是创新？创新对企业的生存与发展起什么作用？

(2)创新的主体有哪些？

(3)管理创新的主要内容有哪些？

(4)创新的策略与方法有哪些？如何运用？

(5)企业文化创新的表现形式有哪些？

【案例分析】

案例一　创新是品牌发展的主要动力

广东四大家具展会已相继落幕，它所带来的震憾和影响却经久不息。回眸这四大展会，依然可以清晰看到它高扬的灵魂，那就是创新。创新是我们这个时代恢弘的乐章，是人类社会发展的主旋律。

假如没有创新，那么人类只能停留在茹毛饮血的野蛮时代。如果现代社会没有层出不穷的新技术、新工艺、新材料、新发明、新产品，那么我们今天就不可能享受如此丰富多彩的生活。创新之树常青，它向人类提供着越来越丰富的新成果，推动着人类社会向着新的高度不断迈进。现代企业，也只有锐意进取，不断创新，在激烈的市场竞争中占有一席之地，才能获得较快发展，才能保持品牌活力。

最早从经济学角度提出系统创新理论的美籍奥地利经济学家丁·熊彼特认为，只有具备创新精神的人，才有资格称为企业家。他将企业创新分为五种基本类型，即开发新产品或产品新用途、采用新的生产方法、开辟新市场、获得原材料新供给、实行新的企业组织形式。关于品牌创新，除了熊彼特所提出的五项内容外，还应包括设计创新、形象创新、服务创新、文化创新等内容。创新能够使品牌适应不断变化的市场，创新是解决和应对品牌危机的最佳方法，创新可以有效提升品牌的价值。相反，那些故步自封、因循守旧的品牌只能走向衰亡而被市场所淘汰。

在广东的四大家具展会中，东莞和顺德的新产品的原创与环保问题受到极大关注，东莞展会全板式、实木、软体、藤器、古典、金属玻璃等各类家具新品层出不穷，如制藤名厂名藤轩积三年磨砺全新推出的高档藤木产品、海鹰公司精心打造别具一格的欧美别墅家具、玉环著名企业港源新推出的法式系列、顾家工艺的数百款新式沙发、香港皇室人性化的智能家具等。深圳展会将“创新”确立为三大主题之一，广州展会为了促进家具业的技术改良与设计创新，特意举办了“设计评比大赛”，设立外观设计奖、制造工艺奖、材料利用奖、功能创新奖等，鼓励业界创新发展。

品牌创新是为了让品牌永葆活力，不是权宜之计，也不是为创新而创新。品牌创新首先要以市场为中心，充分考虑市场对品牌新形象的认可程度。只有以市场为中心，以消费者为中心，才能真正实现品牌创新之目的。其次，品牌创新要有针对性，针对品牌运作过程中的具体问题进行具体分析，对症下药，对品牌进行更新改造。第三，品牌创新要坚持实事求是的态度，遵循科学的程序，采取适当的步骤。

第四，企业在品牌发展上，既要有短期目标，又要有长期计划。一方面要充分利用品牌资源，另一方面还要充分保护品牌资源，以实现品牌及其创新工作的可持续发展。

（资料来源：腾讯网，2010－10－07）

思考题

(1)调查一下市场上有哪些家具著名品牌？

(2)我们从广东的四大家具展会中，看到了哪些创新？

(3)有人说，不创新是等死，创新是找死。你认为对吗？企业创新应该考虑哪些因素？

案例二　方太管理的创新

1999年，方太在经历了较大的发展之后，从世界500强公司招募了“空降师”：人力资源总监来自日本美能达，企管总监来自日本富士施乐，销售总监来自美国可口可乐，热水器业务总监来自德国西门子。“一方面，500强培训出来的职业经理人在职业道德上犯错误的概率要低许多，国内比较鱼目混杂，看不清；另一方面，他们可以给我们带来世界500强的管理方法。”方太总经理茅忠群如是说。

但是不同企业过来的人相互之间沟通困难，很多过来的人是在一个企业待了很长时间，比较单纯接受的就是这家企业的企业文化、思维方式，和另外一家跨国公司很难有完全共同的语言。茅忠群分别和“空降师”们沟通，并作好记录。他要构建一个“集百家之长，并和谐共生”的管理原则。他自己撰写了讨论的草案，然后与大家一起讨论，形成共识，由此诞生了“方太管理的25条原则”。当“25条”最终颁布后，他对诸位说，你们要忘记原来的企业文化，现在大家一起来执行这个原则。他们将其定位在“方太文化的重要组成部分，介于方太理念与制度之间，理念指出什么对公司是最重要的；制度明确规定员工的具体行为和工作流程等，并强制执行；原则为员工管理行为指明具体的方向和法则，尤其是没有制度规定的管理领域，并倡导自觉执行”。

方太在管理中注重“中西结合”。茅忠群坦言，方太在前十年一直学西方管理，或者说在学美国式管理，在近几年转而向国学和东方文化寻找灵感。“如果中国企业纯粹学西方管理，肯定不可能达到一个很高的境界。”

方太将员工的错误分为A、B、C三类，严重程度依次减弱，C最弱，譬如迟到早退就属于C类。以前，方太的做法是，迟到罚款20元。学了儒家思想之后，就对该制度作了创新。

子曰：“道之以政，齐之以刑，民免而无耻，道之以德，齐之以理，有耻以格。”美国式管理以政令刑法，也即法家思想来管理企业。按儒家的思路是，要让被管理者树立羞耻之心。儒家有言“不教而杀谓之虐”，所以特别注重“有教”。

因此，方太取消了迟到罚款20元的规定。“如果犯了这个错误，我们要求主管找员工谈一次话，谈话的目的就是要建立员工内心的羞耻感。因为任何人都怕因为这样的事情见主管。这样，我们今年整个上半年取消罚款以后，C类错误的违反率比去年上半年下降50%以上。”在茅忠群看来，美国式管理中的20元钱让人忘掉羞耻之心，因为“20元就像埋单了，我一点都不脸红”。

这样的“成绩”让茅忠群很振奋，当然，他也知道这还有很长的路要走。他会组建专门的队伍，带领方太逐步修正制度，为制度中注入东方的“魂魄”。

（资料来源：思考者——终极管理网，2010-01-13）

思考题

(1)方太的管理创新属于什么创新？

(2)方太的管理创新具体表现在哪些方面？

【实训环节】 创新能力训练

1. 学生分组比赛：为班级设计一个网站，要求：①与众不同；②宣传效果好；③互动性强；④传播性强；⑤学生参与人数多；⑥媒体关注度高。

2. 企业招聘时，非常看重应聘者的创新能力，你知道企业是如何考核创新能力的吗？我们来看看企业面试官的面试问题：你在学习中遇到从来没有见过的困难时，你是怎么克服的；你会不会经常用不同的方法处理同一个问题；你在哪一方面会与众不同。

现在你知道怎么在日常的工作、学习、生活中有意识地提高自己的创新能力了吧。希望你在解决问题的过程中，经常这样反问自己：是否有更好的方法；是否有替代的方法，是否有改进的余地。创新其实很简单，就是不断学习，不断尝试用新的思路、新的方法、新的工具解决自己和他人的问题。

附录一　推荐书目

“世界经理人数据”近日精心挑选了上海、北京、广州、成都四地的250名高层经理人员(他们所任职公司规模在300人以上,在各自的公司里分别担任部门经理以上的职务,年薪在40万元上下),请他们选出曾经对他们产生深刻影响,因而最受推崇的十大“商业著作”。以下即是根据反馈资讯获得的一份TOP10榜单。

1.《孙子兵法》

《孙子兵法》为我国春秋时代孙武所著,距今已2 500多年,是中国同时也是世界现存最古老的一部兵书,一直为历代政治家、军事家、商人、学者奉为至宝。

日本许多大公司把《孙子兵法》作为高级管理人员必读书。麦肯锡公司董事长大前研一曾表示:“没有哪本书像《孙子兵法》一样,为我们提供如此丰富的管理思想。”前东洋精密工业公司董事长大桥武夫,在企业濒临倒闭之际,发现《孙子兵法》有助于经营,很快使企业起死回生,为此他写了一本专著《用兵法指导经营》,成为畅销书。

美国著名高等学府哈佛大学商学院,也把《孙子兵法》融入了MBA的战略课程中。全书共13篇,约6 000字,是一部公认的最权威的“军事战略”著作,同时也被视为战略管理、成本管理、市场营销以及通过竞争获取事业成功的哲学书。

2.《从优秀到卓越》

《从优秀到卓越》是超级畅销书《基业长青》作者吉姆·柯林斯2001年的作品,是该年度《商业周刊》的“十佳商业书”。

柯林斯和他的研究小组耗费了五年,阅读并系统整理了近6 000篇文章,创建了3.84亿字节的电脑数据,对1965年以来《财富》杂志历年500强排名中的每一家公司(共1 400多家)逐一分析。研究结果令人震惊——只有11家公司实现从优秀业绩到卓越业绩的跨越。柯林斯将这11家公司与其他公司进行了对照,分析出了实现这一跨越的内在机制。

亚马逊书店对这本书的赞美之语是:“这是那种经理人和CEO们在若干年内需要一读再读的书。”

3.《杰克·韦尔奇自传》

《杰克·韦尔奇自传》是世界第一CEO自传。本书英文版于2001年9月11日出版,立即在Amazon销售排行榜上名列第五。这本书稿酬高达700万美元,被全球翘首以待的经理人奉为“CEO 的圣经”。

韦尔奇是管理界中的“老虎”伍兹，在本书中首次透露管理秘诀：在短短 20 年间如何将通用电气从世界第十位提升到第二位，市场资本增长 30 多倍，达到 4 500 亿美元，以及他的成长岁月、成功经历和经营理念。这本自传是他退休前的最后一个大动作。

巴菲特是这样推荐这本书的：“杰克是管理界的老虎伍兹，所有 CEO 都想效仿他。他们虽然赶不上他，但是如果仔细聆听他所说的话，就能更接近他一些。”

4.《德鲁克管理思想全书》

彼得·德鲁克，美国著名管理学家，现代管理学理论的奠基人，他卓越的学术成就曾给他先后带来二十多个名誉博士学位。《商业周刊》称其为“当代不朽的管理思想大师”，《经济学人》周刊更称其为“大师中的大师”。

德鲁克比任何人都早 10 年或 20 年开始讨论管理学中现在广为人知的主题：竞争策略、组织设计、成本会计、创业精神和管理信息。他强调管理的人性和实践性，以三个著名的问题：“你的业务是什么”、“谁是你的客户”、“客户认知的价值是什么”，简单而深刻地阐明了“企业的理论”。

虽然彼得·德鲁克的大多数管理学著作出版于 1982 年以前，但《福布斯》杂志还是尊称他为一个世纪以来全世界最有影响的“现代管理之父”。

5.《追求卓越：美国最佳管理公司案例》

本书于 1982 年由汤姆·彼得斯与鲍勃·沃特曼合著，是 20 世纪影响最大的管理学著作之一，第一本销量超过百万的商业书籍，长达三年位居《纽约时报》畅销书排行榜，在美国总发行量超过 600 万册。事实上，这本书促成了商业书籍出版业的成熟。

本书源自著名咨询公司麦肯锡的一个内部项目。当时美国商业界备受日本公司咄咄逼人的扩张姿态的困扰，相比日本严格的制度化管理，面对强烈个人主义的员工，美国公司领导成了被讥笑的低能者。《追求卓越》则扮演了美国商业的拯救者。

本书为管理设定了一个积极的目标，而非强调面临的难题。彼得斯提出的杰出企业的八个特性几乎为未来 20 年的商业管理奠定了格局。今日的企业领袖没有人不承认深受这些原则的影响。它也是在中国影响最大的西方管理学著作，中译本多达五种，总发行量超过 50 万册。

因为这本书，汤姆·彼得斯(第一作者)也从麦肯锡公司的一个“无关紧要的人”，步入世界顶级管理学大师的行列。

6.《基业常青：理想公司的成功理念》

《基业常青：理想公司的成功理念》是 1994 年吉姆·柯林斯的著作。这本书研究了 18 个“基业常青”——高度成功、富有生命力的公司的经验，包括沃尔马特、惠普、宝洁、3M 和索尼等行业领袖。

本书研究的是事件，是人性。作者从人的角度让我们看到公司的成长和巩固，公司、组织以及人在组织中的作用，它主要回答了这样一个问题：这些企业是如何取得优势并长期发展的。而更重要的是，企业在发展过程中必须不断自我改革、自我反省，使优势成为公司的特性。

美国前卫生教育和福利部部长约翰·加德纳对这本书的评价是“这是一本每个经理人都值得一读的书”。

7.《只有偏执狂才能生存》

本书作者是被认为美国最具创新精神的企业家——英特尔前 CEO 安德鲁·格鲁夫，这是他 1992 年的著作，是公认的商务必读书和当代领导艺术的经典之作。

这本书对商业思想的贡献在于：格鲁夫提供了一种新的对付每个领导者所惧怕的噩梦时分的方法——企业发展过程中，将会出现一个战略转折点，这时，企业有机会上升到新的高度，但也同样有可能标志着没落的开始。在这个过程中，“偏执狂式”的管理能使公司保持足够的谨慎，时常提防他人袭击、窃取你的生意。作为管理者，还要将防范意识传播给手下员工，让他们和企业领导一起度过战略转折点，从而走上发展更高的平台。

在格鲁夫“偏执狂式”的管理下，英特尔成为了世界上最大的电脑芯片公司。

8.《市场营销管理》

菲利普·科特勒是当代最有影响的市场营销学权威之一。他在 1967 年出版的《市场营销管理》一书，成为美国管理学院最受欢迎的教材，现在已经出到了第十版，特称为“世纪版”，并被翻译成十几国文字，受到各国管理学界和企业界的高度重视。

科特勒的这本经典营销著作不仅继承了奥德逊、霍华德和麦卡锡等人的研究成果，而且全面发展了当代市场营销管理理论。本书的核心观点是：营销管理就是通过创造、建立和保持与目标市场之间的有益交换和联系，以实现组织的各种目标而进行的分计划和控制过程。

值得一提的是，科特勒在其《市场营销管理—亚洲版》一书中，也引用了《孙子兵法》的论述。

9.《沃伦·巴菲特之路》

罗伯特·海格斯特姆的这本书是《纽约时报》的最佳畅销书。《福布斯》杂志认为“此书是迄今为止最重要的股票投资杰作，它非常清晰地向人们解开了最伟大的投资家巴菲特那无人匹敌的投资业绩的奥秘”。

这本书的全部魅力来自于巴菲特本人——1956 年以 100 美元起家，迄今为止个人资产已超过 160 亿美元的“世界头号股王”。

本书揭示了他看似简单又极其深刻的投资原则：注重股票的内在价值；买进市

值低于其内在价值的股票，长期持有；重视企业的盈利能力；不理会市场变化，也不担心短期的股价波动。

巴菲特曾说过："即使美联储主席格林斯潘偷偷告诉我未来两年的货币政策，我也不会改变我的任何一个作为。"在《纽约时报》评选的全球十大顶尖基金经理人中，巴菲特名列榜首，广为人知的索罗斯仅名列第五。而且，他是全球资产超过10亿美元的富翁中唯一一个从股票市场发家的。

10.《定位》

20多年前，美国《广告时代》杂志约请年轻的营销专家艾·里斯和杰克·特劳特撰写一系列有关营销和广告新思维的文章，总标题就是"定位的时代"。20年后，定位思想已经深入人心。而2001年，美国营销学会评选有史以来对美国营销影响最大的观念，结果不是劳斯·瑞夫斯的USP、大卫·奥格威的品牌形象、菲利浦·科特勒所架构的营销管理及消费者"让渡"价值理论，也不是迈克尔·波特的竞争价值链理论，而是艾·里斯和杰克·特劳特提出的"定位"理论。

附录二　有影响力的三十句管理名言

1. 企业管理过去是沟通，现在是沟通，未来还是沟通。

——松下幸之助

2. 企业最大的资产是人。

——松下幸之助

3. 对产品质量来说，不是100分就是0分。

——松下幸之助

4. 一个公司要发展迅速得力于聘用好的人才，尤其是需要聪明的人才。

——比尔·盖茨

5. 大成功靠团队，小成功靠个人。

——比尔·盖茨

6. 在市场竞争的条件下，首先是员工素质的竞争。

——比尔·盖茨

7. 将合适的人请上车，不合适的人请下车。

——管理学者詹姆斯·柯林

8. 人才是利润最高的商品，能够经营好人才的企业才是最终的大赢家。

——联想总裁柳传志

9. 全世界没一个质量差、光靠价格便宜的产品能够长久地存活下来。

——华硕总经理徐世明

10. 质量是维护顾客忠诚的最好保证。

——通用电器公司总裁杰克·韦尔奇

11. 不只奖励成功，而且奖励失败。

——通用电器公司总裁杰克·韦尔奇

12. 管理就是沟通，沟通，再沟通。

——通用电器公司总裁杰克·韦尔奇

13. 企业的成功靠团队，而不是靠个人。

——管理大师罗伯特·凯利

14. 合作是一切团队繁荣的根本。

——美国自由党领袖大卫·史提尔

15. 不创新，就灭亡。

——福特公司创始人亨利·福特

16. 可持续竞争的唯一优势来自于超过竞争对手的创新能力。

——管理顾问詹姆斯·莫尔斯

17. 顾客是重要的创新来源。

——管理学家汤姆·彼得斯

18. 员工培训是企业风险最小、收益最大的战略性投资。

——企业管理学教授沃伦·贝尼斯

19. 管理者的最基本能力：有效沟通。

——英国管理学家·威尔德

20. 不善于倾听不同的声音，是管理者最大的疏忽。

——美国女企业家玛丽·凯

21. 正确的决策来自众人的智慧。

——美国社会学家 T·戴伊

22. 在没出现不同意见之前，不作出任何决策。

——通用汽车总裁艾尔弗雷德·斯隆

23. 爱你的员工吧，他会百倍地爱你的企业。

——法国企业界名言

24. 感情投资是在所有投资中，花费最少、回报率最高的投资。

——日本麦当劳董事长藤田田

25. 自始至终自把人放在第一位，尊重员工是成功的关键。

——IBM 创始人托马斯·沃森

26. 企业的执行力靠的就是纪律。

——中国台湾华建公司总裁卢正昕

27. 用人不在于如何减少人的短处，而在于如何发挥人的长处。

——管理学家彼得·德鲁克

28. 卓有成效的管理者善于用人之长。

——管理学家彼得·德鲁克

29. 如果强调什么，你就检查什么；你不检查，就等于不重视。

——IBM 公司总裁郭士纳

30. 三流的点子加一流的执行力，永远比一流的点子加三流的执行力更好。

——日本软银公司董事长孙正义

附录三　十大管理原理和管理法则

1. 木桶原理

木桶原理是由美国管理学家彼得提出的。说的是由多块木板构成的木桶，其价值在于其盛水量的多少，但决定木桶盛水量多少的关键因素不是其最长的板块，而是其最短的板块。这就是说任何一个组织，可能面临的一个共同问题是：构成组织的各个部分往往是优劣不齐的，而劣势部分往往决定整个组织的水平。

由许多块木板组成的"木桶"不仅可以象征一个企业、一个部门、一个班组，也可以象征某一个员工，而"木桶"的最大容量则象征着整体的实力和竞争力。

与此对应的是"反木桶原理"：木桶最长的一根木板决定了其特色与优势，在一个小范围内成为制高点。对组织而言，凭借其鲜明的特色，就能跳出大集团的游戏规则，独树一帜建立自己的王国。在扬长避短中，把你的业绩建立在自己的优势资源上更合理一些。

2. 彼得原理

彼得原理是管理学家劳伦斯·彼得根据千百个有关组织中不能胜任工作的失败实例的分析而归纳出来的。其具体内容是：在一个等级制度中，每个职工趋向于上升到他所不能胜任的地位。彼得指出："每一个职工由于在原有职位上工作成绩表现好（胜任），就将被提升到更高一级职位；其后，如果继续胜任则将进一步被提升，直至到达他所不能胜任的职位。"由此导出的推论是"每一个职位最终都将被一个不能胜任其工作的职工所占据。层级组织的工作任务多半是由尚未达到不胜任阶层的员工完成的"。每一个职工最终都将达到彼得高地，在该处他的提升商数（PQ）为零。至于如何加速提升到这个高地，有两种方法：其一，是上面的"拉动"，即依靠裙带关系和熟人等从上面拉；其二，是自我的"推动"，即自我训练和进步等，而前者是被普遍采用的。

3. 帕金森定律

1958 年，英国历史学家、政治学家西里尔·诺斯古德·帕金森通过长期调查研究，出版了《帕金森定律》一书。帕金森经过多年调查研究，发现一个人做一件事所耗费的时间差别如此之大。他可以在 10 分钟内看完一份报纸，也可以看半天。一个忙人 20 分钟可以寄出一叠明信片，但一个无所事事的老太太为了给远方的外甥女寄张明信片，可以足足花一整天：找明信片一个钟头，寻眼镜一个钟头，查地址半个钟头，写问候的话一个钟头零一刻钟……特别是在工作中，工作会自动地膨胀，占满一个人所有可用的时间，如果时间充裕，他就会放慢工作节奏或是增添其他项目以便用掉所有的时间。

由此得出结论：在行政管理中，行政机构会像金字塔一样不断增多，行政人员会不断膨胀，每个人都很忙，但组织效率越来越低下。这条定律又被称为“金字塔上升”现象。

他在书中阐述了机构人员膨胀的原因及后果。一个不称职的官员，可能有三条出路：第一是申请退职，把位子让给能干的人；第二是让一位能干的人来协助自己工作；第三是任用两个水平比自己更低的人当助手。

这第一条路是万万走不得的，因为那样会丧失许多权力；第二条路也不能走，因为那个能干的人会成为自己的对手；看来只有第三条路最适宜。于是，两个平庸的助手分担了他的工作，他自己则高高在上发号施令。两个助手因为无能，也就上行下效，再为自己找两个无能的助手，如此类推，就形成了一个机构臃肿、人浮于事、相互扯皮、效率低下的领导体系。

4. 墨菲法则

1949 年，一名叫爱德华·墨菲的美国空军上尉工程师发现：假定你把一片干面包掉在地毯上，这片面包的两面均可能着地；但假定你把一片一面涂有一层果酱的面包掉在地毯上，常常是带有果酱的一面落在地毯上（麻烦）。换一种说法，如果某件事有可能变坏的话，这种可能就会成为现实，这就是墨菲法则。它的适用范围非常广泛，它揭示了一种独特的社会及自然现象。它的极端表述是：如果坏事有可能发生，不管这种可能性有多小，它总会发生，并造成最大可能的破坏。

爱德华·墨菲是一名工程师，他曾参加美国空军于 1949 年进行的 MX981 实验。这个实验的目的是为了测定人类对加速度的承受极限。其中有一个实验项目是将 16 个火箭加速度计悬空装置在受试者上方，当时有两种方法可以将加速度计固定在支架上，而不可思议的是，竟然有人有条不紊地将 16 个加速度计全部装在错误的位置。于是墨菲作出了这一著名的论断，并被那个受试者在几天后的记者招待会上引用。几个月后这一“墨菲定律”被广泛引用在与航天机械相关的领域。经过多年，这一“定律”逐渐进入习语范畴，其内涵被赋予无穷的创意，出现了众多的变体，其中最著名的一条也被称为菲纳格定律，具体内容为：会出错的，终将会出错。这一定律被认为是对“墨菲定律”最好的模仿和阐述。

根据“墨菲定律”，可以得出推论：①任何事都没有表面看起来那么简单；②所有的事都会比你预计的时间长；③会出错的事总会出错；④如果你担心某种情况发生，那么它就更有可能发生。

5. 马太效应

马太效应是指好的越好，坏的越坏，多的越多，少的越少的一种现象。马太效应来自于圣经《新约·马太福音》中第25章的一则寓言。

一个国王远行前，交给三个仆人每人一锭银子，吩咐他们："你们去做生意，等我回来时，再来见我。"国王回来时，第一个仆人说："主人，你交给我的一锭银子，我已赚了10锭。"于是国王奖励了他10座城邑。第二个仆人报告说："主人，你给我的一锭银子，我已赚了5锭。"于是国王便奖励了他5座城邑。第三个仆人报告说："主人，你给我的一锭银子，我一直包在手巾里存着，我怕丢失，一直没有拿出来。"于是，国王命令将第三个仆人的那锭银子赏给第一个仆人，并且说："凡是少的，就连他所有的，也要夺过来。凡是多的，还要给他，叫他多多益善。"

这个寓言给我们的启示是：贫者越贫，富者越富；一步领先，步步领先。

6. 帕累托定律

帕累托定律又称为帕累托法则、最省力法则、不平衡原则、犹太法则和80/20法则。

此法则是20世纪初意大利统计学家、经济学家维尔弗雷多·帕累托提出的。他指出：在任何特定群体中，重要的因子通常只占少数，而不重要的因子则占多数，因此只要能控制具有重要性的少数因子即能控制全局。这个原理经过多年的演化，已变成当今管理学界所熟知的二八法则——即80%的公司利润来自20%的重要客户，其余20%的利润则来自80%的普通客户。它可以在很多方面得到验证，如世界上大约80%的资源是由世界上15%的人口所耗尽的；世界财富的80%为25%的人所拥有；在一个国家的医疗体系中，20%的人口与20%的疾病，会消耗80%的医疗资源。80/20法则表明在投入与产出、原因与结果以及努力与报酬之间存在着固有的不平衡。这说明少量的原因、投入和努力会有大量的收获、产出或回报。只有几件事情是重要的，大部分都微不足道。

二八法则提供了一个较好的基准：80%的产出源自20%的投入，80%的结论源自20%的起因，80%的收获源自20%的努力。

7. "鲶鱼效应"

挪威人爱吃沙丁鱼，尤其是活鱼，挪威人在海上捕得沙丁鱼后，如果能让他活着抵港，卖价就会比死鱼高好几倍。但是，由于沙丁鱼生性懒惰，不爱运动，返航的路途又很长，因此捕捞到的沙丁鱼往往一回到码头就死了，即使有些活的，也是奄奄一息。只有一位渔民的沙丁鱼总是活的，而且很生猛，所以他赚的钱也比别人的多。该渔民严守成功秘密，直到他死后，人们才打开他的鱼槽，发现只不过是多了一条鲶鱼。原来鲶鱼以鱼为主要食物，装入鱼槽后，由于环境陌生，就会四处游动，而沙丁鱼发现这一异己分子后，也会紧张起来，加速游动，如此一来，沙丁鱼便活着回到港口。这就是所谓的"鲶鱼效应"。

"鲶鱼效应"是企业领导层激发员工活力的有效措施之一。它表现在两方面：一是企业要不断补充新鲜血液，把那些富有朝气、思维敏捷的年轻生力军引入职工队伍中甚至管理层，给那些故步自封、因循守旧的懒惰员工和官僚带来竞争压力，才能唤起“沙丁鱼”们的生存意识和竞争求胜之心；二是要不断地引进新技术、新工艺、新设备、新管理观念，这样才能使企业在市场大潮中搏击风浪，增强生存能力和适应能力。

8. 皮格马利翁效应

皮格马利翁效应，也有译“毕马龙效应”、“比马龙效应”，由美国著名心理学家罗森塔尔和雅格布森在小学教学上予以验证提出，亦称“罗森塔尔效应”或“期待效应”，即：说你行，你就行，不行也行；说你不行，你就不行，行也不行。

美国著名心理学家罗森塔尔和雅格布森进行了一项有趣的研究。他们先找到了一个学校，然后从校方手中得到了一份全体学生的名单。在经过抽样后，他们向学校提供了一些学生名单，并告诉校方，他们通过一项测试发现，这些学生有很高的天赋，只不过尚未在学习中表现出来。其实，这是从学生的名单中随意抽取出来的几个人。有趣的是，在学年末的测试中，这些学生的学习成绩的确比其他学生高出很多。研究者认为，这就是缘于教师期望的影响。由于教师认为这个学生是天才，因而寄予他更大的期望，在上课时给予他更多的关注，通过各种方式向他传达“你很优秀”的信息，学生感受到教师的关注，因而产生一种激励作用，学习时加倍努力，因而取得了好成绩。这种现象说明教师的期待不同，对儿童施加影响的方法不同，儿童受到的影响也不同。借用希腊神话中出现的主人公的名字，罗森塔尔把它命名为皮格马利翁效应。

皮格马利翁效应告诉我们：对一个人传递积极的期望，就会使他进步得更快，发展得更好；反之，向一个人传递消极的期望则会使人自暴自弃，放弃努力。

9. 破窗理论

美国斯坦福大学心理学家菲利普·辛巴杜于 1969 年进行了一项实验，他找来两辆一模一样的汽车，把其中的一辆停在加州帕洛阿尔托的中产阶级社区，而另一辆停在相对杂乱的纽约布朗克斯区。停在布朗克斯的那辆，他把车牌摘掉，把顶棚打开，结果当天就被偷走了。而放在帕洛阿尔托的那一辆，一个星期也无人理睬。后来，辛巴杜用锤子把那辆车的玻璃敲了个大洞。结果呢，仅仅过了几个小时，它就不见了。以这项实验为基础，政治学家威尔逊和犯罪学家凯琳提出了一个“破窗效应”理论。该理论认为，如果有人打坏了一幢建筑物的窗户玻璃，而这扇窗户又得不到及时的维修，别人就可能受到某些示范性的纵容去打烂更多的窗户。久而久之，这些破窗户就给人造成一种无序的感觉，结果在这种公众麻木不仁的氛围中，犯罪就会滋生。

我们日常生活中也经常有这样的体会：桌上的财物，敞开的大门，可能使本无贪念的人心生贪念；对于违反公司程序或廉政规定的行为，有关组织没有进行严肃处理，没有引起员工的重视，从而使类似行为再次甚至多次重复发生；对于工作不讲求成本效益的行为，有关领导不以为然，(放纵)使下属员工的浪费行为得不到纠正，反而日趋严重；等等。一间房子如果窗户破了，没有人去修补，隔不久，其他的窗户也会莫名其妙地被人打破；一面墙上如果出现一些涂鸦没有清洗掉，很快墙上就布满了乱七八糟、不堪入目的东西。而在一个很干净的地方，人们会很不好意思扔垃圾，但是一旦地上有垃圾出现，人们就会(产生从众心理)毫不犹豫地随地乱扔垃圾，丝毫不觉得羞愧。这就是“破窗效应”的表现。“千里之堤，溃于蚁穴。”不及时修好第一扇被打碎玻璃的窗户，就可能会带来无法弥补的损失。

破窗理论给我们的启示：在管理实践中，管理者必须高度警觉那些看起来是个别的、轻微的，但触犯了公司核心价值的“小的过错”，并坚持严格依法管理。

10. 青蛙法则

“青蛙法则”说的是把一只青蛙放在一个盛满凉水的容器里，然后慢慢地给容器加热，控制在每两天升温一度的状态。那么，即使水温到了 90°C——虽然这时青蛙几乎已经被煮熟了，它也不会主动从容器中跳出来。其实，这并不是因为青蛙本身的迟钝，事实上，如果将一只青蛙突然扔进热水中，青蛙会马上一跃而起，逃离危险。青蛙对眼前的危险看得一清二楚，但对还没有到来的危机却置之不理。人又何尝不是这样？正如孟子所说：“生于忧患，死于安乐。”

青蛙法则给我们的启示：要时刻保持危机意识。

附录四　习题答案

第一章　管理和管理学概述

1.单项选择题

(1)C　(2)B　(3)C　(4)B　(5)C

2.多项选择题

(1)ABDE　(2)ACE　(3)BD　(4)BCE　(5)BDE

3.判断题

(1)×　(2)×　(3)×　(4)√　(5)√

4. 简答题(略)

【案例分析】

案例一　甜美的音乐

(1)C　(2)C　(3)B　(4)C

(5)点评:

该案例说明了创新在管理活动中的重要性。

案例二　苹果之父——史蒂夫·乔布斯的魅力

点评:

(1)史蒂夫·乔布斯具备三种管理者技能:技术技能、人际技能和概念技能。

(2)决定其成功的素质:天才的电脑天赋,平易近人的处世风格,绝妙的创意脑筋、伟大的目标以及处变不惊的领导风范。

第二章　管理理论的演化

1.单项选择题

(1)D　(2)A　(3)A　(4)B　(5)B

2. 简答题(略)

【案例分析】

点评:

(1)三洋柔性管理模式,即企业不再将员工当做“经济人”,而将其视为“社会人”和“自我实现人”,并使员工的自我管理逐步升华成为立足于岗位的自我改善行为。

(2)自我改善的 10 条观念。

第三章　管理决策

1. 单项选择题

(1)C　(2)D　(3)D　(4)B　(5)A　(6) B　(7)B　(8)D　(9)A　(10)C

2. 多项选择题

(1)BD　(2)CE　(3)ABC　(4)BD

3. 简答题(略)

4. 计算题

(1)①求盈亏平衡点产量

Q= F / (P－Cv) = 900 000 / (100－50) = 18 000 (件)

②企业现有能力 2.4 万件,每年可获得的利润

E=S－C=(P－Cv) Q－F = (100－50) 24 000－90 000 = 300 000 (元)

③购置一条生产线方案的可行性

F=90+20=110 (万元)

Cv=50－10=40 (元/件)

P=100 (1－10%) = 90 (元/件)

E=(P－Cv) Q－F =(90－40)24 000－1 100 000=100 000(元)

如果不扩大生产,新方案实施后利润下降了 20 万元,如果使利润增加到 30 万元,则新方案实施后企业的销售量应为

Q =(F+E)/(P－Cv)=(1 100 000+300 000)/(90－40)=28 000 (件)

因此,只有当产品销售超过 28 000 件时,新方案才是可行的。

(2)

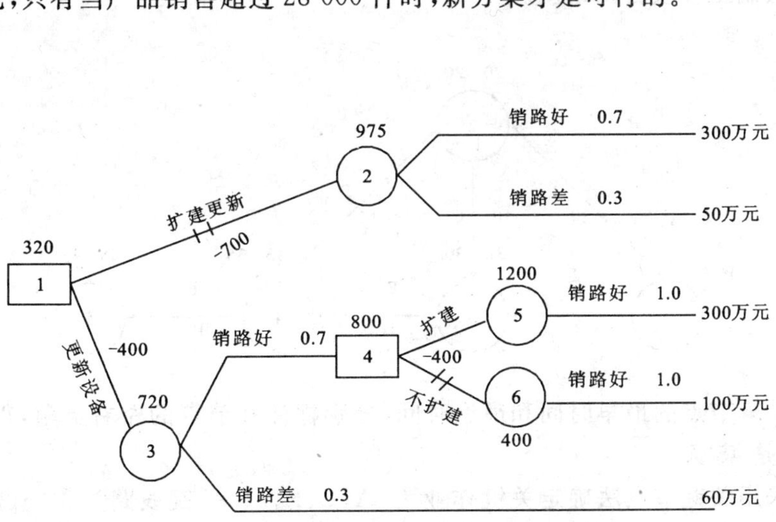

第四章　计划

1. 单项选择题

(1)C　(2)B　(3)D　(4)C　(5)A　(6) C　(7)A　(8)D　(9)C　(10)B

2. 多项选择题

(1)ABCDE　(2)AD　(3)BE　(4)ACD　(5)ACDE

3. 判断题

(1)×　(2)×　(3)×　(4)×　(5)×　(6)√　(7)×

4. 名词解释(略)

5. 简答题(略)

【案例分析】

案例一　商业银行的困境

点评:

(1)计划目标缺乏控制措施。该银行在计划自己的目标时,没有从长远的角度和以发展的目光来考察形式。它用现在的情形估计五年后的结果,这显然是不对的。因为,国际和国家金融形势是不断变化的。随着时间的推移,金融环境、经济政策、发展机遇等都有可能发生变化。这就要求企业应该根据具体情况来调整自己的计划。该银行只是作了一个简单的长期计划,没有从现实的角度来制订合理的短期计划。根据其情况,该银行应该采取滚动计划法。

(2)目标制定有一定盲目性,缺乏一致性。储蓄额与利润额之间没有必然的联系。该银行制定目标时只想到要达到什么样的目标,一味沉浸于对未来的幻想中,而未考虑在当时的经济形势下贷款是否能达到预期目标。

案例二

(1)绘制工程项目网络图。

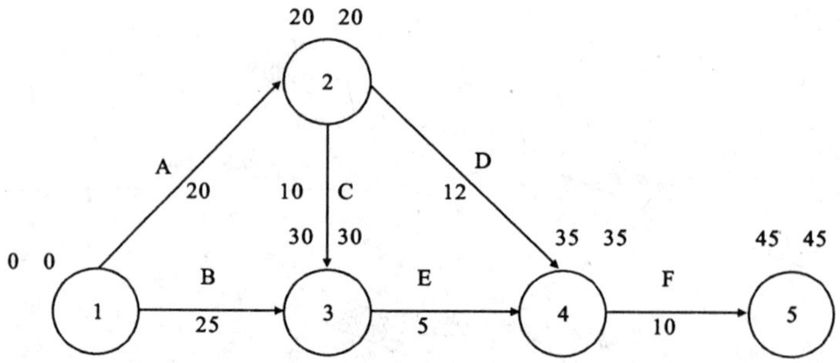

(2)计算节点的最早时间和最迟时间,分别标注在节点的左右上角,得出工程完工周期是 45 天。

(3)采用关键节点法确定关键作业为:A、C、E、F。关键线路为①—②—③—

④—⑤。

第五章 组织

1. 单项选择题

(1)C (2)AB (3)A (4)A (5)A (6) B (7)D (8)B

2. 多项选择题

(1)ABC (2)ABC (3)ABC (4)ABCD

3. 判断题

(1)√ (2)× (3)× (4)√ (5)√ (6)× (7)×

4. 简单题(略)

【案例分析】

案例一 D公司面向市场优化企业组织机构

点评:

(1)D公司推行事业部制的主要目的是为了提高决策效率。事业部制与决策层次、人员数量并无必然关系,虽然可能带来人员或管理层次的减少。同时我们要意识到,事业部制可能会在企业的沟通、协调及资源的充分共享利用等管理方面增加障碍,导致竞争力下降。

(2)部门化由原先采用的流程部门化改为了产品部门化,前提是产品要相对独立,但未必代表产品部门化一定比流程部门化好。

(3)"一厂多制"从本质上来讲其实就是供应链思想,是对国有企业以前的小而全、大而全思想革新的一种尝试。这也体现了多种经营体制的互补性。

案例二

点评:

王大成的行为,违背了社会公认的道德行为,也违反爱护企业财产的规定,这是容易认识的事实,因此王大成自己也认识错误,接受处分。但对这件事,我们不仅要从道德上认识,还应分析其存在的管理问题:①餐厅的管理是否有疏漏,为什么会出现生产材料被偷走的事情;②餐厅管理者对王大成家庭困难情况是否了解得不多,关心得不够;③餐厅对员工的教育力度应该加大。概括为一句话,我们应该从行为科学来认识管理的问题。

第六章 领导

1. 单项选择题

(1)B (2)C (3)D (4)B (5)A

2. 多项选择题

(1)ACDE (2)BDE (3)BC (4)ABC (5)ABCDE

3. 判断题

(1)√　(2)×　(3)×　(4)×　(5)√

4. 简答题(略)

【案例分析】

点评:

(1)由于领导风格的不同导致了这样的结果,赵兰是参与式的领导风格,张颖的领导风格是集权式的,而下属需要的是参与式的领导风格,因此会产生上述问题。

(2)对于一个被提升的机会,你首先要了解岗位的空缺是由于什么样的原因造成的,是因为原任业绩出色被提升还是原任由于工作不力被免职,这是首先应弄清楚的问题。

如果你被任命为业绩优秀的部门的负责人,首先应看到由于该部门已经很优秀,所以业绩提升的空间已经很小,原任也会非常关注她原来所在的部门,而且下属会与原任领导有非常特殊的关系。另外下属会视你为摘桃子的人,心里不会欢迎你,因此面临的挑战很大。具体的做法是:首先要请教原任,了解其领导风格和下属的优点;其次是在工作中要低调一些,既不要自以为是,也不要不作为,业务能力和对下属的态度很重要,这样可以逐步建立与下属之间的尊重和信任,然后再逐步改进存在的问题。如果你被任命为业绩很差部门的负责人,首先要看到如果取得了一点成绩,那么你会受到所有人的关注和认可,上级也会很支持。但同时你会感到这样的部门纪律性差、业务能力不强,通常还会有一两个很难对付的下属,而最重要的是该部门之所以差是因为与领导的期望不一致。因此,首先你应先了解领导对该部门的期望是什么,这一点是非常重要的,然后再找下属谈如何改进部门的工作。在具体运作中,集权式的领导风格是合适的,对于难以应付的下属首先要从领导那里取得授权,因为一旦下属向你挑战,你就可以很好地应付他,那么以后的工作通过建立制度和程序会逐渐变得容易。

第七章　激励

1. 单项选择题

(1)A　(2)A　(3)A　(4)C　(5)C　(6) B

2. 多项选择题

(1)ABC　(2)CDE　(3)BCDE　(4)AD　(5)ABCDE

3. 判断题

(1)×　(2)×　(3)√　(4)√　(5)×

4. 简答题(略)

【案例分析】

点评：

针对F公司的现状，其重点是建立以薪酬制度为基础的激励系统，使企业进入“高工资、高效率、高效益”的良性循环。

1. 薪酬制度设计

薪酬设计的要点，在于“对内具有公平性，对外具有竞争力”。这就要求我们要以实事求是的科学方法进行设计，而不是拍脑袋随意而定。在制定和实施薪酬体系过程中，及时的沟通、必要的宣传或培训是保证薪酬改革成功的因素之一。必要时，让员工参与报酬制度的设计与管理，这无疑有助于一个更适合员工的需要和更符合实际的薪酬制度的形成。

2. 配套激励措施

(1)设计适合员工需要的福利项目。高薪只是短期内人才资源市场供求关系的体现，而福利则反映了企业对员工的长期承诺。

(2)重视内在激励。管理者在注重企业为员工提供高工资、福利和晋升机会的同时，强化基于工作任务本身带给员工的胜任感、成就感、责任感、受重视、有影响力、个人成长和富有价值的贡献等。

(3)引入适度竞争。管理者要让员工感觉到差距的存在，让他们感觉到竞争的危机，落后就意味着失去工作。引入竞争后，员工的惰性没有了，不再不思进取，他们都在暗暗地努力，工作效率就会明显提高。

(4)奖惩适度。奖励过重会使员工产生骄傲和满足的情绪，失去进一步提高自己的欲望；奖励过轻会达不到激励效果，或者让员工产生不被重视的感觉。惩罚过重会让员工感到不公，或者失去对公司的认同，甚至产生怠工或破坏的情绪；惩罚过轻会让员工轻视错误的严重性，从而可能还会犯同样的错误。

(5)创造公平的企业环境。公平体现在企业管理的各个方面，如招聘时的公平、绩效考评时的公平、报酬系统的公平、晋升机会的公平等。任何不公平的待遇都会影响员工的工作效率和工作情绪，影响激励效果。

(6)重视对团队的奖励。为了促使团队成员之间相互合作，同时防止上下级之间由于工资差距过大导致出现低层人员心态不平衡的现象，奖励团队的措施也应加强。

第八章 沟通

1. 单项选择题

(1)B (2)C (3)C (4)B (5)D

2. 多项选择题

(1)ABCDE (2)ABCE (3)ABE (4)AC (5)ACE

3. 判断题

(1)×　(2)√　(3)×　(4)√　(5)√

4. 简答题(略)

【案例分析】

案例一　大公司这样与员工沟通

点评：

(1)沟通在企业管理中主要有口头沟通和书面沟通。例如，总裁与员工进行面对面交流、电话访问客户、一对一面谈等。口头沟通常会伴随着非语言沟通。员工获取财务资料和管理资料等内部文件，属于书面沟通。

(2)重视沟通对组织的重要性，建立全面的沟通渠道，提高员工参与性。

案例二　防止小道消息传播的圆桌会议

点评：

(1)作用：①弥补正式沟通方面的不足；②速度快、效率高；③能满足员工的需要和愿望。

(2)小道消息是不可避免的，组织必须适应现实。首先，组织要建立正式沟通渠道，充分发挥正式沟通渠道的作用；其次，实现"透明化"管理，强化内部沟通，引导非正式组织的舆论导向。管理者们需要了解谁是小道消息传播的领导者，传播的信息是什么，要尝试以不同的方式去影响它，对其进行疏导，以减少负面影响，增加积极影响，从而使小道消息更好地为组织服务。

第九章　控制

1. 单项选择题

(1)C　(2)C　(3)C　(4)A　(5)D

2. 多项选择题

(1)ABD　(2)ABC　(3)BCD　(4)ABCDE

3. 判断题

(1)×　(2)×　(3)×　(4)√　(5)×

4. 简答题(略)

【案例分析】

点评：

"年终突击花钱"现象的背后，有着复杂的体制性原因。只要这些体制性问题尚未解决，"年终突击花钱"就不可能根治。之所以说关于"年终突击花钱"之争是一笔糊涂账，是指政府部门和老百姓掌握的信息不对称等，在信息缺失的情况下，孰是孰非难以确定。

我国政府预算存在的问题有以下几点。

(1)政府部门有"多报预算"的动机。当前的预算制度在编制、批准、执行和决算阶段，都存在一些突出问题。由于预算编制不够细致，加上人大审议预算的时间往往较短，很难严格地审议每笔财政支出的合理性，所以，各级政府部门在这个阶段就有"多报预算"的动机。

(2)预算年度不合理。按照"公历年"计算的预算年度制，在客观上鼓励了"年终突击花钱"。公历年制预算年度，与实践中的人民代表大会召开的时间存在矛盾，因此，往往预算刚批下来，时间就已经过了预算年度的一小半。这必然会影响预算的执行进度。预算批准的时间较晚，加上资金支出"到位"也需要一个过程，因此很容易让各级政府部门，把花钱压力积累到年末。

(3)预算执行有难度。在预算执行阶段，一些过时的或者与现实生活严重不符的财政管理制度，也可能束缚政府部门执行预算时的"手脚"。我国现行的《预算法》和《预算实施条例》，对执行预算有着严格的要求。比如财政部门在拨款时，必须严格按照本年度批准的用款计划、级次和程序拨款，加上非常严格的财务会计管理制度，很多支出不能报销，很多开支项目也有数额限制。这让很多政府部门有钱没法花，或者有钱不敢花。预算执行还会受到具体组织管理因素的影响。项目从启动规划设计、可行性研究、招投标到具体实施，往往需要做好不同部门的协调工作。

(4)决算制度影响。按照《预算法实施条例》的规定，每个预算年结束之后，各级政府部门要编制决算案，但是"本年度的收支"和"下一年度的收支"无法相互转移。这意味着，预算经费"跨年作废"，本年度结余的经费要被无偿收回。在"不花白不花"心理的带动下，"年终突击花钱"也就在所难免。

防治"年终突击花钱"需引入公众监督。从财政角度看，一个根本性的治疗举措是恢复"预算"的本义，即在不改变全国人大开会时间的情况下，将预算年度调整为从每年的 4 月 1 日到第二年的 3 月 31 日，与我国的农历年度基本一致。这样，预算批准不会再大大落后于预算年度，预算年度一开始，很多项目就可以启动。但是此改革"牵一发动全身"，如何与相关部门的工作配合，如何与我国目前以公历年制为基础的国民经济发展规划和年度经济指标相衔接，都是需要慎重考虑的问题。

如果预算年度暂时无法调整，政府可以先考虑调整预算支出的进度。转变预算支出的管理方式，加强政府各部门执行预算的协调性，这些都是减轻年终"花钱压力"的良方。

提高财政收入预测的准确性，并以发行短期公债的方式调节"前低后高"的收入态势，有助于提前对"以收定支"等项目作出安排。对一些"据实结算"的项目，政府也不妨尽可能地根据实际情况分期拨付支出，将聚积在年终的"花钱压力"，均衡分散到全年。

"年终突击花钱症"的病源，仍在于我国财政法制建设的落后。考察西方各国，我们可发现政府部门很少有"年终突击花钱"现象，究其根源，是其完善的《预算法》

之功。因此,加快《预算法》的修改步伐,从立法入手,发挥财政法的调节作用,应是防治此“顽疾”的重中之重。政府可增加财政预算与执行的透明度,并深入分析执行情况,消灭不应当出现的差距,防范可以避免的差距,将预算执行差距控制在合理范围内。只有这样,财政预算才能赢得公众信任,提高公众履行纳税人义务的责任感。

第十章　管理创新

1. 单项选择题

(1)C　(2)B　(3)C

2. 多项选择题

(1)ABCDE　(2)ACD　(3)ACDE

3. 判断题

(1)√　(2)×　(3)√

4. 简答题(略)

【案例分析】

案例一　创新是品牌发展的主要动力

点评:

(1)略

(2)我们从广东的四大家具展会中看到了技术创新、目标创新和观念创新。

(3)“不创新是等死,创新是找死。”这句话不对,否则世界上就没有人创新了。但是这句话反映了创新是企业生存之道,而创新是有难度的,需要人、财、物的配合。创新要有度,要面对市场,要得到市场的认可、接受,否则就是劳民伤财。

案例二　方太管理的创新

点评:

(1)方太的管理创新包含了观念创新、制度创新和文化创新。

(2)首先是从世界500强公司招募职业经理人,其次制定“方太管理25条原则”,协调各方文化、思维的差异,最后在管理中注重“中西结合。”

网站推荐

http://www.cnceo.com/中国总经理网
http://fortunechina.com/《财富》中文版
http://www.yicai.com /第一财经日报
http://www.21cbh.com/21 世纪经济报道
http://www.cec.globalsources.com/世界经理人网站
http://baike.baidu.com/百度百科
http://wiki.mbalib.com/MBA 智库百科
http://www.manaren.com/管理人网
http://www.zh09.com/中华管理学习网
http://www.hr.com.cn/中国人力资源网
http:/wenku.baidu.com/企业管理学习网
http://www.chinakm.com/ 中国知识管理网
http://www.ceconlinebbs.com/世界经理人互动社区
http://grad.xjtu.edu.cn/硕博之窗
http://www.erpworld.net/ERP 世界网
http://www.macrochina.com.cn/中国宏观经济信息网
http://www.cei.gov.cn/ 中国经济信息网
http://www.sino－manager.com/ 中国经理人网

主要参考文献

陈传明.管理发展新趋势[J].南京大学学报,1995(6).
戴淑芬.管理学原理[M].北京:北京大学出版社,2002.
E.海能.企业文化——理论和实践的展望[M].北京:知识出版社.1990.
冯国珍,王玉玺.管理学[M].上海:上海复旦大学,2006.
侯先荣,吴奕湖.企业创新管理理论与实践[M].北京:电子工业出版社,2003.
胡昌平.管理学基础[M].武汉:武汉大学出版社,2002.
姜学寿.从"国美倒戈"测评董事长的领导力[J].中关村,2010(10):52-53
焦晶.丰田:在危机中打造真正实力[J].中外管理,2009(3).
经济合作与发展组织(OECD).以知识为基础的经济(1996)[M].北京:机械工业出版社,1997.
凯兹纳.项目管理:计划、进度和控制的系统方法[M].杨爱华等,译.北京:电子工业出版社,2002.
李金,孙兴明,付俊红.管理学原理[M].北京:北京工业大学出版社,2004.
林根祥,潘连柏.管理学原理[M].武汉:武汉理工大学出版社,2009.
林建煌.管理学[M].上海:上海复旦大学出版社,2003.
刘治江.管理学:知识、技能与应用[M].北京:经济管理出版社,2008.
MBA必修核心课程编译组.MBA情景案例[M].北京:中国国际广播出版社,1997.
莫寰,邹艳春.新编管理学[M].北京:清华大学出版社,2005.
钱丽娜.GE选高管:价值观和业绩一个不能少[J].商学院,2011(4):39-42.
苏慧文.管理学教程与案例[M].青岛:青岛海洋出版社,2004.
谭立文.管理学[M].北京:高等教育出版社,2010.
唐华山.一口气读懂管理学[M].北京:人民邮电出版社,2010.
王庆海.管理学概论[M].北京:清华大学出版社,2008.
刑以群.管理学(第二版)[M].杭州:浙江大学出版社,2005.
徐光华,暴艳丽.管理学:原理与应用[M].北京:清华大学出版社、北京交通大学出版社,2004.
许燕.中国式控制力——好企业是管出来的[M].北京:中国致公出版社,2009.
杨文士,张雁.管理学原理[M].北京:中国人民大学出版社,1994.
余敬,刁凤琴,孙理军.管理学案例[M].武汉:中国地质大学出版社,2000.
周三多,陈传明,鲁明泓.管理学——原理与方法(第四版)[M].上海:上海复旦大学出版社,2008.
朱镕基.管理现代化[M].北京:企业管理出版社,1985.
朱月煌,赵祥云.计划的组织与调控[M].北京:中国物资出版社,1993.
A.J.杜柏林.管理学精要[M]. 胡左浩,陈莹,袁媛,译.北京:电子工业出版社,2007.
保罗·海格,彼德·杰克逊.市场调研:计划、方法与评估[M].张天赐,译.北京:中国标准出版社,2000.

鲍勃·多纳利.创新,其实很简单[J].之澜,译.中外管理,2009(5):30-31.

彼得·德鲁克.德鲁克管理经典——工业人的未来 [M].黄志强,译.上海:上海人民出版社,2002.

彼得·德鲁克.有效的管理者[M].吴军,译.北京:工人出版社,1989.

彼得·德鲁克.公司的概念[M].罗汉,焦艳,王锐等,译.上海:上海人民出版社,2002.

彼得·圣吉.第五项修炼[M].郭进隆,译.上海:三联书店,1998.

达夫特.组织理论与设计精要[M].李维安,译.北京:机械工业出版社,2003.

H.G.赫尼曼,D.A.贾奇.组织人员配置[M].王重鸣,译.北京:机械工业出版社,2005.

H.法约尔.工业管理与一般管理[M].周安华,林宗锦,展学仲等,译.北京:中国社会科学出版社,1999.

哈罗德·孔茨,海因茨·韦里克.管理学(第十版)[M].张晓君等,译.北京:经济科学出版社,2003.

赫伯特·西蒙.管理行为[M].詹正茂,译.北京:经济学院出版社,1988.

加罗杰,琼斯.组织行为学(英文版 第三版)[M].北京:北京大学出版社,2002.

克利夫顿,法伊夫.计划的可行性分析[M].陈石进,译.台北:超越企管顾问股份有限公司,1986.

迈克尔·波特.竞争战略[M].陈小悦,译.北京:华夏出版社,2001.

S.P.罗宾斯,玛丽·库尔特.管理学(第七版)[M].孙健敏,黄卫伟,译.北京:中国人民大学出版社,2004.

W.H.纽曼,C.E.萨默.管理过程——概念、行为和实践[M].李柱流等,译.北京:中国社会科学出版社,1995.

詹姆斯·马奇,赫伯特·西蒙.组织[M].邵冲,译.北京:机械工业出版社,2008.

H. Mintzberg. The Nature of Managerial Work[M]. New York: Harper&Roe,1973.